本书由 2010 年度国家社会科学基金项目（10CYY045），华中科技大学文科学术著作出版基金资助

历史语言学和社会语言学视野中的
日语祈使表达研究

陈慧玲 著

中国社会科学出版社

图书在版编目（CIP）数据

历史语言学和社会语言学视野中的日语祈使表达研究／陈慧玲著．
—北京：中国社会科学出版社，2019.9
ISBN 978 - 7 - 5161 - 9126 - 2

Ⅰ. ①历…　Ⅱ. ①陈…　Ⅲ. ①日语—祈使（语法）—研究　Ⅳ. ①H364.3

中国版本图书馆 CIP 数据核字（2016）第 252563 号

出 版 人　赵剑英
责任编辑　张靖晗
责任校对　林福国
责任印制　郝美娜

出　　版　中国社会科学出版社
社　　址　北京鼓楼西大街甲 158 号
邮　　编　100720
网　　址　http://www.csspw.cn
发 行 部　010 - 84083685
门 市 部　010 - 84029450
经　　销　新华书店及其他书店

印　　刷　北京君升印刷有限公司
装　　订　廊坊市广阳区广增装订厂
版　　次　2019 年 9 月第 1 版
印　　次　2019 年 9 月第 1 次印刷

开　　本　710×1000　1/16
印　　张　31
插　　页　2
字　　数　430 千字
定　　价　128.00 元

前　言

　　本书是在我撰写的博士论文基础之上，经国家社科基金资助，进一步深入研究而成。本书出版之际还得到了华中科技大学文科学术著作出版基金的资助。

　　本书的主要内容是从历史语言学和社会语言学的角度剖析日本近代东京语中祈使表达的使用情况，同时探寻这些使用情况背后存在的使用规则和体系以及相关的历史社会成因。日本的近代由明治维新和文明开化开始，政府采取各种措施不断推进社会改革，整个日本在政治、文化、社会生活等方面都不断发生着剧变。在这一激荡时期所形成的日语，具有十分复杂的使用规则和使用特点。而祈使表达作为日语中的一项重要语言功能，是说话者向听话者传达自己的意志，要求其进行某些行为的语言表达形式，它与说话者和听话者的社会、心理关系均有着很深的关联。因此本书力图通过对日语祈使表达所进行的全面而系统性研究来探明从近代日语向现代日语过渡过程中的日本东京语的实际使用状况。

　　全书由绪论、本论的七章以及结论三大部分组成。本论第一章整理了国内外祈使表达的相关研究历史；第二章概观了日本近代东京语祈使表达中八大类具体表达形式的使用分布情况；第三章探寻了祈使表达主要代表形式"命令形"的发展确立过程及其句法功能特征；第四章聚焦于日本近代东京语中使用频率最高、占据最核心地位的肯定型直接祈使表达，从历史语言学的角度分析和记述了其历史发展和变化的过程以及相关显著特点；第五章至第七章从社会

语言学的角度出发结合历史语言学的观点继续调查分析了日本近代东京语中肯定型直接祈使表达的具体使用状况和特征，同时探讨了相关历史背景和成因。

我对这一课题产生兴趣始于在日本东京学艺大学就读硕士期间。由于在国语学演习课上做了一次有关日本近代著名单口相声家三游亭圆朝作品中命令表达研究的课堂演讲，我关注到近现代日语中要求听话者实施某种行为的语言表达的多样性。在其后的调查当中我又深深着迷于日本近代这一特殊时期的复杂性和多变性，并确信关于近现代日语中祈使表达的研究是一项很有意义的工作。

在此，我要衷心感谢我的硕士导师东京学艺大学的北泽尚教授和博士导师明治大学的小野正弘教授。正是由于两位导师的教育和鼓励，使我踏上了日语研究之路，并能够在这条路上不懈前进。

我要感谢华中科技大学外国语学院院长樊葳葳教授和日语系主任王秋华教授、上海外国语大学谭晶华教授对本项研究的大力支持和鼓励。感谢我的团队成员大连外国语大学的祁福鼎副教授和燕山大学的金连花老师以及华中科技大学的安静老师在项目研究期间对我的帮助和鼓励。同时，我还要感谢中国社会科学出版社的张靖晗编辑和武汉理工大学的神田英敬老师，有他们严谨的校审和编辑支持，本书才得以顺利与读者见面。

最后，我要感谢我的父母、丈夫、儿子和女儿，多年来他们在学习和工作上不断给予我鼓励和支持，他们是我不断努力前进并能写成此书的动力。

日语祈使表达的研究范围很广，本书只是对东京语中使用状况的一个探索，书中一定存在着不妥或者问题，谨此抛砖引玉，希望各位学界同仁和读者不吝赐教。

陈慧玲

2015 年 12 月于武汉

目　　录

绪　　论

1. 选题目的及意义

本书撰写的目的是从历史语言学和社会语言学的角度剖析日本近代东京语中祈使表达的使用情况，同时探寻这些使用情况背后存在的使用规则和体系以及相关的历史社会成因。

目前，国内外均无以近代日语祈使表达为主要研究内容的论著。即使有关日语祈使表达的研究论著也非常少，在国外仅有两部，即川上德明的『命令・勧誘表現の体系的研究』（2005）和王志英的『命令・依頼の表現——日本語・中国語の対照研究』（2005），但是前者主要是针对日本中古文学作品中命令、劝诱表达所进行的体系性研究，后者则是对现代日语和汉语中命令、请求表达所做的对比研究。本书的主要研究对象是近代日本东京语中的祈使表达，主要研究视点是历史语言学和社会语言学的角度，因此无论是从表达形式还是从历史时期上而言，本书的研究焦点都和这两部著作大相径庭，研究方法上也有极大的创新。在中国国内，尚未出版有关日语祈使表达的论著，因此本书即将填补这一重大空白。

本书选取日本近代东京语中祈使表达为研究对象的原因以及具体要解决的研究问题，主要可以归纳为以下几点。

（1）日本的近代由明治维新和文明开化开始，这一时期外来思想不断涌入，日本全国各地的居民大量迁居东京，再加上一直持续

到江户时代末期的身份制度得到废除，人们的待遇意识[注1]发生了巨大的改变，等等，这些因素给当时及后来的日语语言使用带来了巨大的影响。在这一时期所形成的日语，具有十分复杂的使用规则和使用特点。本研究的主要目的就是要探明从近代日语向现代日语过渡过程中的日本东京语的实际使用状况。

（2）祈使表达是说话者向听话者传达自己的意志，要求其实施某项行为的语言表达形式，它与说话人和听话人的社会、心理关系，即两者的身份、职业、年龄、性别、文化修养、心理因素等都有着非常深的关联。因此，本研究要考察近代日本东京语中有哪些祈使表达形式，从说话者的位相和与听话者的待遇关系上来看，这些表达形式各自具有怎样的使用规则和特征。

（3）祈使表达作为一项重要的语言功能，在现代东京语当中发挥着极其重要的作用。为了明确这些语法形式的意义、用法，首先就需要厘清祈使表达的发展历史。因此，本研究将纵观东京语中祈使表达在近现代的历时变化过程，探讨其形成和发展的主要决定因素。同时，以使用时期、使用者、被使用者、使用场面等和表达形式的关系，前后相搭配的主语、副词、助词的组合关系，引用转述时的使用规则等为参考构建一个日语祈使表达的实用指南。

（4）本研究将概观近代不同时期日语祈使表达中各类表达形式的使用频度及其在祈使表达整体中的分布。其中，特别是对于祈使表达的主要代表形式——命令形，将通过考察各个时期日语文典中的相关记述和近现代文学文艺作品中的使用状况，分析找出日本近代东京语中命令形表达的构句特征、意义、功能以及表现性方面的特征。

2．"近代""东京语""祈使表达"的定义

有关"东京语"的定义和特征，在安藤正次（1936）、中村通夫（1948）、松村明（1957）、杉本勉（1960）、田中章夫（1983）、飞田良文（1992）等学者的著作中已经给出多种不同的解释和说明。同时，对于东京语的基底具体是由江户语中哪一部分发展而来这一问题，则大致有三种说法，即町人阶层用语、教养阶层用语、本江户[注2]。

对于东京语的具体定义，日本学界有着各种各样的看法，主要观点如下面所示。

（1）在东京地区使用的语言即为东京语。

（2）将东京下町地区使用的语言，即所谓的下町语视为东京语。

（3）将东京山手地区使用的语言，即所谓的山手语视为东京语。

（4）将现代口语文体视为东京语文字化的体现，与此相对，将现代口语文体音声化的产物即视为东京语。

（5）以在东京发生的语言现象为基座，其中包含着从下町语到口语文体的一个摆幅，东京语即是这个拥有一定摆幅的摆锤。

（6）认为继承并使江户文化得到不断发展的主城区部就是东京，将包含各地移居者在内的、自视为东京人的所有人所使用的语言视为东京语。

另一方面，"近代"一词所指的范围，在学术论文、研究著作、概要丛书、各领域通史中，以及由于各个研究者的立场不同，其包括的内含也各有不同，现在并没有完全统一的看法。概括而言主要观点有如下所示的十种，这些观点所持的标准因广义和狭义而各不相同。

（1）镰仓、室町、江户时代——中田祝夫编（1972）[注3]

（2）从南北朝时代到明治二十年——杉本勉（1960）[注4]

（3）从室町时代末期到江户时代初期——龟井孝（1955）[注5]

（4）室町时代末期至今——吉田澄夫（1952）[注6]

（5）江户时代至今——桥本进吉（1946）[注7]

（6）江户时代——金田一京助（1949）[注8]

（7）近世后期的江户语至今——松村明（1977）[注9]

（8）明治维新到昭和二十年太平洋战争结束——佐藤喜代治编（1977）[注10]

（9）明治维新到昭和二十四年三月——飞田良文（1992）[注11]

（10）明治三十年代至今——塚原铁雄（1955）[注12]

综合上述观点，本书将自己的研究立场，也就是研究重心定位为从明治维新到大正初期的、在东京使用的语言。明治期是东京语作为标准语确立其地位，脱离作为其前身的江户语外壳，建立独立的语言体系过程中最为重要的时期。另外，大正初期，无论是在用词用语还是在社会、精神生活等层面上，都受着明治期相关残留因素的巨大影响，因此作为位于东京语形成延长线上重要的一环，这一时期也是绝对不容忽视的。从形式上的划分来看，本文的立场接近前面所提到的佐藤和飞田等学者提出的时代划分中去除从大正中期到昭和期的部分。但是，在以往的研究当中没有对这个时期的固定称呼，而这一时期占据了近代语的重要一角，且毫无疑问是一段影响力非常巨大的时期，所以在本书当中，将明治初期到大正初期（大约到大正5年）使用的语言称为日本近代东京语。

接下来，谈谈本书如何把握东京语的相关显著特征。田中章夫（1983）曾对东京语的特征做过如下的具体阐述。

東京語は、三つの顔を持っている。その一つは、いうまでもなく、東京人の日常語としての顔であり、二つめは、全国各地の人々が寄り集まる植民地・東京、大都会・東京の性格を反映した、植民地語ないし都会語とも名づけるべき面であ

る。そして、第三は、日本の、いわゆる標準語をめざして、日本の公用語として、かなり意識的に手を加えられ続けてきた側面である。[注13]

　　本书所指的东京语，和前面所提到的定义（6）最接近，更确切地说，可以定位为田中论点中的三个特性最为凸显之时代的语言。这些特性形成的主要原因如下，一是继承了江户文化的大都市不断得到发展，二是西欧文化不断地渗透并产生影响，三是地方方言不断混杂入内，四是学校教育得到广泛普及，五是四民平等等观念导致待遇意识发生巨大变化。

　　这一节的最后，谈谈本书对祈使表达的定义。在人类的语言行为当中存在着一种意图要求听话者实施某种行为的类型，本书将这类语言行为的整体称为祈使语言行为，将在这种表达意图下使用的语言形式称之为祈使表达。本书第二章的研究史中将详细调查祈使表达的相关具体研究和论述，在此仅就祈使表达的名称和定义的各种提法进行简要概括。在各种论著当中一般将要求某种行为的语言表达称为"命令表达""命令法""行为指示型表达""行为赋课型表达""行为要求表达""呼吁行为表达""行为展开表达""祈使表达"等等。而且，在欧美的语言学、语言哲学，日本的国语学、日语语言学、日语教育学、心理学等领域的研究当中，对祈使表达的定义也是有时候取狭义，有时候取广义，各不相同。本书所说的"祈使表达"主要是取广义，即"要求听话者实施某种行为"的所有语言表达形式都包含在内。

3．本书的构成

　　本书由绪论部分、主体分析部分以及结论部分构成，主体分析部分中具体包含七章的内容。

　　第一章当中，将分析和评述在语言研究和语言教育中一直占据重要地位的祈使表达的相关代表性文献，总结和整理在语

言哲学、语言学、国语学、日语语言学、日语教育学、心理学等领域，至今为止做过哪些相关研究，有着怎样的发展脉络，最后还将指出祈使表达研究今后的发展方向和各种研究可能性。

第二章当中，将详细分析和调查日本近代东京语祈使表达中各种具体表达形式的使用频率和使用状况，概观各种具体表达形式在祈使表达整体中的分布情况和使用倾向。

第三章当中，将历时考察日语语法研究史上祈使表达的主要代表形式——命令形作为活用形的发展和确立过程，同时通过调查和归纳近代日语文典中命令形的相关记述和解释，以及具体分析近代日本文学文艺作品中命令形的语句实例，深入探讨近代日语命令形表达的句法功能特征以及在现代日语形成过程中所产生的影响。

第四章当中，将聚焦于日本近代东京语文献资料中使用频率最高、占据最核心地位的肯定型直接祈使表达进行调查，从历史语言学的角度分析和记述其历史发展和变化的过程以及相关显著特点。

第五章至第七章当中，将从社会语言学的角度出发，主要着眼于说话者的位相属性、说话者与听话者的待遇关系以及说话场面，同时结合历史语言学的观点来分析日本近代东京语中肯定型直接祈使表达I类至III类的具体使用状况和特征，同时探寻影响其历史变化的背景和成因。

4. 文献资料和分析方法

本书分析和调查所用的基本资料，主要选取了以下45篇出版于日本近代的、且具有一定社会影响力的文学文艺作品，类型包括戏作、歌舞伎脚本、戏曲戏剧台词、单口相声速记、小说等。

（1）　仮名垣魯文「萬國航海西洋道中膝栗毛」　（明治 3 年、1870）『明治文學全集 1・明治開化期文學集（一）』筑摩書房、1966^{注14}

（2）　仮名垣魯文「牛店雑談安愚楽鍋」（明治 4 年、1871）『明治文學全集 1・明治開化期文學集（一）』筑摩書房、1966

（3）　河竹黙阿弥「東京日新聞」（明治 6 年、1873）『黙阿彌全集』第廿三巻　春陽堂、1926

（4）　松村春輔「開明小説春雨文庫」（明治 9 年、1876）『明治文學全集 1・明治開化期文學集（一）』筑摩書房、1966

（5）　河竹黙阿弥「富士額男女繁山」（明治 10 年 1877）『黙阿彌全集』第十二巻　春陽堂、1925

（6）　河竹黙阿弥「人間萬事金世中」（明治 12 年、1879）『黙阿彌全集』第十三巻　春陽堂、1925

（7）　三遊亭円朝「歐洲小説黄薔薇」（明治 18 年、1885）『圓朝全集』巻七　春陽堂、1926

（8）　三遊亭円朝「西洋人情話英國孝子ジョージスミス之傳」（明治 18 年、1885）『圓朝全集』巻九　春陽堂、1927

（9）　坪内逍遙「一讀三歎當世書生氣質」　（明治 18 〜 19 年、1885 〜 1886）　『明治文學全集 16・坪内逍遙集』筑摩書房、1969

（10）　坪内逍遙「新磨妹と背かゞみ」（明治 19 年、1886）『明治文學全集 16・坪内逍遙集』筑摩書房、1969

（11）　二葉亭四迷「浮雲」（明治 20 年、1887）『二葉亭四迷全集』第一巻　岩波書店、1964

（12）　依田学海「政黨美談淑女の操」（明治 21 年、1888）『政黨美談淑女の操』金港堂、1891（国立国会図書館蔵）

（13）　三宅花圃「藪の鶯」（明治 21 年、1888）『現代日本文学大系 5・樋口一葉・明治女流文學・泉鏡花集』筑摩書房、1972

（14）依田学海「政黨餘談淑女の後日」（明治 22 年、1889）
　　　『政黨美談淑女の操』金港堂、1891（国立国会図書館蔵）

（15）三宅花圃「八重桜」（明治 23 年、1890）『明治文學全集
　　　81・明治女流文學集（一）』筑摩書房、1966

（16）禽語楼小さん口演　酒井昇作速記「大工の訴訟」（明治
　　　24 年、1891）『口演速記明治大正落語集成』第一巻　講
　　　談社、1980

（17）尾崎紅葉「恋の病」（明治 25 年、1892）『明治文學全集
　　　86・明治近代劇集』筑摩書房、1965

（18）幸田露伴「有福詩人」（明治 27 年、1894）『露伴全集』
　　　第十二巻　岩波書店、1950

（19）尾崎紅葉「多情多恨」（明治 29 年、1896）『紅葉全集』
　　　第六巻　岩波書店、1993

（20）尾崎紅葉「金色夜叉」（明治 30 〜 35 年、1897 〜 1902）
　　　『紅葉全集』第七巻　岩波書店、1993

（21）内田魯庵「くれの廿八日」（明治 31 年、1898）『明治文
　　　學全集 24・内田魯庵集』筑摩書房、1978

（22）内田魯庵「老車夫」（明治 31 年、1898）『文芸小品』博
　　　文館、1899（国立国会図書館蔵）

（23）内田魯庵「破垣」（明治 34 年、1901）『明治文學全集
　　　24・内田魯庵集』筑摩書房、1978

（24）内田魯庵「社會百面相」（明治 35 年、1902）『社會百面
　　　相』博文館、1902（国立国会図書館蔵）

（25）大塚楠緒子「離鴛鴦」（明治 35 年、1902）『明治文學全
　　　集81・明治女流文學集（一）』筑摩書房、1966

（26）永井荷風「夢の女」（明治 36 年、1903）『日本現代文學
　　　全集・講談社版 33・永井荷風集』講談社、1962

（27）菊池幽芳「乳姉妹」（明治 36 年、1903）『明治文學全
　　　集 93・明治家庭小説集』筑摩書房、1969

（28）夏目漱石「吾輩は猫である」（明治 38 年、1905）『漱石全集』第一巻　岩波書店、1993

（29）二葉亭四迷「其面影」（明治 39 年、1906）『二葉亭四迷全集』第三巻　岩波書店、1964

（30）夏目漱石「三四郎」（明治 41 年、1908）『漱石全集』第五巻　岩波書店、1994

（31）大塚楠緒子「空薫」（明治 41 年、1908）『明治文學全集 81・明治女流文學集（一）』筑摩書房、1966

（32）大塚楠緒子「そらだき續編」（明治 42 年、1909）『明治文學全集 81・明治女流文學集（一）』筑摩書房、1966

（33）三代目柳家小さん口演　今村次郎速記「夏どろ」（明治 42 年、1909）『口演速記明治大正落語集成』第六巻　講談社、1980

（34）夏目漱石「それから」（明治 42 年、1909）『漱石全集』第六巻　岩波書店、1994

（35）夏目漱石「門」（明治 43 年、1910）『漱石全集』第六巻　岩波書店、1994

（36）谷崎潤一郎「刺青」（明治 44 年、1911）『谷崎潤一郎全集』第一巻　中央公論社、1966

（37）谷崎潤一郎「彷徨」（明治 44 年、1911）『谷崎潤一郎全集』第一巻　中央公論社、1966

（38）谷崎潤一郎「少年」（明治 44 年、1911）『谷崎潤一郎全集』第一巻　中央公論社、1966

（39）谷崎潤一郎「幫間」（明治 44 年、1911）『谷崎潤一郎全集』第一巻　中央公論社、1966

（40）谷崎潤一郎「颱風」（明治 44 年、1911）『谷崎潤一郎全集』第一巻　中央公論社、1966

（41）谷崎潤一郎「秘密」（明治 44 年、1911）『谷崎潤一郎全集』第一巻　中央公論社、1966

（42）谷崎潤一郎「あくび」（明治 45 年、1912）『谷崎潤一郎全集』第一巻　中央公論社、1966

（43）久保田万太郎「朝顔」（明治 45 年、1912）『久保田万太郎全集』第五巻　中央公論社、1967

（44）谷崎潤一郎「戀を知る頃」（大正 2 年、1913）『谷崎潤一郎全集』第二巻　中央公論社、1966

（45）永井荷風「腕くらべ」（大正 5 年、1916）『日本現代文學全集・講談社版 33・永井荷風集』講談社、1962

作品（1）「萬國航海西洋道中膝栗毛」是戏作作家假名垣鲁文的人气作品，主要描绘了去参观伦敦世博会的豪商和随行小吏们的旅途故事，其中町人阶层的出场人物很多且出场频率很高，可以说是调查日本町人阶层语言的绝佳资料。作品（2）「牛店雑談安愚楽鍋」描写的是明治初期社会各个阶层的人们来到当时最流行的牛肉火锅店，吃代表文明开化的食物——牛肉时的各种对话。文中非常鲜明地描绘了出场人物因身份、职业、性别等不同而产生的语言使用上的差别，因此作为祈使表达的调查资料具有很高的价值。

作品（3）「東京日新聞」、作品（5）「富士額男女繁山」、作品（6）「人間萬事金世中」均是著名歌舞伎剧作家河竹默阿弥的散切物。所谓散切物，是指歌舞伎世态剧的一种，主要特色是将明治前期散切头时代即男性剪短发的社会风俗描绘进歌舞伎脚本中。根据河竹登志夫所述，河竹默阿弥为了真实地描写新时代的风俗，曾戴着头巾，专门上街去观察。因此这些作品对于探究近代前期日本的社会语言生活来说是非常好的资料。作品（4）「開明小説春雨文庫」取材于明治 10 年以前的通俗史，其中包括了史实、街谈巷议、传说等多种类型的题材，是当时极具代表性的通俗读物。

作品（7）「歐洲小説黄薔薇」和作品（8）「西洋人情話英國孝子ジョージスミス之傳」是三游亭圆朝的单口相声速记本。三游亭圆朝创作、改编的单口相声作品由若林坩藏等速记专家亲临表演

现场手写速记保存下来，其中的社会人情故事、怪谈故事等都是近代前期珍贵的口语资料。本书在选择调查作品的时候，主要以东京本地作家的作品为中心，但岐阜县出身的坪内逍遥，在明治、大正时期的评论、小说、剧作等诸多领域都十分活跃，其作品在日本研究史上也被定位为具有打开了日本近代文学之门的价值，因此本书选取了坪内的两部小说即作品（9）「一讀三歎當世書生氣質」和作品（10）「新磨妹と背かゞみ」，作品（9）「一讀三歎當世書生氣質」描写了明治时期生活在东京这一大城市的书生众生相，因此是反映当时书生语言特色的重要文学资料。

作品（11）二叶亭四迷的「浮雲」被誉为日本近代小说的出发点，作为小说领域言文一致体的创始作品一直备受日本学界的关注。另外，本书还选取了二叶亭四迷在明治 30 年代出版的另一部代表作即作品（29）「其面影」作为时代对比调查的补充资料。作品（12）「政黨美談淑女の操」和作品（14）「政黨餘談淑女の後日」是日本近代戏曲作品中少有的政治剧本，因此是探究日本政治社会口语使用情况的绝好材料。另外，本书还选用了作为滑稽小说写下的喜剧剧本作品（17）「恋の病」以及描写了社会人情故事的戏曲作品（18）「有福詩人」。作品（13）「藪の鶯」、作品（15）「八重桜」、作品（25）「離鴛鴦」、作品（31）「空薫」、作品（32）「そらだき續編」均是近代女性作家三宅花圃和大塚楠绪子的代表作，这些作品均以女性为主人公，因此是研究当时日本社会中女性语言使用状况时不可或缺的资料。

著名文学作家尾崎红叶在明治二三十年代创作活动非常活跃，作品（19）「多情多恨」和作品（20）「金色夜叉」就是尾崎在这一时期写下的极具社会影响力的代表作，可以说这两部作品作为研究当时祈使表达的资料具有极高的价值。作品（24）「社會百面相」出版于明治 30 年代，是内田鲁庵撰写的极具代表性的社会讽刺小说，作品中毫不留情地揭露了当时日本社会腐败可笑的万象。同时，本书还选取了内田鲁庵另外三部代表作，即描写日本

中流阶层家庭风貌的作品（21）「くれの廿八日」，描写日本下流贫民的佳作作品（22）「老車夫」，还有讽刺明治上流社会毫无廉耻之心、腐败堕落之极现象的作品（23）「破垣」。作品（27）「乳姉妹」是茨城县作家菊池幽芳的代表作，这部作品是当时日本社会的畅销书，被称为近代家庭小说的典范，具有强烈的时代色彩，作者运用了大量反映时代潮流且为大众所乐于接受的语言表达。

作品（28）「吾輩は猫である」、作品（30）「三四郎」、作品（34）「それから」、作品（35）「門」是夏目漱石的代表作。夏目漱石的创作活动主要开始于近代后期，因此本书选取其作品作为探究日本近代后期口语表达的语言资料。另外，本书还选取了近代后期的代表作家永井荷风的两部小说、即作品（26）「夢の女」和作品（45）「腕くらべ」，谷崎润一郎的六篇短篇小说、即作品（36）「刺青」、作品（37）「彷徨」、作品（38）「少年」、作品（39）「幫間」、作品（40）「颶風」、作品（41）「秘密」、作品（42）「あくび」、作品（44）「戀を知る頃」，以及久保田万太郎的短篇小说即作品（43）「朝顔」。

在选取了戏作、歌舞伎脚本、戏曲、小说的代表作之后，本书还选取了日本近代单口相声的代表新作即作品（16）「大工の訴訟」和作品（33）「夏どろ」，力求从多种文学作品类型来探究当时日本社会的口语表达情况。

本书在按照以上所述方针选取调查作品的同时，为了更加细致地分析日本近代东京语祈使表达的历史变迁和实际使用情况，将日本近代分为以下两个时期。

·近代前期：明治初期到明治 19 年末
·近代后期：明治 20 年初到大正初期

同时，进一步将近代前期和后期各自按 10 年为一个单位细分，即初期、10 年代、20 年代、30 年代、40 年代以后。本书根据所选作品的出版年代和各个作家的主要创作活动时期，将每部作品与各

时代细分对应。分析语言的历史变化过程时，既可以按照作者出生年代的顺序进行分析，也可以按照作品发表年份进行。在本次调查中，具体比较同一作者不同时期发表的作品后发现，语言使用上存在一定的变化，因此本书以作品发表年份顺序为基准进行分析[注15]。接下来，本书在分析和论述日本近代东京语的历时变化时，均遵从上述的时期和时代划分。

　　本书将通过对日本近代东京语代表性文学文艺作品的全数调查，整理和分析大量的祈使表达实例，统计调查日本近代东京语使役表达的历史变迁体系和实际使用情况[注16]。

注：

1. 在和他人进行交流的时候，人们通常会根据自己和对方的关系、自己和话题人物的关系以及当时说话的场面等因素来选择合适的语言表达，这种根据说话状况来选择具体语言表达形式的意识在本书中称为待遇意识。

2. 本江户即真正的江户语之意，一般是指旗本、家臣等武士阶层的用语。

3. 请参考中田祝夫編（1972）『講座国語史 2 —音韻史・文字史—』大修館。

4. 请参考杉本つとむ（1960）『近代日本語の成立：コトバと生活』桜楓社。

5. 请参考亀井孝（1955）「近代日本語の諸相」『国語学』22。

6. 请参考吉田澄夫（1952）『近世語と近世文学』東洋館出版。

7. 请参考橋本進吉（1946）『国語学概論』岩波書店。

8. 请参考金田一京助（1949）『国語の変遷』創元社。

9. 请参考松村明（1977）『近代の国語』桜楓社。

10. 请参考佐藤喜代治編（1977）『国語学研究事典』明治書院。

11. 请参考飛田良文（1992）『東京語成立史の研究』東京堂。

12. 请参考塚原鉄雄（1955）「国語史はどんなふうに把握されてきたか」『国語学』22。

13. 田中章夫（1983）『東京語—その成立と展開—』明治書院，第

35 頁。

参考译文如下：

　　"东京语具有三个层面的特征。第一，不用说当然是作为东京人日常用语的一面。第二，则是应该可以被称作殖民地语甚至是都市语的一面，因为其反映了全国各地人们聚居的殖民地东京、大都市东京的性格。然后，第三，则是被人为地刻意塑造的一面，因为政府力图打造日本全国的所谓标准语，因此东京语作为日本的公用语言，一直被有意识地加以改造。"

14. 此处所列文献相关信息的顺序为：作者名、作品名、初次出版时间、收录文集、出版社、再版时间。

15. 本书以各年代的总语例数达 500 个以上为基准来决定各个时期选取作品的数量。

16. 统计语例数时，不考虑表记方式、假名使用差异等问题。例如："御"作为"お"的汉语型，本书将两者作为同类祈使表达的一部分对待。另外，像"行け、行け"这样的反复表达，由于具有独特的表现效果（例如：强调、急躁、焦躁、兴奋等等），本书将其作为一个整体来对待。本书在引用例句时，尽量遵循原著的表记，但会适当省略注音假名，字体原则上改为常用字体。波浪线"～"表示动词连用形。

第一章 祈使表达的研究史

祈使表达是说话者要求听话者进行某种行为的语言表达，作为语言使用中的一项重要功能，自古以来就有许多相关的研究和调查。但是，根据研究者的不同，具体的研究范围、下属分类，使用的术语名称等都有所不同，分析的视点和角度也各式各样。

本章通过对祈使性语言表达研究、特别是以日语祈使表达研究为主的历史、现状的归纳，以及对部分代表性专著、论文的述评，来了解前人在研究分析和记述方法等方面的成果和特色，厘清迄今为止的研究脉络，进而展望祈使表达研究未来的发展方向和诸多可能性。

1. 祈使表达的基本概念

正如绪论所述，语言行为当中，有说话者意图要求听话者实施某种行为的类型。本书把这类语言行为的整体称为祈使语言行为，把在这种表现意图下所使用的语言表达形式统称为祈使语言表达。

相关研究在指称具有祈使功能的语言表达时，一般会使用"命令表达""命令法""行为指示型表达""行为赋课型表达""行为要求表达""发动行为表达""行动展开表达""祈使表达"等各种名称。

在欧美的语言学和语言哲学等领域，对以言行事行为进行分类时，使用"权限行使类""指令类"等术语。例如，Austin（1962）

将以言行事行为中的一种命名为"权限行使类",即指"行使权力、权利、影响力,从而强制听话者实际推进某种行动的一类话语行为"。Searle(1979)将指令类以言行事行为的目标定义为"说话者尝试促使听话者实施某种行为"。Leech(1983)则将具有竞争性表达功能的以言行事行为称为行为指示型或行为赋课型(imposi-tive),明确指出其主要特征就是"要求听话者对说话者赋予利益、给听话者增加负担的以言行事行为"。这三种定义都是以英语为对象语言,因此和日语有一定差异,但所指概念基本等同于本书中所说的"祈使表达"。

在日本传统的国语学[注1]领域中,多使用"命令表达""命令法"等术语来指称祈使表达。例如,田中章夫(1957)、寺岛浩子(1974、1978)都使用了"命令表达"这一用语,前者将其定义为"期待对方用行动进行反应的语言表达",后者则将其定义为"要求(含禁止)对方采取某行动的语言表达"。广濑满希子(1991~2000)的一系列论文中一直使用"命令法"一词,其内容是指"说话者向听话者表达自身态度的语法形式总和,而这一态度就是发动听话者实施所期望动作、行为的'命令'态度"。这三者的定义与本书所说的"祈使表达"表示基本相同的概念。

在日语语言学、日语教育领域,由于受到传统的国语学和欧美语言学研究等的影响,研究者在指称祈使表达时既使用"命令、请求表达""行为指示型表达""行动要求表达"等术语,同时也使用该领域较为独特的"发动行为表达""行为展开表达"等术语。例如,仁田义雄(1991)使用了"发动行为表达"这一术语,并将其定义为"说话者向谈话对方的听话者进行呼吁、推动其按说话者自身的要求实施某种行为的'说话、传达语体'",将具有该类意义的句子统称为'发动句'"。坂本惠等(1994)将表达行为的一种称为"行动展开表达",主要指"不仅是将表达内容传达给对方,还要以此让对方或自己(或两者同时)采取某种行动,希望以该行动来实现表达内容的"的语言表达。但是,这种"行动展开表

达"包含"对方或自己（或两者同时）"要采取的某种行动，因此，还涵盖了不仅要求听话者完成行动，还要求发话后说话者同时实施行动的概念（如申请、确认等），其指示的范围比本书所说的"祈使表达"更为广泛。

在心理学研究领域，研究者多使用"要求表达""要求发话"等术语。例如，村田孝次（1961）指出"要求发话"是"被称为恳愿、劝诱、指示、请求、命令等的发话行为，不包括禁止和疑问"。冈本真一郎（2000）将说话者为受益者的行动指示表达统称为"要求表达"，区别于受益者为听话者以及公共利益的情况。这两位研究者的定义与本书中所说"祈使表达"的概念相比更为狭义。

在前人的研究当中，定义时而宽泛、时而狭隘，各式各样尚无定论。而本书所指的"祈使表达"取最为广泛的意义，即"要求听话者实施某种行为"的所有语言表达形式都包含在内。

2. 语言哲学领域中的祈使表达研究

语言哲学中的一个问题领域——言语行为理论（Speech act theory）将"祈使表达"作为一种"言语行为"来进行分析。

2.1 Austin 的理论

语言哲学家、英国牛津大学道德哲学教授 J. L. Austin 最早明确地将施为话语和述谓话语进行了区分。他认为"人说出的话语不仅是描述事实和状态，而且还意在完成某种行为"。语言使用既是组词造句过程，也是一种做事行为，即"言可行事"。在《如何以言行事》（*How to Do Things with Words*）一书里，他指出"语言不仅是描述客观世界的工具，而且是一种行为，即言语行为"。在书里，Austin 区分了两类话语：述谓话语（constative utterance）和施为话语（performative utterance）。述谓话语指各种陈述，其作用是

描述某一事件、过程和状态，其重要特征是有真假值。施为话语是用来实施某种行为的，说话本身就是在做一件事，因此无真假之分。但是后来 Austin 又修正了自己的观点。他认为述谓话语和施为话语本无实质上的差别，凡说话者认真地说出话语（而不是在开玩笑或者打比方）即在以言行事。述谓话语和施为话语一样也能以言行事。Austin 从一个完整的言语行为中抽象出三种行为，分别称为（1）以言指事（locutionary act）；（2）以言行事（illocutionary act）；（3）以言成事（perlocutionary act）。以言指事指说出合乎语言习惯的有意义的话语；以言行事指在特定的语境中赋予有意义的话语一种"言语行为力量（illocutionary force）"，即语力；以言成事指以言指事和以言行事在听者身上所产生的某种效果。Austin 在研究中对（2）以言行事行为做了重点分析，他认为这一行为可以实现命令、约定、建议、提议、警告等语力，并根据这些语力将以言行事行为分为（1）判定宣告类；（2）权限行使类；（3）行为拘束类；（4）态度表明类；（5）言明解说类。这其中的权限行使类就是行使权力、权利、影响力，从而强制听话者实际推进某种行动的一类话语行为。例如：命令（command）、指示（direct）、请求（claim）、恳愿（entreat）、催促（urge）、强行要求（press）、建议（advise），等等。这是在语言哲学领域中，对祈使表达最早的定位。

2.2　Searle 的理论

美国语言学家、伯克利加州大学哲学教授 J. R. Searle 系统地发展了 Austin 的言语行为理论，并把它放在更大的哲学背景下加以论述，揭示了实现言语行为的各种条件。Searle 在言语行为理论的框架当中提出，为了能够前后一致，毫无缺陷地进行请求（request），除了要满足说话者、听话者能够正常使用、理解语言，说话者通过双方使用语言的语义学规则使听话者了解其说话意图等一般性条件外，还必须满足以下的合适条件（felicity condition）。

命题内容规则：听话者未来的行为 A

事前规则：（1）听话者有实施 A 行为的能力。说话者相信听
　　　　　　话者有实施 A 行为的能力。
　　　　　（2）对于说话者和听话者而言，在一般情况下，听
　　　　　　话者不清楚自己应该实施 A 行为。

诚实性规则：说话者希望听话者实施 A 行为。

本质规则：可看作是要求听话者实施 A 行为的一种尝试。

备考　命令（order，command），则还需满足说话者对于听话
　　　者而言处于有权威地位这一事前规则。另外，command
　　　大概不需要满足听话者不清楚自己实施行为必要性的
　　　"语用学"条件。

另外，Searle（1975）提出言语行为当中既有直接性行为也有
间接性行为。前者与话语的字面意义相对应，而后者则由前者推论
得来。Searle 指出，祈使言语行为大多是通过间接的祈使表达来实
现，并将其分为以下六个间接性等级群。

（1）有关听话者有实施该行为能力的语句

Can you reach the salt?

（2）有关说话者对听话者实施该行为希望的语句

I would like you to go now.

（3）有关听话者实施该行为的语句

Officers will henceforth wear ties at dinner.

（4）有关听话者实施该行为愿望和意向的语句

Would you mind not making so much noise?

（5）有关听话者实施该行为理由的语句

You should leave immediately.

（6）前述诸要素中的一种内镶嵌另一种或明示性指示动词构成
　　的语句

I hope you won't mind if ask you if you could leave
us alone?

另外，Searle 认为 Austin 对于言语行为的"五分法"其实只是

对言语行为动词的分类，而不是对言语行为本身的分类。于是
Searle 对以言行事行为做了新的分类，即（1）指令类；（2）承诺
类；（3）表情类；（4）宣告类；（5）阐述类五大类，并规定指令
类的表达目标就是"说话者试图让听话者去做某事"，这一目标正
与本书中所说的"祈使表达"的表达意图相同。Searle 还指出，能
够完成指令类言语行为的动词有①请求、命令、指示、乞求、要
求、请愿、祈祷；②劝说、许可、建议、挑战、坚持等等。

综上所述，Austin 和 Searle 的理论都是以英语为主要对象的研
究，虽然并未提及日语中的祈使表达，但在拓宽祈使表达的研究视
野这一点上具有极为重要的意义。

3. 语言学领域中的祈使表达研究

Austin 和 Searle 的古典言语行为理论对语言学领域，特别是语
用学中的"祈使表达"研究具有深远的影响。

3.1　Leech 的礼貌原则

G. N. Leech 在其 1983 年的论著中指出，从与礼貌的关联性出
发，可以将以言行事行为的功能分为（1）竞争型；（2）亲密型；
（3）合作型；（4）对立型四类。特别是前两类主要和礼貌性相关，
如果与 Searle 的以言行事行为的分类范畴相对应，可以发现（1）
竞争型与 Searle 的指令类；（2）亲密型与 Searle 的承诺类和表情类
基本对应。Leech 将具有竞争型功能的以言行事行为称为指示行为
型或者行为赋予型，明确指出该类的突出特点就是添加听话者的负
担，要求其赋予说话者利益。Leech 认为礼貌原则的主要功能就是
维持社会均衡和友好关系，其背后主要是得体准则、慷慨准则等六
条制约人际言语交际的礼貌准则在起着作用。

得体准则：（a）尽量少让别人吃亏。 （b）尽量多使别人受益。

慷慨准则：（a）尽量少让自己受益。 （b）尽量多使自己吃亏。

赞誉准则：（a）尽量少贬低别人。 （b）尽量多赞誉别人。

谦逊准则：（a）尽量少赞誉自己。 （b）尽量多贬低自己。

一致准则：（a）尽量减少双方的分歧。（b）尽量增加双方的一致。

同情准则：（a）尽量减少双方的反感。（b）尽量增加双方的同情。

这六条准则当中，得体准则和慷慨准则侧重于交际双方的利益分配情况，因而对祈使表达的礼貌程度更具有支配性。同时，Leech 还提出了（1）负担、利益尺度；（2）选择性尺度；（3）间接性尺度这样三个参考尺度，用于判断在各个特定的会话状况中礼貌体谅的程度是否最合适。但是，Leech 的理论主要是立足于人类社会最基本、最普遍性的部分，所以其存在的缺点就是仅仅只描述了言语行为的最理想状态。

3.2 Brown & Levinson 的礼貌策略

Brown & Levinson（1978）在社会学研究的基础之上，提出面子概念，以此为基础分析了礼貌策略。他们认为面子是每个成熟的社会成员想为自己争取的公开的自我形象，面子分为正面面子和负面面子。人们在交际活动中希望彼此维护对方的面子，并随面子威胁程度的增大而采用较高程度的礼貌策略。正面面子是指每个社会成员在交际活动中希望他的愿望受人认同，他的自我形象和个性始终被人欣赏和赞许；而负面面子是指自己的私人领域不被人干涉的权利，即具有行动的自由和自主决定的自由。在交际活动当中，某些言语行为会内在地侵犯交际者的正面和负面面子，Brown & Levinson 将这类行为称为威胁面子的行为。其中威胁负面面子的行为包括命令、请求、建议、提醒、威胁、警告、激将等给听话者（对方）添加心理负担的行为，还包括使听话者（对方）受益的提

供、承诺等给听话者（对方）一种受恩惠感和欠情心理的行为。Brown & Levinson 还进一步指出，说话者为了维护听话者（对方）的两种面子会采取各种策略使表达变得礼貌，其中使听话者的负面面子不被威胁的语言表达策略就有（1）间接性表达；（2）提问、模糊规避表达；（3）悲观表达；（4）尽量减少强加程度的表达；（5）敬意表达；（6）道歉表达；（7）非人称化表达[注2]。

　　综合上述研究可知，礼貌原则和礼貌策略理论作为语言运用背后的原理，在欧美语言圈的祈使表达研究中发挥着巨大的作用。现在，这些理论不断被运用到语言圈文化圈完全不同的日语研究当中，其研究成果令人期待。

4. 日本国语学领域中的祈使表达研究

　　本书的研究立场是将日本国语学视为运用传统的研究手法对日语进行分析调查的学问领域，其研究对象包含从古代到现代的各类日语现象和问题。在这一领域当中，发表、出版过很多与祈使表达相关的研究论文和论著，大部分研究主要集中在从历史性、地理性的角度调查祈使表达各类语言形式[注3]的形成确立过程以及具体使用状况。而且该领域的研究不仅限于考察祈使表达的单个形式，还对祈使表达的整个使用体系进行着不断地探索。

4.1　有关祈使表达历史变迁的研究

　　在国语学研究当中，从整体上探索祈使表达历史演变过程的代表研究有田中章夫（1957）、齐藤纯子（1981）等。

4.1.1　田中章夫（1957）

　　田中（1957）是一篇将日本东京语的发展确立过程作为历时性现象进行考察的论文，其中特别对"直接引用[注4]的会话"中所出现的命令表达的历史变化进行了调查。田中将命令表达分为命令（肯定的命令）和禁止（否定的命令）两大类，指出在近代日语中标

准的代表语言形式有"一般动词、助动词的命令形"以及"在一般动词、助动词的终止形后添加禁止终助词ナ的形式"等种类。他还指出，在近代东京语的命令表达中有三种表达方式，即（1）由基本形式构成的表达方式；（2）由基本形式以外的命令形式构成的表达方式；以及（3）转用命令表达以外的表达形式（如劝说、疑问、陈述等）构成的表达方式，从对听话者发动命令的积极性强度上而言，是按照（1）＞（2）＞（3）这样一个顺序逐步变弱。另外，该论文调查分析了日本历史上从贞享3年到昭和30年之间出版的八份文献资料以及参考资料中的例句，指出在从江户语发展到现代东京语的过程当中有一个大的历史性发展倾向，即命令表达的语言形式由积极性强的形式逐步向积极性弱的形式不断进行转变。

4.1.2　齐藤纯子（1981）

齐藤（1981）通过调查表达的量、发令者、受领者（物）三个层面上的变化，分析考察了从古代到现代日本和歌中所出现的要求表达的历史变化过程。该论文虽然没有对要求表达进行明确的定义和分类，但是论文的副标题中指出"以命令、禁止、愿望为中心"，从这一点可以看出其研究对象和本书的研究对象"祈使表达"的部分表达形式是相同的。齐藤从奈良时代的『万葉集』到昭和年间的『月間歌謡曲』等七种和歌集中收集了所有要求表达的例句，并列表制图对所有例句进行了分析，最后得出结论指出"要求表达始终体现着日本人永恒不变的特征，同时在近千年里每时每刻都在不断发生着细微的变化"。

田中和齐藤都试图从整体上描绘日语祈使表达的历史变化特征，但是由于两者都没有对具体的人际交往场面和说话人的位相及其与听话者的待遇关系等层面进行全面分析，所以还需要通过更深入的研究对整体特征进行解释和补充。

4.2　有关各时代祈使表达体系的研究

在日本国语学研究当中，有相当一部分学者都曾试图分析并构

建从日本古代到近代的某一特定历史时期里祈使表达的使用体系，其中的代表性研究有川上德明（1975、1978）、西田直敏（1970）、寺岛浩子（1974、1978）、广濑满希子（1991～2000）、寺田洋枝（1999）等。

4.2.1 川上德明（1975、1977）

川上（1975）中指出，日本中古假名文[注5]中的命令、劝诱表达有①～給へ、②～給はむ、③～給はむや、④～やは～給はぬ等形式，这些形式如果究其内在构成要素可以解释为①由命令形构成的直接命令表达；②由推量形式[注6]构成的委婉的命令、劝诱表达；③由推量和疑问的形式构成的更为委婉、间接的命令、劝诱表达；④由反语和否定的形式构成的最为委婉、间接的命令、劝诱表达。川上将这些形式统称为"命令、劝诱表达的四阶段体系"，并指出各阶段的表现价值随着所处阶段越靠后而越委婉间接，命令——也就是对听话者行为的发动强度则随着委婉间接程度的增强而逐渐减弱。

接着，川上（1977）以『源氏物語』为中心，从说话者和听话者的待遇阶段与表达敬意程度、说话者和听话者的性别与表达敬意程度、源氏作为说话者和源氏作为听话者的不同场面等多个方面，分析调查了中古假名文中命令、劝诱表达形式的实际使用状况。

4.2.2 西田直敏（1970）

西田（1970）是一篇以『平家物語』的调查为中心，分析整理了日本中世时代命令表达体系的研究论文。划分古代日语和中世日语的一个大标志就是"候体"[注7]的形成，西田着眼于这一点，在通观『平家物語』这部作品中命令表达形式整个使用体系的基础之上指出，从命令表达到禁止表达等各类形式当中，"候体"并非与非候体的形式形成一一对应的关系，大部分"候体"是伴随着尊他动词而出现的形式。另外，西田还将"候体"和非候体的各形式分

成三大类，即 A 尊他动词的命令表达，B 自谦动词的命令表达，C 一般动词的命令表达。他以此分类为基础，通过分析例句调查研究了命令表达中的核心问题即"对于不同的命令内容，谁（说话者、命令者）对谁（听话者、对方）如何进行不同的表达"，同时总结出中世日语中命令表达的位相特征。

4.2.3　寺岛浩子（1974、1978）

寺岛（1974、1978）这两篇论文均是从待遇表达的角度聚焦于江户前期上方语注8的研究。寺岛从助动词、补助动词的有无、与动词相呼应的人称、终助词等方面比较了日本近世后期上方语和江户语中的命令表达（狭义）、劝诱、禁止表达，归纳出这些表达各自的待遇特征。寺岛总结得出的上方语的命令表达体系如下。

命令表現

（A）直接的表現　命令（狭義）　A 通常態　a 直接形…行け、行き

　　　　　　　　　　　　　　　　　　　b 屈折形…行かんか、行きんか

　　　　　　　　　　　　　　　B 受給態　a 直接形…行てくれ、行てもらおう

　　　　　　　　　　　　　　　　　　　b 屈折形…行てくれんか

　　　　　　　　禁止　　　　　A 通常態　a 直接形…行くな

　　　　　　　　　　　　　　　B 受給態　a 直接形…行てくれな、行てもらうまい

　　　　　　　　勧誘　　　　　A 通常態　a 直接形…行こう

　　　　　　　　　　　　　　　　　　　b 屈折形…行こうではあるまいか

（B）間接的表現——命令・禁止・勧誘

寺岛在比较分析了以上各个形式与江户语的使用状况之后指出，从待遇的手法而言，江户语主要重视听话对方和自己的上下级关系，而上方语则更关注依据每个场面不断进行转换的微妙语气，所以两者的区别主要体现在前者是"纵向分化"，后者是"横向分化"。

4.2.4　广濑满希子（1991～2000）、寺田洋枝（1999）

广濑（1991～2000）和寺田（1999）的研究都是以位相为视点来探寻江户语中命令表达体系的研究。

广濑（1991、1992、1993、1995、1996、1998、2000）的一系列研究以式亭三马的滑稽本[注9]作品「浮世風呂」「浮世床」「四十八癖」「七癖上戸」「早替胸のからくり」「古今百馬鹿」、泷亭鲤丈的滑稽本作品「花暦八笑人」、人情本作品[注10]「仮名文章娘節用」为调查文本，从位相和待遇性[注11]角度分析了从文本中全数收集到的命令表达形式，总结出江户语中的命令法规则。

寺田（1999）重点调查了江户后期故事本[注12]中直接命令表达的使用状况。该论文主要聚焦于说话者的位相以及与听话者之间的待遇关系，以敬语助动词、补助动词为中心，从历史发展性的角度进行了分析。其研究结果表明，虽然因说话者的位相以及与听话者之间的待遇关系不同会使直接命令表达的使用产生差别，但是从整体的倾向性上来看，江户语中特有的"やれ""しゃれ"系列语言形式的衰退和"なされ""くだされ"系列语言形式的确立是这一时期直接命令表达历时变化的最大特征。

综上可见，日本国语学方面的研究已经在一定程度上分析和整理出日本近世以前的祈使表达的使用状况，这个时期上下关系和身份制度等都非常清晰，但是到了日本近代，即明治维新以后整个日本近代社会的阶层关系逐渐趋于平等，社会阶层变化对语言使用的影响是可以预见的，但是对该时期祈使表达使用体系的研究却是个空白，亟待填补。

4.3　有关命令形的研究

日本国语学中对祈使表达研究的一大特点，就是有大量的研究都对"命令形"——这个语言形式本身就具有命令意义的形式进行了多角度多方位的调查和探索。

4.3.1　有关命令形确立过程的研究

从整体上探究命令形确立过程的代表研究有坪井美树（1993）、石川美纪子（2010）、浅川哲也（2013）等。坪井以日语活用形的研究历史为铺垫，概观了在这一历史发展过程中命令形的框架和名称的形成和确立史。在此基础上，坪井通过对比调查日本平安时代和上代的命令形以及日本方言命令形"～ロ"，从而对平安时代的命令形因动词不同而产生的特别对立模式进行了解释，即随着上代假名使用的衰退，整个日本上代的音声体系发生了变化，这一变化直接导致语言形态大幅减少，所以语言形态的差别性需要在"母音变化方式"和"词尾添加方式"这样的对立框架中得到部分体现。石川和浅川则均是以近代的日语文典为文本，调查了命令形在近代教科书中的发展和最终确立的过程。

有关单个动词命令形确立过程的代表研究有吉田金彦（1969）和武田孝（1973）等。吉田在论文中调查了命令形"まし"的相关起源学说以及该形式与连用形命令法的关系，指出命令形"まし"并不是以往研究中提及的所谓的礼貌语，而是属于动词连用形命令法，是一种尊他语。武田的研究则是从与"給へ"界限的模糊性这一角度，考察分析了表示命令的"候へ"的用法和历史变迁。其调查结果显示，"候へ"在日语语言历史的发展过程中，虽然最大限度地接近了"給へ"的用法，但是并没有达到两者完全无差别使用的境地，而且，由于被根基颇深的"給へ"所挤压和替代，最终"候へ"还是走上了消亡的道路。

4.3.2　有关命令形词尾和终助词的研究

动词命令形的词尾和终助词在语言形式上有很多相似之处，因此相关研究主要集中在对二者的区分方法、动词命令形和终助词结合形式的使用规则和历史变化等方面。

山崎久之（1972）通过分析调查日本近世上方语中活用词[注13]命令形末尾出现的"よ""い""いよ"的具体例子，试图找出区

分命令形的词尾和终助词的方法。

柴田敏（1988）则是通过对每个具体使用场面的探讨，分析整理出日本古典作品当中"命令形＋终助词（'ョ''カシ''ヤ'）"的规则和用法。

中野伸彦（1990）聚焦于"命令句＋终助词'ね'"这一形式，对江户语与现代语中的不同使用方法，以及其后的发展变化进行了调查和总结。中野伸彦（2009）中则继续对日语现代语中"命令形和终助词'や'"的用法进行了分析考察。

前田桂子（1997）着眼于江户时期文艺作品中出现的命令形词尾，特别追踪了词尾"ロ"（"行ってくれろ"中的"～ろ"等）作为江户语的确立过程以及其背后的形成原因。

4.3.3　有关命令形语言功能的研究

命令形，如名称所示，其基本语言功能就是说话者在不给听话者任何选择余地的情况下强制要求其实施某行为，对于这一基本功能的研究非常繁盛，如佐藤友哉（2012）等学者的研究。另一方面，命令形也有很多除基本功能以外的特殊用法，这方面的代表研究有近藤政行（1996）和川上德明（2003）。

近藤（1996）聚焦于命令形使用的一个特殊现象——可用于不以听话者为目标的场合，以动词为中心调查了命令形的语言功能。该研究的结果显示，命令形的基本内涵是表达希望与现实不一致的事态发展成为现实的语言形式，是表示希求实现相关事项的活用形。

川上（2003）则重点研究了中古假名文中命令、劝诱表达里出现的反复现象。川上在结合使用场面的基础上，特别分析了同一命令形的连用和反复，以及这些连用和反复融为一体的整体表达所特有的表现价值，最后总结指出，"反复"比起通常使用的仅此一次的表达而言，是一种被刻意强调的、因此也是对听话对方发动性更强的一种表达。

4.3.4　有关否定的命令形研究

所谓否定的命令形，在本书中主要是指用于禁止表达的语言形式。关于这个部分的代表研究主要有细川英雄（1972）和小柳智一（1996）。

细川（1972）调查了日本奈良时期到江户初期的代表作品中表示禁止意义的"な"等相关禁止表达形式的历史演变过程，同时探讨了相关的问题点。

小柳（1996）则是从句末出现的谓语、相呼应的副词、语句等构句特征的角度，收集整理了日本上代禁止表达中"な～そ""な～そね""な～""～な"各自对应的"禁止""制止""抑制"的用法。

综合上述的研究可以看出，在日本国语学的研究当中，对于语言形式本身就具有祈使功能的"命令形"的研究十分兴盛，但是，对于广义上的祈使表达中所包含的劝诱、希求等语言形式的研究却还甚少。

4.4　其他相关研究

日本国语学的研究，除了从以上几个代表性的角度对祈使表达进行了调查整理以外，还从方言研究，其他活用形式与命令法的关联性等角度进行了探索。

如鹤桥俊宏（1994）、村上谦（2002、2003a、2003b、2014）等学者的一系列论文，就试图分析和描绘出意志形"ウ、ヨウ"以及连用形等转用为命令法的历史发展过程。神部宏泰（1986）、坂本幸博（2003）、牧野由纪子（2009）、苗田敏美（2011）、大野仁美（2012）、酒井雅史（2012）等学者的研究中则考察了津轻方言、九州肥筑方言、大阪方言、富山方言、和歌山县南纪方言、兵库县神户市方言、富山方言等方言中祈使表达的用法和规则。

如上所述，日本国语学领域中的祈使表达研究，主要是从各个时代的文学作品中收集例文例句，然后通过统计比较语例的数量和

具体分析各个语例的使用状况，从而试图整理出祈使表达的使用体系和特征。有效地利用文献资料来进行祈使性语言表达的研究，作为日本国语学中坚实的研究方法，今后也有必要不断坚持，同时，在语言历史这一框架中重新分析考察现象背后的实质，也将成为一项重要的课题。

5. 日语语言学领域中的祈使表达研究

在本书当中，将日语语言学视为主要对现代日语进行共时研究的领域，它和以往的国语学领域所采用的研究手法和所聚焦的研究对象、时间都有所不同，可以说它是同时采用了国语学的研究方法和欧美语言学的新概念的新兴研究领域。而且，由于和日语教育学有着密切的关系，所以在构筑为日语教育服务的语法基础和体系这一点上也起着非常重要的作用。日语语言学领域的大量文献都是研究现代日语中祈使语言表达的体系和下属分类，各语言形式与表达功能的对应关系以及与礼貌原则的关联性等问题。

5.1　有关现代日语祈使表达体系的研究

现代日语祈使表达体系和下属分类的相关代表研究有仁田义雄（1991）、汤通堂诚（1992）、藤本阿美娜（1996）等。

5.1.1　仁田义雄（1991）

仁田（1991）对现代日语祈使表达的体系和下属分类做了十分系统的分析和归纳。仁田将日语中"说话、传达的陈述态度"分为"发动、表出、叙述、询问"4大类，并将"发动"定义为"说话者发动作为对象的听话者实现说话者所要求行动的'说话、传达的陈述态度'"，将拥有这种功能的语句称为"发动语句"。仁田所说的这种发动表达实际上和本书中所说的祈使表达指示着大体相同的内容。

仁田还将发动表达分为2种，即只要求听话者采取行动的命

令、请求、禁止等"对他命令"，和以说话者进行行动为前提，同时要求听话者也采取行动的劝诱等"包括自我命令"。他将"命令"解释为"说话者说出发动语句后能够让对方采取行动，即发动语句中能够支配对方行动发生的表达"，将"请求"解释为"以对方采取行动的意向和对方为说话者采取行动的好意等为前提，发动对方采取行动的表达"，并指出两者是紧密联系的。与此相对，他又将否定型分为否定命令（禁止）和否定请求，指出后者包含引起否定事态的发动型和引起肯定事态的非发动型 2 种类型。从仁田的定义来看，命令和请求的区别并不仅仅是根据语言形式，但是从其所列的语例（见图 1 - 1）来看，命令和请求的语言形式几乎完全没有重复，两者在语言形式上也被完全区分开来。

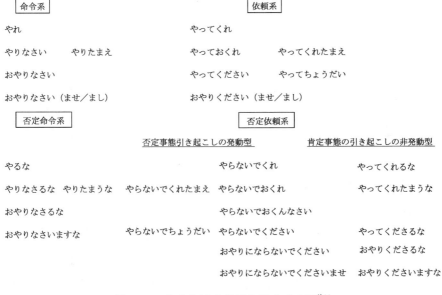

图 1 - 1　命令与请求的语言形式对应图[注14]

同时，仁田还以动词的命令形为中心，考察了"发动语句"成立的语用学条件。他举出命令成立的 3 项必要条件，并指出命令语句如果欠缺其中的任何条件，就会失去命令语句的意义，或是偏离

典型的命令，甚至成为错误的语句。接着他又根据这些成立条件，探讨了命令与组合完成该命令的动词之间的关系，比较了命令语句和愿望语句的异同等。他指出，当为判断、疑问等这些本是用来表示"发动"以外的表达形式，如果符合主语为第二人称，没有时态、判断态度的分化、存现等条件时，就可以获得和发动表达相同的功能和力量价值，从而衍生为发动行为表达。

5.1.2　汤通堂诚（1992）、藤本阿美娜（1996）

汤通堂（1992）和藤本（1996）将语言学的研究成果引入现代日语的研究当中，尝试对祈使表达进行了更为客观和合理的分类。

汤通堂援用 Austin（1962）中提出的言语行为三分说，观察和分析了各语言表达形式如何最终实现说话者所希望听话者实施的行为，在此基础之上对命令、请求表达的各语言形式进行了试分类。该论文最后提出了一种新的分类假说，即可以将日语中的请求、命令表达分为：（1）作为语言形式的基本用法具有命令、请求意义的"以言指事"表达，（2）作为语言形式的派生用法具有命令、请求意义的表达：a 通过附加某种条件而满足"以言行事"条件的表达；b 最终结果达到和命令、请求表达相同意义的"以言成事"表达。

藤本（1996）从西方语用学中推理语境意义的观点出发，将日语以及英语商业文书中出现的"请求"表达形式分成三大类，即（1）不需要推理的"无需推理形"；（2）叙述"请求理由"后省略施为语句的"请求理由 & 施为语句省略形"；（3）叙述"评价条件"后省略施为语句的"评价条件 & 施为语句省略形"。藤本以此分类为基础，对日语和英语商业文书中的请求表达进行了比较和分析。

从以上内容可以看出，仁田（1991）的研究基本上是站在注重形式的陈述态度论的立场上，其中根据句尾形式进行的祈使表达分类，非常有助于理解现代日语中祈使表达的基本使用体系。另外，

他也提及在基本用法以外还存在着语用学条件所决定的语句意义层面，暗示在研究中不能只注意句尾形式，还应该考虑到拥有语用学层面祈使意义的表达。汤通堂（1992）和藤本（1996）则分别从言语行为理论和语用意义的角度尝试了对祈使表达进行分类，从而给以往只重视形式的分类方法注入了新的生命活力。

5.2 有关现代日语祈使表达的语言形式与功能的对应关系研究

以 Austin 和 Searle 为代表研究者的言语行为理论所开拓的视野就在于"说话就是做事"这一点上。该理论引入了将构成话语的语言表达看做"完成行为的语言形式"这一视点。同时，该理论还使许多新的研究成为可能，如：说话意图和意义的关系研究，语言的形式和功能的研究，调查语言使用背后的技巧策略等的研究。采用这些新的研究视点对日语的祈使表达进行调查的代表研究有坂本惠等（1994）、田中妙子（1994、1995）等。

5.2.1 坂本惠等（1994）

以坂本惠、蒲谷宏、川口义一为中心的研究小组发表了一系列有关待遇表达和祈使表达的研究论文。特别是坂本等（1994）从表达意图上将表达行为分为（1）自我表出表达（叙述表达）；（2）要求理解表达（传达表达）；（3）行动展开表达（发动表达）3类，并将行动展开表达的"目的和意图"定义为"不仅是向对方传达表达内容，还使对方或者自己（或是两者）进行某种行动，通过该行动来实现表达内容"。根据定义可知，该论文中所说的行动展开表达与待遇表达有着非常密切的关系。接着，作为弄清行动展开表达差异的分类基准，他们又提出"行动"（由谁进行行动）、"决定权"（谁具有该行动的决定权）、"利益"（该行动的受益者是谁）3个要素。根据这些要素的不同组合，他们将行动展开表达分为表1-1中的九大类。

其中，"忠告·助言"（忠告、建议），"勧誘"（劝诱），"依頼"（请求），"指示·命令"（指示、命令），"許可与え"（给与

许可）这 5 种是要求听话人采取行动的祈使表达。各类行动展开表达基本上是与能够实现其各自表达意图的典型表达形式相对应的，但是，他们也指出，在实际生活当中，避开利用典型表达直接表述表达意图，而将其转换为"好似表达[注16]"的现象非常多。大部分的行动展开表达都可以用"好似请求"和"好似请求许可"表达来代替，其主要产生原因和礼貌原则有关。因为"请求"和"请求许可"都具有的分类基准是决定权为 A，利益为 J，即通过表现出将决定权交给对方，将利益归于自己来考虑和照顾到对方的面子和情绪，从而使语言表达显得更为礼貌。

表 1－1　　　　　　行动展开表达的日语语言形式分类表[注15]

表现意图	行动	决定权	利益	典型的な表現
「忠告・助言」	A	A	A	シタホウガイイデス
「勧　　誘」	AJ/A	A	AJ/A/J	シマセンカ・シマショウヨ
「依　　頼」	A	A	J	シテモライマスカ・シテクレマスカ
「指示・命令」	A	J	J/A/O	シテクダサイ・シナサイ
「許可与え」	A	J	A	シテモイイデス
「申　し　出」	J	A	A	シマショウカ
「許可求め」	J	A	J	シテモイイデスカ
「確　　認」	J	A	J/A/O	シテモイイデスネ
「宣　　言」	J/AJ	J	J/A/O	シマス・サセテモライマス

　　坂本研究小组的一系列研究从表达意图出发整理了实际的语言形式，探明了祈使表达的基本性质，以及作为其应用表现的方法"好似表达"的产生原理。对这种不直接表述表达意图，即所谓含蓄的日语祈使表达的相关技巧的探索，为日语语言学研究提供了重要的基础理论，同时也可以运用到翻译和语言教学中去。坂本等的研究和以上所提到的仁田的研究，能够帮助我们厘清在实际的交际会话当中决定祈使表达具体语言形式选择的因素有哪些。今后还应该以这些重要研究为基础，展开更为深入的考察，力求找到更为本

质性的影响因素。

5.2.2　田中妙子（1994、1995）

受到 Grice 会话含义的影响，田中妙子从与以往研究稍许不同的角度调查了祈使表达的各项功能并进行了分类。

田中（1994）根据语言形式自身是否能行使祈使的作用，将祈使表达分为明确性的和非明确性的两种，并将后者分为表达意图的核心被语言形式化和表达意图未被语言形式化的两种。作为表达意图的核心被语言形式化的具体表达，田中列出了 8 种类型：直接叙述要求内容本身，叙述希望和意志，叙述社会习惯、规则、道理等，叙述假定事项，直接使用祈使动词，询问为说话者而进行的听话者的未来行动，询问某种行为的可能性，询问假定事项。作为表达意图未被语言形式化的具体表达，她也列出了 7 种类型：叙述感觉，叙述现状，叙述未来行为，进行评价，询问现状，单用名词，发动。

田中（1995）进一步将表达意图未被语言形式化的表达改称为间接祈使表达，归纳其成立条件为：（1）听话人不了解说话人的情况；（2）在说话人没有具体要求时，说话者相信听话者在了解情况以后能够自己想出问题的解决办法；（3）在说话者有具体要求时，说话者相信听话者在了解情况以后能够推断出说话者的要求内容。接着她又指出选择间接祈使表达的原因包括：（1）礼貌性；（2）要求的难易程度；（3）传达的效率性；（4）要求内容的含蓄性。这 4 项理由并不是排列在相同的位置上，特别是前 3 项在各个表达中互相关联性地发挥着作用。

如上所述，田中从语言形式的功能出发对日语祈使表达进行了分类整理，特别是调查厘清了间接祈使表达的语言形式、成立条件和使用原因。所以，在非常注重人际关系的日本社会里，理解与人际关系密切相关的祈使表达时，不能只注意语言形式的表面意义，而要抓住更深层的、语言之外的含义。

5.3　有关现代日语祈使表达的礼貌性和礼貌度影响因素研究

对现代日语祈使表达的礼貌性和礼貌度影响因素等进行调查的代表研究有千昊载（1993）、川成美香（1993）、中岛悦子（1994、1995）等。

5.3.1　千昊载（1993）

千（1993）以礼貌原则为基础调查了现代日语中的行为赋予表达[注17]。千认为，由"说话者的行为受益"这一文章脉络所表现出的对人关系策略，按照命令句＜条件句＜陈述句＜疑问句＜间接以言指事句的顺序逐步实现语句的礼貌性。而且，他还提出"说服原则"，即为了充分发挥行为赋予句语用层面的礼貌性，可以向听话者提示履行行为的妥当性，或者缩小行为赋予的质和量的范围。但是，正如作者在文中所指出的，此次调查还未能涉及以礼貌性为基础对行为赋予句进行有机考察的领域。

5.3.2　川成美香（1993）

川成（1993）从礼貌性的角度出发，比较了女性和男性使用的请求表达的语言风格。她将请求表达的表达结构设定如图 1 - 2 所示，然后从请求的间接程度和强弱，授受动词、否定的助动词、敬语表达等表达形式的种类调查了主体请求语句（"主依頼文"）句尾表达的男女性别差异。同时，她还通过比较语言表达形式的丰富变化以及与德语、英语等异文化环境中请求场面的不同点分析了辩解表达（"言いわけ表現"）的男女差异。该研究的结论显示：女性照顾对方情绪的方法，主要是缓解主体请求语句所具有的要求的强迫性，提高间接性的程度，在词句中多用授受表达、否定助动词、敬语表达；在会话这一层面，则较多使用道歉、理由、解释、条件、让步等辩解表达，在德语和英语中也有和现代日语辩解表达相似的用法和倾向。

言いわけ表現	＋	主依頼文	＋	言いわけ表現
謝罪		依頼		理由
「申し訳ないけれど		別の日に変えていただけませんか		どうしても都合が悪いので」

图 1 - 2　请求表达的构造图[注18]

5.3.3　中岛悦子（1994、1995）

中岛（1994）调查了职业女性的会话，她将焦点集中在请求表达和疑问表达等的句尾形式，分析了影响礼貌程度的原因与场面、年龄差异的关系。调查结果表明，现代日语口语中的要求和疑问表达的礼貌程度不一定受场面和年龄差异的影响。

中岛（1995）进一步从说话人和听话人的关系，即与性别、年龄、亲疏程度、交往时间长短、接触机会的多寡等的关联中调查了请求表达的礼貌度影响因素。研究结果显示，具体哪种因素对请求表达的礼貌度起决定性作用，主要是受说话者自身对听话对方的心理意识、态度、感情等左右。

如上所述，千昊载主要厘清了语法层面上祈使表达礼貌性的顺序。川成和中岛则都是将焦点聚集到语言表达较为礼貌的日本女性的祈使表达上，考察了其礼貌程度和原因。从结果来看，决定现代日语祈使表达礼貌程度的因素有很多，由于受说话者的主观影响程度较大，所以在翻译和语言教学中都需要特别留意。这种以女性的祈使表达为核心来调查该国语言中祈使表达体系的方法今后也可以在其他各种语言的研究中加以运用。

5.4　有关现代日语祈使表达的照应成分研究

在日语语言学研究领域，对现代日语祈使表达的照应成分所进行的调查还为数不多，主要集中在分析整理祈使表达中的主语、副词、终助词的表达作用和照应规则等方面。

5.4.1　有关现代日语祈使表达与主语的研究

对现代日语祈使表达的主语进行考察的代表研究有水谷静夫

（1989）、须贺章夫（1995）、中崎崇（2012）等。

水谷（1989）从出现频率和功能等角度调查分析了主语显见命令句，最后总结指出主语显见命令句[注19]并非特例形式，省略主语往往会增加误解和无法解释的危险，而且接在主语后的助词不同也常常会带来意义上的差别。中崎（2012）则进一步调查了取第一人称主格形式的命令句的成立条件。

须贺（1995）选择了和水谷、中崎不同的角度，主要整理了现代日语中主语不出现在句子当中的现象，并特别将命令、禁止表达句中主语零化[注20]现象同主语显见化现象进行了比较调查，最后归纳总结了出现主语零化现象句子的构句特征以及命令、禁止表达句对主语出现的制约规则。

5.4.2　有关现代日语祈使表达与共起[注21]副词的研究

有关现代日语祈使表达与习惯性搭配副词的代表研究有周国龙（1994）、川端元子（2000）、福岛泰正（2002）等。

周（1994）调查了要求行为当中出现的副词"ちょっと"的语言功能，结论指出"ちょっと"一般在说话者预计对说话者有利、对听话者不利的状况下使用，主要是用在请求和责难的场合。

川端（2000）分析了程度副词在与祈使表达共同出现时的限制和相关原因，并以此分析结果将程度副词分成了三个大类，即（1）容易出现在指向听话者的祈使表达中的程度副词；（2）根据所给前后文的语境出现可能性逐步增大的程度副词；（3）即使给予一定的语境也绝不会出现的程度副词。

福岛（2002）则从副词"ぜひ"被使用时的表达意图及效果的角度，以说话者期待听话者实现事态所具有的"作业指示性"的强弱以及"延缓性"的有无为主轴，考察了该副词具体使用条件的存在状况。调查结果显示，"ぜひ"不用于命令表达，而且即使是请求、劝说、邀请表达中，也不能用于"作业指示性强"、即"无延缓性"内容的会话。另外，"ぜひ"所具有的积极性表示着说话者的乐意"接受"，因此可以作为向关系不太亲密的听话对方表达

关切的一种待遇表达形式来使用。

5.4.3　有关现代日语祈使表达与终助词的研究

调查现代日语祈使表达与终助词关系的代表研究有白川博之（1993）、川成美香（1995）等。

白川（1993）首先将终助词"よ"的功能界定为"唤起听话者的注意，使发话内容能够确切地进到听话者耳朵里"，然后根据这一界定，分析解释了"发动"语句相关的各种问题[注22]。

川成（1995）利用认知语用学的手法对请求表达中的终助词"ね"和"よ"进行了考察，指出终助词的语言功能和会话本身的性质以及上下文等都有着十分紧密的联系。

5.5　其他相关研究

日语语言学的研究当中，除了从以上几个代表性的角度对祈使表达进行了调查分析以外，还有对祈使表达下属分类中的一种、祈使表达某一语言形式，以及从语用学的角度等进行考察的研究。

正如 Pooly Szatrowski（1993）、村上三寿（1993）、井下幸子（1994）、冈田安代（1996）等学者的研究，就是限定于祈使表达下属分类中的一种，如命令、禁止、劝诱等，从语言形式与功能的关系以及分析会话构造等角度对该类表达进行了集中调查。

柏崎雅世（1993）、高桥信乃（1996、2007）、姬野伴子（1998）等学者的研究则是对"てください""しよう""したらいい"等祈使表达的某一特定语言形式的功能和表达价值进行了分析和整理。

三木悦三（2009）则运用了语用学中的关联性理论对不表示要求行为意义的命令句进行了分析。

6. 日语教育学领域中的祈使表达研究

日语教育学领域中也有很多关于祈使表达的研究。其主流是调查现代日语会话中祈使表达的构造和使用时的策略，以及分析比较日语学习者母语环境中的表达与日语母语者的表达。其中，关于"请求"的研究最为多见。

6.1　有关日语母语者祈使表达的会话结构和使用策略的研究

对日语母语者祈使表达的会话结构和使用策略进行探索的代表研究有村上京子（1991）、Kyi Tida（2004）等。

6.1.1　村上京子（1991）

村上（1991）以 29 名日本成人为对象，运用剧本调查法，即在提供具体的会话场面以后，请调查者用自由的方式记录语言的使用情况这一方式调查了 6 个生活场面中所使用的要求表达。该研究着眼于说话前提中的心情，即心理活动，通过将心理活动绘成流水图分析了要求表达的会话构造。根据村上绘制的流水图可以发现，日本人在说出要求表达之前，喜欢采用先引起对方注意，然后预告、提示话题，说明情况等方式做好铺垫。

6.1.2　Kyi Tida（2004）

Kyi Tida（2004）则是聚焦于难以进行请求时的请求表达，从表达结构、表达的前提条件、表达策略和表达的展开 4 个方面进行了调查。该论文将请求的表达结构分为开始语、正题、结束语，并对表达的前提条件规定为以下 3 条。

（1）请求的妥当性（请求的内容、立场和上下级关系、亲疏关系和心理状态）；

（2）对方的实现性（对方的能力和状况、行动的负担和行动后的得失、对方的好意程度）；

（3）请求者的必要性（请求的重要性、不成立时的为难程度）。

接着该文从请求者和被请求者的相互行为的观点出发，利用电影和电视剧的剧本，调查分析了请求表达的表达策略和表达展开，并将请求表达的表达展开过程模型化为图 1－3 和图 1－4。

図 1－3　请求表达的表达展开过程图（进行请求以前的过程）[注23]

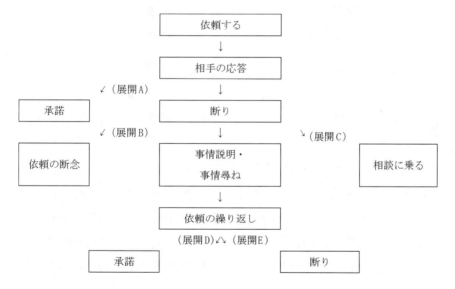

図 1－4　请求表达的表达展开过程图（请求开始到结束的过程）[注24]

最后，作为难以请求时的解决办法，该论文提出了边窥探对方的反应，边进行"探路（地ならし）[注25]"，请求的"状况说明、状况询问"，叙述"必要性""负担程度"等表达策略。

村上和 Kyi Tida 的研究，不是仅仅停留在祈使表达的主体要求

部分，而是在会话的展开过程中观察祈使表达的结构特征，探明了日语母语使用者为达成祈使目的会按照怎样的顺序来推进谈话，解释了因会话参加者的相互作用而逐步展开的各类发话内容各自起到哪些作用等问题。这些研究成果，使我们能够更加动态地抓住祈使表达的特征，从而在翻译和语言教学中更为恰当地运用。"请求"这种祈使表达，和单纯的命令不同，其中夹杂着各种因素，所以会表现出各种复杂的和耐人寻味的语言事实。今后，应该以"请求"表达的研究成果为基础，对其他的祈使表达也展开全方位的调查和分析。

6.2　有关日语和其他国家语言中祈使表达的对比研究

在对比调查现代日语和其他国家语言中祈使表达的研究当中，日中和日英的比较对照研究最为盛行。除此之外，日韩、日德、日泰等语言中祈使表达的对比研究也在逐步展开。

6.2.1　有关日语和汉语祈使表达的对比研究

有关汉语和日语祈使表达的比较研究有林淑珠（1982）、浜田麻里（1995）、谢恩（2001）、王志英（2005）、毋育新、郅永玮（2010）等。

林淑珠（1982）从礼貌尊敬的程度出发，比较分析了汉语和日语的命令、请求表达。其结论是"日语可以通过使用动词、助动词来构成多种表达形式、尊敬程度，而汉语由于是独立语，不存在动词活用，敬语中也没有专门的助动词，所以比较难以进行委婉表达"。也就是说，汉语和日语的祈使表达受各自语言结构的影响相当大。

浜田（1995）则是以请求表达为中心，结合各种周边现象，更广泛地调查了中日两国语言中的"请求"。浜田从文学作品和电影中收集"请求"的例句，参考 Brown & Levinson 的研究方法，将请求表达和礼貌理论结合起来进行了调查。调查结果显示，在补偿对方的负面面子时，汉语和日语母语使用者都喜欢运用"减轻对方负

担""表明不想束缚对方的意志""明示所受恩惠" 等策略。

　　谢恩（2001）以中国和日本的大学生为对象，运用会话试验和 DCT（Discourse Completion Test）的方法，调查了社会力量、社会距离和行动的负担程度都很低的"请求"场面中提出"请求"前的会话展开过程，从会话的层面上整理了汉语和日语提出请求的铺垫方法。研究结果显示，日本人在会话中，将补偿听话人负面面子的语言使用规则放在第一位，按照"用感动词唤起注意"→"确认行动实现的可能性" +"说明情况等前期补充"的顺序来开始请求。另一方面，中国人在会话中，将满足听话人正面面子的语言使用规则放在第一位，在用名词唤起注意后就直接开始提出请求。

　　王志英（2005）从语用学和对人功能论的角度比较分析了影响祈使表达的各种构成因素，并根据这些因素将祈使表达分为命令、请求和劝诱三大部分，比较了汉语和日语中这三种表达的成立条件、特征、利益关系等。同时，该论著中还对祈使表达中出现的动词、常用搭配的形容词、副词、语气词进行了比较。最后，该论著指出：在汉语中，说话者为让自己的请求获得成功，常使用暗示等不直接说出自己欲望的语言表达；而在日语中，主要是通过语言的结构来追求如何更尊敬对方，如何更谦逊自己，从而实现自己的请求。

　　毋育新、郅永玮（2010）以东京外国语大学宇佐美麻由美教授提出的话语礼貌理论为依据，讨论了中国日语学习者在日语请求行为表述中存在的问题。通过对30组中国日语学习者与20组日本母语者请求行为表述的比较，发现在请求行为的"顾虑、前话题插入、后话题插入、再请求"等表述连锁链中存在着显著差异；对请求行为的"基本态"认定后发现在日语母语者的会话中存在"引起注意—顾虑—情况说明—请求—辅助行为—追加说明—后话题插入—结束会话"8个表述过程，而中国日语学习者只有"引起注意—情况说明—请求—辅助行为—追加说明—结束会话"6个表述过程。表述连锁链中存在差异是中国学习者的主要问题点，其原因

在于对请求行为"基本态"认知不当，显示了恰当认知目标语言中各种语言行为的"基本态"在外语教学及跨文化交际中的重要性。

从以上的研究结果可以看出，汉语和日语在语言结构上有着很大的差别，语言使用的社会习惯和规则也有许多共通点和不同点。在翻译研究和教学的时候，应该特别留意这些特征，从而避免误解和摩擦。

从发展语用学的观点来调查中日祈使表达的研究有水野薰（1996、1997）。水野（1996）从"请求"言语行为的侧面调查了中级水平日语学习者的中间语言（interlanguage），通过比较分析学习者的汉语和日语，探讨了学习者如何根据实际状况来运用母语和目标语言的语用学知识使语言表达发生变化，以及该种运用能力是否受目标语言掌握程度的影响等问题。其调查方法是设定了与被请求者的人际关系、社会职能关系不同的6个场面，请被调查者轮流说话的同时进行录音。说话的主题是"借撰写硕士论文必需的重要资料"。该研究将从录音带中抄录下来的会话资料分为主体请求部分（request sentence）和位于主体请求前后的，体现说话人照顾对方情绪的语言特征部分，对这两个部分的使用频率和连续次数进行了调查。在分析"照顾对方情绪的手段"以后所得出的结论是：（1）进行请求行动时的语言使用和社会状况有关联；（2）学习者的请求的语言表达受目标语言掌握程度的约束；（3）语言表达的基本句型掌握先于对社会语言学相互作用的认知。

水野（1997）从directness和perspective的观点出发，继续对水野（1996）中所获得的会话资料中"主请求"部分进行了调查。该论文通过观察汉语和日语中的不同场面的语言表达形式的变化，分析了请求者在各个场面中受到语用学规则的约束程度，然后得到了和水野（1996）相同的结果。但是其分析结果中有两点耐人寻味的地方：（1）关于directness，在整体的表达形式中可以发现一个现象，就是日语多用"请求"表达，汉语多用"可能"表达。（2）关于perspective，汉语并不重视通过语言形式强调一方行为者的作

用，表达的重点在于客观描述所发生的事情，所以在中文的"主请求"中运用 perspective 的概念似乎并不恰当。

如上所述，关于祈使表达的发展语用学研究，有助于避免不同文化背景的人在交流中产生摩擦，使语言学习者能够更深刻地理解目标语言的文化。特别是从理论的角度追踪汉语的"可能"和日语的"请求"的联结点，也为我们提供了一个超越单纯记述现象的发展方向。

6.2.2 有关日语和英语祈使表达的对比研究

日英祈使表达的对比研究中，代表性的论著有原口愚常（1978）、井出祥子等（1986）、北尾健治等（1988）、Rose（1992）、西光义弘（1993）等。

原口（1978）从日英命令句的性质和使用范围、命令句和广告、肯定命令和否定命令等方面分析了日英命令句的差异。

井出祥子的研究小组从使用怎样的表达来实现"请求"这一角度出发，对比调查了日本和美国大学生进行"请求"时的敬语行动，北尾健治的研究小组则从礼貌原则的角度出发，对比分析了日语和英语中的"请求"表达。

Rose（1992）中以日本和美国学生为对象进行了完成会话试验和多项选择问卷两种问卷调查。在多项选择问卷中设置了四个选项，即直接请求、习惯性间接请求、非习惯性间接请求（给出暗示）、回避请求。调查结果显示，与美国人相比，日本学生较少使用给出暗示的方法，所以其请求也显得更直接。

西光（1993）对比考察了日语和英语中请求表达时的间接言语行为，从而整理出日英两国语言中最基本的语用学策略使用手法的不同。

6.2.3 有关日语和其他外语祈使表达的对比研究

日语教育学的研究当中，除了从以上几个代表性的角度对祈使表达进行了调查分析以外，还有对日语和韩语、日语和德语、日语

和泰语中祈使表达等进行对比考察的研究。

如严廷美（1997）从礼貌性的角度出发，比较分析了日本和韩国请求场面中使用的 Hedge 表达的男女差异。田中优子（2004）通过问卷调查整理出日语和德语中因说话人各自的属性以及各种场面等不同而产生的请求表达实际使用状况的不同，然后通过分析决定语言表达礼貌性的决定因素，从而提出了与礼貌程度相应的语言表达的区分使用模型。Prīyā ＇Ingkhāphirom Horie（1995）调查比较了日语和泰语中请求表达的句型和表达模式等的差异，并分析论述了泰国的日语学习者和日本的泰语学习者在请求表达理解上的问题点。

综合上述研究可知，目前祈使表达对比研究所进行的范围还有所局限，作为日语研究和日语教学的重要一环，今后应该在更大的范围内，推进与更多的外国语言所做的比较研究。

7. 心理语言学领域中的祈使表达研究

心理语言学，特别是教育心理学领域中的祈使表达研究与日语研究和教学有着非常密切的关系，本书主要通过 3 篇代表论文，来介绍这个领域的主要研究方法和成果。

从语言行动的发展层面进行调查的研究有村田孝次（1961）。村田为了考察"要求话语"[注26]的发展过程，研究分析了 2 名 1 岁儿童（纵向研究）和 58 名 1 岁儿童（横向研究）的发音数据，从而发现了以下现象：（1）儿童在 1 岁前期还无法区分表示要求本身的词语——要求词和感叹词，但是到了 1 岁后期就逐渐开始使用表示特殊性要求的语法以及符合句法的惯用形；（2）表示要求的动词词形和词根相同的动词词形的使用同时期发生；（3）要求词以及词组型要求话语使用中的大多数错误都是创造性和适应性产物；（4）词组形成的初期，各词语间的句法结合程度偏低，但是在 1 岁结束之际，便开始出现构造紧密的句子，其主要是以"宾语＋动词"的词

组型要求话语为核心；（5）以上各种现象的产生时间和顺序在纵向和横向的研究数据中结果相当一致，与前人的观察结果也相符。

对理解间接性要求的决定因素进行调查的研究论文有仲真纪子等（1982、1983）。仲真纪子的研究小组在 1982 年发表的研究论文中，根据 Clark 研究中提出的框架，调查了日语中理解间接性要求的相关决定因素。方法是通过电话对 587 名商店的店员（被实验者）进行间接性要求，然后观察分析他们的反应。研究结果显示，Clark 总结举出的 6 项基本因素[注27]均和日语中的间接性要求相关，同时，该研究还发现 3 个新的事实：（1）听话者理解对方的要求时，一方面会运用本人的既有知识和期待，另一方面也会推测和考虑说话者可能拥有的知识和期待来进行理解；（2）如果对要求句字面意义的回答不符合社会习惯和逻辑时，被实验者会倾向于避开该类回答；（3）标示语大多数情况下能够使要求更有效地传达，并能使要求显得更为礼貌，特别是在非习惯性要求的时候，标示语在句子当中的作用最为显著。

随后，仲的研究小组通过实验，更进一步调查了理解间接性要求时一般认为比较重要的语境信息产生的影响。他们在 1983 年的研究论文中发表其研究成果指出，最有助于确定要求发话语力的信息是关于说话者的目标和听话者的合作态度；而在根据上下文信息推测要求的内容时，提出信息的最佳顺序则是目标、说话者状况、听话者状况、听话者的合作。最后，该论文总结道："如果不考虑说话时的语境，无论是运用语言学的手法还是运用心理学的手法都无法透彻分析间接性言语行为的真正意义。"

对要求表达区分使用的决定因素进行分析的研究有冈本真一郎（2000）。冈本建立模型，通过心理学实验，调查了日语要求表达区分使用时的相关决定因素，特别是从因要求量而采取的间接化、根据不同听话者的区分使用、因考虑负担繁重而减轻要求内容等方面进行了重点剖析。然后在此基础上，考察了现代日语中根据人际关系来区分使用要求表达的实际状况和礼貌原理。研究结果表明，在

区分使用明示性语言形式时，对听话者所产生负担的顾虑以及说话者和听话者的地位、亲疏关系是最主要的决定因素。在要求量越大，越有必要考虑对听话者所产生的负担时，表达就会越间接；反之，因为紧急状况和不得已的要求以及符合社会职务的要求等无须考虑所产生的负担时，就会更多使用直接表达。对于非明示性语言形式的使用，则是越容易产生要求含义的状况下，非明示性表达的使用就越多，如果了解听话者的行动类型，还可能会使用省略表达。

综上所述，心理语言学中祈使表达的相关研究主要是聚焦于语言行为的发展过程以及语言理解和使用时的心理因素等方面，该领域的研究方法和成果拓宽了祈使表达的研究视野和范围，能够促进对祈使表达的多角度观察和理解。

8. 总　结

本章概观和评述了欧洲起源的语言哲学、语言学领域，以及日语研究的主要领域，包括日本国语学、日语语言学、日语教育学、心理语言学领域中祈使表达研究的代表论文和论著，总结了各个领域的主要研究方法和成果。欧洲语言哲学领域主要从言语行为理论的角度给祈使表达做出定位，并分析其实质和内含。语言学，特别是语用学则主要是从对人交际中的礼貌原则和策略方面对祈使表达进行了探索。日本国语学主要是考察祈使表达的历史变化和位相特征，日语语言学则主要是研究现代日语祈使表达的体系和下属分类，语言形式和功能，表达意图和表达行为的关系，以及语用学、认知语言学的各因素对语言表达的影响等。日语教育学领域的主流是研究祈使表达的会话构造和使用技巧，以及与汉语等外语进行比较对照。心理语言学，特别是教育心理学领域则是以祈使表达语言行为的发展过程、区分使用和理解时的心理因素为中心进行了考察。

虽然要完全厘清各个研究领域中祈使表达的发展脉络以及细节是十分困难的工作，但是以上的整理和归纳在一定程度上揭示了各个研究领域中祈使表达的研究特色。在回顾和分析以往研究的基础上，对祈使表达今后的研究课题和方向可以做出如下展望。

（1）可以进一步对从古代到现代的日语祈使表达的整个历史变迁体系做一个全面而完整的研究。例如，可以在日本的上古→中古→中世→近世→近代→现代的时间推移中，调查和整理祈使表达的语言形式和使用规则的历史性变化。特别是对于上古→中古→中世→近世的祈使表达，由于资料较为匮乏，相关研究甚少，还有待进一步推进。

（2）可以进一步从说话者的位相、说话者与听话者的待遇关系等角度对各个时期的日语祈使表达的使用状况进行研究。例如，不仅仅是停留在近世以前，对于身分制度和上下关系等都变成非绝对性存在的日本近世以后，特别是对社会激荡变革的明治时期所使用的祈使表达，更应从位相和待遇关系上去探明其特征。

（3）可以进一步对祈使表达整体的使用状况进行研究。例如，可以在继续深入调查命令（肯定的命令）和请求形式的基础之上，加强对日语祈使表达的其他形式，如禁止（否定的命令）、劝诱、愿望、疑问、当为、省略等的探究。即对广义上的祈使表达的语言形式和搭配成分、语用意义的转换、各个时期的使用情况等进行体系性研究。

（4）可以同时推进对东京语和日本地方方言中祈使表达的研究，通过比较对照寻找两者的相似之处和不同点，从而探究日语祈使表达的整个体系。

（5）可以全方位地推进日语祈使表达同其他外国语言的比较研究。祈使表达的对比研究以往主要集中在同有限的几种语言进行比较，比较的内容也局限于"请求"表达和礼貌敬意程度等，今后对"请求"表达以外的表达形式，也可以从自然会话分析等多角度来不断推进同其他外国语言的比较和对照。

（6）可以引进语言学、哲学、心理学、社会学、教育学等其他研究领域的优秀研究方法和成果，以更广阔的视野来探索日语祈使表达的内涵和外延。

（7）可以在调查分析祈使表达的语言形式和使用策略等的同时，推进与说话者和听话者的音声、表情、动作等的关联性研究，全方位解读日语祈使表达的实际使用状况。

（8）可以将日语祈使表达的基础理论研究运用到日语教学和翻译领域。如何将祈使表达已经取得的研究成果应用到教学和翻译的现场，由单纯的语法研究上升到为教育和翻译服务，这将是研究者们面临的一项重要课题。

祈使表达这种语言行为，毋庸置疑是直面对方而进行的行为，而且虽然会有一定程度的差异，但是都会是在某种形式上与利益相关的事情。对祈使表达进行研究时需要随时考虑各种各样的状况和影响因素，调查分析时是有相当难度的。但是，正因如此，该项研究也充满了各种可能性，今后应该围绕该课题继续开展全面而系统的研究。

注：

1. 在日本的语言研究领域所指称的国语学是现代日语语言学的旧称，现在两者的区别逐渐消失，甚至有许多研究部分都有着交叉的现象。本书在现代日语语言学不重点进行日语的通史研究这一点上，将其与日本传统的国语学做一个大致的区分。

2. 这里主要是指为了表明说话者不想强加的愿望，说话者可以避免使用代词 you 和 I，以显示特定行动与说话者和听话者无关。

3. 在日语的祈使语言表达研究中，根据其具体的使用状况和句末形式，常常会使用命令、指示、要求、请求、恳请、劝诱、忠告等各种各样的名称，而且各个名称所指示的实际内容在日语研究者当中也并不一致。

4. 直接引用是一种将原来的说话内容直接再现出来的引用形式。但是，事实上这种引用形式并不一定忠实地再现了原来的说话内容。即使原

　　来的说话内容被做了大幅修改，但在语法形式上一般仍旧是作为直接引用对待。也就是说，直接引用是一种好似忠实地进行了再现的表达。

5. 中古假名文主要是在日本平安时代盛行的一种文体，一般是指物语等用传统日语即和语写成的假名散文。

6. 推量是语言学和语法中使用的一种术语，即推测事物的状态或对方心理活动的表现方法。一般特指日语中使用了助动词"う、（よ）う""（だ）ろう"的表达形式。否定的推量则会使用"まい"来表达。

7. 候体文是日语当中从中世到近代使用的一种文言文体，其特点是在所有句子的句末都会使用礼貌助动词「候」（そうろう）。

8. 上方语在词典『広辞苑』第六版中的解释就是日本江户时代以京都、大阪为中心所使用的语言。

9. 滑稽本是日本江户时代后期戏作小说的一种，与读本、草双纸一样同属于日本大众文学。内容取材于江户町人的日常生活，主要以会话形式来描绘出场人物言行的滑稽。代表作家有十返舍一九、式亭三马等。

10. 人情本是日本江户后期至明治初期大众小说的一种，内容多描绘町人阶层的恋爱、人情纠葛等，广为女性读者所青睐。代表作家有为永春水等。

11. 广濑论文中所提待遇性主要是指说话者和听话者的上下、亲疏关系，命令受益的指向性等。

12. 故事本是指江户时期集结了当时的笑话、短篇小说而出版给大众阅读的集子，因此又称为笑话本，代表作品如「醒睡笑」「鹿の子餅」等。

13. 活用词即可以发生活用的词语，日语中一般是动词、形容词、形容动词、助动词的总称。

14. 图名为本书作者添加。

15. 表名为本书作者添加。且表中的 A 为对方，J 为自己，AJ 为两者，O 为 AJ 均非受益者，"/"表示"或者"的意思。另外，"典型表达"只是列出了能直接表示表达意图的代表语言形式。

16. 在蒲谷宏（1998）中对"好似表达"作了如下的定义。

　　　　"好似表达"是指持有表达意图（X）的表达主体，考虑到场面、人际关系、表达形态等各种因素以后，不用典型的语句（X'），而是

用与表达意图（Y）相连接的语句（Y'）来实现表达意图（X）的表达行为。如果从语句（Y'）的角度捕捉这种表达行为，那么由这种表达行为所产生的语句就可以称为"好似表达"。（蒲谷宏：「「あたかも表現」—「表現意図」と「文話」との「ずれ」—」、『早稲田大学日本語研究教育センター紀要』11、pp. 19 – 33）

17. 该论文中所说的行为赋予表达与本书中所提的祈使表达指称的内容基本相同。

18. 图名为本书作者添加。

19. 在水谷研究的调查范围内所收集到的例句大都是表示希求、禁制意义。

20. 主语零化即无主语。

21. 共起是指某个词在文章或句子中出现的时候，该文章或句子中会有另一个词频繁出现的现象，也就是习惯性搭配使用的现象。

22. 例如在"よ"出现和不出现的两种情况下，会产生哪些意义上的差异等问题。

23. 图名为本书作者添加。

24. 图名为本书作者添加。

25. 该文所说的"探路"是指制造和对方说话的机会来获取信息的方法。它不是指直接与请求相关的语言行为，而是指了解对方的状况，创造能够和对方进一步谈话的机会的语言行为。

26. 该论文中所说的"要求话语"是指包括恳请、劝诱、请求、命令等的一系列语言表达，但是不包括禁止和疑问。

27. Clark 所列举的基本因素有：（1）要求手段（例：询问对方的意图，陈述本人的要求）的习惯性；（2）表达形式（例："……して頂けますか"）的习惯性；（3）字面意义的回答（例："……して頂けますか"作为字面意义理解时，对这一疑问所作出的回答）在说话者和听话者之间的明确程度；（4）要求内容的明确程度；（5）标示语（"すみません"等）的存在；（6）关于说话者的目标和计划的信息或语言线索。（Clark，H. H，"Responding to indirect speech acts"，*Cognitive Psychology*，（11：430 – 477）

第二章　日本近代东京语祈使表达的概观

祈使表达是说话者为了让听话者实施某一行为而使用的语言表达。说话者希望切实引发听话者根据自身意志完成某行为的表达意图，最终通过怎样的语言形式来实现，这其中存在着各种各样的可能性。说话的场面、说话者和听话者的人际关系、心理状态、在某一社会领域的基本常识和共通判断等条件都会对祈使表达语言形式的使用产生影响，而各种不同语言形式最终的选用也是在这些条件的综合影响下形成。日本近代东京语的祈使表达当中也有着丰富多彩的表达形式，这些表达形式各自在祈使表达整体使用当中的出现频率如何，以及在整体中的分布状况如何等这些问题将是本章进行考察的重点。

1. 日本近代东京语祈使表达的种类和形式

本次调查所使用的祈使表达的例文例句，全部是从日本近代东京语资料[注1]的会话部分所收集到的实例。因为文献资料自身的特色，所以数据结果可能会受到作者的文体特征、场面设定、出场人物的数量以及说话次数等因素的影响，因而本次抽取的数据最终还是在这些资料范围之内的一个数据。但是，在本次收集语例时，全部是以能代表日本近代东京语特色的戏作剧本、歌舞伎脚本、戏曲戏剧、单口相声速记、小说等各个文艺领域的文献为对象，所以笔者认为应该能够对日本近代东京语整体的倾向进行一个大致的把

握。另外，在分析例文例句的时候，主要选取对话部分的主句，或者主干部分的谓语成分等构句要素，而对于引用句、让步句^{注2}等句中成分，因为会和原来的说话场面、说话者、听话者，现在的说话场面、说话者、听话者，以及前后句节的接续关系等因素相关联，所以和直接指向听话者发动其采取行动的祈使表达有一定差异，在本次研究中仅作为辅助数据进行参考，不作为主要调查对象。按照以上基准，本次分类为主要研究对象以外的表达，举例而言有以下几种。

○ さうするとお前来賓席にいらしつた瑠璃枝様が、ついと椅子を離れて、じつと見ていらしつたつけ、母様あれはなんといふ人で御座います、是非聴いて下さいましつて、きつぱりと仰しやつたのだつて。（離鴛鴦・275）

○ 先生の崇拝者が書いたものですから御安心なさい位に云つて置けば、さうかで直済んで仕舞ふ訳だが、此際左うは不可ん。（三四郎・564）

○ 是で若し私が病ひが重く成ツて、死ぬ様な事が有ツては生々世々の心残りですから、貴嬢は聞いて下さらんにしろ、瓜田李下の嫌疑を憚り、用心深い貞操正しい貴嬢が、私の来るをお厭ひなさるにも拘はらず、一言申し上度は、お八重さん……（八重桜・126）

在本次调查的日本近代文艺作品当中，共收集到近 8000 例祈使表达。从语法功能和表达意图的对应关系出发，可以将这些表达形式分为两个大类，即直接性和间接性两类。前者是指直接使用具有祈使性语法意义的语言形式来保证祈使功能实现的表达，

这当中包括积极要求听话者进行某行为的使役表达形式和努力阻止听话者实施某行为的禁止表达形式。后者是指转用具有其他语法意义的语言形式来承载和实现祈使功能的表达，这包括由劝诱、当为、愿望、疑问、平叙、省略等语言形式派生而来的表达形式。这些表达形式，仅从语言形式上看并没有非常明确地表示出说话者发动行为的表达意图，在很大程度上依存于说话场景和状况来实现祈使语气，因此在本书中也称其为"好似类祈使表达"。

本次调查中所收集到的祈使表达共 7621 例，具体分布如表 2-1 和图 2-1。典型的语言表达形式和例句数量的对应状况列在了图表之后。如图表和典型的语言形式所示，近代东京语当中，使用明确的语言形式积极地要求听话人实施或者不实施某行为的直接祈使语言表达的使用频率最高，占到总使用数的约 7 成，共 5418 例。其中"祈使"表达的例句最多，达到 4838 例，占整体的 63%，可以说是祈使表达的最主干形式。另外，转用其他各种语言表达形式来委婉地向对方表示要求实施行为意愿的间接祈使表达，即好似类祈使表达，虽然其语言形式和种类繁多，但总使用频率只占整体使用的约 3 成，共 2203 例，而且各下属分类表达的使用频率均在 7% 以下，因此还不能称为祈使表达的中坚力量。

表 2-1　　　　近代日语祈使表达各语言形式具体使用状况表

	直接祈使表达		间接祈使表达						合计
	祈使	禁止	劝诱	当为	愿望	疑问	平叙	省略	
实例数	4838	580	454	518	220	326	290	395	7621
使用频率	63%	8%	6%	7%	3%	4%	4%	5%	100%

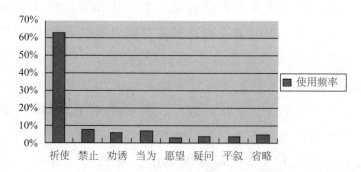

图 2 - 1　近代日语祈使表达各语言形式具体使用频率图

　　本来，说话人的表达意图会随着说话时的具体状况时常发生改变，因此应该从语用和认知等方面更细致地探讨会话层面的语言含义。正如前人研究[注3]中经常指出，同一语言形式常可能会用于多种言语行为的施行当中。本章主要是依据语言形式最基本的语法功能进行分类，所以从会话层面来看可能会出现功能归属不妥当的地方，这作为今后的课题还将继续探讨和研究。

　　﹡　典型的语言表达形式与例句使用数量的对应状况

（1）祈使　　　　　　　　　　　　　　　　　　　　　　　4838 例

①未使用敬语形式的表达

　　1）普通动词命令形　　　　　　　　　　　　　　　　 579 例

　　2）动词连用形 + 终助词类　　　　　　　　　　　　　 512 例

　　3）动词连用形 + やれ类　　　　　　　　　　　　　　　59 例

　　4）动词连用形 + しゃれ类　　　　　　　　　　　　　　42 例

②使用敬语助动词的表达

　　1）ませい　　　　　　　　　　　　　　　　　　　　　　6 例

　　2）たまえ　　　　　　　　　　　　　　　　　　　　　310 例

　　3）めされ类　　　　　　　　　　　　　　　　　　　　　6 例

　　4）なされ类　　　　　　　　　　　　　　　　　　　　681 例

　　5）なされませ类　　　　　　　　　　　　　　　　　　156 例

6）あそばせ类　　　　　　　　　　　　　101 例

③使用受惠动词的表达

　1）てくれ类　　　　　　　　　　　　　344 例

　2）てくりやれ类　　　　　　　　　　　 35 例

　3）てくれたまえ　　　　　　　　　　　108 例

　4）てくんなさい类　　　　　　　　　　113 例

　5）てくだされ类　　　　　　　　　　　577 例

　6）てくだされませ类　　　　　　　　　356 例

　7）特殊敬语动词命令形　　　　　　　　375 例

④其他　　　　　　　　　　　　　　　　 478 例

（2）禁止　　　　　　　　　　　　　　　580 例

①动词终止形＋な（ねえ）　　　　　　　256 例

②动词未然形＋ないで（お）くれ　　　　　 7 例

③动词未然形＋ないでおくんなさい　　　　 1 例

④动词未然形＋ないでください　　　　　　 5 例

⑤动词未然形＋ないでちょうだい　　　　　 1 例

⑥动词未然形＋ないでくださいまし　　　　 6 例

⑦お～ でない　　　　　　　　　　　　　 37 例

⑧动词终止形＋まい（めへ）　　　　　　　10 例

⑨ ～ちゃ/ては＋いけない/いけません类　 112 例

⑩ ～ちゃ/ては＋ならん/なりません类　　　10 例

⑪ ～ちゃ/ては＋困る类　　　　　　　　　64 例

⑫动词终止形、サ变动词词干＋

　　におよばない/およびません类　　　　 71 例

（3）劝诱　　　　　　　　　　　　　　　454 例

①动词未然形＋う/よう类　　　　　　　　317 例

②动词未然形＋う/ようか类　　　　　　　 27 例

③动词未然形＋ないか类　　　　　　　　　　　　　47 例

④动词未然形＋う・よう＋じゃないか类　　　　　　63 例

（4）当为　　　　　　　　　　　　　　　　　　518 例

①～なければいけない类　　　　　　　　　　　　70 例

②动词终止形/连用形＋べし类　　　　　　　　　　53 例

③～たら/ば/と/ても＋いい/よい类　　　　　　　117 例

④动词终止形/未然形/过去式＋がいい/よい类　　　250 例

⑤动词终止形/未然形/过去式＋方がいい/よい类　　28 例

（5）愿望　　　　　　　　　　　　　　　　　　220 例

①一般动词连用形＋たい　　　　　　　　　　　　34 例

②願いたい/願おう类　　　　　　　　　　　　　52 例

③～てもらいたい/もらおう类　　　　　　　　　102 例

④～ていただきたい/いただこう类　　　　　　　32 例

（6）疑问　　　　　　　　　　　　　　　　　　326 例

①动词未然形＋ないか类　　　　　　　　　　　　62 例

②～てくれるか类　　　　　　　　　　　　　　　10 例

③～てくださるか类　　　　　　　　　　　　　　19 例

④～てくれないか类　　　　　　　　　　　　　　57 例

⑤～てくださいませんか类　　　　　　　　　　　37 例

⑥～てもらえないか/ていただけないか类　　　　7 例

⑦～たら/ちゃ/ては＋どうだ/いかがです类　　　84 例

⑧其他　　　　　　　　　　　　　　　　　　　50 例

（7）平叙　　　　　　　　　　　　　　　　　　290 例

①名词＋だ　　　　　　　　　　　　　　　　　　32 例

②动词终止形＋のだ　　　　　　　　　　　　　　14 例

③动词终止形＋こと　　　　　　　　　　　　　　　　　　1 例

④动词终止形　　　　　　　　　　　　　　　　　　　　　8 例

⑤动词过去式　　　　　　　　　　　　　　　　　　　　　18 例

⑥动词连体形＋ことはない类　　　　　　　　　　　　　　38 例

⑦动词连体形＋のではない类　　　　　　　　　　　　　　27 例

⑧动作性名词はごめん类　　　　　　　　　　　　　　　　17 例

⑨其他　　　　　　　　　　　　　　　　　　　　　　　　118 例

（8）省略　　　　　　　　　　　　　　　　　　　　　395 例

①表示方向、场所的名词＋へ/まで　　　　　　　　　　　53 例

②表示动作对象的名词＋を　　　　　　　　　　　　　　32 例

③副词中断型　　　　　　　　　　　　　　　　　　　　34 例

④一类形容词连用形中断型　　　　　　　　　　　　　　50 例

⑤二类形容词连用形中断型　　　　　　　　　　　　　　10 例

⑥动词连体形＋ように　　　　　　　　　　　　　　　　32 例

⑦动词连用形＋て　　　　　　　　　　　　　　　　　　141 例

⑧动词命令形式＋ってば/というに/といったら/といえば

43 例

2. "祈使" 表达的语句实例

　　"祈使" 是用明确的语言形式要求听话者实施某种行为的语言表达，听话者主要是依靠动词、助动词、补助动词的活用形来完成语句，实现行为要求的目的。在本次的调查数据当中，"祈使" 表达的使用频率占祈使表达整体的63％，在直接祈使表达中所占比更是高达83％，可以说是祈使表达的核心部分，也是本书的重点研究对象。有关日本近代东京语中 "祈使" 表达的具体使用状况，将在本书的第四章到第七章中进行详细分析和探讨。因此，在本节内仅列举最典型的语句实例做一个概观。

（1）—①

Ⅰ类　未使用敬语形式的表达

1) 給金の前借をして乳母に貢がうと思ふなら、その金を伯父によこせ、（人間萬事金世中・21・邊見勢左衛門→惠府林之助）注4

2) からだにあたゝまりがあるし脈もすこしハ通ふから呼かけねへ（西洋道中膝栗毛・23・弥次郎兵衛→通次郎）

3) こりや長次、その行燈へ。あかりをつきやれ。（東京日新聞・272・甚内→正直長次）

4) 宜しい、通らつしやれ。（政黨美談淑女の操・68・芦野道臣→長澤健八）

（1）—②

Ⅱ类　使用敬语助动词的表达

5) それに控へし船岡門三郎、右膳が娘浅茅、両人ともに是れへ出ませい。（東京日新聞・273・兵次→船岡門三郎、浅茅）

6) 恰今待つて居たところだ。マア此方へ来たまへ。（當世書生氣質・71・守山友芳→小町田）

7) 御両所さァこちらへ、夏気は垂籠めた応対所より、却つてかういふ場所が清涼で宜しからうと、設けた席でありますから、ズツとこれへ安座めされ。（歐洲小説黄薔薇・445・江沼実→桑出、島野）

8) 奥様、貴女もおかけなされ、（空薫・316・清村伯爵→雛江）

9）如何にも妻の申す通り今宵は御泊りなされませ。（有福詩
　　人・91・仁斎→露伴）

10）さあ、これへおかけ遊ばせ、頓て彼方に能が始まります
　　る。（離鴛鴦・278・瑠璃枝→節子）

（1）—③

Ⅲ类　使用受惠动词的表达

11）助阿哥、己の心持を察して呉れ。（老車夫・333・甚平→
　　助蔵）

12）はツはツ、先ア宜エワ、機嫌直して一杯酌して呉りや
　　れ。（社會百面相・57・精神家→妻君）

13）何と云つても僕は可厭なのだから、助けると思つて工夫し
　　てくれ給へ、ねえ僕は頼むのだ。（多情多恨・117・鷲見柳
　　之助→葉山誠哉）

14）半分ぢやあ心持が悪い、一杯呑んでくんなさい。（富士
　　額男女繁山・575・七兵衛→お繁）

15）さアさア此度は坊が画を出して母さんに見せて下され。
　　（春雨文庫・348・お岩→徳太郎）

16）どうぞ長澤が戻り升る迄、暫時是にてお待ち成されて下
　　され升。（政黨餘談淑女の後日・131・お萩→横山原作）

17）私の妻になる工夫をなさい。その外に貴嬢の免れる途はな
　　いです。（乳姉妹・217・高濱勇→君江）

　　上面列举出了日本近代东京语资料中祈使表达①—③类的代表
性语例，主要是用一般动词、敬语助动词、敬语补助动词、特殊动
词的命令形和连用形等完成表达的主体要求部分，从而传递让听话

者进行某种行为的表达意图。这类用法是日本近代东京语祈使表达中势力最强、最核心的使用方法。

（1）—④

另一方面，关于祈使表达④其他类的语言形式，在本次调查中，收集到217例用施为动词来进行要求的语例。各类动词的使用分布如下：願う（祈愿、117例），頼む（拜托、73例），拝む（拜求、5例），依頼する（请求、2例），懇願する（恳求、7例），嘆願する（哀求、1例），希望する（希望、1例），希う（希求、2例）。这些施为动词的特点是，其词义本身就具有要求行为实施的意义，因此与用语法形式变化来实现要求的祈使表达性质稍有不同。

18）稽古ですから、御遠慮なく御批評を<u>願ひます</u>（吾輩は猫である・99・寒月→迷亭）

19）それぢやおきんちやん、お掃除<u>お願ひ申します</u>。（戀を知る頃・53・おとら→おきん）

20）悪しからず御 思 済下さるる 様、偏 に 願ひ 奉 り升。（政黨美談淑女の操・68・島田道縄→芦野道臣）

如上面的例18）～20）中，"願う（祈愿）"是日本近代东京语中最为多见的施为动词，依据人际关系和心理状态等的不同，在调查资料中出现的语例具有不同阶段的敬意程度和礼貌性，其具体形式有："願います、お願い申します、お願い、お願いでございます、願上ます、お願ひ申します、願ひますする、願ひ上げまする、お願ひ申上げまする、願ひやす、願い奉ります"等。

另外，如下面的例21）、22）中，施为动词"頼む（拜托）"的使用频率位居第二，其在调查资料中也体现出不同敬意程度和礼貌性的差异，具体使用形式有："頼む、頼んだ、頼みます、頼み升る、お頼み申します"等。

21）事によると九時比か。十時過位になるかもしれん。留主
　　を頼むヨ。（妹と背かゞみ・227・水澤達三→お辻）

22）ですから、お島をね、私の代に遣いて参りますから、
　　何分お頼み申します。（多情多恨・108・類の母→鷲見柳
　　之助）

　　下面的例23）～28）中出现的祈使意义动词分别为拝む（拝
求），依頼する（请求），懇願する（恳求），嘆願する（哀求），
希望する（希望），希う（希求）。这六类施为动词使用频率都比
较低，但同"願う（祈愿）""頼む（拜托）"一样，具体使用形
式从简体到礼貌体到自谦体等具有不同的敬意程度和礼貌性，而且
常常和"奉る""致す""お～申す"等谦语形式组合使用。使用
者也以知识阶层的男性为主。

23）何卒そんな事を云はないで後生だから拝むよ。（歐洲小
　　説黄薔薇・467・美濃部龍作→お吉）

24）僕は暫く形ちを隠せば、何分君に依頼し升ぞ。（政黨餘
　　談淑女の後日・128・長澤健八→吉原仙三）

25）幾分の旅費を義捐し賜はらな、両人が仕合せ之に過ず、
　　只管この儀を懇願いたします。（歐洲小説黄薔薇・447・
　　島野→江沼実）

26）是非我輩に生活の口を周旋して呉れ給へ。三十円乃至四
　　十円で十分満足する……なツ島根君、我輩赤誠を以て君
　　に嘆願する。（社會百面相/電影・423・豊崎→島根堯民）

27）はい拙者に於ても御同様以後の親密を希望します。（歐洲
　　小説黄薔薇・446・江沼実→桑出、島野）

28）附てハ弥次さんともこれまでの通り水魚の交際を希ふ。

（西洋道中膝栗毛・94・通次郎→弥次郎）

　　此外，在祈使表达④其他类中，还有下述的一些特殊用法。例如下面的例29）～34），单从语法形式上看，这些表达都具有祈使功能。但是，例29）～31）是对听话者已经完成的行为或说出的话语做出的一种否定性反应，用"责难对方""说反话"等语气和语调表达出来。祈使表达原本的意义是要求听话者去完成尚未实施的行为。而例句中的这些形式从表面上看，似乎是在要求听话者实施正在进行或已经完成的行为，但实际上却是要求听话者结束这些行为，因此可以理解为其语言功能已经转化并接近禁止表达。另外，例32）～34）中的表达也不是要求听话者实施某种行为，而仅仅是表达一种说话者不负责任的态度，其潜台词就是"随便你怎样都行"。这类语言形式作为说话者单方面的意志表现，表达出一种强烈的放手不管、听之任之的语气。

29）えゝ五円（ごえん）を貸（か）してくれ、途方（とはう）もない事（こと）を言（い）はつしやい。
　　（人間萬事金世中・109・雅羅田臼右衛門→恵府林之助）

30）馬鹿（ばか）アいいたまへ。あの狭山（さやま）なんぞにくらべると。我輩（わがはい）なんぞハ。真（しん）に正直（しやうじき）なもんじや。（當世書生氣質・64・須河悌三郎→宮賀匡）

31）それでは、何卒（どうぞ）貴方（あなた）も沢山悪口（たくさんわるくち）を有仰（おつしや）つて下さい。（多情多恨・314・お種→鷲見柳之助）

32）笑ひたきやア沢山（たんと）お笑ひなさい……失敬な。人の叱られるのが何処が可笑しいンだらう？げたげたげたげた。（浮雲・126・お勢→内海文三）

33）此恩（このおん）しらずめおぼへてゐろ。（西洋道中膝栗毛・26・弥次郎兵衛→北利喜多八）

34）さうか、それぢや御勝手（そのかは）になさい。其代（そのかは）り僕は最（も）う知らないよ。（其面影・279・葉村幸三郎→小野哲也）

祈使中的特殊用法还包括下面的一些语例。例35）、36）是欢迎来客时的话语，例37）是送家人出门时、例38）是迎接归家的亲人时的话语，例39）、40）则是要进入别人家之前打招呼请求会面时的表达。这些表达都已经丧失了原有的祈使功能，转变成日常生活中常用的寒暄语，在资料中它们以各种形式出现，主要如："いらっしゃい、いらっしゃいまし、おいでなさい、おいでなせえまし、おいでなさいまし、おいであそばせ、おかえりなさい、お帰りなさいまし、おかえりなされまし、お帰りあそばせ、ごめんなせえ（い）、ごめんなさい、ごめんなせえまし、ごめんなさいまし、ごめんください、ごめんくださいまし、頼む、頼みます、頼みまする、お頼み申します"等。

35）へい、これは先生様入らつしやいまし。昨日は又有難う存じました。（恋の病・84・亀右衛門→七兵衛）

36）ヲや吉さんお早うございますネ。よツくお出なさいまし。（當世書生氣質・133・お秀→吉住）

37）行つて入らつしやい。（門・353・お米→宗助）

38）おや、若様、お帰りあそばせ。（そらだき續編・332・伊豫→北内輝一）

39）はい、御免なさいまし、御免下さいまし。（英國孝子之傅・484・清水助右衛門→門番）

40）おたの申します。お留守なんですか。（夢の女・5・手代→門番）

以上，概观了日本近代东京语中祈使第④类的各种语言形式。和一般的语法形式不同，词义本身具有祈使性的施为动词依靠其词汇本身的变换，表现出不同的敬意程度和礼貌性，从而向听话者进行要求，呼吁其实施行为。而作为特殊的派生用法，原本具有祈使功能的一些语言形式，因为说话者的心理状态以及社会习惯等的影响，失去了原有的功能，产生了向说反话、自暴自弃、寒暄语转化

的现象。

3. "禁止"表达的语句实例

"禁止"是用明确的语言形式命令听话者不进行某种行为的语言表达，属于祈使表达的一种。但是，从要求行为的非进行这一点上讲，禁止表达又和一般的祈使表达稍显不同。通常情况下，祈使表达的特点就是要求听话者实施在发话的时间点上尚未实现的行为，而禁止表达则既可以用于在发话的时间基点上尚未实现的行为，也可以用于正在进行或已经完成的行为。在本次的调查数据当中，"禁止"表达的使用频率占祈使表达整体的8%，在直接祈使表达中所占比为17%，可以说禁止表达也是直接祈使表达中不容忽视的部分。

（2）—①

41）此度は三度だ、確りしろ。石に嚙付いても下がるナ、一生懸命で出ろヨ。（大工の訴訟・470・政五郎→与太郎）

42）これ、木樵だのそまだのと、余り下直に謂ふなえ。（恋の病・64・七兵衛→おかま）

43）気の利かねえ癖に泥棒なんぞするない。（夏どろ・457・住民→泥棒）

44）……そんなに強ひつけるなよ。（政黨餘談淑女の後日・115・長澤健八→松吉）

45）妙な事を言ふねえ。小夜さんはお前さんの妹ぢやないか。（其面影・236・小野哲也→時子）

46）そうきけバなるほど尤だモウモウぐちハ云めへ（安愚楽鍋・157・牛→馬）

如上面的例41）所示，日本近代东京语中，在动词终止形后

加上禁止的终助词"な"构成的形式是表示禁止意义的最核心用法，在各个年代的资料中都能确认其使用的实例。除去争吵的场面，仅限于对男性，特别是同等及同等以下关系的听话者使用。另外，从例42）～44）中可以看出，有时候也可以通过在"な"之后附加接尾辞"え、い、よ"，进一步强调禁止之意。还有如例45）、46）所示的表达方式，即将"な"及其拖长音在东京方言中的变音"ねえ、めへ"附加在动词终止形之后用于禁止的用法，这种用法虽然出现在本次调查资料中但使用频率颇低。

　　本次调查还收集到了3例"自谦动词终止形＋な"的语例，如下面的例47）、48），但是这种将自谦动词用于禁止他人行为的用法，随着身份制度的瓦解和敬语体系的变化，在日本现代东京语中已经完全消失。

47）えゝ、未練な事を申すな。（東京日新聞・188・甚内→正
　　　直長次）

48）おのれ伯父を馬鹿に仕居るな。（富士額男女繁山・485・惣
　　　助→妻木繁）

　　除此以外，在调查资料中还发现122例日本近代东京语禁止表达的特殊用法，即在敬语动词或伴随敬语助动词、补助动词的动词终止形和礼貌体后附加禁止终助词"な"的表达方式，这一用法的使用频率占到了"动词终止形＋な"的47%，接近半数。如例49）～57）所示，整个日本近代，各个阶层的男性和女性都可以使用这种伴随一定敬意的表达方式，主要是对同等及以上关系的听话者使用。

49）又は無住の寺へでも埋めれば人に知れる氣遣はないから
　　　心配したまふな。（英國孝子之傳・494・井生森又作→春
　　　見丈助）

50）御油断めさるな。（政黨美談淑女の操・11・芦野道臣→島

田道縄）

51）　戲談 いひなさんな、それは俺のところへ来ていふ事ぢあ
　　　あない。（朝顔・24・勝次→使の者）

52）　あなた、ばあやのお願で御座いますわ、御身体に障りま
　　　すやうな詰らむ事はお気に遊ばすなよ。（離鴛鴦・275・
　　　お久→繊子）

53）　助阿哥、笑つて呉れる勿、親馬鹿ツてものは斯うしたもん
　　　だ。（老車夫・347・甚平→助蔵）

54）　悪く思つて呉れ玉ふな。会社の方は君の職業とは違つて随
　　　分忙がしいだから。（吾輩は猫である・160・鈴木藤十郎→
　　　苦沙弥）

55）　あなたハ水澤さまの御新造さま。わたくしハ神田の其日暮
　　　し。以来ハ物をいツておくんなさるな。（妹と背かゞみ・
　　　246・お春→お辻）

56）　聞かれし上は是非もなけれど、他家へお話し下さるな。
　　　（富士額男女繁山・565・神保正道→牛窪角蔵、馬淵大蔵）

57）　そんなことをおつしやり升ナ。あの方々は中々教育も有升か
　　　ら。そんなことは有りません。（藪の鶯・133・服部→宮崎）

（2）—②
58）　実は我輩……君、笑はないで呉れ。（社會百面相・下141、
　　　4・豊崎→島根堯民）

59）　老婢、真実に心配しないでおくれよ。（夢の女・30・お
　　　浪→お澤）

（2）—③
60）　利三どん、あたしやお前が可愛いばかりに、飛んだ事を云

つてしまつた。何卒愛憎をつかさないでおくんなさいよ。
（戀を知る頃・37・おきん→利三郎）

（2）―④

61）もう二度と再び、今夜のやうな我が儘を<u>云はないで下さ
い</u>。（秘密・268・女→私）

（2）―⑤

62）兄さん。ほんとうに末始終<u>見捨てないで頂戴</u>よ。（腕くら
べ・233・君龍→瀬川一糸）

（2）―⑥

63）世間には私達のやうな可哀さうな人間が居ると云ふこと
を、何卒<u>忘れないで下さいまし</u>（颶風・224・癩病姉妹→
直彦）

　上面的例58）～63），是采用"祈使"（1）―③使用受惠
动词的表达中部分形式的否定形，向听话者要求行为不予实
施的表达。与肯定形相比，这类否定形式的使用频率相当低，
在整个禁止表达中势力也较弱，并不是禁止表达中最典型的
用法。

（2）―⑦

64）お前、ひよつとお母さんが、お前に遭はれぬやうになつて
も、決してこのお母さんを<u>お忘れでない</u>よ。（乳姉妹・
94・君江夫人→君子）

（2）―⑧

65）ハヽヽ、お鶴も甲右衛門も<u>騒ぐまい</u>、我が今証書を焼き失

ひしは一條の主意あつての事、後にて緩々諭し聞かせん。

（有福詩人・88・仁斎→お鶴、甲右衛門）

例64）中"お＋动词连用形＋でない"和例65）中"动词终止形＋まい"的禁止表达，在日本现代东京语中属于比较陈旧的说法，几乎很少使用。但是，在日本近代东京语中，前者"お＋动词连用形＋でない"的语例在各个时代的作品中都会出现，特别是女性的使用频率高达94％，主要用于同等及以下关系的听话者。而后者"动词终止形＋まい"的语例则可以确认至近代30年代的作品，主要是知识阶层的男性在"上对下"的人际关系中使用。

（2）—⑨

66）そんな事はないよ、萬一探訪の耳に入つて新聞にでも出ると江沼君の身分に係はるから、そんな事を云つちやァいけないよ。（歐洲小説黄薔薇・454・美濃部龍作→お吉）

67）あら御免遊ばせ御泣遊ばしてはいけません。（八重桜・120・乳母→お八重）

上面的例66）、67）中的禁止表达形式广泛出现在日本近代的各个时期，所有阶层的男性和女性都可以使用。此类表达随着敬意程度和礼貌性的差异在调查资料中也以各种形式出现，如："ちやいけん、ちやいけねえ、ちやいけない、ちやいけません、ちやいけませぬ、ちやいかん、ちやいかない、ては（も）いけねえ、ては（も）いけない、て（は）もいけません、てはいけませぬ、ては（も）いかん、てはいかねえ、たっていけない"等。

（2）—⑩

68）併し高等官試験を受けもしない中から必ず高等官になれるやうに思つて肝腎の職務を疎かにしてはならんぞ。

（社會百面相/老俗吏・246・老俗吏→息子）

69）へいこれ女中、お茶を持つて来てくれ、それから誰も是へ参つてはなりませんよ。（歐洲小説黄薔薇・489・美濃部龍作→宿屋の下女）

　　如例68）、69）所示的禁止表达形式，虽然从使用的总数上来看十分有限，仅10例，占禁止表达整体的2%，但根据语体不同其具体表现形式却多种多样，如"ちゃならぬ、てはならぬ、てはならん、てはなりません、ては相成らん"等。这类形式是用强硬的警告语气来阻止听话者实施行为的表达。

　　（2）—⑪

70）妻君の前で今の事を言つちや困_{こま}るよ。（多情多恨・66・葉山誠哉→鷲見柳之助）

71）あれ、そンな心細い事を仰しやつてはいやでございます。（乳姉妹・122・君江→松平昭定）

72）姉さん、障子を張るときは、余程慎重にしないと失策_{しくじ}るです。洗つちや駄目ですぜ。（門・448・小六→お米）

73）さう茶_{ちや}かして了ッチやア 話_{はなし} が出来_{でき}ねエ。是非相談_{ぜひさうだん}に乗つ_のて貰_{もら}ひたいのだが——何_{なに}しろ予算通_{よさんどほ}りに行かなくつても決_ゆして損_{そん}の行かない 商法_{しやうはふ}だから。（社會百面相/投機・329・江南民蔵→味木廉蔵）

　　例70）～73）中出现的禁止表达形式，是通过叙述自己的心情和客观状况来指出听话者已经施行或即将施行行为的不妥当性，从而委婉地表达制止该行为之意。比较从（2）—①到（2）—⑪的形式可以发现，它们各自所表现出的禁止语力是逐步减弱，直至接近间接性表达。在日本近代东京语的调查资料当中，委婉性的禁止表达形式也是多种多样，如："ちゃ困る/困ります/困るじゃない

か、ては困る/困ります、ちゃいやだ、てはいやでございます、ちゃ話ができない、ては話にならない、ては相談ができぬ"等。

（2）—⑫

74）イ、ヤお辞儀（じぎ）するに及（およ）ばない。ほんの夕食（ゆふめし）をあげるバかりだ。（妹と背かゞみ・243・水澤達三→鴨崎澤江）

75）何、そんなに御心配には及びませんよ。（吾輩は猫である・241・水島寒月→苦沙弥）

　例74）、75）中的表达类型接近照实叙述句，与（2）—⑪一样，其禁止的语力极尽微弱，所表达的语气更类似于宽慰和劝导。这类表达在日本近代东京语资料中的表现形式也是多种多样，如："に（や、は）及ばん、に（は）及ばぬ、に（や、は）及ばねえ、に（や、は）及ばない、に（や、は）及びません"等。

4.　"劝诱"表达的语句实例

　所谓"劝诱"，是将听话者引入说话者即将进行或正在进行的行为当中的语言表达。因为是促使听话者采取行动的表达，所以也具有祈使表达的显著特征，由于同时又表明了说话者实施行为的意志，因此它也具有意志表达的部分特征。但是，因为行为的实行者不仅仅是听话者，还包括说话者，所以"劝诱"表达和施为者通常为听话者一人的一般祈使表达性质略有不同，属于间接祈使表达的一种。在本次的调查数据当中，"劝诱"表达的语例共有454例，占祈使表达整体的6%，在间接祈使表达中所占比为21%。可以说劝诱表达是间接祈使表达重要的组成部分。

（3）—①

76）久（ひさ）し振（ぶ）りだから、其所（そこ）いらで飯（めし）でも食（くは）う。（それから・

21・代助→平岡）

77）お類様、さあ出懸けやう、早いとこ早いとこ（恋の病・
　　86・弥三郎→お類）

78）あの樹の蔭へ這入りませう。（三四郎・505・里見美禰子→
　　小川三四郎）

79）そばへ寄ッて見物しやせう。（西洋道中膝栗毛・44・弥次
　　郎兵衛→北利喜多八、通次郎）

　　如上面的例76）、77），在近代东京语中常常出现用"动词未
然形＋う／よう"的形式要求听话者与说话者一起实施某行为的语
例。这一形式的基本功能是表述说话者实施行为的决定，但由于施
为者中将听话者包含进来，所以同时也实现了劝诱的功能。值得注
意的是，由于该形式是要将听话者拉进说话者的行动当中，所以很
容易成为语感偏于强硬的祈使表达，因此多用于对同等以下关系亲
密的听话者。而且，与女性使用者相比，男性使用者占到绝大多
数，其使用率高达94%。可以说，在日本近代东京语中"动词未
然形＋う／よう"属于男性的专用形式。

　　另一方面，如例78）、79），在普通动词后续表示敬意的助动
词"ます、やす"再接"う／よう"的劝诱形式也常常出现在日本
近代东京语中。由于接续了表示敬意的助动词，所以这种形式的女
性使用率增加到27%，在"下对上"的人际关系中也可以使用。

　　另外，如下面的例80）、81），在河竹默阿弥和依田学海的作
品中存在以"动词未然形＋ん"的形式劝说邀请听话者实施行为的
例子，但是这种形式的使用者仅限于知识阶层的男性。

80）今宵は夜と共に呑み明さん。（富士額男女繁山・543・神
　　保正道→牛窪角蔵、馬淵大蔵）

81）門三郎が連れの女を、同役共が詮議なすうち、暫く是
　　れにて待合さん。（東京日新聞・248・幸兵衛→捕手）

下面的例82)、83）是在抓捕、审判相关场面使用的表达。由于执法者具有一定的威严和权限，所以"控え居る、下り居る"等动作施行的主体并不包含说话者本身，仅用来要求听话者进行，因此这种场景下的劝诱表达和一般的祈使表达具有相同的效力。

82) えゝ、控へ居らう。（東京日新聞・249・捕手→正直長次）

83) 下り下り下り居らう。差越願ひは相成らん、順道を以て願へ。（大工の訴訟・470・役人→大工）

(3) —②

84) けふの菜は。我輩已に見ておいたが。何たらいふ骨の多い。いやアな焼肴じや。とても喰はれたもんじやない。寧ろ後れた位なら。どこぞへいんで。牛でも喰はうかい。（當世書生氣質・64・須河悌三郎→宮賀匡）

85) 「御米、寄席へでも行つて見やうか」と珍らしく細君を誘つた。（門・560・宗助→お米）

86) 「どうも好い天気ですな、御閑なら御一所に散歩でもしませうか。旅順が落ちたので市中は大変な景気ですよ」と促して見る。（吾輩は猫である・28・寒月→苦沙弥）

如上面的例84)～86），日本近代东京语中还存在着以"动词未然形＋う／ようか"这样的疑问形式来向听话者进行呼吁的用法。这种形式的使用率与非疑问形式的"动词未然形＋う／よう"相比要低很多，但是其具有的发动行为的语力与非疑问形式基本无大的差别，主要用于关系比较亲密的听话者。

(3) —③

87) 子供の二：用がなければ遊ばないか。子供の三：戸外で鬼ごツこをしないか。（戀を知る頃・52・子供→伸太郎）

88）お伊豫さん、見に来ませんか、加勢をしに見に来て下さ
い。（そらだき續編・362・平尾衛→伊豫）

89）忠公おめへも一所にゆかねえか。（政黨餘談淑女の後日・
114・車夫同士）

　　另外，如例87）～89）中，"动词未然形＋ねえか/ないか/ま
せんか"这种劝诱表达形式在日本近代东京语中也常常使用。这一
形式是通过询问听话者是否实施行为的意愿，间接地邀约听话者实
际进行该行为。由于不是将说话者的想法单方面地强压给对方，而
是给予听话者进行判断和回答的缓冲空间，因此对于听话者而言是
较为缓和和委婉的表达。这类疑问形式能够成为劝诱表达的前提是
说话者已经准备实施该行为。

　　下面例90）中的"动词未然形＋う/よう＋じゃないか"也是
日本近代东京语中的劝诱表达形式。"じゃないか"所具有的功能
是通过叙述说话者的认识和听话者的认识完全统一，从而提醒尚未
觉察这一相同点的听话者进行发现和确认，由于是将说话者的认识
强加给听话者并使之确认的形式，所以接续在"～う/よう"之后
能够进一步加强劝诱和邀约的语气。"じゃないか"随着礼貌和敬
意程度的变化，在调查资料的对话部分以"じゃねえか、じゃない
か、じゃあるめえか、じゃあるまいか、じゃありませんか、ではな
いか、ではござらぬか、ではござんせぬか"等形式出现。"动词
未然形＋う/よう＋じゃないか"类形式在近代东京语资料中使用
颇为频繁，占劝诱表达整体使用的14%，仅次于使用频率最高的
"动词未然形＋う/よう"类，且多用于同等以下亲密关系的听话
者。但是该类形式在日本现代东京语的对话当中则很少使用，即使
出现也属于比较古旧的表达。

　　（3）－④
90）今日はね、お互に学生時代に若返つて、一つ大に愉快に

遊ばうぢやないか？（其面影・322・小野哲也→小夜子）

5.“当为”表达的语句实例

所谓“当为”表达，是指表述说话者对于完成某行为和实现某状态的好和坏、希望和不希望、需要和不需要等价值判断的语言形式。在日本近代东京语中，这种表达如果用在指向听话者的场面，就具有通过表述说话者的判断来间接地劝诫、命令听话者实施某行为的功能。在本次的调查数据当中，“当为”表达的语例共有518例，使用频率在间接祈使表达中最高，为24%，在祈使表达整体中所占比也达7%。可以说当为表达是日本近代东京语中颇具代表性的间接祈使表达。

（4）—①

91）もしボールが飛んだら表から廻つて、御断りをして<u>取らなければいかん</u>。（吾輩は猫である・339・倫理の先生→生徒）

92）吾夫^{おまへさん}早く長太郎を<u>連れて来なくてはいけませぬ</u>、何を考へて居るのです。（有福詩人・117・妻→杢郎次）

上面的例91）、92）中，说话者以双重否定的形式叙述施行某种行为的必要性，从而发动听话者完成该行为。这类表达不论是在日本现代东京语中，还是在日本近代东京语中使用都很频繁。而且，该类表达双重否定部分的搭配组合形式非常多，在本次调查资料中出现的形式如下。

ねえじゃならない、ないじゃいかない、なければ（いかん/いけない/いけません/ならん）、んければならん、ないではなりません、なくては（いけない/いけませぬ/なりませぬ）、なくちゃ（いけん/いけない/いけません）、ないと（いけねえ/いけない/いかん/危ない）、んと（いかん/いけない）、なきゃい

けない、にや（いかん／ならん／あるまい／困る）

　　另外，如下面的例 93）中，说话者有时候也会通过省略双重否定的后半部分来缓和要求的语气。本次调查资料中主要可见"なくちや、なくては、んでは、なければ、ないと、んと"等形式。

93）手紙ぢや駄目よ、行つて能く<u>話をして来なくつちや</u>。
　　（門・352・お米→宗助）

　　（4）－②

94）ヲイヲイ吉住さん。サア<u>帰る可し帰る可し行くべし行くべ
　　し</u>。（當世書生氣質・63・三芳→吉住）

95）牙にでもかけられちやア 命 じまひだ<u>にげベシにげベシ</u>。
　　（西洋道中膝栗毛・45・通次郎→弥次郎兵衛）

　　如上面的例 94）、95）中，在日本近代东京语当中还有一类当为表达形式，即使用助动词"べし"表述行为施行的义务，或说话者认为这样做确实很好等判断，从而邀约和催促听话者采取行动。

　　另外，下面例 96）中的表达使用了"べし"的日本关东方言形式"べい"，但本次调查资料中仅此 1 例，用在猎人的对话之间。

96）さあさあ<u>いくべいいくべい</u>。（政黨餘談淑女の後日・82・
　　猟人乙→猟人甲、丙）

　　（4）－③

97）<u>勝手へ出しとけば可いよ</u>。（夢の女・39・お浪→お兼）

98）ちつと鈴木さんにでも頼んで意見でもして<u>貰ふといゝです
　　よ</u>。（吾輩は猫である・431・雪江→細君）

99）河名に相談して他の医者にも<u>診てお貰ひになつたら善い
　　でせう</u>，（そらだき續編・336・雛江→北内輝隆）

100）<u>彼方へ行つて居ても可いよ</u>。用があれば呼ぶから。（門・

557・宗助→お米）

　　如上面的例 97）～100），"～ば/と/たら/てもいい"类当为表达形式，也是通过表述说话者肯定性的价值判断，从而要求听话者实施该行为。在调查资料中主要可见以下语言形式。

　　～ば（いい/よい/いいぢゃないか/構わないぢゃないか）

　　～と（いい/よい）

　　～たら（いいだろう/いいでしょう/いいぢゃないか/よかろう/ようござんせう）、

　　～ても（いい/よろしうございます/いいじゃありませんか）、たってよかろう

（4）—④

101）明日は帰りの仕事を見附け、早く東京へ帰つたがよい。（富士額男女繁山・401・妻木繁→倉橋直次郎）

102）明日も好い天気だ。運動会は仕合せだ。奇麗な女が沢山来る。是非見にくるがいゝ。（三四郎・437・佐々木与次郎→小川三四郎）

103）おらア別に意見をするんぢやねえが、余り後先見ずの不量見は出さねえがいゝぜ。（腕くらべ・240・木谷長次郎→駒代）

　　此外，如上面的实例中，"～がいい、～たがいい、～ないがいい"类当为表达形式在日本近代东京语中使用最频繁，占当为表达使用整体的48％，它们都是通过描述说话者的价值判断来要求听话者进行行动。此类形式的使用贯穿整个日本近代，主要用于各个阶层的男性和女性面对同等及以下听话者的场面。"が"前面的部分可以是"动词终止形""动词未然形＋ぬ、ん、ねえ、ない""动词过去形"或"名词"，"が"后面的"いい"则根据礼貌敬

意程度可体现为多种形式，如："ええ/いい/いいです/いいじゃないか/いいじゃありませんか/よい/よかろう/ようござる/ようございりまする/ようござんす/ようございます/よろしい/よろしくござる/よろしうございます/よろしうござりませう/上策/肝腎"等。下面的例104）则是伴有尊他语形式的该类当为表达，主要用于身份、地位高或年龄大的听话者。

104）御新造さん、夕方お店へお出でなすつたら、能く打明けて御神さんに御相談なさるが<u>能御座んす</u>。（夢の女・7・老婢→お浪）

（4）—⑤

105）<ruby>奥様<rt>おくさま</rt></ruby>つて<ruby>呼<rt>よ</rt></ruby>ぶ<ruby>方<rt>はう</rt></ruby><u>がいゝ</u>。（空薫・301・北内輝一→喜多）

106）ハゝゝお勢さんが心配し出した、シカシ<ruby>真<rt>しん</rt></ruby>に<ruby>然<rt>さ</rt></ruby>うだネ、モウ<ruby>罷<rt>よ</rt></ruby>した<ruby>方<rt>い</rt></ruby>が<u>宜い</u>。（浮雲・100・本田昇→内海文三）

107）<ruby>殿方<rt>とのがた</rt></ruby>は<ruby>余<rt>あんま</rt></ruby>り<ruby>那様<rt>そんな</rt></ruby>事を<u><ruby>有仰<rt>おつしや</rt></ruby>らない方が<ruby>宜<rt>よろ</rt></ruby>しうございますわ</u>。（多情多恨・312・お種→鷲見柳之助）

　　例105）～107）中"～方がいい、～た方がいい、～ない（ん）方がいい"类当为表达形式比起上面（4）—④类表达形式的使用频率要低很多，仅占当为表达整体使用的5%。在日本近代东京语资料中，"いい"的部分随礼貌敬意程度的不同有时候也会表现为多种形式，如："いい/いいです/いいだろう/いいでしょう/よかろう/ようござりませう/よろしい/よろしからう/よろしうござり（い）ます/安全/当世/近道"等。

6. "愿望"表达的语句实例

　　"愿望"表达是指祈愿期望某种动作或作用能够得以实现的表

达。说话者对事态实现的愿望这一层面虽然也从属于祈使表达，但并非所有的愿望表达都可以表达祈使的语气。只有使用于听话者在场的状况下，且愿望中所言及的事情只有通过听话者的行为才能实现时，愿望表达方才具备间接祈使表达的功能。在本次的调查数据当中，"愿望"表达的语例共有 220 例，占祈使表达整体的 3%，是间接祈使表达中使用频率最低的一类语言形式。

（5）—①

108）爰に御所持でござりますなら、ちよつと拝見したいものだ。（東京日新聞・254・六兵衛→五郎兵衛）

109）お八重さん御返答がうけ給はりたうございます。（八重桜・127・時任秀俊→お八重）

110）又天才か、どうか天才呼ばはり丈は御免蒙りたいね。（吾輩は猫である・495・水島寒月→越智東風）

　　对现代日语愿望表达"したい"的语言功能，奥田靖雄（1986）指出，"在说话人的欲望或愿望需要由听话者的行动来满足时，对听话者的发动性就作为其'内涵'产生出来"。这一功能扩展过程同样适用于日本近代东京语中的"したい"类表达。上面的例108）～110）都是通过对听话者描述说话者的"拝見したい（想看）、うけ給はりたうございます（想听）、御免蒙りたい（想免去）"等愿望，间接地要求听话者进行"見せる（给看）、返答する（回答）、天才呼ばわりをやめる（停止称呼为天才）"等行为。因为是一种语气柔和的委婉表达，所以这样的愿望表达与直接祈使表达相比，让听话者进行行动的效力较弱。"たい"前面的动词多具有促使听话者实施某种动作或行为的意义，在日本近代东京语资料中出现的词形如："頂戴したい、頂きたい、もらいたい、拝借したい、拝見したい、聞きたい、伺いたい、承りたい、御免を蒙りたい"等。下面的例111）中，虽然使用的是自我完结动词

“帰りたい”，即表示与他人无关、说话者自身就能完成的动作，但由于说话者是陪伴丈夫参加游园会的妻子，说话的情境是在向丈夫要求“帰る（回家）”的许可和认同，所以从语用学的层面上而言，具有和“帰らせてください（请让我回家）”相同的祈使语气。

111）繊子：あなた失礼にさへ当<ruby>当<rt>あた</rt></ruby>らなければ……　<ruby>私<rt>わたくし</rt></ruby>ほんとうに<ruby>早<rt>はや</rt></ruby>く<ruby>帰<rt>かへ</rt></ruby>りたう<ruby>御座<rt>ござ</rt></ruby>いますわ。

　　　　春川：うむ、さうしよう、<ruby>強<rt>ひど</rt></ruby>く<ruby>痛<rt>いた</rt></ruby>み<ruby>出<rt>だ</rt></ruby>して<ruby>来<rt>こ</rt></ruby>ないうちに……<ruby>赤山<rt>あかやま</rt></ruby>にめつからない<ruby>様<rt>やう</rt></ruby>にそつと<ruby>帰<rt>かへ</rt></ruby>らう。

　　　　（離鴛鴦・280・繊子→春川）

此外，如例112）、113）中，日本近代东京语中也有通过表述说话者自己的意志来要求听话者完成相关行为的愿望表达形式。但是这种对话场面使用的动词仅限于“聞く（听）、伺う（听或拜见）、会う（见面）”等。

112）善後策に就て君の考があるなら聞かう。（それから・330・平岡→代助）

113）<ruby>何<rt>な</rt></ruby>んです、<ruby>是非<rt>ぜひ</rt></ruby><ruby>伺<rt>うかが</rt></ruby>ひませう。（八重桜・123・時任秀之→秀俊）

（5）—②

114）<ruby>追々時間<rt>おひおひじかん</rt></ruby>が<ruby>迫<rt>せま</rt></ruby>るから<ruby>御説明<rt>ごせつめい</rt></ruby>も<ruby>砂糖税同様<rt>さとうぜいどうよう</rt></ruby>に<ruby>成<rt>な</rt></ruby>るべく<ruby>短縮<rt>たんしゅく</rt></ruby>を<ruby>願<rt>ねが</rt></ruby>ひたい。（社會百面相/増税・199・議長→代議士）

115）あなた<ruby>様<rt>さま</rt></ruby>のお<ruby>煙草入<rt>たばこいれ</rt></ruby>を、<ruby>娘<rt>むすめ</rt></ruby>へお<ruby>譲<rt>ゆず</rt></ruby>り<ruby>下<rt>くだ</rt></ruby>さりますやう、どうか<ruby>願<rt>ねが</rt></ruby>ひたうござりまする。（富士額男女繁山・410・戸倉屋利右衛門→妻木繁）

日本近代东京语中常用的愿望表达形式还有如上面的例 114）、115）中直接使用动词"願う"的愿望形式来要求听话者实施某行为的语言形式，而"願う"这个施为动词在语义上本身就具有发动、呼吁行为的功能。随着敬意程度和礼貌性的不同可以使用为如下形式：願いたい、願いてい、願ひたうござる、願ひたうございます、願ひたうござりまする、願ひたう存じます、願ひたう存じまする。

另外，如下面例 116）、117）中，用"願う"的意志形"願おう、願いましょう"或"願う"的意志形附加疑问终助词"か"形成的"願おうか、願いましょうか"来要求听话者完成行为的用法也是日本近代东京语愿望表达的一种。

116）稿本を幸ひ持つて参りましたから御批評を<u>願ひませう</u>。
　　　　（吾輩は猫である・259・越智東風→苦沙弥）

117）ぢやア 憚^{はばか} り様^{さま}ですけれども、御案内を<u>願ひませうか</u>。
　　　　（乳姉妹・145・房江→君江）

另一方面，从下面（5）—③、（5）—④的实例可以看出，日本近代东京语中还存在很多转用"もらう""いただく"这类表示授受关系补助动词的愿望形式来实现祈使表达意图的用法。

（5）—③

118）君とは暫く交際してゐたが、モウ今夜ぎりで……<u>絶交して貰ひ度い</u>。（浮雲・96・内海文三→本田昇）

119）此金^{こかね}を預^{あづ}けた清水助右衛門^{しみづすけゑもん}の死骸^{しがい}を<u>返^{かへ}して貰^{もら}えてぇ</u>。（英國孝子之傳・580・江戸屋の清次→春見丈助）

在日本近代东京语中使用的"てもらいたい"一般都伴随发动和呼吁的性质，在愿望表达中也属于让听话者实施行为的语气甚为强烈的形式。但是，由于该形式在本质上还是采用表述说话者欲求和希望的"盼望句"形态，在大多数场合需要由听话者方的好意才

能对其欲求采取某种行动，因此仍属于不具有强制力的间接祈使表达。随着敬意程度和礼貌性的不同体现为多种形式，如："てもらいてい、てもらいたい、てもらいたいものだ、てもらいたい所だ、ておもらい申したい、ておもらい申したいのでござります"等。有时候也会使用为如下面例120) ～ 122) 中的"てもらおう、てもらいましょう、てもらおうか、てもらいましょうか"等形式。"てもらいたい"类愿望表达形式在整个日本近代广为使用，主要用于同等身份以下的听话者。

120) 先々左様なことは時の相場に任せて置として最一盃次で貰はう。（春雨文庫・363・近藤勇→お美弥）

121) 今日着た風通も何時出来たか知らなかつたが、先日また金鋼石とかの嵌入つた見事な指輪が出来たさうだノ。どりや見せて貰ひませう。（社會百面相／新妻君・132・姑→嫁）

122) 兎も角陽面ハおれが女。あらまし成行のハ当然。一々はなして貰ひませうか。（當世書生氣質・153・三芳庄右衛門→お秀）

(5) —④

123) 斯う言出したらう云ツて、何にも貴嬢に義理を缺かして私の望を遂げようと云ふのぢやア無いが、唯貴嬢の口から僅一言、「断念めろ」と云ツて戴きたい。さうすりやア私も其れを力に断然思ひ切ツて、今日切りでもう貴嬢にもお眼に懸るまい……ネーお勢さん。（浮雲・67・本田昇→お勢）

124）それから房江さん。モーツ貴嬢には余興のお間に、
珈琲店の方も助て頂きたいのでございます。（乳姉妹・
190・松園伯爵夫人→房江）

125）はあ、もう直き仕事を仕舞ひますから、さうしたら此処
を掃除して戴きませう。（戀を知る頃・51・おとら→おき
ん）

如上面例 123）～125）中，"いただく"作为"もらう"的谦
逊语，其愿望形式在日本近代东京语中也常转用来表达要求听话者
的行为。主要形式有"ていただきたい、ていただきたいです、て
いただきたいものです、ていただきていもんでごさりやす、てい
ただきたいのでございます、ていただきませう"等，一般多用于
同等身份以上的听话者。

7. "疑问"表达的语句实例

疑问是为了要求听话者给予说话者自己想要的知识时使用的表
达。疑问与祈使表达的关联非常密切，虽然在说话者要求的内容是
听话者的回答还是听话者的行为这点上有所差别，但是同样都具有
"对听话者进行要求"的特点。在日本近代东京语的语言资料当中，
转用疑问表达来唤起听话者行为的现象非常多见。在本次的调查数
据当中，"疑问"表达的语例共有 326 例，占祈使表达整体使用的
4%，占间接祈使表达使用的 12%。

（6）—①

126）瀧田瀧田予の夜具と取り替へて以て来ないか、気のきか
ぬ奴等ぢやな早く早く。（八重桜・121・竹園→瀧田）

127）コレサしづかにしねへかシイシイシイ（西洋道中膝栗
毛・54・弥次郎→お酌達）

128）コリヤ谷川何をうぢうぢ致し居る、早く御案内致さぬか
　　　（政黨美談淑女の操・42・時田賴国→谷川清三）

129）さあ、もう帰れと言つたら帰らんか！（金色夜叉・347・
　　　間貫一→宮）

　　前文"4'劝诱'表达的实例分析"当中提到，在日本近代东
京语中，"しないか"这类表达如果是以说话者的行动为前提，常
常会作为柔和的劝诱表达惯用形来使用。但是，如上面的例
126）～129）中，如果说话者的行动并未成为说话的前提时，"以て
来ないか（还不快拿过来吗）、しづかにしねへか（还不安静吗）、
御案内致さぬか（还不给我带路吗）、帰らんか（还不走吗）"等
提问形式的功能就不再仅仅是疑问，而是使听话者觉悟到自己应该
采取的行动，这时的疑问变成了一种语气非常强硬的祈使表达，含
有斥责、告诫等意。这种用法在日本近代各个时期的作品中都存
在。使用对象仅限于同等以下的听话者，在本次调查资料中无一例
对地位高、年龄大的听话者使用。从使用者来看，与女性相比，男
性的使用占压倒性多数。

（6）—②

130）そなたはおれの言ふことを、うんと言つて聞いてくれる
　　　か。（人間萬事金世中・73・邊見勢左衛門→惠府林之助）

131）君江ちやん、お前、君子ちやんと仲よく遊んでおくれか
　　　へ。（乳姉妹・93・真野君江夫人→君江）

（6）—③

132）私も斯うやつて仲へ入り、口を利いたもんだから三円
　　　だけ立替へて上げますから、お前さん此布團を貸してや
　　　つて下さるかぇ。（英國孝子之傳・530・お虎→損料屋）

133）それぢやア君江さんを奥様に遊ばして下さいますか。（乳

姉妹・166・房江→松平昭信）

134）　妾<ruby>妾<rt>わたし</rt></ruby>は慣れて居りまする故別段寒うござりませぬが、貴郎<ruby>貴郎<rt>あなた</rt></ruby>

　　　の御気分が宜しければ、一寸<ruby>一寸<rt>ちょっと</rt></ruby>一ト走り仁平次様のところ

　　　まで此縫物を届けて来たうござりまする。御淋しくとも

　　　其間<ruby>其間少時<rt>しばしまつ</rt></ruby>少時待て居て下さりませうか。（有福詩人・78・お

　　　かよ→廉平）

　　上面的（6）—②、（6）—③两类是用表示授受关系的补助动词"くれる""くださる"的肯定疑问形式来要求听话者行动的例子。因敬意程度、礼貌性以及男女性别等差异，体现为下述多种多样的形式："てくれるか、ておくれか"和"お～くださります か、お～くださいますか、お～くださるか、てくださるか、てくださいますか、てくださりますか、てくださりまするか、てくださりませうか"等。在本次调查统计中，这两类形式的使用率都比较低，各自仅占疑问表达使用的 3% 和 6% 。由于这两类形式很多情况下都只表示说话者单纯的疑问，所以可以推测它们向祈使表达的转换还不彻底，表达祈使语气的功能还不太完备。

　　下面的（6）—④、（6）—⑤两类是用表示授受关系的补助动词"くれる""くださる"的否定疑问形式来要求听话者行动的例子。因敬意程度、礼貌性等差异，在调查资料中使用为如下形式："てくれんか、てくれぬか、てくれねえか、てくれないか、ておくれでないか、てくれめえか、てくれまいか、てくれるわけいかんか、てくださることはできませんでせうか"和"お～くだされぬか、お～くださりませぬか、お～くださいませんか、お～くださらんか、てくださらんか、てくださり（れ）ませぬか、て（は）くださるまいか、お～くださるまいか、てくださいますめえか、てくださるわけにはいきませんか、てくださるわけにはまゐりますまいか、て（は）くださいませんか、てくださるわけにはまゐらぬものでござりませうか"等。这两类形式作为祈使表达

使用时，其使用频率要远远高于肯定疑问形式，各占疑问表达使用的 17% 和 11%，因此可以说它们在日本近代东京语中已经由单纯的疑问句派生成为惯用的祈使表达。

（6）─④

135）猪瀬、己と一緒に梅川まで<u>来て呉れないか</u>。己は君より外に話す相手がないんだから。（彷徨・136・太田→猪瀬）

136）これこれ 車屋{くるまや}どの、わしに<u>一服{ぷくの}呑ませてはくれまいか</u>。（東京日新聞・224・徳助→正直長次）

137）お前急に一つ裁縫{しごと}を<u>してくれんか</u>。（多情多恨・155・鷲見柳之助→元）

138）あなたが東風君ですか、結婚の時に<u>何か作つてくれませんか</u>。（吾輩は猫である・558・多々良三平→越智東風）

139）「お囃子が一人足りないんだけれど、お前どうせ遊んでるなら、一緒に来て<u>手伝つておくれでないか</u>。」と、お住のはうからいひだした。（朝顔・24・お住→徳松）

（6）─⑤

140）どうかそれなる 娘{むすめ}の婿{むこ}に、お成りなされて戸倉屋{とくらや}の、家名{めい}を<u>お継{つ}ぎ下{くだ}さりませぬか</u>。（富士額男女繁山・464・戸倉屋利右衛門→妻木繁）

141）どうか是{これ}にて暫時{ざんじ}<u>お待{ま}ち下{くだ}さるまいか</u>。（政黨餘談淑女の後日・134・長澤健八→横山原作）

142）ねエ所夫{あなた}、兄{にい}さんの御都合{ごつがう}の好いやうに国有案{こくいうあん}とか賛成{さんせい}<u>して議会{ぎくわい}で定{きま}るやうにして下{くだ}さいませんか</u>！（社會百面相/鐵道國有・314・お岸→高浪崩）

143）誠{まこと}に恐れ入{おそい}りますが、お気{き}には入{い}りますまいが、萬{まん}をお

小間使ひにでもなすつて下さる訳には参りますまいか。

（歐洲小説黄薔薇・431・生間忠右衛門→江沼実）

下面的（6）—⑥类是用授受补助动词"もらう""いただく"的否定疑问形式来向听话者要求相关行动的表达。由于否定疑问形式给予听话者的选择和拒绝的余地更大，因此相对于肯定疑问形式显得更加缓和和委婉，在资料中出现下述多种形式，如："てもらえまいか、てもらえますまいか、てもらうわけにはゆかんですか"和"ていただけませんかしら、ていただくわけにはまゐらないでせうか、ていただくわけにはまいりますまいか"等。但是，在本次调查统计中，没有出现"てもらうか、てもらえるか、ていただくか、ていただけるか"等相对应的肯定疑问形式，这一点和日本现代东京语祈使表达的使用倾向相同。

　　（6）—⑥

144）ね、小夜子さん！もう一遍考へ直して貰へまいか？（其面影・310・小野哲也→小夜子）

145）煙草店が一番詰らないのね。簪屋か何かに変へて頂だく訳にはまゐらないでせうか。（乳姉妹・190・君江→松園伯爵夫人）

　　（6）—⑦

146）其所へでも頼んで使つて貰つちや、どうです。運漕業なら大分人が要るでせう。（それから・11・代助→門野）

147）江田さん、大層お暑さうですね。お着換へ遊ばしたらいかゞです。（腕くらべ・173・濱崎→江田）

148）どうです苦沙弥先生も御聞きになつては。もうバイオリンは買つて仕舞ひましたよ。えゝ先生。（吾輩は猫である・510・水島寒月→苦沙弥）

149）ねェ貴君、一と奮発遊ばして浦安侯爵に願つて見た
　　ら——（社會百面相/獵官・178・秀→乾坤一）

　　上面的例146）、147）中使用的形式是"～たら/ては/ちゃ＋
疑问词どう/いかが"类的疑问表达，在日本近代东京语中常见这
类以劝说并要求确认的语气唤起听话者某种行为的语言形式。随着
敬意程度和礼貌性的差异，疑问词的部分会变成以下多种形式，
如："どう/どうじゃ/どんなものじゃ/どうだ（い・ね）/どうで
す"和"いかがです/いかがでござる/いかがでござり（い）ま
す/いかがでせう"等。另外，还有如例148）中的倒装形式"ど
うだ/どうだい/どうだね/どうです～たら/ては/ちゃ"和例149）
中省略疑问词部分形成的"～たら/ては……"等形式。无论体现
为哪种形式，这类表达都是给听话者选择权的、委婉地劝说型祈使
表达。

　　（6）－⑧

150）「退校にならない様に出来ないでせうか」と武右衛門は
　　泣き出しさうな声をして頻りに哀願に及んで居る。（吾輩
　　は猫である・461・毬栗→苦沙弥）

151）「おい御酌は？　」「や、忘れた」と慌忙しく壜を取つ
　　て注ぐと、たらりと一雫ほど。（多情多恨・21・葉山誠
　　哉→鷲見柳之助）

152）「……何うだらう、君の兄さんの会社の方に口はあるまい
　　か」「うん、頼んで見様、……」（それから・29・平岡→
　　代助）

153）議会の形勢は別として貴処は賛成して下さいますでせう？
　　（社會百面相/鐵道國有・310・お嶺→高浪崩）

　　上面的（6）－⑧类疑问形式一般并不作为惯用的祈使表达，但

是根据上下文文意、谈话的背景及场面，有时候也可以间接地表达祈使性的语气。如例 150）～ 153） 中，通过询问听话者的能力、动作、听话者方的现状等，要求听话者用行动来确认，从而委婉地要求听话者实施行动。

　　以上，概观了日本近代东京语中从疑问表达转用为祈使表达 8 类语言形式的实例。使用祈使表达时，对于想要求某种行为的说话者而言，内心早已持有希望通过听话者来实施其自身所期待行为的判断，因此疑问的念头本应很弱，但此时说话者仍然特意使用疑问表达来进行询问的做法，可以推测其可能是以下两个不同方向表达意图中的一种。一种是用疑问的形式给听话者选择的余地，使表达本身变得缓和；另一种是用反问或责问的形式使听话者意识到自己应该施行的行为，从而强烈地表达出要求相关行动的心情。

8. "平叙" 表达的语句实例

　　平叙句本是用来如实叙述对事物的判断或推测等时使用的表达，原本并不具有发起动作的性质。但是在日本近代东京语中存在很多由平叙句派生而具有祈使功能的表达。在本次的调查数据当中，"平叙" 表达的语例共有 290 例，占祈使表达整体使用的 4%，间接祈使表达使用的 10%。

　　（7）—①

154）ヲイヲイねへさんや雑巾だ雑巾だ（安愚楽鍋・159・芝
　　　居者→牛店の女中）

155）おい、乾いたかね、其方の人は。宜しければ下へ行つて
　　　御酒の支度だ。（多情多恨・359・葉山誠哉→お種）

　　即使是听话者不在的场面，上面例 154）、155） 中的 "雑巾だ（抹布）" "御酒の支度だ（酒菜的准备）" 等表达都是可以用来陈

述状况的判断句，但是例 154） 是在酒弄洒了的情况下由客人对牛肉火锅店的女佣人使用，例 155） 是客人来访的状况下，一家之主的丈夫对妻子使用，这时候在前后语境的影响下，这些表达自然就发展成为要求相应行为的祈使表达。这类表达在本次调查资料中很常见，是由平叙表达向祈使表达派生的一个类别，仅限于对同等以下的听话者使用。

（7）—②

156）ヲイヲイ。お客さまの分も持てくるんだ。実に気のきかない奴だ。（當世書生氣質・82・守山友芳→下女）

157）もう少時の間温順しくして待つて居るんですよ。可いかい、分つたらうねえ。（夢の女・38・お浪→お種）

（7）—③

158）サアサアみんなが寐ること寐ること（西洋道中膝栗毛・83・大腹屋広蔵→手代、下女）

　　（7）—②、（7）—③类是“动词终止形＋のだ”“动词终止形＋こと”型平叙表达的实例。由于其反复叮嘱、确认的语气很强烈，因此在调查资料中也仅限于对身份、地位低和年龄小的对象使用。

（7）—④

159）苦沙弥君、是が二十世紀なんだよ。そんな顔をしないで、早く傑作でも朗読するさ。（吾輩は猫である・260・迷亭→苦沙弥）

（7）—⑤

160）あゝこれ待つた、左程に思ひ詰めし上は、所詮留めても

留りもせまい。我ゆゑ此場で入水させ、跡にながらへ居られうぞ。（東京日新聞・194・船岡門三郎→浅茅）

161）さあさあ早く家へ帰つた帰つた。（恋の病・67・七兵衛→おかま）

162）さあさあ一緒に遣つたり遣つたり。（富士額男女繁山・577・柴又講中七兵衛→蓮七）

　　另外，（7）—④、（7）—⑤类是以动词终止形和过去式为谓语的平叙句派生为祈使表达的用例。这两类表达在待遇关系上的主要特征就是不用于身份、地位高和年龄大的听话者。

　　下面的（7）—⑥"动词连体形＋ことはない类"、（7）—⑦"动词连体形＋のではない类"、（7）—⑧"动作性名词はごめん类"表达都采用平叙表达的形式，但在表达意图上却与要求行为非施行的禁止表达十分接近。在本次资料中这三类表达的具体使用形式如下：

　　（7）—⑥　　～こと/必要/ものは＋ありやしません/ありません/ない/あるまい/いらぬ/ないじやないか

　　（7）—⑦　　～もの/ん/の/ところ＋じゃねえ、じゃない、じゃありません、じゃございません、ではない、ではありません、ではあるまい

　　（7）—⑧　　～はごめん、廃止、無用、いけない、よしっこ

　　这三类形式中的（7）—⑥、（7）—⑦类表达从近代20年代开始使用逐渐趋于频繁，在日本近代后半期的使用占到各自在日本近代总体使用的88%和96%。

　　（7）—⑥

163）其様に何も落胆することはないよ。（其面影・354・小野哲也→小夜子）

164）僕の関係した事でないから、僕は何とも云ふまい。だから君も左う落胆イヤ狼狽して遁辞を設ける必要も有るま

い。（浮雲・97・内海文三→本田昇）

（7）―⑦

165）行くのぢやないよ、お前なんぞが行くとお邪魔になるか
　　　ら。（多情多恨・349・葉山誠哉→保）

166）最初にお前の所に訪ねて行つたのだから、因縁だと思つ
　　　て、泊めてやるが宜からう。此れも商売だから、あまり
　　　無慈悲なことを云ふものではない。（颶風・223・巡査→
　　　番頭）

（7）―⑧

167）ヲイヲイ倉瀬。モウ其話ハ御免だ其話ハ御免だ。（當
　　　世書生氣質・143・宮賀匡→倉瀬連作）

168）モウモウしやれハしばらくお廃止ダ。（西洋道中膝栗毛・
　　　98・商吉→北八）

（7）―⑨

169）お前はどうも派出好で、いつも身分不相應の欲を持てる
　　　やうだが、それを慎まなければどんな不幸の原になるか
　　　知れないよ。（乳姉妹・102・お濱→君江）

170）あゝ寒い。途中で手なんぞ出すと風邪を引きますよ。（夢
　　　の女・38・お浪→お種）

171）光ちやん、白状しないと拷問にかけるよ。（少年・172・
　　　萩原栄→光）

172）返す金を返すなと悪く揉んで邪魔すりやあ、故障の廉
　　　を言ひ立つて闇い所へ入れてやるぞ。（人間萬事金世中

・87・宇津蔵→雅羅田臼右衛門）

平叙表达的其他类中，既有如例 169）、170）中，通过叙述不期望的结果来要求听话者施行或者不施行某种行为的表达形式，也有如例 171）、172）中，通过描述说话者报复的手段来要求或者阻止听话者进行行动的表达形式。这类表达都对前后文意和说话的场面等依存度很高，所以具有浓厚的语用论色彩，需要听话者去体察表达背后说话者要求或禁止相关行动的真正意图。

9.　"省略" 表达的语句实例

本书中所说的 "省略"，是指由于某种原因说话者未将句末的谓语部分用语言表现出来的表达形式。省略型祈使表达在本次调查中的总使用数为 395 例，占祈使表达整体使用的 5%；在间接祈使表达的使用当中所占比率高达 18%，其使用频率仅次于劝诱型和当为型祈使表达。为了进行具体分析，根据句末省略现象的主要语法特征，特别是词汇的性质、活用形式和助词、助动词的搭配方式，本书将日本近代东京语语言资料中收集到的省略型祈使表达分为以下四大类八种形式。

I 类　名词类省略型祈使表达
（8）—①

173）たつた今の事だから両国か東橋の河岸に泊てゐる屎舩を捜しやアすぐに知れらアなモシ通次郎さん御苦労でもおめへ自身番まで。（西洋道中膝栗毛・20・北利喜多八→通次郎）

174）露子どのを始、皆の衆暫時の間奥の間へ。（政黨美談淑女の操・106・時田頼国→露子、下女、書生）

175）さあさあ、もつとずッと此方へ。　（幇間・205・梅

吉→三平）

（8）—②

176）何卒 観音 様のお厨子を……（英國孝子之傳・539・おま
　　　き→お虎）

177）はあ、何卒、はあ、何卒能く其事情を。（多情多恨・
　　　340・鷲見柳之助→お種）

（8）—①、（8）—②类都是名词类省略型祈使表达，该类表
达的使用频率位居省略型祈使表达整体的第二，达到整体使用的
22%，共85例。其中包括两大主要语言形式，一种形式是"表示
方向、场所的名词＋へ/まで"，使用频率为13%，共使用53例。
另一种形式是"表示动作对象的名词＋を"，使用频率低于第一种，
为8%，共使用32例。

上面的例173）～175）是"表示方向、场所的名词＋へ/ま
で"的实例，要求听话者进行场所移动的这类表达形式在各个年代
的作品当中均有出现。从士族、知识阶层到町人阶层的各个社会阶
层的男女都会使用这一形式，主要是对同等及同等以下亲密关系的
听话者使用，对疏远关系的听话者使用甚少。

例176）、177）是省略了句末的动词，仅用"表示动作对象的
名词＋を"的形式来要求听话者进行行为的表达形式。各个社会阶
层的男女均有使用，其中90%的说话场景是面对同等及同等以下的
听话者。对疏远的听话者几乎不用，而多用于关系亲密的听话者。

Ⅱ类　副词类省略型祈使表达

（8）—③

178）私に出来ます事なら何でも御遠慮なくどうか。（吾輩は猫
　　　である・148・鈴木藤十郎→金田）

179）モシ。友芳さん。一寸。（當世書生氣質・150・三芳庄右

衛門→守山友芳）

（8）—③是副词类省略型祈使表达，其中主要有一种语言形式"副词中断型"，即直接用副词作为句末成分来结束要求的表达形式，其使用频率在四类省略型祈使表达当中最低，仅为9%，共使用34例。

如例178）、179）中，用"どうか、なにとぞ、どうぞ、ぜひ、ちょっと、もう少し"等副词来中断句子，要求对方实施行为的表达在日本近代东京语中常常出现。不仅各个社会阶层的男性和女性都使用，而且在"上对下""同等""下对上"的各种社会关系中都可使用。从亲疏关系上看，主要是对较为亲密的听话者使用。近代20年以后的资料中所使用的实例占到该形式使用整体的约88%，可以推断该种形式是从日本近代后期才得到普及使用的。

Ⅲ类　形容词类省略型祈使表达

（8）—④

180）コウコウあんねへすきやきにしてモウ一鍋<ruby>はやくはやく<rt>いちめへ</rt></ruby>。
（安愚楽鍋・151・居職→牛店の女中）

（8）—⑤

181）<ruby>鷲見<rt>すみ</rt></ruby>様、どうぞお<ruby>楽<rt>らく</rt></ruby>に。（多情多恨・54・お種→鷲見柳之助）

182）何だか<ruby>仰有<rt>おっしゃ</rt></ruby>る事が<ruby>薩張<rt>さっぱり</rt></ruby>分りませんから、もう少しお静かに。（其面影・303・小夜子→小野哲也）

（8）—④、（8）—⑤是形容词类省略型祈使表达，其中包括两大主要语言形式，一种形式是"一类形容词连用形中断型"，这里所说的一类形容词是指词尾以"い"结束的形容词。这种形式的使用频率为13%，共使用50例。另一种形式是"二类形容词连用形中断型"，这里所说的二类形容词是指词尾以"だ"结束的形容

词，部分语法书中又称为形容动词。这种形式的使用频率较低，仅为 3%，共使用 10 例。

上面的例 180）是"一类形容词连用形中断型"的使用例，例 181）、182）是"二类形容词连用形中断型"的使用例，像这样用形容词的连用修饰形式结束句子的祈使表达在日本近代文艺作品中比较常见。特别是表示动作程度、状态的"早い、楽だ、静かだ"等形容词的连用形使用频率最高。士族、知识阶层和上层商人阶层的男性和女性多使用该形式，主要是对同等以及同等以下亲密关系的听话者使用。

Ⅳ类　动词类省略型祈使表达

（8）—⑥、（8）—⑦、（8）—⑧是动词类省略型祈使表达，其中包括三大主要语言形式，第一种形式是"动词连体形 +ように"，使用频率最低，约为 8%，共使用 32 例。第二种形式是"动词连用形 + て"，这种形式的使用频率最高，达到 36%，共使用 141 例。第三种形式是"动词命令形式 +ってば/というに/といったら/といえば"，使用频率位居第二，为 11%，共使用 43 例。

（8）—⑥

183）唯今此へ召びまするで。兎も角も娘を御診察下さいますやうに。（恋の病・80・亀右衛門→七兵衛）

184）老婢が此れと思ふところへ行末の案じられない様に何処なり世話をして遣る様に、ねえ、老婢。（夢の女・9・お浪→老婢）

185）お寅やお初も其の積りで、つまらない遠慮なんかしないやうにね。（戀を知る頃・40・おまさ→お寅、お初）

上面的例 183）～185）都是"动词连体形 +ように"的使用例，主要用于同等以及同等以下的听话者，但是当"ように"前的动词为尊他动词时，主要用在"下对上"的关系里。各个社会阶

层，不论男性和女性都可使用，是一种比较惯用化的省略型祈使表达。另外，如例185）中，"ように"前接的动词为未然形时，也可以表达说话者不希望某行为发生的意图。

（8）—⑦

186）あなた。電気を消して、よウ。（腕くらべ・179・駒代→吉岡）

187）ぢやア二階へお通し申して。（藪の鶯・128・貞→清）

188）あの御前貴方に上られるやうな肴はとても御座いますまいが、どうぞお一つ召し上つて。（歐洲小説黄薔薇・401・お政→江沼実）

"动词连用形＋て"是本次调查中使用最多的省略型祈使表达。在日本近代，不论哪个社会阶层，不论男性和女性都经常使用这一语言形式。如例186）、187）中，当"て"的前续动词为普通动词和谦逊语动词时，多用于同等及以下关系的听话者。与此相对，当"て"的前续动词为尊他语动词，或者伴随"お～あそばす""お～くださる""お～なさる"等敬语补助动词使用时，主要用于同等以上的听话者。无论是对关系亲密的听话者还是对关系较为疏远的听话者都可以使用。另外，在日本近代文艺作品当中，还使用了如下面的例189）、190）中用"动词未然形＋で/ずに"的形式来阻止某种行为实施的禁止性表达。

189）マアサさう立腹らないで。（妹と背かゞみ・228・お辻→お春）

190）あれ、そんな事を仰しやらずに……（離鴛鴦・279・瑠璃枝→節子）

（8）—⑧

191）これさこれさ。お前が一体良くねえといふ事に。黙つて

彼地へ行きねえつてば。（恋の病・65・作蔵→おかま）

192）モシ関取ちよつと目を覚してお呉なさいト言たら……
（春雨文庫・321・お増→笹井吉三郎）

193）厭ですよ、そんな……よツ、放して頂戴と云へばねえツ。
（浮雲・136・お勢→本田昇）

194）おい一寸御見せと云ふに。（吾輩は猫である・236・苦沙
弥→細君）

如上面的例191）～194），在本次的调查资料当中，"动词命令形式＋ってば/というに/といったら/といえば"也是一种常用的省略型祈使表达。这些语言形式大多是通过表现说话者急不可耐的心情来向听话者呼吁，要求其尽早实施某行为。各个社会阶层的男性和女性都使用该形式，但因为埋怨、责备的语气较为强烈，一般多用于同等及同等以下亲密关系的听话者。

10.总　结

在本章中，主要对日本近代东京语祈使表达的语言形式种类和具体的表达语例以及实际使用状况进行了一个概观性的调查。比较各类语言形式的使用总数和使用率可以知道，日本近代东京语当中，使用明确的语言形式积极地要求听话人实施或者不实施某行为的直接祈使语言表达的使用频率最高，保持着最强的势力。而与此相对，转用其他各种语言表达形式来委婉地向对方表达要求实施行为意愿的间接祈使表达，虽然形式和种类繁多，但其使用频率只占整体使用的约3成，非代表性的用法。

由于祈使表达不仅要求听话者做出语言上的理解和回答，而且要求听话者采取实际的行动，从这一本质特点而言，使用该表达时特别需要用心揣摩当事人的微妙心理和社会关系。说话者必须考虑所要求行为的妥当性和负担的轻重，与听话者的上下、亲疏关系，

两者的性别、年龄、社会地位等属性，根据这些因素来选择实际中的语言表达形式。为了去除听话者方无谓的排斥感，从而实现更加顺畅地达成要求实施行为的目的，在日本近代东京语的使用当中，更多倾向于避开直露的表达，借用劝诱、当为、愿望、疑问、平叙、省略等柔和的语言形式来含蓄地进行表达。这些"好似类祈使表达"作为委婉表达形式，有时候会比不直接表达取得更好的互动效果，但是由于转用其他表达的语言形式常常会过分迂回和冗长，这就难免造成语言传达过程中的不明确和不完整。因此，为了更高效、更准确地向听话者传递表达意图，多用直接性的语言形式来要求听话者行动也就成为一种必然结果。

综上可知，在日本近代东京语中，说话者会根据要求行为的难易程度等，综合判断自己从属的位相和性别、对方从属的位相和性别、以及自己和对方之间的关系，然后从直接祈使表达到间接祈使表达的各阶段各类别当中选择合适的语言形式来表述自己祈使性的表达意图。

注：

1. 参见本书绪论的文献一览部分。
2. 让步句是日语语法研究中的一种术语，一般是指表述即使满足前项条件也无法获得所期待结果之意的语句。
3. 山冈正纪（1988）、仁田义雄（1991）、坂本惠他（1994）、姬野伴子（1997）等。
4. 括号内所列内容的顺序是作品名称、页数、说话者、听话者。

第三章　日本近代东京语中命令形的万象

　　纵观现代日语的语法书，必定会提及作为动词六大活用形式之一的命令形。而且，对于该形式的功能，大都会解释为"表达对他人进行命令的形式"。但是，坪井美树（1993）中提到，直到日本的大正初期命令形的存在都是不稳定的，从大正到昭和初年之间，由于有了桥本进吉关于上代特殊假名使用的研究，语法教科书中才逐渐设立包括命令形在内的六大活用形式。另外，佐久间鼎（1936）、林四郎（1960）、渡边实（1997）等论著中指出，用命令形进行命令的机会对于现代日本人而言已经变得很少，命令形根据说话者表达意图的不同可以具有多种多样的语言功能。

　　因此，本章首先选择对日语语法研究史上命令形作为活用形的确立过程进行历时考察，然后对日本近代日语文典中有关命令形的解说和记述进行调查，最后以日本近代文艺作品中命令形[注1]的使用实例为资料进行分析，探讨日本近代东京语命令形的构句特点、意义、功能、表现性上的特征以及对现代日语形成的影响。

1. 日语研究史上的命令形

　　在日本现代学校教育的语法教学中，命令形与未然形、连用形、终止形、连体形、假定形并称为动词的活用形。但是，调查日本近世、近代的语法书，会发现学者们并非统一使用这个语法术语，有的语法书中甚至完全没有这种提法。本节将主要从历史的角

度来考察命令形这一活用形的概念和名称是经过怎样的过程而形成和确立的。

1.1　江户时期日语研究中的命令形

正保三年（1646）的『韻鏡図』中，五十音图四段之中的一段名为"下知（聞け）"。

谷川士清的『日本書紀通証』（1762）中，「倭語通音」里有用语"告人"，谷川的『倭訓栞』中解释为"書けといふは人に令するの語"。

富士谷成章的『あゆひ抄』（1778）中，概观所列的"装図"上有"目（めのまへ）"一栏，命令形和已然形的一部分归属于该栏。

本居宣长的『言語活用抄』（1782）中，有关于"第四ノ音"活用形的叙述为"然セヨト令スルニ用フ"。

贺茂真渊的『語意考』（1789）中，"五十聯音"里有一段名为"おふすることば　令"。

铃木朖与富士谷成章、本居宣长一样，关注动词活用在句中的功能，他在『活語断続譜』（1803）的第六等中做了这样的解释，"命（オホ）スルコトバ""オホスルコ丶ロノヨニツ丶ク"，第一次设立了"命令形"。

本居春庭的『詞の八衢』（1808）从现代所说的语素学角度出发，确定了"活用形"和"活用的种类"，可以说完成了和现行日本学校语法体系大体相同的活用表，但是仍然未将命令形列为活用形。

东条义门在『友鏡』（1823）中的五大活用形之外设立了一项"使令"。随后，在『和語説略図』（1833）一书中将『友鏡』里"使令"的提法变为"希求言"并归入到同一项。另外，还在『活語指南』（1844）中，对于"希求言（ケグゲン　コヒネガヒモトムル）"这一名称做了如下说明："世ニイハユル下知ノ詞

也。コハ下知ヨ云ヒテハイカニゾヤ覚ユル事モアルカラニ、友鏡
ニハ使令トイヘレド、ソレモヤハリアタラヌワケアルユエ、略図
ニハ又アラタメテ希求ト目ケタル也。主君ニムカヒテ云云シ玉ヘ
ト申ス玉ヘノヘナド、コレヲ下知・使令トイヒテハ当ラヌニアラ
ズヤ。"

鶴峰戊申的『語学新書』（1833）以荷兰语法书为基础写成，
他与东条义门一样采用了"使令"的说法。

库尔提斯的『日本語文典例証』（1857）中，在动词一章里有
"命令法"一节，对命令形的构成进行了详细的说明："EまたはI
に終わる幹母音無変化動詞の語幹は同時に命令形である。幹母音
変化動詞にあっては語尾IがEに変わる。これらの形に感嘆詞joま
たはroを加えて意味を強めることができる。こうして形成された
命令形は、動詞の幹のままの呼びかけの形にならったものであ
る。"同时，关于命令形的使用状况描述为"教養ある会話では、
日本においてもわれわれと同様、型どおりの命令形は忌避され、
これに代わってもっと上品な話し方が用いられるということは、
理屈に合った事である"。

1.2　明治、大正时期日语研究中的命令形

日本明治时期，语法研究十分活跃，出版了大量的近代"词
典"和"文典"。

由外国人撰写的文典中，霍夫曼的『日本語文典』（1876）是
极具代表性的作品。该书中设有"命令形"的项，并解释为
"Ge－dzi no kotoba'下知ノ詞'、命令はアクセントを持ったeで
終る"。

张伯伦在『日本小文典』（1887）中使用了"命令法"一词，
而在另一部『日本口語文典』（1888）中，加入了与英语的对比，
并同时采用了"命令形"和"命令法"两种提法。

在明治时期作为教科书被广泛使用的田中义廉的『小学日本文

典』（1875）和中根淑的『日本文典』（1876），都是根据英语的 school grammar 写成的，因此也被称为"模仿文典"。这两部文典都在"動詞の法"一章中，使用了"命令法"一词。另外，『日本口語法精義』（1909）是由曾在宏文书院长期执教的臼田寿惠吉编写的，这部文典也具有教科书的性质，他在"動詞の法"一章中，同样也使用了"命令法"这一名称。

　　另一方面，将日本国内传统语言研究的成果和西方语法研究的方法、成果结合，从而实现了基本语法体系化的文典是大槻文彦的『広日本文典』『同別記』（1897）。在这之前，『語法指南（日本文典摘録）』作为 1889 年出版的『言海』第一卷卷头，也摘录自该文典的底稿（1882 年写成）。『語法指南』里有名为"動詞の語尾変化……法"的活用表，在该表的最下栏作为第六种变化，列出了与各活用形对应的含有活用词尾ヨ的命令形，在栏外写有"命令法（希求）Imperative mood"的字样。『広日本文典』中同样也设置了"命令形"，而且对于"命令法"补充说明为"命令法　他ニ、動作ヲ命ジ、又ハ、請ヒ願フ意ヲイフ法ニテ、第六活用ヲ用キル"和"命令法ヲ、従来、下知ノ詞、又ハ、希求言ナド稱セリ"。

　　此外，如物集格太『小学詞遣』（1878）中的"指令"，加部严夫『語学訓蒙』（1879）中的"希望詞"，佐藤诚实『語学指南』（1879）中的"命令言"，大槻修二『小学日本文典』（1881）中的"カクセヨと令する詞又頼み希ふ詞"，弘鸿『詞之橋立』（1884）中的"希求言、使令言"，1901 年出版的草野清民『日本文法』、前波仲尾『日本語典』以及松下大三郎『日本俗語文典』中的"命令"，同年出版的金井保三『日本俗語文典』中的"請求法"，石川仓治『はなしことばのきそく』中的"さしず"等，明治时期的日语语法书中使用着与命令形意义相近的多种名称。

　　与上述著作不同的是，山田孝雄的『日本文法論』（1908）、铃木畅幸的『日本口語典』（1904）和保科孝一的『日本口語法』（1911），虽然都将"命令形"设置为动词的活用形，但是山田从

书面语的角度，铃木和保科从口语的角度指出，应该将这种形式从活用形中独立出来另加说明。

大正时期，由日本国语调查委员会编写的『口语法』（1916），设立了到第五活用形为止的动词活用形式，但是对于命令形的相关内容，没有直接使用"命令形"这一称呼，而是提为"命令の言い方"，指出"命令をあらわすにわ、次のように、動詞によってそれぞれ言い方がある"。

坂梨隆三（2006）中指出，从明治30年代后半期命令形这一术语被日语研究界广泛使用，但是从上述调查结果可以看出，直到大正时期，"命令形"作为动词活用形式的存在都还是不稳定的。

1.3　昭和时期至现代日语研究中的命令形

昭和初期，桥本进吉博士在自己编撰的初中日语语法教科书『新文典』（1931）和『改制新文典』（1938）中明确地设立了包括命令形在内的动词六大活用形式，从此动词六大活用形的提法开始普及，那之后作为日本学校语法的一个重要内容，命令形终于和其他五大活用形式一样得以确立。

2. 近代日语文典中的命令形

1868年，日本政府成功实现明治维新，为了推进近代化的发展，加强作为独立国家的实力，亟须有一个统合所有国民的国家语言即"标准语"，而且还亟待进行"国字改良""文体改良（言文一致）"，以形成所有国民都容易理解和使用的文章书写规范。另外，在确立标准语的过程当中，需要有规范性的且对教育有益的语法用书，因此编撰日本近代的"辞典"和"文典"就成了当务之急。在这一时代背景的催生下，当时日本的国语学大家以及日语教育先驱的教师们编写出版了一大批日语文典。

在本节中，主要调查日本近代编撰的日语文典中有关命令形的

解说和记述，同时通过分析评述代表性文典的论述，逐步探寻和厘清当时的国语学研究者和日语教育者对命令形的功能和使用规则的认识和定位。

　　本次调查的近代日语文典共 31 册。根据文典各自设定研究对象的不同，本书将其分成三大类，即：文语文典、口语文典、文语口语对照文典。

＊文语文典：

1　1870『絵入智慧の環』古川正雄

2　1871『大倭語学手引草』古川正雄

3　1875『小学日本文典』田中義廉

4　1876『日本文典』中根淑

5　1876『日本小文典』中根淑

6　1877『日本語学階梯』堀秀成

7　1877『新訂日本小文典』田中義廉

8　1878『日本詞学入門』旗野十一郎

9　1879『語学訓蒙』加部厳夫

10　1884『詞之橋立』弘鴻

11　1887『日本小文典』チェンバレン

12　1890『語法指南』大槻文彦

13　1897『広日本文典』『広日本文典別記』大槻文彦

14　1900『日本文法文章法大要』岡田正美

15　1901『日本文法』草野清民

16　1908『日本文法論』山田孝雄

＊口语文典：

17　1873『太田氏会話篇』太田随軒

18　1876『日本語文典』ホフマン

19　1888『日本語口語入門』第二版　チェンバレン

20　1898『日本口語文典』第三版　チェンバレン

21　1901『日本語典』前波仲尾

22　1901『日本俗語文典』松下大三郎

23　1901『日本俗語文典』金井保三

24　1901『はなしことばのきそく』石川倉治

25　1904『日本口語典』鈴木暢幸

26　1909『日本口語法精義』臼田寿恵吉

27　1911『日本口語法』保科孝一

＊文语口语对照文典：

28　1878『小学詞遣』物集格太

29　1879『語学指南』佐藤誠実

30　1881『小学日本文典』大槻修二

31　1912『文語口語対照語法』吉岡郷甫

2.1　文语文典中的命令形

　　明治时期作为教科书编撰的日语文典中最具代表性的有田中义廉的『小学日本文典』（1875）和中根淑的『日本文典』（1876），本小节首先将焦点放在这两部文典中命令形的相关解说上。

　　田中义廉在"动词的法"一章中将动词的活用分成"不定法、直说法、命令法、接续法、疑问法（不定法、直説法、命令法、接続法、疑問法）"五大类，并总结"命令法"的内涵、成立条件以及时态限制为："命令法是进行指令的用法，同时表示希求、劝止等也属于此法。这样，希望表达使令、希求意图的人必须是对眼前的人物而发，且时态通常为现在时，例如：汝ヨ行ケ、茲ニ在レ、予ヲ助ケヨ、君ヨ行キ給へ、ナ行キゾ、行クコトナカレ，等等。此处的ヨ是表示使令的感叹词，ナ是表示否定的副词，ナカレ是ナクアレの简略说法。"[注2]

　　中根淑则将"动词的法"分为"直接法、不成法、疑问法、

命令法（直接法、不成法、疑问法、命令法）"四大类，对命令法的解释为"命令法是可以表示命令、请求、告诫、准许等意的用法。讀メ表示劝诫命令之意、教ヘラレヨ表示请求希望之意、勘ムベシ表示训诫之意、来レカシ表示许可之意。总之，该法均表示对人进行命令之意。其中，如忘レザルベシ、怠ラザレ等是兼有不成法的命令法。乞フ、願フ等词则不属于命令法"。[注3]可见，中根认为命令法不仅仅表示"命令"，还具有"请求、劝诱、告诫、许可"等语法功能，且与禁止表达有相交之处。另外，将词义上具有祈使意义的施为动词排除在命令法之外也是中根观点的特色之一。

　　将西方语言学的观点和方法引入日语语言研究的代表文典有大槻文彦的『広日本文典』『同別記』（1897），这部文典一直被评价为日洋结合文典的集大成之作。大槻文彦在这部文典当中，将"命令形"设立为第六活用形，指出"命令法"的基本词尾变化为"例如：'書を讀め''業を勤めよ''花、落ちよ''月を見よ'。此法中，除去四段活用、ナ行变格、ラ行变格动词以外，词末均有よ一音"。[注4]同时，还在补充1中提到"从古时就有不在下二段、カ变、サ变动词之后添加よ而进行命令的用法，但是，现在的普通句子当中应该添加よ。而且，如四段活用中出现的'讀めよ'、ナ变中出现的'死ねよ'、ラ变中出现的'あれよ'等等用法，这其中的よ是感叹词，即使没有よ也完全可以表达命令之意。另外，'讀みね''勤めね'等用法当中的'ね'是表示半过去的助动词ぬ的命令法"[注5]。如补充1中所述，大槻强调了当时日语命令法的使用规范，即普通句中下二段、カ变、サ变动词的命令形后必须要添加"よ"，四段活用动词后的"よ"是感叹词而非动词词尾，以及半过去助动词"ぬ"的命令形"ね"的相关用法。此后，在补充2中，大槻列举了下二段、カ变、サ变动词之后未添加よ的古典文例，即"现在口语当中表示命令时也常有'こゝへ来'的说法，在中国地区、九州地区附近则说成'受けい、止めい、見い'，这既可能是沿用古法而取其音的结果，也可能是よ转化为い的产

物"注6，从而指出当时口语中的命令形以及和方言命令法的关联。

『語学訓蒙』（1879）是一部形式非常活泼的文典。加部严夫在这部文典中，用提问解答的方式对当时的日语语法进行了说明。虽然没有关于命令法的特别章节，但在"希望词"一章中含有对命令形的描述。"希望词是嘱咐他人我们心中觉得这样大概会比较好、或是期待能够这样等等请求祈愿的内容，也可以表达未说出口的心中愿望。……（中间省略）ユケヨ接在用言之后，ユケ表示命令，ヨ是加强命令之意的语气助词。ユケカシ是在心中对人进行命令，即不说出口而悄悄期待的形式。"注7 从加部的这一解释可知，他将"命令"归类为"希望"的一种。

与加部持完全相反观点的则有弘鸿。弘鸿在文典『詞之橋立』（1884）中，将"希求言使令言"解释为"命令他人做某事的语言表达有两种，其一是希求言，其二是使令言"，即将"希求"归类为"命令"的一种。

山田孝雄博士撰写的『日本文法論』（1908）对当时日语语法界的影响颇为深远。山田博士虽然在这部文典中设立了"命令形"，但他对这一形式所持有的观点是"严密地说，我认为这一形式并不能成为活用。无论怎样变化，只有四段动词的命令形和已然形同形，其他动词如果不在和未然形同形的形式上添加助词'よ'则无法构成命令的形式。如此，不仅各用言的活用上有差异，而且其表现方式也有很大的差别，不应该一概而论。另外，虽然有把助词'よ'算作用言变化范畴之内的说法，但是很明显若按照这个规则那么助词'よ'也理应附属在四段动词之后。可是，这样将附属在四段以外动词的形式作为用言活用中的一部分，而将接续四段的形式作为活用外的解释非常不合理。因此，我不认同'命令'是一种特别的活用变化，而应该是分属于其他各变化的用法"。注8 可见，山田博士对命令形独立持否定态度的理由是动词活用形态层面上的不统一。另一方面，山田博士还在该文典附录部分的"动词活用形一览表"中对"命令形"的用法标注为"命令、希求、放任"，明确

指出了命令形语法功能的多面性。

其他，也有文语文典仅列举出命令形的形式和语例，而未用文字形式加以解说，例如张伯伦的『日本小文典』（1887）、岗田正美的『日本文法文章法大要』（1900）、草野清民的『日本文法』（1901）等。甚至还有完全没有提及命令形的文语文典，如古川正雄的『絵入智慧の環』（1870）和『大倭語学手引草』（1871）、堀秀成的『日本語学階梯』（1877）等。

2.2　口语文典中的命令形

近代日语文典的一大特色就是编撰者中有一部分是西方语言学家等非日语母语者。他们都对东洋文化具有浓厚的兴趣，因此能够对日语进行极为细致的观察，留下了许多宝贵的研究成果。外国人编写的口语文典中，很多对命令形的形态和使用状况进行了详细的记述和说明。

德国语言学家、莱顿大学日本学教授霍夫曼于 1876 年撰写出版了著名的『日本語文典』，这部文典对欧洲世界的日语研究做出了划时代的贡献，他自己也因此被称为天才"日语研究家"。在该文典中，霍夫曼对命令形的构成描述为："干母音无变化的动词，其词根即构成命令。Ake（あけ）、開けよ！干母音变化的动词，其词尾 i 要变成 e。Kaki（かき）、書く、Kake（かけ）、書け！Kuvi（くひ）、食う、Kuve、Kuye（くへ、くえ）、食え！；Ini（いに）、去る；Ine（いね）、去れ！。"[注9]接着，他指出日本东西部口语命令形词尾的差别为："将感叹词 ya、ai、yo 作为接尾辞接续在这一形式之后可以起到强调命令之意的作用。与此相对，在日本东部地区则多用接尾辞 ro。Ake yo（あけよ）；または Ake ro（あけろ）、開けよ！Yuke yo（ゆけよ）、または yuke ro（ゆけろ）、行け！Se yo（せよ）、または Se ro（せろ）、せよ！"[注10]另外，他还关注到命令形的使用对象和使用场面都受到一定的限制，即"这种通常所说的命令形只能用于身份低微的人，在礼貌的会话当中一般

忌讳使用，会选择更为优雅的表达。命令形后续 Kasi（かし）或者 gana（がな）则具有我们的愿望法之语力。O ide nasarei kasi（おいでなされいかし）、おお君が来たら良いな"注11。

　　张伯伦是明治时期首个日本帝国大学的语言学教授，他撰写的『日本語口語入門』第二版（1888）主要总结了当时日语口语的语法体系。他指出"因为命令形给人一种粗野的感觉，所以除去两三个尊敬动词以外几乎不太使用，即使对身份地位比自己低的人说话时大多也会使用较为委婉尊敬的说法"注12。与此同时，他还列举出"ナニ　シロ、ナニ　イタセ！"等已经失去原本的"命令"之意而作为惯用说法使用的命令形语例。对于日语口语的命令法，张伯伦则指出如"アソバセ！""ゴラン　ナサイ！""イラッシャイ！イラッシャイマシ！オイデナサイ！""クダサイ！""メシ－アガレ！""ナサイ！"等敬语动词可以直接使用命令形，但"其他普通动词的命令形，除去命令脚夫以及自家的佣人，或是在海军陆军部队发出指令的场面以外，几乎很少能听到。如果被人用这种说法命令一定会有太过无礼和粗暴的感觉吧！"注13另外，他还提示作为命令形的替代一般经常使用的敬语说法有"オ……ナサイ""オ……クダサイ""……テクダサイ"等形式，而且根据社会阶层、职业以及上下关系的不同，"……タマヘ""……テクレイ""……テオクンナサイ""……ホーガイイ"等表达也可以代替命令形使用。

　　与外国语言学者观察角度十分相似，日本本国学者在编撰口语文典时也十分关注日语口语中的命令形的形态、因实际交谈状况而产生的表达形式选择的差异等问题。

　　前波仲尾是日本新教育的推行者，他在其1901年编撰的『日本語典』中将"动词的相"分成"时、使动、所动、能动、敬语、否定、命令"七大类，解说中指出"命令的相"有两种表达方式，即作为命令的"Mo't shizkani yom－i.　Are wo mi－i.　Are wo mi－ro."等形式和作为希望的"もう　いっぺん　おしえて。（用疑问的形式表达希望之意）ちと　あそびに　こないか。　すこし

おしえて くれんか。"等形式。另外，他还在"文体之别"的章节中与"叙说体、疑问体、咏叹体"并列设立了"命令体"，指出命令体就是"表述希望（しばらくまッて。）、指令（しばらくまち。）、禁止（しばらくさわぐな。）的文体"。

金井保三长期从事对中国人的日语教育，他在 1901 年编撰出版了著名的『日本俗語文典』。这部文典以东京语为编写标准，将"请求法"定义为"向人要求实施某动作时的说法"，并对该活用法的词尾变化进行了细致的描述："属于第一种变化的词其エ列音作为词尾可以直接使用、第二种则需在イ列、エ列的词尾加上'ろ'或'い'音。但是'ろ'或'い'是绝不会接续在第一种之后。第三种中的'来'可以在其假想法后加上'い'音、'為'则需在其假想法后加上'ろ'或将其词尾'シ'变化为'セ'然后附加'い'来表示该法。"注14此外，金井还明确指出实际会话当中使用对象的限制为"请求法的言词只能用于比自己身份地位低的人，其他场合均不能使用"。

同样出版于 1901 年的『日本俗語文典』由日本国语学大家松下大三郎编写，他同时也是日本国内近代日语教育的先驱。松下在这部文典中将命令定义为"对事实的有无表达希望的用法。就如'花散レ、オ前花ヲ見ロ'中的'散レ、見ロ'"，并指出命令可以分为"命令决言"和"命令疑言"两类。作为命令决言的具体形式，松下列举了三类，即普通动词命令形"行ケ、着ロ、来イ、為ロ、遊ハシマセ"，敬语动词命令形"ナサイ、イラッシャイ、オッシャイ"，以及带有礼貌词缀或感叹词的形式"オ行キ、オ遊ビ、行ナ、行ネイナ、行タマへ、行クナ"。作为命令疑言的具体形式，松下举例解说为"オレニ行ケカ、教へテヤレイカ中的'行ケカ、ヤレイカ'"，并强调"在命令决言后加上カ形成的命令疑言实际上极少使用"。

俗称日本盲文之父的石川仓治在其担任小学教师期间对日本国语和假名文字的教学指导做了很多研究，他所编撰的『はなしこと

ばのきそく』同样也出版于 1901 年。石川将动词的活用形分为五类[注15]，并指出只有五段动词的第二类活用形即假定形如果用于句末才可以表示命令。而且，在"指令的说法"一节中，石川对"建议型的指令"解说为"すすめ、とまれ、はやくをきろ、とをあけろ、こゝえこい、はやくせい"等都属于此类，并且详细描述了五段动词、一段动词和カ变サ变动词的词尾变化，还指出"这些说法都只对身份地位低、年龄小的对象使用"。另外，石川还指出在口语当中按照"たちな、とまりなさい、をたち、をたちなさい、をたちなさいませ、をたちあそばせ"的顺序，其尊敬程度逐步提高，同时强调最好不要使用像"はやくゆきねー、はやくきねー"这样在东京下层社会使用的低俗说法。

对国语学和国文学研究都有很深造诣的学者铃木畅幸在其 1904 年出版的『日本口語典』中明确使用了"命令形"这一说法，但并非将其放在动词活用形中，而是这样解说到："我认为以往的语法学家将内容上的命令法之项归列在连用形、连体形等形式上的分类之中是稍微有些不太合理的做法。此书尽量以形式为标准分类，所以只设立前面所提到过的五种活用形[注16]。"另外，铃木将命令动作时所使用语言形式分为两种，第一种"由于是极端粗野的言词因而几乎不作为直接对话使用。大部分只用于发号施令或者谈论第三者时使用"，主要形式有"読め、うけろ、しろ、こい、たゝけと申しましたけれど叩きませんでした"；第二种"由于是给动词连用形冠上敬意接头辞'お'，因此常常使用"，主要形式如"きたならしい、あんなものをおすてよ　こんどきたら、いじめておやり"。另外，铃木还列举了四种例外用法，即"床おのべましたからさーおよれ"之类的郑重命令词；"見よ、うけよ、くれよ、見い、うけい、くれい、せい"之类的方言形；"あれおこゝにもッて来て頂戴、ちゃいとこれお御覧"之类的不带活用词尾表达命令之意的形式；"朽ちろ……おくち、ほころびろ……おほころび、こわれろ……おこわれ"之类的本不具命令词性质的形式。同时，

铃木还在"敬意动词"一节中举出像"そんな事お、あなたおよ<u>しあそばせ</u>。そんな事お、あなた<u>およしなさい</u>。どーぞこれ<u>おおめしください</u>。"等礼貌命令形式，并指出"あそばせ"是比"なさい"更为郑重的词。

继铃木之后，宏文学院^{注17}的日语教师臼田寿惠吉在总结自己教学经验的基础之上，于1909年出版了『日本口語法精義』。臼田在"动词的法"的第六活段中设有"用于表达命令、希求等"的"命令法"，但仅举出"おまへ、此れを<u>読め</u>。　朝は、早く<u>起き（ろ、い、よ）</u>。　一寸、此处へ<u>来い</u>。"三例即止。在该文典的后半部分有"句子意义上的分类"一节，他指出命令句中有命令、希求、禁止三大类，并详细给出了定义和例句如下。

　| 命令 | 定义：地位高的人对低的人要求自己所希望行动的表达。

例：　お前、弟に二階から<u>下りさせろ</u>。
　　　馬には乗って<u>見よ</u>、人には添って<u>見よ</u>。

　| 希求 | 定义：直接向他人请求自己所希望的行动，主要指在表达方式上比前面的命令要礼貌郑重的形式。

例：　貴方、此处へ<u>入らっしゃい</u>。
　　　早く<u>お起き成さい</u>。
　　　どうか、此れを<u>御覧下さい</u>。
　　　どうぞこちらへ<u>お通り遊ばせ</u>。
　　　貴方、折角<u>御勉強成さいまし</u>。
　　　どうぞ、御遠慮なく<u>お使ひ下さいまし</u>。
　　　どうか、わたしにも<u>聞かせて下さい</u>。
　　　あなた、夫れを私に<u>貸して頂戴</u>。

　| 禁止 | 定义：制止他人行动的反面型命令。

例：　一念は続けても、<u>二念は起すな</u>。
　　　どうぞ、もう<u>お構い下さいますな</u>。

　　　　　無断に此処へ這入ってはならぬ。

　　上田万年的弟子、日本国语学家保科孝一于 1911 年出版了著名的文典『日本口語法』。他在文典当中不仅详细描述了命令形的形态，即五段活用以及五段以外的活用中词尾"ロ、ヨ、イ"的区分使用法，还指出除此以外日语口语中还有多种能够承担命令功能的形式，并列举以下（1）～（7）的形式，强调这些形式根据待遇法的不同各自会使用在不同的场合。

　　（1）オ讀ミナサイ　オ起キナサイ　ゴ覧ナサイ

　　（2）オイ出下サイ　オ送リ下サイ　オ受ケ下サイ

　　（3）オ休ミアソバセ　オ召アソバセ　ゴ覧アソバセ

　　（4）行ッテイラッシャイ　見テイラッシャイ

　　（5）見給エ　来タマエ

　　（6）オ讀ミ　オ出　オアガリ　ゴ覧

　　（7）モウ起キナイカ　早ワ行カナイカ

　　另外，保科还在"活用形的体系"一章中提到，将"命令形"设为动词活用形的方法虽然保持了同文语语法的关系，但是在口语中将其从活用形中独立出来进行说明会比较方便。具体理由主要有两点，一点是口语中な行变革已经变化成五段活用，还有一点是口语中的命令形式远比文语复杂，仅用活用形无法完全解释。[注18]

2.3　文语口语对照文典中的命令形

　　日本近代文语口语对照文典中对命令形的解说方法，主要是先给出定义，然后对照列举出在文语和口语中的具体形式

　　物集格太于 1878 年编写出版的『小学詞遣』是观察日本近代前期言文一致运动与国语教育关系的一部经典之作。物集在这部文典中使用了与命令形具有相似意义的"指令"一词，解说指出："指令万事的口语有两种，一种是附加接尾辞ヨ的形式'此ヲ告ゲヨ、其ヲ任セヨ'，一种是附加接尾辞ナ的形式'汝ハ進ミナ、汝

ハ休ミナ'。"[注19]同时，物集还用以下方式详细列举出与口语中的命令形相对应的文语翻译。

指令ノ口語		指令の訳語	
渡レヨ	行ケヨ	渡れ	行け
尋ネヨ	求メヨ	尋ねよ	求めよ
励ミナ	送リナ	励みね	送りね

与物集格太的做法正好相反，大槻修二在 1881 年出版的『小学日本文典』中使用了如下方式，即与文语中的命令形对应列出口语中的形式。该文典中的正语即指文语，俗语即指口语。

正語			俗語		
押^オせ	行け	賜へ	四段の用言		
下りよ	起きよ	閉ぢよ	留れ	咄せよ	歩け
告げよ	改めよ	與へよ	八轉はヨを添へて云ふなり		
見よ	煮よ	着よ	一段の用言		
得よ	寐よ	歴よ	起きろ	来いよ	
来よ	為よ		捨てろ	誉めよ	
			八轉は必ずヨと口とを添へて用ゐる		

佐藤诚实的『語学指南』（1879）也是一部文语口语对照文典，这部文典将日语分成体言、用言、形状言、组词四大类，在用言的用法当中对"命令言"解说为"常说的下知言，有时添加有时也可不添加助词"，同时对助词的添加方法进行了详细记述。最后还列举出口语的活用图。

吉冈乡甫的『文語口語対照語法』是日本大正时期出版的一部极具特色的对照文典。吉冈对"命令形"的解释是"文语的四段、ラ变、ナ变动词第六活用形以及其他动词第六活用形后添加助词'よ'的形式，口语四段动词的第六活用形以及其他动词第六活用形后添加助词'ろ'或者'よ''い'的形式都是表示命令的形式"。[注20]如表 3 - 1 所示，他将与文语的九种活用以及口语的五种活

用相对应的"命令形"详细列出，并对命令的礼貌表达方法以及添加在命令形后的助词做了补充说明。

表 3 – 1　　　　　　　　　　命令形 の 文語口語対照表

佐変	加変	下二段	下一段	上二段	上一段	奈変	良変	四段	種類
（為）	（来）	う ‖ （受）	（蹴）	お ‖ （起）	（着）	し ‖ （死）	あ ‖ （有）	か ‖ （書）	文語
せ	こ	‖ け	け	‖ き	き	‖ ぬ	‖ れ	‖ け	命令形
佐変	加変	下一段	Ｉ	上一段		四段			種類
（為）	（来）	う ‖ （受）	Ｉ	お ‖ （起）	（着）	し ‖ （死）	あ ‖ （有）	か ‖ （書）	口語
せ	こ	‖ け	Ｉ	き		‖ ぬ	‖ れ	‖ け	命令形

2.4　小结

综合以上对日本近代日语文典中有关命令形的解说和记述可知，日本近代日语文典的编撰者，即当时的日语语法研究家和日语教育家们对命令形的功能分类和语法称呼等都尚未像现代日语这样形成较为统一的看法，命令形作为活用形的确立还不太稳定。文语文典主要记述了命令形的形态及其功能上的多样性，口语文典在此基础之上更为侧重反映近代日本社会对命令形的使用意识，即实际的待遇关系和礼貌敬意程度的差别等对区分使用所产生的影响，文语口语对照文典则注重体现近代日语的文语和口语中命令形式的对应关系。这些研究成果可以给现代日语命令形的分析以及意义功能的研究带来很多启示。

3．日本近代东京语文艺作品中的命令形

作为调查资料，笔者选取了日本近代出版的 45 篇文艺作品，包括小说、歌舞伎脚本、戏曲戏剧台词本、戏作、演说速记、相声速记等能够代表日本近代东京语言特色的重要文献资料[注21]，从中采集到了 1260 个命令形的例子，其中包括在对话部分使用的 718 例，在叙述部分和对话的引用部分使用的 542 例。在本节，将以这些实例为基础，考察日本近代东京语命令形的句法功能特征。

3.1　日本近代东京语命令形的构句特征

正如上一节中日本近代日语文典所给出的定义一样，日本近代东京语的命令形是说话者向听话者要求实施某种行为的表达形式。行为实施的主体为听话者这一点是命令形表达的本质特征。由于是对眼前的听话者要求行为的实施，明示行为主体，即主语的必要性并不高，因此以命令形为谓语的语例当中省略主语，或者说缺失主语的现象非常多见。

1）知れねへことがあツたらソットおれにきけ外聞が悪イからヨ。（西洋道中膝栗毛・19・弥次郎兵衛→北利喜多八）

2）いやさ、儲け口だと嘘をついて、早く来るやうに呼んで来い。（人間万事金世中・34・邊見勢左衛門→野毛）

3）黙れ、八百文ばかりの為めにお上を煩はして、急速与太郎に作料を払つて遣はせ。（大工の訴訟・472・越前→勘兵衛）

4）すまんぞ、すまんぞ、帰るんならもう一杯是れで飲め、（離鴛鴦・280・赤山→春川永太郎）

5）早く壊して雑巾にでもして仕舞へ。（それから・94・平岡→

三千代）

6）まアよく<u>考へろ</u>。二日でも三日でもこゝに居る間よく考へ
　るがいい。（腕くらべ・187・吉岡→駒代）

　　如例 1）～6）所示，零主语[注22]的命令形句在日本近代东京语
的文艺作品中大量存在。分析各个例子中的说话场面以及说话者和
听话者的关系可知，例 1）是正在参观外国街道的东京小市民之间
的对话，例 2）是做货物批发的商人吩咐自家小学徒的场面，例 3）
是在衙门里判官对被告进行指示，例 4）是参加游园会的两个朋友
之间送别时的话语，例 5）是妻子看着给已经流产小孩准备的衣物
伤心落泪时丈夫对其说的话，例 6）是保险公司的营业部长对自己
带到旅馆共寝的相熟艺妓所说的话语。这 6 个例子都是说话者对眼
前的听话者发出的指示和命令。在说话者和听话者同时在场的时
候，即使句中不出现主语，由命令形的含义也可以明确作为第二人
称的听话者作为主语是潜存在句子的深层里。因此，一般情况下，
命令形构句的基本特征就是主语为零。

　　另一方面，在本次调查中也收集到 154 例命令形表达的语例中
出现了主语或近似主语的呼格[注23]成分，这些例子占到了对话部分出
现的命令形句的大约 21%。呼格成分明显存在的命令形表达有以下
一些实例。

7）<u>だまれ</u>町人、高が三分か一両の端た金を拂はぬとて、
　武士たる者を手籠めになし、それにておのれ済まうと思ふ
　か。（東京日新聞・176・甚内→彌太）

8）瀧、爺はナ草臥れて居るだらうから、汝が車へ<u>乗けて行</u>
　<u>け</u>。（歐洲小説黃薔薇・511・伊三郎→瀧）

9）こりや谷川。心を鎮めて様子を<u>申せ</u>。（政黨餘談淑女の後
　日・89・時田賴国→谷川清三）

10）なア甚公、陽気に笑つて<u>笑ひ抜いちまへ</u>。（老車夫・

353・助蔵→甚平）

11）清、御前急いで通りへ行つて、水嚢を買つて医者を呼んで
来い。（門・483・宗助→清）

　　上面的例7）是浪士^{注24}甚内呵斥与自己的浪士朋友吵架的车
夫，强硬制止其继续吵闹场面的话语，例8）是商人伊三郎拜托车
夫朋友泷四郎载自己父亲时的表达，例9）是政治家身份的主人向
惊慌回来的书生要求说明情况时的表达，例10）则是一位老车夫
为让因不孝儿子烦恼的车夫同伴打起精神来而说的鼓励之词，例
11）是妻子突然因病倒下时丈夫急忙吩咐女佣喊医生救治的话语。
从以上这些语例可以看出，即使是听话者就在眼前，且实施行为的
主体十分明确的场合，为了呼告对方和引起对方注意时，含有命令
形的句子有时候也会特意凸显出听话对方。也就是说，这类句子体
现出唤起对方注意的部分和命令催促行为实施的部分是连续相继发
生的。另外，近代东京语中不仅可以使用上面的例子中的专有名
词，还可以使用如下面例12）、13）中的第二人称代名词，例14）、
15）中的"专有名词＋第二人称代名词"来呼称对方。这种情况
下的第二人称代名词既可能是零记号标记即无格助词标记的主语，
也可能是单纯的呼格成分，但要认定具体是哪一种，却极为困难。

12）貴方己がにもう十両よこせよ。（英國孝子之傅・509・漆原
嘉十→井生森又作）

13）断然御免だ。酒が飲みたいなら持合せを与るから君一人で
行け。（くれの廿八日・37・有川純之助→須山平四郎）

14）まづいゝだしだから北八てめへ口明をしろ。（西洋道中膝
栗毛・81・弥次郎兵衛→北利喜多八）

15）羽鳥、汝、会計の総生を呼んで来い。（社會百面相/教
育家・64・出版社社長→下男）

　　另外，呼称两人或多人时，在日本近代东京语的命令形表达一

般采用例 16）～ 18）中的"両人共""御両君""みんな"等复数形式来进行。

16）両人共左様に心得い。（東京日新聞・244・幸兵衛→徳助、半次郎）

17）その仔細は御両君心を静めて得と御了解致されよ。（政黨美談淑女の操・20・時田頼国→茨木景耀、岡崎猛雄）

18）もう見付かつたんだぞ――。みんな出て来ーい。（彷徨・134・晃一→猪瀬、お新、静江）

　　接下来，重点分析命令形表达中主语明显存在的语例。在日本近代东京语中，命令形表达中主语欠缺非常普遍，但是如果命令形表达中出现主语，其功能一般是用来特别指定和凸显行为的主体。这种对行为者的特指，一般多用在说话者和第三者等，即在与听话者以外的其他人的相互关系当中。

　　①　与说话者或第三者等的行为和状态进行对比

19）いや我が思ふ仔細もあれば、其方は先づ控へて居よ。（富士額男女繁山・487・神保正道→惣助）

20）貴様はゆつくりでいゝが、肴は早くよ東京の立派な方に上げるのだと申せ。（歐洲小説黄薔薇・477・生間忠右衛門→お蓑）

21）コレ奥、その方は秋に代り露を抱き起せ。（政黨美談淑女の操・75・芦野道臣→お萩）

22）まあお前は、彼方へ往て居れ、輝一に言ふて聴かせることがある。（空薫・322・北内輝隆→雛江）

23）御前は夫が自分の勝手だから可からうが、御父さんやおれの、社会上の地位を思つて見ろ。御前だつて家族の名誉と云ふ観念は有つてゐるだらう（それから・340・誠

吾→代助）

上面的例19）～23）中，有的是将主人的考虑和对家仆行动的要求进行对比，有的是将家仆的行动和向店铺的传话进行对比，有的是将士族夫人和女佣的行动进行对比，有的是将对新婚妻子的要求和对自己儿子的态度进行对比，有的是将喜欢有夫之妇弟弟的堕落与其兄长、父亲的社会地位等进行对比，系助词"は"将命令形的主语即行为的施行者特指出来从而区别于其他。

另一方面，下面的例24）～27）中，要求听话者共同参加到说话者或说话者以外人的行动中时，命令形为谓语的句子中主语会凸显化，用"も"强调出来。

② 与说话者或第三者等的行为保持同步

24）吉、手前（てめえ）もお話（はな）し申（まを）しておけ。（富士額男女繁山・392・猿兼→豚吉）

25）オアイ、権三（ごんさ）、作蔵（さくざう）、太郎平（たろへい）ヤアイ、二郎（じらう）も来いやい、五郎（ごらう）も来いやい。乱暴者だ、駈けて来い。（有福詩人・72・甲右衛門→奴僕）

26）忘れるな、宮。俺も忘れん！ 貴様もきつと覚えて居ろよ！（金色夜叉・388・間貫一→宮）

27）君も先生の所へ行つて遣れ。（三四郎・566・佐々木与次郎→小川三四郎）

还有，如下面的例28）、29）中，用"……も……も"的形式来向多个听话者要求相同行动时，命令形的主语也会被特指出来。

28）コレおはちもおとめもおれが内（うち）までこい。（西洋道中膝栗毛・10・こん平→おはち、おとめ）

29）いやさ、五人（にん）の涙（なみだ）を三人（にん）で、女房（にようばう）も娘（むすめ）もたんと泣け、おれは一倍（ばいかな）悲しいわぇ。（人間萬事金世中・33・邊見勢左衛門→おらん、おしな）

　　虽然为数不多，但日本近代东京语中也有如下面的例 30）、31）所示的命令形谓语句，即句子的主语是用"詈骂语＋が"表示出来，紧接着出现要求听话者终止某行为或者强烈要求听话者进行某行为的命令形。这类表达在争吵、训斥等场合多用。

30）えゝ、この才槌（さいづち）めが、引込んで居（ゐ）ろ。（人間萬事金世中・2・蒙八→野毛）

31）えゝ馬鹿野郎（ばかやらう）めが、黙（だま）つて行（い）つて来（こ）い。（人間萬事金世中・35・邊見勢左衛門→野毛）

　　综上所述，日本近代东京语的命令形表达中，主语欠缺的情况非常普遍，但即便如此，为了呼称对方引起对方的注意，或者为了和听话者以外的第三者进行对比等原因，主语和呼格成分有时候也会凸显在句子中。

3.2　日本近代东京语命令形的基本功能和外延

　　日本近代东京语的资料中，含有命令形的表达最基本的功能就是说话者命令听话者施行说话者自身所期望的行为，这是一种单方面的强硬的要求，在祈使表达的各种形式中也最为直接。使用这种表达的说话者和听话者之间的关系几乎只限于能够在行动上要求绝对服从的支配者和被支配者。

32）今帰るからだまツてさきへ下へおりろ。（西洋道中膝栗毛・8・弥次郎兵衛→おはち）

33）ちつとべい小遣をやるから早く帰れ。（歐洲小説黄薔薇・511・藤蔵→伊三郎）

34）「もすこし赤（あか）き火（ひ）を持参（ぢさん）せよ。」と給侍（きうじ）の小女（こをんな）に命（めい）じながら。（妹と背かゞみ・233・水澤達三→蒲焼屋の下女）

35）はいでは無い。彼地へ行て早くお茶でも持て来い。（恋の病・79・亀右衛門→おむら）

36）豊は居ないか。早く追掛けて宮を<u>留めろ</u>！（金色夜叉・
　　384・間貫一→お豊）

37）寝惚けてやがるな、此ん畜生。サア金を<u>出せ</u>。（夏どろ・
　　456・泥棒→住民）

　　在近代日本社会，丈夫对妻子、父亲对儿子，客人对店内女佣、主人对家仆，强盗对平民，这些关系是绝对性的上对下或者强对弱的关系。从上面的例32）～37）可以看出，当处于上述关系的说话人要求听话者进行"おりる、帰る、持参する、持ってくる、留める、出す"这些通过主观意志可以完成的具体行为时，命令形在表达中就具有其字面意义上的最基本功能。

　　另一方面，命令形也常用于下面的例句。

38）<u>遊んでいけ</u>ヨ。（當世書生氣質・113・桐山勉六→宮賀透）

39）其半分ハおぬしに遣らう。かぢりついて<u>食ヘ</u>ヨ。（當世書
　　生氣質・102・桐山勉六→須河悌三郎）

40）最う遅い。拙家で茶でも<u>喫んで行け</u>。（くれの廿八日・
　　36・有川純之助→須山平四郎）

41）沢山<u>喫れ</u>。（社會百面相／電影・386・島根堯民→豊崎雄太
　　郎）

42）<u>遣れ</u>、<u>遣れ</u>、滋養に成る。（空薫・290・北内輝隆→北内輝
　　一）

43）妙なものつて、旨いぜ<u>食つて見ろ</u>。（三四郎・429・佐々木
　　与次郎→小川三四郎）

44）さうして一と夏の間に體をすつかり<u>直して来い</u>。（彷徨・
　　120・父→息子）

45）寝惚けてやがる。やい助阿哥、起きねエか。酔飽らツて雨
　　に当ッちやア毒だ、」と老爺の肩を強く揺ぶツて、「<u>起き</u>

　　　ろイ、毒だ、毒だ……（老車夫・314・甚平→助蔵）

46）なッ亀井。俺の忠告に従つて文学三昧も好い加減に止め

　　にして政治運動をやつて見い。奈何ぢや、牛飼君の許か

　　ら大に我々有為の青年の士を養うと云ふて遣したが、

　　汝、行つて見る気は無いか。（社會百面相・14・貧書生同

　　士）

47）画をかくなら何でも自然其物を写せ。（吾輩は猫である・

　　9・迷亭→苦沙弥）

48）がんばれがんばれ。（西洋道中膝栗毛・36・弥次郎兵衛→

　　北利喜多八）

　　和例32）～37）不同，例38）～44）是说话人为了满足听话者
的心理或生理需求，对听话者进行劝说建议的例子。在这种场合多
会使用"遊んでいけ、食へ、喫んでいけ、喫れ、体を直して来
い"这类表示玩耍、品尝、休息等意义的动词命令形。此外，例
45）是为了避免感冒，车夫催促其喝醉酒的老同伴赶紧从地上爬起
来时的表达，例46）是贫困书生劝告朋友进行政治运动时的表达，
例47）是美学家建议正在学习绘画的高中教师多多练习写生时的
表达，例48）是大商人的随从鼓励同伴去摘西瓜时的表达。像这
样，说话者考虑到对方的利益，对听话者进行忠告、建议、劝说、
鼓励时也使用命令形。这种时候，说话者和听话者的关系不仅限于
绝对的上下关系，更多的是没有上下级关系顾虑的同伴、朋友之间
的亲密关系。

　　另外，如果听话者已经有实施行动的意愿和欲求，那么这时候
采用命令形的表达就含有说话者允许、赞成、承认听话者行为的意
思。下面的例49）中，对于随从弥次郎"大騒ぎ"的请求，富商
广藏表示赞成并用命令形"ぶつさはげ"做出许可。

49）弥「エヽモシ皆さんどうでげス是からけし坊主めらを驚

かせるやうな大さはぎをやつゝけて日本人の威勢のいゝと
こを見せつけてやらうじやアねへかネエモシ旦那いゝじや
アありませんか」

廣「かまふことハねへぶつさわげぶつさはげ」

（西洋道中膝栗毛・17・大腹屋廣蔵→弥次郎兵衛）

调查发现，日本近代的东京语资料中，如下面的例50）～52）中 "其様に欲しきや……何処へなと連れてツちまへ" "切れるなら切つて見ろ" "殺すなら殺しやがれ" 这样伴随假定条件从句然后使用命令形的表达也很多见。这类表达首先描述听话者方的希望和欲求，然后通过 "既然已有那样的愿望就给予认可吧" 的语气来表达说话者的伦理思维，含有承认、许可的意思。但是，这种类型的命令形表达，与其说是积极地接受听话者要求行动的请求和意愿，不如说是带有不负责任、冷漠推脱、放任不管的语感，表现出说话者对事情发展的势态无力挽回而自暴自弃的心理。这种时候，说话者和听话者的关系不仅限于绝对的上下关系和同伴之间的平等关系，还有妻子对丈夫、商人对武士等下对上的关系。

50）其様なに欲しきや、呉れてやるから、何処へなと連れてツちまへ！（其面影・296・時子→小夜子）

51）さあ切れるなら切つて見ろ。（東京日新聞・176・彌太→甚内）

52）さあ此野郎、殺すなら殺しやがれ。（恋の病・65・おかま→七兵衛）

以上，本书分析了日本近代东京语资料中对话部分出现的命令形的基本功能和内涵。接下来，通过解读资料中叙述部分和对话的引用部分里对命令形的总结评价语言，继续探讨命令形的外延，即命令形的衍生含义。

引用句中的命令形

53）然しこつちの姿を見せちやあ面白くねえから、声丈聞かし

て、勉強の邪魔をした上に、出来る丈ぢらして遣<ruby>れ<rt>や</rt></ruby>つて、

さっき奥様が言ひ付けて御出なすつたぜ。（吾輩は猫である・126）

54）それだから法科へ<ruby>入学<rt>はふくわ</rt></ruby>れとあの<ruby>時<rt>とき</rt></ruby><ruby>勧<rt>すす</rt></ruby>めたのさ、<ruby>文学<rt>ぶんがく</rt></ruby>を

<ruby>専門<rt>せんもん</rt></ruby>に<ruby>遣<rt>や</rt></ruby>り<ruby>出<rt>だ</rt></ruby>してから、<ruby>一体君<rt>いつたいきみ</rt></ruby>の<ruby>性格<rt>カラクター</rt></ruby>は<ruby>変<rt>かは</rt></ruby>つたぞ。（空

薫・313）

55）右へ<ruby>曲<rt>かど</rt></ruby>ると四角に交番があるから左へ曲つて直ぐに<ruby>裏通<rt>す</rt></ruby>り

へ<ruby>入<rt>い</rt></ruby>れと教へてやつたが、教へた道を行けば、これから<ruby>追<rt>おっ</rt></ruby>

<ruby>掛<rt>か</rt></ruby>けて行つても間に合ふ。（夏どろ・460）

56）<ruby>今日<rt>けふ</rt></ruby>にかぎりて黄昏に<ruby>此御社<rt>このみやしろ</rt></ruby>へ<ruby>参詣<rt>さんけい</rt></ruby>せしは<ruby>其方<rt>そち</rt></ruby>たち<ruby>二人<rt>ふたり</rt></ruby>

を<ruby>救助<rt>たすけ</rt></ruby>よとの<ruby>威徳天神<rt>おんかみ</rt></ruby>のお<ruby>指揮<rt>さしづ</rt></ruby>によるものならん悪い様に

は<ruby>為<rt>せ</rt></ruby>ぬほどに<ruby>気<rt>き</rt></ruby>を<ruby>安<rt>やす</rt></ruby>くして<ruby>居<rt>ゐ</rt></ruby>たが<ruby>宜<rt>よ</rt></ruby>い。（春雨文庫・320）

57）<ruby>柔順<rt>じうじゆん</rt></ruby>だの<ruby>貞操<rt>ていさう</rt></ruby>だのを<ruby>女<rt>をんな</rt></ruby>の<ruby>道<rt>みち</rt></ruby>だと<ruby>教<rt>をし</rt></ruby>へるのは、<ruby>男<rt>をとこ</rt></ruby>が<ruby>自分<rt>じぶん</rt></ruby>

の<ruby>勝手自由<rt>かつてじいう</rt></ruby>に<ruby>女<rt>をんな</rt></ruby>を<ruby>翫弄<rt>おもちや</rt></ruby>にするのに<ruby>都合<rt>つがふ</rt></ruby>の<ruby>好<rt>い</rt></ruby>いやうに<ruby>作<rt>つく</rt></ruby>つ

たのです。<ruby>牙<rt>きば</rt></ruby>を<ruby>鳴<rt>な</rt></ruby>らしてゐる<ruby>狼<rt>おほかみ</rt></ruby>が<ruby>鳩<rt>はと</rt></ruby>のやうに<ruby>柔順<rt>じうじゆん</rt></ruby>に<ruby>な</ruby>

れと<ruby>自分<rt>じぶん</rt></ruby>の<ruby>犠牲<rt>えもの</rt></ruby>に<ruby>強<rt>し</rt></ruby>ゆるやうなもんです。（社會百面相/破

調・457）

58）<ruby>戦場<rt>せんじやうきず</rt></ruby><ruby>創<rt>じまん</rt></ruby>を自慢する<ruby>萎<rt>しな</rt></ruby>びた<ruby>親爺<rt>おやぢ</rt></ruby>が<ruby>若<rt>わか</rt></ruby>い<ruby>者<rt>もの</rt></ruby>は<ruby>柔弱<rt>にふじやく</rt></ruby>で<ruby>役<rt>やく</rt></ruby>に<ruby>立<rt>た</rt></ruby>

たぬと威張るのも<ruby>無理<rt>むり</rt></ruby>はない。<ruby>何<rt>なん</rt></ruby>でも<ruby>政府案<rt>せいふあん</rt></ruby>は<ruby>金甌無欠<rt>きんおうむけつ</rt></ruby>と

<ruby>崇<rt>あが</rt></ruby>め<ruby>奉<rt>たてまつ</rt></ruby>ッて<ruby>下<rt>した</rt></ruby>にゐろ<ruby>下<rt>した</rt></ruby>にゐろと<ruby>制<rt>せい</rt></ruby>し<ruby>声<rt>こゑ</rt></ruby>を<ruby>掛<rt>か</rt></ruby>けて<ruby>通過<rt>つうくわ</rt></ruby>さ

して<ruby>了<rt>しま</rt></ruby>つた。（社會百面相/失意政治家・233）

59）君が東京へ<ruby>着<rt>き</rt></ruby>たてに、僕は君から説教されたね。何か遣れ

つて。（それから・244）

60）窮つたのは柳之助の始末、年寄は捨二無二柳之助を出して了へと迫る。（多情多恨・349）

61）平常なら逃がすめエと凝りつくンだが、肝癪魂が脳天に籠上ツてるから私しやア腹が減つて曳けやせんと啗はせると、田圃まで行けツ喰わしてやるツて御託宣だ。（老車夫・316）

62）何故痩我慢なら大抵にしろと「忠告」したのが侮辱になる。（浮雲・97）

63）警察が君にあやまれと命じたらどうです。（吾輩は猫である・544）

64）二十三日に静岡で祝捷会があるから夫迄に間に合ふ様に、至急調達しろと云ふ命令なんです。（吾輩は猫である・120）

65）ぶんと死骸の腐つた臭ひがすると車夫が嗅ぎ附け、三十両よこせとゆするから、遣るかはりに口外するなと云ふと、火葬にすると云つて、……（英國孝子之傳・566）

66）切れるの、別れるのなんて事は、那奴が来ない前には夢にだつて見やしなかつたのを、切れろ切れろぢや私も何の位内で責められたか知れやしない！（金色夜叉・419）

67）然し参ゐれとあるは、署長の御頼で御坐らうな。（政黨美談淑女の操・52）

叙述句中的命令形

68）注げばまた呷りて、其の余せるを男に差せば、受けて納めて、手を把りて、顔見合せて、抱緊めて、惜めば逾よ尽せ

ぬ名残を、奈何にせばやと思惑へる互の心は、唯それなりに息も絶えよと祈る可かゆり。（金色夜叉・433）

69）伊豫は、座布団や火鉢を手早く片附け終つて、寝衣を取つて着替へよと促しながら、……（空薫・310）

70）今夜頓服を飲んで、成る可く風に当らない様にしろと云ふ注意である。（三四郎・597）

71）運動をしろの、牛乳を飲めの、冷水を浴びろの、海の中へ飛び込めの、夏になつたら山の中へ籠つて当分霞を食へのとくらぬ注文を連発する様になつたのは、西洋から神国へ伝染した轅近の病気で、矢張りペスト、肺病、神経衰弱の一族と心得ていゝ位だ。（吾輩は猫である・266）

72）代助は此言葉のうちに、今の自己を昔に返さうとする真卒な又無邪気な一種の努力を認めた。さうして、それに動かされた。けれども一方では、一昨日、食つた麵麭を今返せと強請られる様な気がした。（それから・100）

73）母は重二郎に申付け、お父様の様子を見て来いと云ふので、今年十七歳になる重二郎が親父を案じて東京へ出てまゐり、神田佐久間町の春見丈助の門口へ来ますと、二階には多人数のお客が居りますから、女中はばたばた廊下を駆けて居ります。（英國孝子之傅・495）

74）輝一は恥を知れ、恥を知れ、と心中で罵つた。（そらだき續編・329）

　　分析上面的例53）〜74）可知，当叙述描写部分和对话中的引用句中使用命令形时，这些命令形后一般都会附有诸如"命令、命

じる、言付、申付け、指図、強いる、制する、迫る、責める、促す、注意、注文、説教、教える、託宣、勧める、忠告、ゆする、強請る、頼み、罵る、祈る"等叙述者或引用者对该行为的评价性语言。从这些对命令形的总结定性描述即可推断，命令形表达一般含有这样的外延。但是，这些例子毕竟只是使用在叙述句和引用句中的命令形，受着说话者及作者的视点、突出表现效果的特殊手法、说话的场面以及听话者等诸多因素的影响，因此还不能将之直接等同于以命令形为谓语的语句。特别是忠告、劝说、建议、请求、祈愿等表达，因为实际的人际关系和说话的场面状况等因素的影响，极有可能会出现伴有敬语表达和授受表达等的语言形式。这些叙述描写句和引用句中的命令形，我们可以把之看做是"要求听话者施行从说话者来看令人期待的行为"这样一种发动行为句的集约型基本代表形式。

3.3　日本近代东京语命令形的表现性

通过以上分析可知，日本近代东京语中，命令形谓语句的最基本含义就是说话者向听话者进行呼吁和发动，要求其施行某种行为。但是综合分析所收集到的数据发现，含有命令形的表达中通常会有共起[注25]成分出现，例如命令形谓语句之前常常会出现呼唤感叹词或副词，其后常常会出现终助词"よ、や、い"，有时还会出现命令形自身的连用和反复等现象。这些成分和表达可以起到加强或缓和命令之意的作用，但是都不会对命令形谓语句的基本意义产生根本性影响。

3.3.1　命令形和呼唤感叹词、副词

从本书调查的各类日本近代东京语文艺作品来看，很多命令形谓语句前都伴有多种多样的呼唤感叹词，如"え、ええ、お、おい、おいおい、おいおいまあ、こう、こら、こりゃ、こりゃこりゃ、これ、これこれ、これさ、これよ、さ、ささ、さあ、さあさあ、そら、それ、どら、なあ、ほら、まあ、まあまあ、まま、

やい、やいやい、よしよし”，等等。这类呼唤感叹词通常出现在命令形谓语句的句首，可以给命令句添加各种各样的含义。

75）エ、沢山わる口を<u>ききやアがれ</u>ハックサメ。（西洋道中膝栗毛・42・弥次郎兵衛→北利喜多八）

76）<u>えゝ</u>、<ruby>放<rt>はな</rt></ruby>せ。客が有ると云ふのにどうするのか。（金色夜叉・348・間貫一→宮）

77）ヲ<ruby>生肉<rt>なま</rt></ruby>の<ruby>代<rt>かはり</rt></ruby>に。葱の<ruby>代<rt>かはり</rt></ruby>を<u><ruby>持<rt>も</rt></ruby>つて<ruby>来<rt>こ</rt></ruby>い</u>。（當世書生氣質・64・宮賀匡→小婢）

78）<u>おい</u>佐々木一寸<u><ruby>降<rt>お</rt></ruby>りて<ruby>来<rt>こ</rt></ruby>い</u>。（三四郎・473・広田先生→佐々木与次郎）

79）ヲイヲイあんねへ<ruby>熱<rt>あつ</rt></ruby>くしてモウ<ruby>二合<rt>ふたつ</rt></ruby>そして<ruby>生肉<rt>なま</rt></ruby>もかハりだアはやく<u>しろ</u>。（安愚楽鍋・143・客→女中）

80）ヲイヲイマア<u><ruby>待<rt>まて</rt></ruby>ヨ</u>。（當世書生氣質・113・桐山勉六→宮賀透）

81）<u>こう</u><ruby>二人<rt>ふたり</rt></ruby>とも<u><ruby>遣<rt>や</rt></ruby>ッ<ruby>附<rt>つ</rt></ruby>けろ</u>。（富士額男女繁山・476・小助→猿兼、豚吉）

82）<u>こら</u>、<u><ruby>止<rt>よ</rt></ruby>せ</u>！（社會百面相/電影・401・書生同士）

83）<u>こりや</u>其の方は<ruby>先<rt>さき</rt></ruby>へ<u><ruby>帰<rt>かへ</rt></ruby>れ</u>。（<ruby>人間萬事<rt>そ</rt></ruby>金世中・67・雅羅田臼右衛門→下男）

84）<u>こりやこりや</u>小助<u><ruby>控<rt>ひか</rt></ruby>へて<ruby>居<rt>ゐ</rt></ruby>よ</u>。（富士額男女繁山・557・神保正道→小助）

85）<u>コレ</u>北や<ruby>お願<rt>ねげ</rt></ruby>へ<u>まうせ</u>。（西洋道中膝栗毛・87・弥次郎兵衛→北利喜多八）

86）<u>コレコレ</u><u><ruby>下<rt>さが</rt></ruby>れ<ruby>下<rt>さが</rt></ruby>れ</u>。（大工の訴訟・470・役人→大工）

87）<u>これよ</u>、<ruby>茶<rt>ちや</rt></ruby>と<ruby>菓子<rt>くわし</rt></ruby>を<u><ruby>持<rt>も</rt></ruby>つて<ruby>来<rt>こ</rt></ruby>いよ</u>。（英國孝子之傳・576・

春見丈助→下男）

88）これさ静かに言へ。（富士額男女繁山・384・猿兼→豚吉）

89）サ与太、此の願書を持つて、黙つて行け。（大工の訴訟・469・政五郎→与太郎）

90）さゝ、我々が詞に附き、罰金にて事を済まして、身の安泰を計らはれよ。（東京日新聞・235・傳八→船岡門三郎）

91）七日七夜掛つても宜からさア話せ。（春雨文庫・358・寅吉→三八）

92）さアさア此方へ来いよ。（八重桜・122・竹園→お八重）

93）ソラよく見イ胎毒ではげて居るんじや。（當世書生氣質・131・桐山勉六→娘）

94）甲右衛門、汝はお客様を、それ、設けし御寝間に御案内せよ。（有福詩人・98・仁斎→甲右衛門）

95）どら八重最う煽ぐのは止めい。（八重桜・114・隠居→お八重）

96）なア甚公、笑へ、笑へ。所詮銭の儲からねエ己達だ。（老車夫・353・助蔵→甚平）

97）西郷隆盛も偉人だ豪傑だと青年どもが崇拝するが偉人豪傑かも知れんが一個人の微力を頼んで大勢といふ強敵に逆行したから、ホラ見ろ、滅亡して了つた。（社會百面相/新高等官・88・代議士→高等官）

98）まあ野々宮さんの所へ行つて、御講義を聞いて来い。（三四郎・521・佐々木与次郎→小川三四郎）

99）仲間同士で喧嘩をしては、御布告でも守らねぇやうで、お上へ対しては済まねぇから、まあまあ、静かにしろ静かに

しろ。（東京日新聞・170・半助→番蔵、百蔵）

100）まゝ待つてろ待つてろ羽織を出しねへ、一緒に行つてやらう。……一緒に行け行け。（大工の訴訟・466・政五郎→与太郎）

101）「やい、待てツ、」と男も較や激して厲々しく杖を以て大地を叩き、「待てツ!」（社會百面相/電影・432・豊崎→お友）

102）ヤイヤイしつかりしろ気がついたか。（西洋道中膝栗毛・23・弥次郎兵衛→北利喜多八）

103）あア、よしよし、此れを持つて行け。（幇間・195・客→幇間）

如以上例句所示，"え、ええ"主要用在充满愤怒情绪或者极具威严的高压态度下阻止对方继续某种行为之时，"お、おい、おいおい"是对关系亲密的同辈或晚辈，或者客人对侍女的一种较为亲昵的呼唤和催促，"こら、こりゃ、こりゃこりゃ"主要是用于对晚辈或下属的喝止和责难，"こう、これ、これこれ、これさ、これよ"则主要在上对下的关系中用于唤起听话者的注意、催促其采取行动，"さ、ささ、さあ、さあさあ"也多用于上对下关系中邀约和催促的提醒之时，"そら、それ、ほら"则有唤起注意或发出指示之意，"どら"多用于表达决心和唤起注意的场面，"なあ、まあ、まあまあ、まま"含有安抚情绪、劝解之意并进而推动听话者的行动，"やい、やいやい"则常常是含有亲密、轻视或非难等心情的呼唤和感叹，"よしよし"则是认同听话者的行为和想法的感叹词。在日本近代东京语的命令句中，这些呼唤感叹词拥有以上的各种含义，对后续出现的命令形的意义起到加强和缓和的作用。

另外，如以下的例104）～116）所示，"きりきりと、ちょっと、すぐに、はやく、とくと、急いで、きっと、さっさと、すこし、十分、もっと、よく、さっそく"等副词也常常和命令形一起

呼应使用，与前述的呼唤感叹词一样，能够影响命令之意的强弱。"きりきりと、すぐに、はやく、急いで、さっさと、さっそく"等副词主要是表达急切催促听话者行动的心情，"とくと、きっと"等副词则主要给命令句添加叮咛、嘱咐的语气，"十分、もっと、よく"等副词则主要是提醒对方知晓完成行动时需要达到的较高基准，"ちょっと、すこし"大多用来缓和命令指示的语气。

104）えゝ、きりきりと歩びやがれ。（富士額男女繁山・482・惣助→妻木繁）

105）おい一寸来い。（三四郎・421・佐々木与次郎→小川三四郎）

106）スリヤこれより直にあとをつけ。（政黨美談淑女の操・28・巡査→巡査）

107）取つてやらんと死んで仕舞ふ、早くとつて遣れ。（吾輩は猫である・40・苦沙弥→御三）

108）いやなに門三どの、その覚悟は天晴ながら生は難く死は易し、篤と分別いたされよ。（東京日新聞・234・大蔵→船岡門三郎）

109）いや、子供では埒が明かぬ、貴様急いで行つて来い。（人間萬事金世中・49・邊見勢左衛門→蒙八）

110）急度渡して遣れ。（大工の訴訟・472・越前→勘兵衛）

111）勘吉野郎め、太い奴だ、何で勝負の邪魔をする。早速と帰れ貧乏神。（有福詩人・100・賭徒達→勘吉）

112）其の一言に対しても少しは良心の眠を覚せ！（金色夜叉・159・蒲田鉄弥→間貫一）

113）むゝ、十分喫れ。（社會百面相/電影・386・島根堯民→豊崎雄太郎）

114）<u>もつと下がれ</u>、おれの小桶に湯が這入つていかん。（吾輩
　　　は猫である・297・苦沙弥→書生）

115）<ruby>白歯<rt>しらば</rt></ruby>つくれやがるな。<u>能く物を<ruby>考<rt>よ</rt></ruby>へて見ろ</u>。<ruby>之<rt>これ</rt></ruby>でも一軒
　　　の<ruby>家<rt>うち</rt></ruby>を<ruby>構<rt>かま</rt></ruby>へて居て、何も無へつてことがあるか。（夏ど
　　　ろ・456・泥棒→住民）

116）<ruby>早速<rt>さつそく</rt></ruby><u>お<ruby>通<rt>とほ</rt></ruby>し<ruby>申<rt>まを</rt></ruby>せ</u>。（政黨美談淑女の操・145・時田賴国→
　　　谷川清三）

3.3.2　命令形和终助词

　　村上三寿（1993）指出，现代日语命令句句末伴随使用终助词
"よ、や、よな"的现象非常多。本书的调查资料也显示，日本近
代东京语中命令形谓语句后常用的终助词一般有"よ、い、や"，
而且使用频率最高的组合是"命令形＋よ"。但是，值得注意的一
点是，命令形后伴随使用"よな"的语例本次调查中却未出现
一例。

　　分析"命令形＋よ"的使用状况可知，前面3.2节中所举出的
例38）、39）是一种为了满足对方欲求的建议，下面的例117）是
对情绪低落、身体虚弱者的激励，例118）是一种亲密的催促，例
119）是一种带有叮咛性质的忠告，在这些满怀善意、心爱之情的
场面添加终助词"よ"，可以起到缓和命令之意的效果，并且反映
出说话者和听话者心理距离的亲近和谐和。而相反的是，前面3.1
节中所举的例12）是一种近乎胁迫的要求，下面的例120）则是一
种极具威严的吩咐，在这些紧急场面所使用的终助词"よ"，则强
烈表现出说话者急切催促听话者尽快实施行动的心情。

117）これ、宮、<u><ruby>確乎<rt>しつかり</rt></ruby>しろよ</u>。（金色夜叉・383・間貫一→宮）

118）さア<ruby>此方<rt>こちら</rt></ruby>へ<u><ruby>来<rt>こ</rt></ruby>いよ</u>。（八重桜・122・竹園→お八重）

119）<ruby>此度<rt>こんど</rt></ruby>は三度だ、<ruby>確<rt>しつか</rt></ruby>りしろ。石に<ruby>噛付<rt>かぶりつ</rt></ruby>いても下がるナ、
　　　一生懸命で<u>出ろヨ</u>。（大工の訴訟・470・政五郎→与太郎）

120）勝手の方へ参つて待て居よ。（政黨餘談淑女の後日・
　　158・時田賴国→車夫）

　　"命令形 + い"是使用频率位于第二的命令形和终助词的组合。
这种组合形式属于日本近代东京语的特有表达形式。在现代东京语
中，虽然也会出现"しっかりしろい"等类似的表达，但是仅限于
一些特殊社会阶层的使用者使用。下面的例 121）是书生叫住其书
生同伴的场面，例 122）是对因受打击自甘堕落的朋友进行劝说和
打气的场面，例 123）是小偷叫醒居民强行索要钱财的场面。通过
这些语例可知，在命令形后面添加终助词"い"最基本的作用就是
进一步强调命令的语气，体现说话者要求实施行为的急切心情，同
时还有一种拉近和说话者之间距离的作用。

121）待てイ。けふの菜は。我輩已に見ておいたが。何たらい
　　ふ骨の多い。いやアな焼肴じや。とても喰はれたもん
　　じやない。（當世書生氣質・64・須河悌三郎→宮賀匡）

122）少しは腹を立てい! 腹を立てゝ僕を打つとも蹴るとも為
　　て見い!（金色夜叉・312・荒尾譲介→間貫一）

123）オイ起きろい。倹約をしやがつて、明火を点ねえで、サ
　　ア金を出せ。起きろい起きろい。（夏どろ・456・泥棒→
　　住民）

　　"命令形 + や"是日本近代东京语中使用频率最低的组合。下
面的例 124）是小吏弥次郎偷吃西瓜而被种瓜主人抓住一直绑到半
夜，为了试图逃脱而强烈要求同伴北八帮自己松绑时的发话。例
125）是乘坐人力车的客人发现车夫将尸体伪装成货物放在车上时，
愤怒地要求车夫给予说明的场面。从这些语例可以看出，"命令
形 + や"由于有终助词"や"的添加，给原来的命令形增加了亲
昵或轻蔑的语气，所以多用在毫不顾及其他，强硬要求听话者采取
行动的场面。

124）まてヨ此なわハ木の皮か葛のつるのやうなもんだからて
　　めへのなわとおれのなわを摺合やアきれねへことハある
　　めへいちばんやらかして見やうもつとこつちへからだを
　　よせや（西洋道中膝栗毛・37・弥次郎兵衛→北利喜多八）

125）死人なら死人だとさう云へや、（英國孝子之傳・505・漆
　　原嘉十→井生森又作）

　　此外，日本近代东京语中还有许多命令形后附加词尾"ヨ、
イ、ロ"的现象。虽然ヨ词尾和イ词尾在现代东京语的口语当中完
全不会出现，但是如下面的例126）～131）所示，在日本近代东京
语中，从士族、武士到议员、公务员、侯爵、资本家等，上层知识
阶层的男性在对同等以下的听话者进行命令时常会附带ヨ词尾或イ
词尾。而且，在日本近代20年之前，使用频率较高，但是到近代
的后半期则仅限于老年男性使用。另一方面，带有ロ词尾的命令形
在现代东京语中常常出现，在日本近代东京语中也是广为各阶层男
性使用的表达形式。如例132）～134）所示，可以说，这种形式在
整个日本近代都是普遍使用的命令形表达。

126）コリヤ父ぢやぞ。心を付よ。（政黨美談淑女の操・76・
　　葦原道臣→露子）

127）島田佐兵衛天誅の刀を請よ。（春雨文庫・324・武士→
　　島田佐兵衛）

128）輝一、それが開くか開けて見よ。（空薫・303・貴族院議
　　員→息子）

129）その女召捕る上は此の囚人、その所まで召連れい。（東
　　京日新聞・249・役人→捕手）

130）焚火をなして今少時戸外の風趣を挹むで遊ばん、焚火を
　　此処で直に初めい。（有福詩人・87・仁斎→甲右衛門）

131）君江。誰ぢやと思ふ。……そちの母ぢや。見い。生写し
　　　ぢやぞ。（乳姉妹・150・侯爵→娘）

132）ヤイ北八てめへもいいかげんに凝りろ。（西洋道中膝栗
　　　毛・93・弥次郎兵衛→北利喜多八）

133）跡を追掛けにやァなんねぇ、綱ッ曳を附け後を押すべし、
　　　早く追掛けろ。（歐洲小説黄薔薇・505・茶店の亭主→車
　　　夫）

134）大変だと云ふならよしてやるから、其代りもう少し夫を
　　　大事にして、さうして晩に、もつと御馳走を食はせろ。
　　　（吾輩は猫である・306・苦沙弥→細君）

3.3.3　命令形的反复及与其他形式的连用

日本近代东京语的口语当中，说话者常常会重复多次使用同一命令形，或者连用命令形和其他命令表达形式来要求听话者的行为。本节主要通过对实际收集到的语例分析来探讨这些表达与单独使用一次命令形的表达相比，具有哪些表现性上的不同，拥有哪些独特的表达效果。

135）竹ぇ、長屋から火事が出た、消せ消せ。（英國孝子之傳・
　　　571・清次→竹）

136）早く逃ろやれおそろしい。……もウそこまで来たやう
　　　だ。……あれ向の熊笹が音がするぞ逃ろ逃ろ。（政黨餘
　　　談淑女の後日・94・木樵同士）

137）待て、待て待て! 左も右も此手を放せ。（金色夜叉・
　　　383・間貫一→宮）

上面的例 135）是发现大杂院着火的木匠师傅清次要求小学徒阿竹赶紧灭火时怒吼的场面，例 136）是发现狼来了的樵夫催促其同伴火速下山时的场景。例 137）是急切阻止企图自杀的昔日恋人时的发话。如这些语例所示，各个场面无不是性命攸关的紧急状

况，比起单独使用一个命令形的表达，这里反复使用同一个命令形则更加渲染出说话者要求听话者快速实施行动的急切心情和紧迫感。

138）差越願ひは相成らん。順道を以て願へ。<u>下れ下れ</u>下り居らう。（大工の訴訟・470・役人→大工）

139）くだらぬ事をいはずとも、早く<u>案内致せ案内致せ</u>。（政黨美談淑女の操・57・探偵→下宿屋の下男）

例 138）发话的场面是裁判所的官吏极力制止在官府前大闹着要向町奉行[注26]直接提起诉讼的木匠，例 139）则是警察厅的侦探为了调查谋反的政治人员要求旅社的男佣人带路的场面。这两个语例中命令形"下れ"和"案内致せ"的反复使用鲜明地突出在带有政府性质的、绝对性上下关系中极具威严的命令指示语气。

140）心配も苦勞も一生は一生だ。二人前の一生も半人前の一生もねエけりやア面白く笑つてノンキに暮すが十千萬両の富持になるより百倍増して幸福だ。なア甚平、意気地なく鬱がねエで<u>笑へ、笑へ</u>――幽霊聲で笑はねエで景気よく<u>笑へ</u>。己が破鐘声を見習つてウンと力を入れて下腹から笑へ。さア甚公、聾にならねエ様に用心しろ、羅生門の助蔵は斯ういふ風に笑ふンだ……（老車夫・352・助蔵→甚平）

例 140）是两个老车夫之间的对话，老车夫甚平因为大儿子偷工头的钱和坏女人私奔的事以及家庭生计等问题非常苦恼，极度沮丧和消沉，老车夫助藏兄为了让他打起精神来，拼命地劝说和鼓励着他。这段对话中出现的命令形"笑へ"的反复和连用充分地表现出下层男性间的关爱之情，虽然同样为生活所苦，却能真心担心和安慰同伴。

141）伊豫、喜多も来い、熱海の土産を遣るから来い、来いよ。
（空薫・303・北内輝隆→伊豫、喜多）

例 141）是女性作家大塚楠绪子作品中的一个语例，年老的贵族议员北内辉隆与新婚妻子旅行归来，为了给大家分发买回来的纪念品，不停呼唤着儿子的奶娘伊豫和侄女喜多赶紧前来。这里命令形"来い"的反复使用，鲜明地刻画出老议员与年轻妻子再婚的喜悦，以及希望身边的亲人们也能感受到这份喜气和欢乐的愉悦之情。

142）何の道如何なる理由ありとも耶蘇教会堂に出入するは
言語道断な咄ぢや。何ぢや、宗教が何ぢやと——止め、
止め、足下と議論する必要は無い。宗教なんちゆ者は
社会の無用物ぢや。（社會百面相/精神家・52・精神
家→鳩川）

例 142）是一位所谓的思想家大声训斥自家门生鸠川的场景。鸠川常常出入基督教教会，思想家希望阻止却没想到鸠川不断辩解，因此表面上支持宗教，实际上完全持否定态度的思想家大怒，这里命令形"止め"的反复使用就非常形象地描绘出思想家已经完全不想理会大逆门生的激昂愤怒之情。

143）こりや面白い、擲き出せ、サア擲き出せ、擲き出せ。（有
福詩人・72・猪九郎、勘吉→甲右衛門）

例 143）是大地主家的总管甲右卫门和混混们相对的一个场面。懒汉猪九郎和堪吉一直在地主家门前胡言乱语，总管欲用大木棒将两人赶走，但是这两个恶棍反而更开心地调侃总管，反复说出的"擲き出せ、サア擲き出せ、擲き出せ"正反映出他们进一步挑衅的丑态。这里命令形的反复使用，更加凸显出这群恶棍的无赖之性。

接下来，着重分析命令形和其他命令表达形式连用的语例。

144）吉：恩も義理も知らんと仰しやれば申しますが、私が

茅場町に出てゐる内に、先の宮城さんが私の世話をして下すつて、其処へあなたがお遊びにお出でなすつて、

私の電信であなたが斯ういふ訳になつた、その大事の

恩人の宮城さんを大阪府で暗殺して

道：コーレ黙れ、云ふない。

（歐洲小説黄薔薇・415・道野辺清美→お吉）

　　例144）是一个争吵场面的语例。元老院[注27]议员道野辺清美本希望通过自己小妾阿吉的美色来色诱官员江沼，使这位极有威望的官员自我毁灭，可是怎么也没想到阿吉对江沼一见钟情，突然回来表示不愿意继续原计划，而且还要把道野边以前干的坏事也揭露出来。这里怒吼着说出来的命令形"黙れ"和其后连用的禁止形"云ふない"，正是道野边震惊和激怒感情的一个淋漓体现。

145）コレ甲右衛門、無礼を申すな、言葉を慎め、白痴漢めが

黙り居れ。（有福詩人・74・仁斎→甲右衛門）

　　例145）是大地主仁齐喝斥自家总管甲右卫门不要同恶棍们争吵的场面。主人对家仆极具威严的强硬指示，通过连用"禁止形（申すな）＋命令形（慎め）＋命令形（黙り居れ）"而进一步凸显出来。

146）之を放せよ、之を放さんか。さあ、放せと言ふに、えゝ、

何為放さんのだ。（金色夜叉・382・間貫一→宮）

　　例146）则是尾崎红叶代表作『金色夜叉』中主人公间贯一阻止昔日恋人阿宫自杀时的话语。阿宫一直因为自己悔婚的事深感内疚，多次道歉也得不到贯一的谅解，当她欲拔出插在自己喉咙中的尖刀寻死时，贯一终于忍不住内心的怜爱拼命地拦住她。"命令形（放せ）＋疑问形（放さんか）＋疑问形（何為放さんのだ）"的

表达组合，传神地反映出紧急状况下主人公贯一高昂的情绪和惊慌失措的状态。

在命令形与其他命令表达形式的连用当中，"命令形＋と言ったら/と言えば/と言うに＋疑問形"的组合形式在近代东京语中已经成为一类惯用形式。

147）蒙八：いえ、わたくしが参_{まゐ}りませんでも、程_{ほど}なく見_みえる時分_{じぶん}でござります。

邊左：えゝ何時_{いつ}まで待_まつて居られるものか、<u>行けといつたら行_いかねぇか</u>。

（人間萬事金世中・49・邊見勢左衛門→蒙八）

148）乱暴しちや不可_{いかん}。言ふ事が有るなら、口で静に言や分るぢやないか。ま、其処を<u>放せと言へば、放さんか</u>！

（其面影・332・小野哲也→時子）

例 147）是批发商大老板训斥拼命辩解的自家掌柜，例 148）是夫妻争吵中丈夫要甩开紧紧抓住自己的妻子时的大声呵斥。惯用形式"命令形＋と言ったら/と言えば＋疑问形"将说话者强硬命令语气中所包含的焦急、愤怒等激昂情绪表现得淋漓尽致。

综合上述分析可知，命令形的反复以及与其他命令表达形式的连用主要是为了起到强调作用。从这些表达所使用的客观状况来看，一般都是处于某种紧迫或急切的状态。而且，就主观心情而言，一般都是说话者高昂情绪和激动心情的体现。这种感情，有时候是强硬的要求，是愤怒，或是挑衅；有时候又会是关爱，是喜悦，或是怜惜。与只使用一次命令形的表达相比，这些表达的效果更加突出，因此，也是向对方呼吁、发动行动时语气更强的一种表达。

3.4　日本近代东京语命令形的特殊用法

在本次调查中，还发现了日本近代东京语命令形的另一类特殊

用法，即从形式上而言虽然使用了命令形，但是并非是在要求听话人实施某种行为，也就是说不具有呼吁和促进行动的功能。这类表达，与本来要求行动的原意不同，常用在表现说话者的愿望、自言自语、假定、警告、让步、放任、谚语、描写性的句子里。

3.4.1　愿望

149）吹雪よ、吹け、吹け、吹いて吹いて吹き通して、此の酔を覚ましてくれ。熱い熱い血液の騒擾を、骨の髄まで凍る程冷やしてくれ。（颶風・234）

例149）是描写画师直彦心理活动的语句。因为这种命令形表达呼吁的对象是无生物——暴风雪，不是能够接受说话者的命令实际完成行动的人类，所以无法实现命令形的命令功能，只能表达说话者的愿望。像这样，将没有意志、语言和感情的无生物拟人化，如对待听话者一样进行表现时，命令表达就转化成愿望表达。另外，在这样的命令句中，通常会在说话对象的词后加上语气词"よ"，从而使句子带有诗意般的回响。

3.4.2　自言自语

如下面的例150）～152）所示，当说话者对自己说话时，采用好似有听话者存在，要求听话者实施某种行为的说话方式，这时的命令形表达就变成说话者的自言自语、说话者的意志，或是一种故意说给自己听的发泄、犹豫等。这类表达是采用对话的形式来表现说话者的内心活动。

150）ヲイ姐さん。糞ウ。まただまつていきをる。えいワ。まうちつと寝て居てやれイ。（當世書生氣質・130）

151）しかし……待よ……しかし今まで免官に成ッて程なく復職した者がないでも無いから、ヒヨツとして明日にも召喚状が……（浮雲・23）

152）イヤ待てよ。もう根津ではなかつた、洲崎へ引こしてし

まつたな。(政黨美談淑女の操・30)

3.4.3　假定

在日本近代东京语中，命令形"～ てみろ/みい/みよ"也可用于提出假定状况，而在现代东京语中，这种用法，特别是"～ てみよ"和"～ てみい"就很少用了。在本次调查中一共收集到 24个语例，全部是用在对话的部分。很多情况下，在这类形式之后，说话者会马上描述自然而然可以预测到的结果，从反面给予警告。分析例 153) ～ 157) 可以知道，这类命令表达只是进行假定性的描述，并未要求进行实际的行动，但是具有让听话者设想假定状况的功能。这类用法在作品对话部分的出现率是 100%，从这一点上也可以看出，该类形式虽然在向假定表达转变，但是同时在某种程度上还保留了命令形本来的发动性。

153) これ北八てめへの身にもなッて見ろ人の金だから出してしまへの思ひ切ッてさんざいしろのといふけれどけだものを抱たくれへで十ドルとられるのハいゝこゝろもちか悪イものかすこしハさつしてもよさそうなもんだぜ。(西洋道中膝栗毛・42)

154) 試におぬしが。ある政党の領袖になつたと仮定して見イ。反対党の論者に。如何なる麁暴な奴が居らうもしれん。(當世書生氣質・103)

155) 高等官になつて見ろ世間の交際も気張らなければならず、出入も頻繁になるし、宴会諸入費の負担も多くなるし、抱へ腕車も要る、大礼服も要る、何かにつけて出ることが余計になるから、二百円と三百円と取るなら知らん事、百円内外の高等官は真平御免だ。(社會百面

相/老俗吏・243）

156）お前が妻でも持つ段に成つて見よ、今のやうにお母様と仲が悪うては何うも成らん。（空薫・321）

157）何故と云ふに。廿前後の同じ年の男女を二人並べて見ろ。女の方が万事上手だね。（それから・594）

　此外，下面的例 158）～160）和前面的语例一样，同样是通过命令形假设进行某种行为，但是这些假设之后，说话者会通过明确表示自己对此行为实施后的报复手段来警告听话者放弃该行为。

158）さあ、もつと言へ、言つて見ろ。言つたら貴様の呼吸が止るぞ。（金色夜叉・163）

159）間、貴様は犬の糞で仇を取らうと思つて居るな。遣つて見ろ、那様場合には自今毎でも蒲田が顕れて取挫いで遣るから。（金色夜叉・169）

160）最一言謂つて見ろ、佛性の作蔵様だつて、さうさう堪忍はしてゐねえぞ。（恋の病・65）

3.4.4　让步

161）属吏ならば、假令ひ課長の言付を条理と思つたにしろ思はぬにしろ、ハイハイ言つて其通り処辨して往きやア、職分は盡きてるぢやアないか。（浮雲・6）

162）縦令んば立派な伎倆があるにしろ、鐚一文生活の足に入れて下さるぢやなし、お前達の給金から御自分の道楽で飼つて置く犬や家禽の餌まで悉皆自家の財産ぢやないか。（くれの廿八日・8）

163）あゝもしもし、御酒の上とは申しながら、よし私の方

から突当つたにもせよ、申さばほんの出合頭、それに武家の町人のと、差別を附けておつしやりますが、当時は武家も平民も、皆一体ではござりませぬか。（東京日新聞・201）

164）身分は好く生れても、小さい時に両親に分れてから、北へ遣られ南へ引き取られ、尤も少し財産が附いてゐたにはせよ、其方此方の親類の世話になつて許り雛江は育つたのであるが、……（空薫・293）

165）よしや約束ハ定まらずもあれ。我を嫌へるあの娘を。恋慕はんハいと愚痴なり。（妹と背かゞみ・165）

166）両親の歿つたのも、私であれ、貴方であれ、かうして泣いて悲む者は、此に居る二人限りで、……（金色夜叉・272）

167）昇はまた頗る愛嬌に富でゐて、極て世辞がよい。殊に初対面の人にはチヤホヤもまた一段で、婦人にもあれ老人にもあれ、それ相應に調子を合せて、曽てそらすといふ事なし。（浮雲・47）

168）第一声色はともあれ顔が我童延若……（春雨文庫・339）

169）世人の名をだに憎むなる社会党なれ共産党なれ、我を名づけば名くるに任せて何の疚しきことのあらん。露伴子復び言ひ玉ふな。（有福詩人・98）

170）瀬川は行つた先の首尾次第、もう宜春なんぞへは帰らずとも後は野となれ山となれと、いろいろさまざまに新しい突然の恋の面白さを空想する間もなく築地川一筋越し

た久津輪の門へ着いた。（腕くらべ・230）

　　如上面的例 161）～170）所示，"～に（も）しろ、～にし
ろ～にしろ、～にせよ～にせよ、～に（は、も）せよ、～もあ
れ、～であれ～であれ、～にもあれ～にもあれ、～はともあれ、
～なれ、～となれ"等形式，虽然有着命令形的外在表象，但其作
用并不是发动听话者采取实际行动，而只是复句的一个成分——让
步性分句。这类表达的表现效果是，说话者首先隐藏了自己意见的
一部分或全部，然后通过让听话者设想假定状况后，进一步突出强
调自己和假定状况完全相反的想法和主张。因为说话者自身的语气
比较强硬，所以该类表达常被用在和听话者进行争吵、辩论的场
面。现代东京语中，这类形式具有浓厚的书面语色彩，在对话文体
中几乎很少使用，但是在日本近代东京语的资料当中，对话文体和
叙述文体中的使用频率基本相同，还没有完全丧失命令形本来的功
能。在这些让步分句前，常会伴随使用"たとい、たとえ、たとえ
ば、よしんば、よし、尤も、なんぼ、どんなに、いかに"之类的
副词。

　　另外，如下面的例 171）、172），形容词命令形也能表达让步
的用法。比如，"善かれ悪かれ"就是由"善くあれ悪くあれ"变
化而来的形式，因而这种用法也可以看作是表示让步的动词命令形
用法的某种延长体。

171）公平に見たら両方悪いンでせうが、何方かと云つたら
　　　姑は隠居の身分で所詮時勢に遅れてンだから善かれ
　　　悪かれ何事も先ア嘴出しゝない方が穏やかで宜いのサ。
　　（社會百面相／新妻君・124）

172）晩かれ早かれ、自己を新たにする必要のある代助には、
　　　嫂の志は有難いにもせよ、却つて毒になる許であつた。
　　（それから・319）

　　前节所提到的张伯伦『日本語口語入門』第二版（1888）中曾指出，"何にいたせ、何にせえ、何にせよ、何にしろ、何れにしろ、誰にしろ、何しろ、何はともあれ"等形式是由命令形转换而来的惯用表达，在本次调查中也发现了很多这种用法。但是，在现代东京语中，这些形式的一部分被保留，另外如"何にいたせ、何にせえ"就几乎完全消失了。这类表达已经脱离了命令的本意，只是作为词组或副词用来强调后续事项。

173）何に致せ奥様や嬢様がさぞ御心配成さるであらう、（政黨餘談淑女の後日・128）

174）そ、そう言ふては喧嘩腰に成る、何にせえ、お前からは自分も雛江も長者ぢや、其処を能う考へて、（空薫・322）

175）老婢も自然と眼を潤ませて、何にせよ此の一條を取敢ず国元へ通知したがよからう。国元から返事が来たなら何とか思案のつけ様も出来るであろうと忠告したので、（夢の女・9）

176）何にしろ、恁して家を有つて御出なのに、世話をしてあげる人が無くては、信に不都合ですね。（多情多恨・88）

177）目的の善悪何れにしろ方便と云ふ佛耶の譎詐姦猾な教では差支あるまいが、我が国の神道では日月の照鑑するも恥かしからざる明々白々の表裏なき道を以て第一の徳とする。（社會百面相/精神家・52）

178）それに誰にしろ、踏付られゝやア、あんまり好い心持もしないものさ、ねえ、文さん。（浮雲・128）

179）　何しろ儲け仕事なら我輩敢て一歩を退かない、不肖なが
ら犬馬の労を盡さう。（社會百面相/労働問題・28）

180）　何は兎もあれ御酒をはやらせ、陽気になつて御覧じませ。
（富士額男女繁山・467）

3.4.5　放任

在前节 3.2 中所举的例 19）、20）和下面的例 181）、182）中
的命令形表达，实际上并不期望某种行为的实施，确切地说，它更
强调的语感是所命令的内容是对方不可能完成的。因此，从语用学
的角度来说，它更鲜明地表示出了一种放任的语气。说话人只是在
表达一种甩开不管、破罐破摔的心境。

181）　殺されて執着いてやるから、殺すなら其つもりで殺せ。
（恋の病・65）

182）　かうなれば無証拠だから、矢でも鉄砲でも持つて来いだ。
（金色夜叉・173）

　　　下面的"勝手にしろ/せい/しやがれ、ざまをみやがれ、覚え
て居ろ"等表达形式通常多用于表示轻蔑、甩手之意，这些表达一
般通过说话者故意命令听话者根据自身意志来采取行动的方式，从
而从语用学的层面上表现出一种不负责任的、单方面描述不满的感
情色彩。

183）　どうでもてめへのかつてにしろ。（西洋道中膝栗毛・33）

184）　さうならどうなと勝手にせい。（歐洲小説黄薔薇・415）

185）　もう貴様に用はないから勝手にしやがれ。（彷徨・140）

186）　様を見やがれ。はゝゝゝゝゝ躓づいて轉びやがつた。
飛んだ弱虫ぢやねえか。（恋の病・67）

187）　汝まで僕をいぢめるな。覚えて居ろ。（當世書生氣質・
61）

188）薄情女。覚えて居ろ。（夢の女・32）

　　另外，本次调查中还发现了"何ともいへばいへ、どうなとなれ、なるが儘になれ、打捨つて置け"等，多数没有听话者，却以对话的形式自言自语地说给自己听的命令形表达。这类表达的显著特征是，即使有听话者存在，也不是明确地指向听话者或者说话者本身。所以可以把它看做是说话人内心的感情净化，一种心底深处的意志表达。

189）イナイナ心に濁りの無きならば、人は何ともいへばいへ。（政黨美談淑女の操・36）

190）最う如何なとなれと一切抛擲にして関ひつけず、成るやうに為つてゐる癖に、詰まらぬ事には時とすると甚く激昂して、今迄にない粗暴の振舞をすることもある。（其面影・365）

191）家の事は左のみ気に掛からなかつた。職業もなるが儘になれと度胸を据ゑた。（それから・319）

192）何だか自分ながら訳も分らず妙に捨気味な自暴なやうな気になつて打捨つて置けといふやうに、そのまゝ燈火の下に坐つてしまつた。（腕くらべ・176）

　　下面的194）～197）中"わる口をききやアがれ、馬鹿を云へ、うそをつけ、いいかげんにふざけたことを謂へ"等表达，并不是向听话者要求字面意义上的行动。更确切地说，它是通过故意将已经完成的行动描述为尚未进行的状态，从而否定已经完成的行为本身，有时候还有促使听话者放弃该行为的语用学功能。

193）エ、沢山わる口をききやアがれハツクサメ。（西洋道中膝栗毛・42）

194）馬鹿を云へ、東京から他県へ死人を持つて来るものがあるかぇ、白痴たことを云ふなぇ。（英國孝子之傳・504）

195）<u>馬鹿を云へ</u>。小使抔に何が分かるものか。（吾輩は猫である・338）

196）<ruby>虚言<rt>うそ</rt></ruby>をつけ、此<ruby>婆<rt>ばばあ</rt></ruby>め、<ruby>誰<rt>だれ</rt></ruby>が<ruby>汝<rt>きさま</rt></ruby>なんぞに<ruby>関<rt>かま</rt></ruby>ふものか。（有福詩人・61）

197）<ruby>好加減<rt>いいかげん</rt></ruby>に<ruby>巫山戯<rt>ふざけ</rt></ruby>たことを<u>謂へ</u>。<ruby>面白<rt>おもしろ</rt></ruby>もねえ。（恋の病・65）

3.4.6　谚语

佐久间鼎（1936）指出，像比赛时加油或电报那样，为了语言简洁人们也常常使用命令形。分析日本近代东京语中的谚语，可以发现其中的命令形也具有这类功能。所谓谚语，就是自古流传下来的，表达讽刺、教训、知识、情趣等意味的短句或韵语，因此本来就具有言简意赅这一特征。而且，由于不是由某个特定个人，而是由一种绝对性的神圣代表来发动人们完成深省的行为，所以谚语本身所具有的教诲、指引、告诫的功能就从语用论的层面发挥出来。

198）<ruby>人事<rt>ひとごと</rt></ruby>で無い。お勢も悪るかツたが、文三もよろしく無かツた。「<u>人の頭の蠅を逐ふよりはまづ我頭のを逐へ</u>、」——<ruby>聞古<rt>ききふる</rt></ruby>した<ruby>諺<rt>し</rt></ruby>も今は耳新しく身に<ruby>染<rt>し</rt></ruby>みて聞かれるから、何事につけても、<ruby>己一人<rt>いちにん</rt></ruby>をのみ責めて敢て叨り<ruby>叨<rt>みだ</rt></ruby>りにお勢を<ruby>尤<rt>とが</rt></ruby>めなかツた。（浮雲・131）

199）<ruby>左様<rt>さやう</rt></ruby>ござれば<ruby>善<rt>ぜん</rt></ruby>は<ruby>急<rt>いそ</rt></ruby><u>げ</u>、<ruby>僕<rt>ぼく</rt></ruby>は<ruby>是<rt>これ</rt></ruby>より<ruby>茨木<rt>いばらきうぢ</rt></ruby>氏をお<ruby>迎<rt>むか</rt></ruby>へ<ruby>申<rt>まを</rt></ruby>さん。（政黨餘談淑女の後日・134）

200）<u>急がば廻れ</u>ツて、何でも気を長アく<ruby>悠然<rt>ゆつたり</rt></ruby>と持つて屈しさいしなければ<ruby>何時<rt>いつ</rt></ruby>かは必ず成功します。（くれの廿八日・27）

201）<ruby>長<rt>なが</rt></ruby>い<ruby>物<rt>もの</rt></ruby>に<ruby>捲<rt>ま</rt></ruby><u>かれろ</u>といふ<ruby>諺<rt>ことわざ</rt></ruby>があるが、<ruby>其通<rt>そのとほ</rt></ruby>りだ。<ruby>青年<rt>せいねん</rt></ruby>

の時は兎角大層もない事を 考 へるが、一個人の 力 で
世間を何様にも彼様にもならんから世間に巻かれるとい
ふのが 即 ち世間に成効する秘訣だ。(社會百面相/新高
等官・90)

202) 犬になつても大家の犬になれとは能く云つたもんだ……
(破垣・117)

203) 人を見たら泥棒と思へと云ふ格言は寒月第二世の行為に
よつて既に証拠立てられたが、人を見たら猫食ひと思へ
とは吾輩も多々良君の御蔭によつて始めて感得した真理
である。(吾輩は猫である・207)

204) 苦沙弥君の説明はよく吾意を得て居る。昔しの人は己れ
を忘れろと教へたものだ。今の人は己れを忘れるなと教
へるから丸で違ふ。(吾輩は猫である・532)

205) お前のような怠け者の掃け場には持つて来いだ。(幇間・
200)

206) がらりと格子戸を明けて戸外へ出る時にや、肌襦袢と腰
巻だけは新しいのをしめて行け。着物や持物は決して奢
るなよと云ふのが芸者に対する呉山の家訓である。(腕く
らべ・220)

3.4.7　现象描写

从下面的例207)～212) 可以看出, 在日本近代东京语当中,
"命令形＋と""命令形＋とばかり (に)"的形式也可用于描写场
面、环境、风景、表情等的修饰句节中, 但这样的用法仅限于作品
的叙述部分。这类形式后面常接"とばかり", 从这点可知, 这种
现象描写是对现实中并未实现的事态, 用好似命令的表达来祈祷该
事态的发生, 从而强调后半句中事态发展的程度之甚。

207）闇は焔に破られ、焔は煙に揉立てられ、煙は更に風の為に砕かれつつも、蒸出す勢の夥しければ、猶ほ所狭く漲りて、文目もかず攪乱れたる中より爆然と鳴りて、天も焦げよと納屋は一面の猛火と変じてけり。（金色夜叉・266）

208）満枝は彼に恥ぢよとばかり嗤笑ひぬ。（金色夜叉・322）

209）かく云ひ来つた時君江は突然驚かされて、言葉を途切りました。それは高濱が骨も砕けよとばかり君江の腕を捕へたからです。（乳姉妹・234）

210）さすがに春の燈火は格別である。天真爛漫ながら無風流極まる此光景の裏に良夜を惜めと許り床しげに輝やいて見える。（吾輩は猫である・186）

211）屈竟の手懸りに、砕けよと許り尾を唧へながら左右にふると、尾のみは前歯の間に残つて胴体は古新聞で張つた壁に当つて、揚板の上に跳ね返る。（吾輩は猫である・223）

212）一丁許り向から二三人して町内中に響けとばかりに詩吟をしています。（吾輩は猫である・509）

4. 总　结

本章调查了日语语法研究史上命令形作为活用形的确立过程和日本近代日语文典中有关命令形的解说和记述，同时分析考察了日本近代文艺作品中命令形的实际使用状况和对现代日语的影响。

调查结果表明，在日本江户、明治、大正时期的日语语法研究和出版的教科书中，尚未普遍使用"命令形"这一术语，直到昭和

时期这一提法才得到普及，专门用于指示动词第六大活用形式。

对于日本近代东京语命令形的构句特点、意义、功能、表现性上的特征则可以总结如下：

1. 从构句特征上看，命令形谓语句一般会省略主语，但是为了呼称对方引起对方的注意，或者为了和听话者以外的第三者进行对比等，主语和呼格成分有时候也会被凸显于句中。

2. 从句法功能上看，日本近代东京语的资料中，命令形的基本功能就是不给听话者选择的余地，单方面强硬地要求其实施说话者所期望的行为。但是，在实际的对话场面，由于受说话者和听话者的力量强弱关系、表达意图等因素的影响，命令形也用于表达催促、忠告、建议、劝说、鼓励、允许、赞成等意。

3. 从表现性上看，日本近代东京语命令形表达之前常常伴有呼唤感叹词、副词，之后常常伴有终助词、词尾等，同时命令形自身的反复以及与其他命令表达形式的连用组合等主要可以起到增强或缓和命令之意的作用。此外，不具有发动行为功能的命令形则常用于表现说话者的愿望、自言自语、假定、警告、让步、放任、谚语、现象描写的句子里。

日本近代东京语的命令形和现代东京语相比，在构句特征、句法功能、表现性上有很多相似之处。但是，在命令形前面呼应使用的呼唤感叹词、副词以及后面添加的终助词、词尾等方面存在一些差异。而且，由命令形派生的一些特殊用法中，具体形式和使用情况也有很多不同之处。从命令形的使用和变化层面上反映出，近代日本东京语继承了江户语的很多要素，但是经过言文一致运动、标准语的确立运动等改革后逐渐接近现代东京语的形态。

注：

1. 本章所说的命令形主要是指包含"しろ"这样的普通动词命令形的表达。包含敬语动词、敬语助动词命令形的表达因待遇关系不同使用情况中也会有所差异，这将作为今后的课题进一步探讨。

2. 原文如下：

　　命令法は指令をしめし用うる法にして、亦希求、勧止等を示すも此法に属す。さうして使令、希求等なさんと欲する人は、必須眼前に在るべきを以て、時限は常に現在なり、即、汝ヨ行ケ、茲ニ在レ、予ヲ助ケヨ、君ヨ行キ給へ、ナ行キゾ、行クコトナカレ、等のごとし。茲にヨの字は使令を示す感詞なり、ナは否不を示す副詞にして、ナカレはナクアレの約言なり。

3. 原文如下：

　　命令法は或は命じ、或は願ひ、或は戒め、或は許す等のことを著す者なり。讀メ・と云へば、勧め命する意、教ヘラレヨ・と云へば、願ひ望む意、勤ムベシ・と云へば、訓へ戒むる意、来レカシ・と云へば、許し可く意なり。然れ共、總じて人に命ずる意を顕す者なり。其の中、忘レザルベシ・怠ラザレ・の如きは、不成法を帯たる命令法と知るべきなり。乞フ・願フ等の語は命令法に非ざるなり。

4. 原文如下：

　　例へバ、書を讀め。業を勤めよ。花、落ちよ。月を見よ 此ノ法、四段活用、奈行変格、良行変格、ノ外ハ、皆末ニ、よノ音アリ。

5. 原文如下：

　　下二段、加変、佐変、ニハ、古クハ、よを添ヘズシテ命令法ニ用ヰタルアリ、サレド、今ノ普通文ニハ、よアルベシ。又、四段活用ニ、「讀めよ、」奈変に、「死ねよ、」良変に「あれよ、　」ナド用ヰルコトアルハ、感動詞ノよナリ、よナクトモ、命令ノ意ハ十分ナリ。又、「讀みね」「勤めね」ナドイフねハ、半過去ノ助動詞ノぬノ命令法ナリ。

6. 原文如下：

　　今、口語ニモ、命令ニ「こゝへ来」ナドイヒ、中国、九州、邊ニテ「受けい」「止めい」「見い」ナドイフ、古法ヲ存シテ韻ヲ引クモノカ、よヲいニ転ジタルモノカ。

7. 原文如下：

　　希望詞 ハ ワガ コゝロ ニテ カク アラバ ヨカラン。カク アレカ

シ。ナド コヒネガヒオモフ コト ヲ 人 ニ オホセ。マタ ハ クチ
ニ イハズ シテ コ丶ロ ニ オモフ コト ヲモ イヒアラワシ。……
（中略）ユ<u>ケヨ</u> ハ 用後 ニ ヅ゙キ テ <u>ユケ</u> ト 命令シ。ヨ ト イヒ
テ ソノ意 ヲ 強ク スルモノ ナリ。<u>ユケカシ</u> ハ 心中ニテ人ニ命令
シ。イヒイデズ シテ ヒソカニ オモフ モノ ナリ。

8. 原文如下：

　　厳密にいへば、こは活用となすべきものにあらじと信ず。如何に
といふに四段のみは已然形と同型の者にして、他は未然形と同形な
るものに助詞「よ」を添へざれば、完き命令の形をなさず。かくの
如くなれば、唯其の所用の活用の相違あるのみならず、また発表方
法にも大差ありて決して一様に論ずべからず。かつ又助詞「よ」を
以て用言変化の内に算入する説もあれど、こはまさしく助詞にして
四段のにも付属しうべきは明瞭なる事実なり。然るを四段以外に附
属するものは用言活用中の一部にして、四段には活用外のものなり
とするは不合理なりとす。この故に余は命令という特別の一変化を
認めずして各変化に分属せる用法なりと断ず。

9. 原文如下：

　　幹母音無変化の動詞にあっては、語根がそのまま命令となる。Ake
（あけ）、開けよ！　幹母音変化の動詞は、語尾iがeに変わる。Kaki
（かき）、書く、Kake（かけ）、書け！　Kuvi（くひ）、食う、Kuve、
Kuye（くへ、くえ）、食え！；Ini（いに）、去る；Ine（いね）、去れ！

10. 原文如下：

　　この形に、感嘆詞 ya, ai, yoを接尾辞として接続させて意味を強
めることができる。これらの代わりに東国ではroが用いられる。
Ake yo（あけよ）；またはAke ro（あけろ）、開けよ！Yuke yo（ゆ
けよ）、またはyuke ro（ゆけろ）、行け！Se yo（せよ）、またはSe
ro（せろ）、せよ！

11. 原文如下：

　　この型通りの命令形は、身分の低い物に対して用いられるだけ
で、丁寧な会話では忌避せられ、これに代わって、もっと上品な表
現が用いられる。Kasi（かし）またはgana（がな）を後に持つ命令

形は、われわれの願望法の力を持つ。O ide nasarei kasi（おいでな
されいかし）、おお君が来たら良いな。

12. 原文如下：

　　命令形は粗野な感じに響くので、二三の尊敬動詞を除いてあまり
用いられず、目下の者に話すときでも大抵回りくどい尊敬の言い方
が使われる。

13. 原文如下：

　　他の動詞の命令形は、人足や自分のところの使用人に言ったり、
海軍や陸軍で指令を出したりする場合を除くと、めったに聞かれな
い。こういう言葉で話しかけられたらあまりにも不作法でぶっきら
ぼうな感じがするだろう。

14. 原文如下：

　　第一種変化に属する言葉はエ列の音を語尾としたものをそのまゝ
にして用ゐ、第二種にはイ列、エ列の語尾へ「ろ」又は「い」と
いふ音を加へるのです。但し、「ろ」と「い」とは、第一種へは決
してつきませぬ。それから、第三種の「来」には、その仮想法に
「い」音をつけ、「為」には、その仮想法に「ろ」をつけるか或は、
その語尾の「シ」を「セ」に変じて「い」を附加したものを此法
にあてます。

15. 石川在该文典中将动词的活用形，即"動詞の'はたらき'"具体分
为"むすびとめる、なことばにつづく"、"かりさだめの'ば'に
つづく"、"ほかのわざことばにつづく"、"うちけしの'ぬ'につ
づく"、"をしはかりの'よー'につづく"五大类。

16. 文典『日本口語典』中将动词的活用形设立为五种，即"第一連助
形、連用形、終止形、連体形、第二連助形"。

17. 嘉纳治五郎设立的宏文学院是对中国清朝留学生进行教育的主要机
构，其中教授日语的主要教师阵容有三矢重松、松下大三郎、松本亀
次郎等，这些教师其后有的成为日本国语学的大师，有的成为中国留
学生教育的第一人等。宏文学院设立的主要目的是"为清朝留学生教
授日语和普及教育，培育人才"，其附加条件是"了解中国清朝现在
的形势"。

18. 保科提出的具体理由如下：

　　これわ文語においてわ、奈行変格の関係上之を活用形として立てる様になつたのであるが、口語においてわ、其関係が既に消滅に帰しておる。……（中略）然るに、口語でわ、奈行変格がすでに五段活用に変化してしまつたから、もはや此形式を活用形から省いても差支がないのである。次に、命令の形式を活用形から取り去つても差支がないという理由が、もう一つある。それわ文語においてわ、命令の形式が比較的に簡単であるが、口語においてわ、ロ、ヨ、イを附け加えるということばかりでなく、此外猶種々の形式があるのわ、既に述べた通りである。此の如く種々の形式がある以上わ、活用形の処のみで、十分之を説明することが出来ない。それゆえ、寧ろ之を活用形の以外に置いて、命令という職分の上から之を取纏めて説明する方が学ぶ人の為にわ却て便利である。

19. 原文如下：

　　萬ノ事ヲ指令スル口語ニ二ツアリ一ツハヨト云フ辞ヲ附ケ〔此ヲ告ゲヨ〕〔其ヲ任セヨ〕ト言ヒ一ツハナト云フ辞ヲ附テ〔汝ハ進ミナ〕〔汝ハ休ミナ〕ト言フ此二ツノ口語ヲ書クニハ左ノ例ニ准ブベシ。

20. 原文如下：

　　文語の四段・良変・奈変の動詞の第六活用形及び其の他の動詞の第六活用形に助詞の「よ」の添ったもの、口語の四段の第六活用形及び其の他の動詞の第六活用形に「ろ」又は「よ」「い」の添ったものは命令を表す形である。

21. 具体请参看本书绪论中的文献资料一览。

22. 零主语是指省略主语或主语缺失。

23. 呼格是用于呼喊、称呼的语法形式。该术语来源于希腊语和拉丁语语法，大部分情况下和主格拥有相同的形式。

24. 浪士是指离开主家，失去俸禄的武士。或者是失去主君的武士，也说成浪人。

25. 共起是指某个词在文章或句子中出现的时候，该文章或句子中会有另一个词频繁出现的现象，也就是习惯性搭配使用的现象。

26. 町奉行是日本平安时代至江户时代中授予武家的官职名称之一。该词
本意为执行上级命令，是个动词，后来衍生为执行者，名词。

27. 元老院是日本明治初期日本的立法机关。虽然其政治功能设定为制定
新法和修改旧法，但是议案大都是作为天皇的命令从正院（后面的内
阁）下发，紧急场合大都变成事后认可的状态，因此其政治权限非常
薄弱。元老院的组成成员被称为元老院议官。

第四章 历史语言学视野中日本近代东京语祈使表达的历史推移

1. 前 言

正如第二章概观中所述，日本近代东京语的祈使表达可以分为直接性和间接性两大体系，其中直接性表达的使用占据主导地位。而在直接性表达中，肯定型直接祈使表达是直接使用具有祈使性语法意义的语言形式积极要求某种行为实施的表达，这类表达在日本近代东京语中使用频率最高，保持着最强的势力。因此，本章将聚焦于这类肯定型直接祈使表达[注1]，调查和分析其历史变迁过程。

2. 祈使表达的分类和概观

为了分析本次调查资料中祈使表达[注2]的实际使用情况，首先需要对多种多样的表达形式进行分类。本书重点着眼于各个祈使表达的语言构成形式，根据其是否伴有敬语表达和受惠表达，是否使用敬语助动词、补助动词以及特殊动词等标准，将主要的祈使表达[注3]做了如下分类。

Ⅰ类　未使用敬语形式的祈使表达（a 动词命令形、b 连用形 + 终助词类、c 连用形 + やれ类、d 连用形 + しゃれ类）

Ⅱ类　使用敬语助动词的祈使表达（e ませい、f たまえ、g めされ类、h なされ类、i なされませ类、j あそばせ类）

Ⅲ类^{注4}　使用授惠动词的祈使表达（kてくれ类、lてくりやれ类、mてくれたまえ、nてくんなさい类、oてくだされ类、pてくだされませ类、q特殊动词命令形类）

日本近代东京语中Ⅰ类至Ⅲ类祈使表达与其具体使用量和使用率的对应表如表4－1，表4－2所示。

表4－1　　　　祈使表达的种类、使用年代与使用量对应表

祈使表达 \ 年代		近代前期		近代后期			小计	合计
		初期	10年代	20年代	30年代	40年代以后		
Ⅰ	a 动词命令形	95	150	137	139	58	579	
	b 终助词类	68	141	98	107	98	512	
	c やれ类	10	29	17	3		59	
	d しゃれ类	17	18	4	3		42	
	小计	190	338	256	252	156	1192	1192
Ⅱ	e ませい	3	1	2			6	
	f たまえ	19	96	58	110	27	310	
	g めされ类	2	3	1			6	
	h なされ类	113	158	110	183	117	681	
	i なされませ类	26	53	44	20	13	156	
	j あそばせ类	1	13	22	44	21	101	
	小计	164	324	237	357	178	1260	1260
Ⅲ	k てくれ类	25	80	44	124	71	344	
	l てくりやれ系	11	13	5	6		35	
	m てくれたまえ		23	23	43	19	108	
	n てくんなさい类	53	32	19		9	113	
	o てくだされ类	29	140	88	239	81	577	
	p てくだされませ类	50	125	59	96	26	356	
	q 特殊动词命令形类	24	57	60	148	86	375	
	小计	192	470	298	656	292	1908	1908
合计		546	1132	791	1265	626	4360	4360

表 4 – 2   祈使表达的种类、使用年代与使用率对应表

年代 祈使表达		近代前期		近代后期			小计	合计
		初期	10 年代	20 年代	30 年代	40 年代 以后		
I	a 动词命令形	17.4%	13.3%	17.3%	11.0%	9.3%	13.3%	27.3%
	b 终助词类	12.5%	12.5%	12.4%	8.5%	15.7%	11.7%	
	c やれ类	1.8%	2.6%	2.1%	0.2%	0.0%	1.4%	
	d しゃれ类	3.1%	1.6%	0.5%	0.2%	0.0%	1.0%	
	小计	34.8%	29.9%	32.4%	19.9%	24.9%	27.3%	
II	e ませい	0.5%	0.1%	0.3%	0.0%	0.0%	0.1%	28.9%
	f たまえ	3.5%	8.5%	7.3%	8.7%	4.3%	7.1%	
	g めされ类	0.4%	0.3%	0.1%	0.0%	0.0%	0.1%	
	h なされ类	20.7%	14.0%	13.9%	14.5%	18.7%	15.6%	
	i なされませ类	4.8%	4.7%	5.6%	1.6%	2.1%	3.6%	
	j あそばせ类	0.2%	1.1%	2.8%	3.5%	3.4%	2.3%	
	小计	30.0%	28.6%	30.0%	28.2%	28.4%	28.9%	
III	k てくれ类	4.6%	7.1%	5.6%	9.8%	11.3%	7.9%	43.8%
	l てくりやれ系	2.0%	1.1%	0.6%	0.5%	0.0%	0.8%	
	m てくれたまえ	0.0%	2.0%	2.9%	3.4%	3.0%	2.5%	
	n てくんなさい类	9.7%	2.8%	2.4%	0.0%	1.4%	2.6%	
	o てくだされ类	5.3%	12.4%	11.1%	18.9%	12.9%	13.2%	
	p てくだされませ类	9.2%	11.0%	7.5%	7.6%	4.2%	8.2%	
	q 特殊动词命令形类	4.4%	5.0%	7.6%	11.7%	13.7%	8.6%	
	小计	35.2%	41.5%	37.7%	51.9%	46.6%	43.8%	
合计		100.0%	100.0%	100.0%	100.0%	100.0%	100.0%	100%

综合表 4 – 1 和表 4 – 2 可知，e "ませい" 和 g "めされ类" 祈使表达在日本近代东京语中呈现相当衰落的态势，二者的平均使用率均仅为 0.1%。近代前期到后期 20 年代的作品中还有少数语例，但在 30 年代以后的作品中则完全消失。c "やれ类"、d "しゃれ类"、l "てくりやれ类" 祈使表达的使用率同样非常低，均处于 1.5% 以下。虽然近代前期还有一定的使用，但到近代后期 20、30

年代其使用频率则显著降低，到 40 年代以后就鲜有使用了。i "な
されませ类"、n "てくんなさい类"、p "てくだされませ类" 祈
使表达在近代初期到 40 年代以后的作品中一直都有所使用，但是
从整体上看仍然呈现出衰退的趋势。另一方面，j "あそばせ类"
和 m "てくれたまえ" 这两类祈使表达在近代前期的使用率极低，
但到近代后期虽然称不上最核心势力，却始终保有稳定的使用频
率。k "てくれ类" 和 q "特殊动词命令形类" 祈使表达从近代初
期到 40 年代以后使用率不断升高，呈现出日趋普及的倾向。f "た
まえ" 从近代 10 年代至 30 年代使用非常频繁，但在近代 40 年代
以后呈现使用率下降的趋势。平均使用率达到 10% 以上的祈使表达
中，a "动词命令形" 的使用率在近代呈现走低趋势，由初期的
17.4% 减少到 40 年代以后的 9.3%；o "てくだされ类" 的使用率
则呈现逐渐增加的势头，由初期的 5.3% 升高至 40 年代以后的
12.9%。b "终助词类" 和 h "なされ类" 祈使表达则广泛使用于
近代前期到后期各个年代的作品之中。

　　接下来对三大类祈使表达逐一分析可知，首先 "Ⅰ类　未使用
敬语形式的祈使表达" 的平均使用率虽然占据祈使表达整体使用的
27.3%，但是在整个日本近代呈现出使用频率大幅下降的趋势，由
近代初期的 34.8% 减少到 40 年代以后的 24.9%。其次，"Ⅱ类　使
用敬语助动词的祈使表达" 的平均使用率占据祈使表达整体使用的
28.9%，而且从近代初期到 40 年代以后使用频率的增减程度都比
较缓和。"Ⅲ类　使用受惠表达的祈使表达" 在三大类当中势力最
强，平均使用率最高，达到祈使表达整体使用的 43.8%，同时各个
年代的使用率也呈现逐步上升的趋势，由近代初期的 35.2% 增至
40 年代以后的 46.6%。

3. 日本近代东京语祈使表达的历史推移

3.1 未使用敬语形式的祈使表达的推移

3.1.1 "动词命令形"

表 4 – 3   动词命令形的使用量变化表

年代 祈使表达	近代前期		近代后期			合计
	初期	10 年代	20 年代	30 年代	40 年代 以后	
普通动词命令形	87	134	120	136	57	534
自谦语动词命令形	8	16	17	3	1	45
合计	95	150	137	139	58	579

表 4 – 4   动词命令形的使用率变化表

年代 祈使表达	近代前期		近代后期			合计
	初期	10 年代	20 年代	30 年代	40 年代 以后	
普通动词命令形	15.9%	11.8%	15.2%	10.8%	9.1%	12.2%
自谦语动词命令形	1.5%	1.4%	2.1%	0.2%	0.2%	1.0%
合计	17.4%	13.3%	17.3%	11.0%	9.3%	13.3%

    "动词命令形"在本书中主要是指不带敬语表达的普通动词命令形和自谦语动词[注5]命令形两类。普通动词命令形虽然在日本近代各个时期的作品当中都有所使用，但是从近代后期的 30 年代开始其使用率明显降低，呈现日趋减少的曲线。另一方面，与普通动词命令形相比，自谦语动词在各个时期的使用率都颇低，属于祈使表达中势力较弱的部分。特别是在近代后期的 30 年代以后，几乎不

再有使用。

　　各表达形式对应的具体语例如下。

1）是から盗難告訴をかくから、盗られたものを一々云へ。さあ云へ。（吾輩は猫である・198・苦沙弥→細君）

2）伯父へ孝行と思ふなら、喰潰しにならぬやう一生懸命に働きをれ。（人間萬事金世中・22・邊見勢左衛門→惠府林之助）

3.1.2　"连用形 + 终助词类"

表 4–5　　　　　　"连用形 + 终助词类" 的使用量变化表

祈使表达＼年代	近代前期		近代后期			合计
	初期	10 年代	20 年代	30 年代	40 年代以后	
〜终助词类	40	42	33	16	14	145
お〜终助词类	28	99	65	91	84	367
合计	68	141	98	107	98	512

表 4–6　　　　　　"连用形 + 终助词类" 的使用率变化表

祈使表达＼年代	近代前期		近代后期			合计
	初期	10 年代	20 年代	30 年代	40 年代以后	
〜终助词类	7.3%	3.7%	4.2%	1.3%	2.2%	3.3%
お〜终助词类	5.1%	8.7%	8.2%	7.2%	13.4%	8.4%
合计	12.5%	12.5%	12.4%	8.5%	15.7%	11.7%

　　"连用形 + 终助词" 类表达主要有 2 类，即 "连用形 + 终助词" 和 "お + 连用形 + 终助词"[注6]，此次调查共收集到 512 个语例。

"连用形＋终助词"类表达主要包含 6 种形式，即 "～φ" "～な" "～なよ" "～ねえ" "～ねえよ" "～ねえな"；"お＋连用形＋终助词"类表达主要包含 7 种形式，即："お～φ" "お～よ" "お～な" "お～なね" "お～なよ" "お～ねえよ" "お～よね"。如表 4－5 和表 4－6 所示，"～终助词"类表达的使用率在日本近代呈现逐渐降低的趋势，由初期的 7.3% 减少至 40 年代以后的 2.2%。另一方面，"お～终助词"类表达在日本近代的各个时期都被广泛使用，从使用率来看也是逐渐升高的趋势。

表 4－7   "连用形＋终助词类" 具体形式的使用量变化表

祈使表达 ＼ 年代	近代前期		近代后期			合计
	初期	10 年代	20 年代	30 年代	40 年代以后	
～φ	1	3		1		5
～な	13	24	14	3	4	58
～なよ		5	4		1	10
～ねえ	25	8	12	12	9	66
～ねえよ	1	1	1			3
～ねえな		1	2			3
お～φ	15	41	35	70	52	213
お～よ	7	35	14	7	19	82
お～な	5	19	11	12	12	59
お～なね	1	3	4	2		10
お～なよ		1				1
お～ねえよ			1			1
お～よね					1	1
合计	68	141	98	107	98	512

表 4 - 8　　　"连用形 + 终助词类" 具体形式的使用率变化表

祈使表达 ＼ 年代	近代前期		近代后期			合计
	初期	10 年代	20 年代	30 年代	40 年代以后	
～ φ	0.2%	0.3%	0.0%	0.1%	0.0%	0.1%
～ な	2.4%	2.1%	1.8%	0.2%	0.6%	1.3%
～ なよ	0.0%	0.4%	0.5%	0.0%	0.2%	0.2%
～ ねえ	4.6%	0.7%	1.5%	0.9%	1.4%	1.5%
～ ねえよ	0.2%	0.1%	0.1%	0.0%	0.0%	0.1%
～ ねえな	0.0%	0.1%	0.3%	0.0%	0.0%	0.1%
お ～ φ	2.7%	3.6%	4.4%	5.5%	8.3%	4.9%
お ～ よ	1.3%	3.1%	1.8%	0.6%	3.0%	1.9%
お ～ な	0.9%	1.7%	1.4%	0.9%	1.9%	1.4%
お ～ なね	0.2%	0.3%	0.5%	0.2%	0.0%	0.2%
お ～ なよ	0.0%	0.1%	0.0%	0.0%	0.0%	0.0%
お ～ ねえよ	0.0%	0.0%	0.1%	0.0%	0.0%	0.0%
お ～ よね	0.0%	0.0%	0.0%	0.0%	0.2%	0.0%
合计	12.5%	12.5%	12.4%	8.5%	15.7%	11.7%

　　接下来，根据表 4 - 7 和表 4 - 8 可以进一步分析各个具体形式的使用情况。"～ 终助词" 类中 "～ な" 和 "～ ねえ" 从近代前期到后期使用率不断降低，与此相对，"お ～ 终助词" 类中 "お ～ φ" 从近代前期到后期使用率不断升高，是 "连用形 + 终助词" 类表达中是最常使用的形式。"お ～ よ" 和 "お ～ な" 在整个日本近代的使用情况都很稳定。"～ なよ" 从 10 年代到 20 年代还有一定程度的使用，但到近代 30 年代以后的使用则仅为 1 例。"お ～ なね"注7 在近代 30 年代为止还有所使用，但到 40 年代以后则完全消失。另外，"～ 终助词" 类中 "～ φ"、"～ ねえよ"、"ねえ

な”和“お～终助词”类中“お～なよ”、“お～ねえよ”各形式的总使用量都在 5 例以下，到近代后期的 20 年代为止还有些许使用，到 30 年代以后就完全退出了历史舞台。“お～よね”则仅在近代 40 年代以后的作品中出现 1 个语例。

　　“连用形＋终助词类”各表达形式对应的具体语例如下。

3）ヲット待。マア聞たまへ。（當世書生氣質・141・倉瀬連作→守山友芳）

4）ねへさん鍋ハ飯のときとしてスップの吸下地で葱を細くそいで鞍下の極といふとこをそぼろに刻ンでヨぱらぱらと入れて二人前持て来な。（安愚楽鍋・160・落語家→牛店の女中）

5）政やお菓子を上げなよ。（歐洲小説黄薔薇・524・お吉→お政）

6）通さんにむかつてをとなしくしねへ。（西洋道中膝栗毛・93・弥次郎兵衛→北利喜多八）

7）汝の指図を承けねえでも、腹の癒えるまで撲きのめしてやる気だ。作蔵殿放しねえよ。（恋の病・65・七兵衛→作蔵）

8）作蔵殿、茶請でも買てからにしねえな。（恋の病・66・おかま→作蔵）

9）乳母まア内へお這入り。（八重桜・110・お八重→乳母）

10）マアサ私の言事をお聞きヨ。（浮雲・32・お政→内海文三）

11）今日あたしの家へ来て一緒にお遊びな。（少年・145・塙信一→萩原栄）

12）早くお為なね。（多情多恨・93・母→お島）

13) 今<ruby>から用心<rt>いま</rt></ruby>しておおきなヨ。（妹と背かゞみ・229・お春
　　→お辻）

14) お免<ruby>ねえ<rt>めん</rt></ruby>よ……忠公<ruby>おめ<rt>ちうこう</rt></ruby>へも一<ruby>所<rt>しょ</rt></ruby>にゆかねえか。（政黨餘
　　談淑女の後日・114・車夫同士）

15) <ruby>私<rt>わたし</rt></ruby>が帰つて来たら、すぐお店へ行つて、大きいおかみさ
　　んによくおねがひするつもりだがね。お前もちつと番頭
　　さんやなにかのところへ行つて、旦那の方の<ruby>様子<rt>やうす</rt></ruby>も聞い
　　て御覧よね。（朝顔・12・お住→徳松）

3.1.3　"连用形＋やれ类"

表 4-9　　　　　　　"连用形＋やれ类"的使用量变化表

年代 祈使表达	近代前期		近代后期			合计
	初期	10 年代	20 年代	30 年代	40 年代 以后	
～や	2	5	11	1		19
～やれ	8	24	6	2		40
合计	10	29	17	3	0	59

表 4-10　　　　　　"连用形＋やれ类"的使用率变化表

年代 祈使表达	近代前期		近代后期			合计
	初期	10 年代	20 年代	30 年代	40 年代 以后	
～や	0.4%	0.4%	1.4%	0.1%	0.0%	0.4%
～やれ	1.5%	2.1%	0.8%	0.2%	0.0%	0.9%
合计	1.8%	2.6%	2.1%	0.2%	0.0%	1.4%

"连用形＋やれ"类表达中有"～や"和"～やれ"2 种形

式。"やれ"是助动词"やる"的命令形，"や"[注8]是"やれ"省略掉"れ"之后的形式。汤泽幸吉郎曾经在其 1957 年的著作『増補江戸言葉の研究』中指出，"'やる'是接在动词连用形之后，向听话者表示敬意的'ある'转化而来的形式。"根据表 4 - 9 和表 4 - 10可知，江户语中的"や"和"やれ"进入日本近代以后急剧衰退，近代后期的 20 年代以前还有部分使用，但到 40 年代以后就完全退出历史舞台了。而且，在本书所调查的日本近代东京语资料中，"やれ"类表达仅出现在河竹默阿弥、松村春辅、依田学海、幸田露伴和内田鲁庵 5 位作家的作品中。

"连用形 + やれ类" 2 种形式对应的具体语例如下。

16）さあ娘、早くはひりや。（人間萬事金世中・70・おらん
　　→おしな）

17）谷川はやく燈をつけやれ。（政黨餘談淑女の後日・98・
　　時田賴国→谷川清三）

3.1.4 "连用形 + しゃれ类"

"连用形 + しゃれ类"祈使表达是由动词连用形和助动词"さっしゃる""しゃる"的命令形结合转化而来。"さっしゃる"的命令形有"さっしゃれ""さっしゃい""さっせえ""さっし"，"しゃる"的命令形有"しゃれ""しゃい""せえ""し"。汤泽（1957）曾指出，命令形"さっせえ""さっし""せえ""し"原本是用来表示尊敬之意的形式，但是随历史发展逐渐失去表示敬意的功能，使用者也主要转为平民阶层。"连用形 + しゃれ"类表达包含 12 种具体形式，即："～しゃれ""～しゃい""～せえ""～し""～しゃりませ""～せえまし""～さっしゃれ""～さっしゃい""～さっせえ""～さっし""～さっしゃえ""～さっしゃろ"。近代前期，该类表达出现在各类作品中，但从近代后期的 20 年代和 30 年代开始使用数量大幅减少，到 40 年代以后就完全没有语例出现了。除去语例总数前三位的"～さっしゃい""～しゃい""～せえ"之

外，其他形式的使用总量都仅为 3 例以下。

表 4–11　　　"连用形 +しゃれ 类" 具体形式的使用量变化表

祈使表达＼年代	近代前期		近代后期			合计
	初期	10 年代	20 年代	30 年代	40 年代以后	
～しゃれ		1	1			2
～しゃい	1	7	1	1		10
～せえ	5		2			7
～し	2	1				3
～しゃりませ	1					1
～せえまし	1					1
～さっしゃれ	1					1
～さっしゃい	2	8		1		11
～さっせえ	1			1		2
～さっし	1					1
～さっしゃえ		1				1
～さっしゃろ	2					2
合计	17	18	4	3	0	42

"连用形 + しゃれ类" 各表达形式对应的具体语例如下。

18）さあ、改（あらた）めて請取（うけと）らつしやれ。（人間萬事金世中・47・恵府林之助→武太兵衛、宇四郎、勘次郎）

19）さあ、旦那様（だんなさま）から二人（ふたり）へ御褒美（ごほうび）、是れで一杯呑（こ）まつしやい。（富士額男女繁山・487・小助→猿兼、豚吉）

20）婆（ばば）どん、きかつせえ。（政黨餘談淑女の後日・80・猟人→茶店の婆）

21）サアおはちおとめ一所に<u>ゆかつし</u>。（西洋道中膝栗毛・
11・こん平→おはち、おとめ）

22）さあさあ粗葉だが<u>呑まつしやりませ</u>。（東京日新聞・225・
正直長次→徳助）

23）おめへさんの代に通次さんをよこ^{でへ}サッせへチウ^{でんごん}伝言でござ
るはやく<u>よバッせへましョ</u>。（西洋道中膝栗毛・78・供七
→大腹屋広蔵）

24）そりや何の引合かは存ぜぬが、手前はちつと 心 の急くこ
とがあれば、まあ <u>爱を放さつしやれ</u>。（東京日新聞・237・
船岡門三郎→正直長次）

25）積込みの荷の間違はぬやうに、 帳 へちやんと<u>控へさつし
やい</u>。（人間萬事金世中・4・邊見勢左衛門→蒙八）

26）「ヤイ甚公、<u>見さつせ</u>、」と助蔵老爺はニタニタ笑ひなが
ら仰むいて、「己が破鐘声で笑つた御利益は覩面だ。此通
り日輪様が顔ア出した。な……だから笑へツて事よ。あ
ツはツはツ……」（老車夫・354・助蔵→甚平）

27）ヲット 商 公勘弁<u>サッシ</u>。（西洋道中膝栗毛・91・北利喜
多八→商吉）

28）それらの事ハ昨日 倅 からきゝましたが。シテ 証 拠になる
品といふのハ。マア其品を<u>みせさつしやへ</u>。（當世書生氣
質・148・守山友定→お秀）

29）夢中でおめへらをぶツころがしたゞア堪忍<u>サッシやろ</u>。
（西洋道中膝栗毛・57・供七→北利喜多八）

3.2　使用敬语助动词的祈使表达的推移

3.2.1　"ませい"

表 4 - 12　　　　　　　　　"ませい"的使用量变化表

祈使表达 ＼ 年代	近代前期		近代后期			合计
	初期	10 年代	20 年代	30 年代	40 年代以后	
～ませい	3	1	2			6

　　"ませい"是敬语助动词"ます"的命令形"ませ"后续接词尾"い"而成的祈使表达形式。本次调查的近代东京语资料当中，仅出现 6 个语例，特别是从近代后期的 30 年代开始就完全找不到使用痕迹。可以说，该形式在日本近代显著衰退，属于步入末路的表达。具体语例如下。

30）それに控へし船岡門三郎、右膳が 娘 浅茅、両人ともにこれへ出ませい。（東京日新聞・273・兵次→船岡門三郎、浅茅）

3.2.2　"たまえ"

表 4 - 13　　　　　　　　　"たまえ"的使用量变化表

祈使表达 ＼ 年代	近代前期		近代后期			合计
	初期	10 年代	20 年代	30 年代	40 年代以后	
～たまえ	19	96	58	110	27	310

　　关于祈使表达"たまえ"的使用状况，寺田洋枝（1999）曾指出，在江户后期的噺本[注9]中出现减少的倾向。但是，如表 4 - 13

和前节中的表 4 - 2 所示，在此次调查的日本近代东京语资料中，
"たまえ" 在日本近代的各个时期都保持着较高的使用频率，共计
310 个语例。从近代初期到后期 30 年代为止其使用量都比较稳定，
但在 40 年代以后略有减少的迹象。具体语例如下。

31）些し小ひさな聲で咄し給へ。（浮雲・86・内海文三→山
口）

3.2.3 "めされ类"

表 4 - 14 "めされ类"具体形式的使用量变化表

年代 祈使表达	近代前期		近代后期			合计
	初期	10 年代	20 年代	30 年代	40 年代 以后	
～めされ	2	2				4
お～めされ		1	1			2
合计	2	3	1	0	0	6

"めされ类" 祈使表达中有 "～めされ" 和 "お～めされ" 2
种形式，这二者在日本近代的使用率都颇低。第一种形式 "～めさ
れ" 仅出现在近代前期的河竹默阿弥和三游亭圆朝的作品当中，且
语例数较少，到近代后期则完全消失踪影。第二种形式 "お～め
され" 则仅在河竹默阿弥和依田学海近代 20 年代以前的作品中各
出现 1 例，在近代后期 30 年代以后语例数为零。

"めされ类" 各表达形式对应的具体语例如下。

32）何御用か、通し召され。（富士額男女繁山・545・神保正
道→馬淵大蔵）

33）各方には、あとより御静に御出召され。（政黨美談淑
女の操・2・探偵→巡査）

3.2.4　"なされ类"

"なされ类"祈使表达可以大分为 3 类，即"なされ""なさい""なせえ"。在本次调查资料中共收集到 681 个语例，7 种具体表达形式。"なされ"类表达包含"～なされ""お～なされ"2 种形式，"なさい"类表达包含"～なさい""お～なさい"2 种形式，"なせえ"类表达包含"～なせえ""お～なせえ""～なさろ"3 种形式。根据寺田洋枝（1999）中对日本江户语的调查数据可知，在江户时代的天明期（1781～1789 年）出现了"なされ"向"なさい""なせえ"的形式转变。分析表 4 – 15 和表 4 – 16 也可以发现，"なされ"从日本近代前期至后期 20 年代都有一定程度的使用，但到 30 年代以后就几乎完全消失。"なせえ"在近代前期使用颇为频繁，但到近代后期使用量也明显减少，逐渐变成几乎不太使用的表达形式。另一方面，"なさい"在 3 大类表达中势力最强，整个日本近代都广为使用，从前期到后期使用频率不断升高，呈现出逐年增加的态势。综合"なされ""なせえ"的衰退和"なさい"的发展普及可知，"なされ类"祈使表达在日本近代逐渐向"なさい"这一类形式统一。

表 4 – 15　　　　　"なされ类"具体形式的使用量变化表

年代 祈使表达	近代前期		近代后期			合计
	初期	10 年代	20 年代	30 年代	40 年代以后	
～なされ		3	2			5
お～なされ	5	3	33		1	42
～なさい	2	32	6	33	8	81
お～なさい	12	90	65	147	107	421
～なせえ	79	22	4	2	1	108
お～なせえ	14	8		1		23
～なさろ	1					1
合计	113	158	110	183	117	681

表4-16　　　　　　　"なされ类"具体形式的使用率变化表

年代 祈使表达	近代前期		近代后期			合计
	初期	10年代	20年代	30年代	40年代 以后	
～なされ	0.0%	0.3%	0.3%	0.0%	0.0%	0.1%
お～なされ	0.9%	0.3%	4.2%	0.0%	0.2%	1.0%
～なさい	0.4%	2.8%	0.8%	2.6%	1.3%	1.9%
お～なさい	2.2%	8.0%	8.2%	11.6%	17.1%	9.7%
～なせえ	14.5%	1.9%	0.5%	0.2%	0.2%	2.5%
お～なせえ	2.6%	0.7%	0.0%	0.1%	0.0%	0.5%
～なさろ	0.2%	0.0%	0.0%	0.0%	0.0%	0.0%
合计	20.7%	14.0%	13.9%	14.5%	18.7%	15.6%

　　"なされ类"各表达形式对应的具体语例如下。

34）誰かと思へば猪九郎殿に勘吉殿か、サアサア此方（こちら）へ入（はひ）りなされ。（有福詩人・70・甲右衛門→猪九郎、勘吉）

35）長澤（ながさは）さん、宜（よろ）しい時分（じぶん）に御知（おし）らせ申（まを）さう、暫（しばら）く次（つぎ）の間（ま）に御待（おまち）なされ。（政黨美談淑女の操・61・吉原仙三→長澤健八）

36）その中お前もみつしり商売に身が入つて金庫の一ツも出来るやうだつたら、その時乃公に尾花家の看板代なり何なりすきなものを払ひなさい。（腕くらべ・240・木谷長次郎→駒代）

37）「田舎へ行つて體が丈夫になつたからつて、帰つて来る迄は、きつとお慎みなさいよ。」と嚇（おど）かすやうな口調で云つた。（颱風・215・遊女→直彦）

38）君（きみ）の処（とこ）の息（そく）もはやく洋学（ようがく）をまなバせなせへ。（安愚楽鍋・

165・新聞好の生鍋→愚助）

39）さアお前さん此手で足をふいて此方へお上んなせへ。
（春雨文庫・336・渡辺吉太郎→お梅）

40）在所へサあゆんで見なさろ。（西洋道中膝栗毛・57・供七
→北利喜多八）

3.2.5　"なされませ类"

此次调查共收集到 156 例 "なされませ类" 祈使表达，共计
10 种具体语言形式。从形式上的类似点出发大体上可分为 "なさ
れませ（し）" "なさりませ" "なさいまし" "なさんせい" "な
せえまし" 5 类。由于 "やし" 主要表示礼貌之意，和 "ませ
（し）" 的语言功能较为接近，因此本书将 "なせえやし" 和 "な
せえまし" 归在一类中进行分析考察。分析表 4-17 和表 4-18 可
知，"なさりませ" 类表达 "包括 "～なさりませ" "お～なさり
ませ" 2 种具体形式，"なさんせい" 类表达包括 "～なさんせ
い" "お～なさんせい" 2 种形式，"なせえまし" 类表达包括
"お～なせえまし" "お～なせえやし" 2 种形式。这 3 类表达的
特点是语例总数都非常低，各具体形式的语例均不超过 5 例，且只
出现在日本近代前期的资料当中，整体上而言是不断迈向衰亡。
"なされませ（し）" 类表达包括 "お～なされませ" "お～なさ
れまし" 2 种形式，从近代前期至后期 20 年代左右还有一定程度
的使用，但从 30 年代开始就完全退出了历史舞台。与此相对，"な
さいまし" 类表达包括 "～なさいまし" "お～なさいまし" 2 种
具体形式，语例总数最多，达到 79 例，占 "なされませ类" 祈使
表达使用总数的二分之一以上，从日本近代前期到后期的各个时代
都得到广泛使用。

表4-17   "なされませ类"具体形式的使用量变化表

祈使表达 \ 年代	近代前期		近代后期			合计
	初期	10年代	20年代	30年代	40年代以后	
お～なされませ	13	28	17			58
お～なされまし			3			3
～なさりませ		1				1
お～なさりませ	3	1				4
～なさいまし		1				1
お～なさいまし	3	18	24	20	13	78
～なさんせい	1	1				2
お～なさんせい	2					2
お～なせえやし	4	1				5
お～なせえまし		2				2
合计	26	53	44	20	13	156

表4-18   "なされませ类"具体形式的使用率变化表

祈使表达 \ 年代	近代前期		近代后期			合计
	初期	10年代	20年代	30年代	40年代以后	
お～なされませ	2.4%	2.5%	2.1%	0.0%	0.0%	1.3%
お～なされまし	0.0%	0.0%	0.4%	0.0%	0.0%	0.1%
～なさりませ	0.0%	0.1%	0.0%	0.0%	0.0%	0.0%
お～なさりませ	0.5%	0.1%	0.0%	0.0%	0.0%	0.1%
～なさいまし	0.0%	0.1%	0.0%	0.0%	0.0%	0.0%
お～なさいまし	0.5%	1.6%	3.0%	1.6%	2.1%	1.8%
～なさんせい	0.2%	0.1%	0.0%	0.0%	0.0%	0.0%
お～なさんせい	0.4%	0.0%	0.0%	0.0%	0.0%	0.0%
お～なせえやし	0.7%	0.1%	0.0%	0.0%	0.0%	0.1%
お～なせえまし	0.0%	0.2%	0.0%	0.0%	0.0%	0.0%
合计	4.8%	4.7%	5.6%	1.6%	2.1%	3.6%

　　"なされませ类"各表达形式对应的具体语例如下。

41）今御待なされませ、お茶も出来て居ります。（八重桜・120・瀧田→乳母）

42）あれ、御客様御聞なされまし、をかしな聲で歌ふ唄が聞こえまするではござりませぬか。（有福詩人・103・亀丸→露伴）

43）サントウイスへ洋行して、婦人の窮理学へ入門なさりませ。（富士額男女繁山・380・妻木繁→馬淵大蔵、牛窪角蔵）

44）もう一ツ、お茶をお上りなさりませ。（東京日新聞・252・茶屋娘→五郎兵衛、六兵衛）

45）これで着物の一枚も早く拵へて着なさいまし。（人間萬事金世中・111・惠府林之助→おくら）

46）ですから、貴方は早く奥様をお有ちなさいましよ。（多情多恨・344・お種→鷺見柳之助）

47）また余まりはづんで常香さん俳優に見惚て桟敷の階子を落んやうにしなさんせ。（春雨文庫・338・小常→常香）

48）これから家へお出でなさんして、顔を見せてお上げなさんせいな。（東京日新聞・252・仲居→五郎兵衛）

49）モシお客さんへお聞の通りの次第でごぜへ升からどうかごかんべんなせへやし。（西洋道中膝栗毛・11・こん平→お客）

50）能くまァお出でなせぇやした、サマァお上んなせぇましよ。（歐洲小説黄薔薇・500・お薩→お萬）

3.2.6　"あそばせ类"

"あそばせ类"祈使表达中有"～あそばせ""お～あそば
せ""お～あそばしまし""お～あそばしませ"4种具体形式，
本次调查共收集到101个语例。第一种形式"～あそばせ"在日本
近代初期的作品中尚未登场，但从20世纪10年代开始使用频度逐
渐增加，呈现不断发展普及的趋势。第二种形式"お～あそばし
まし"总体而言语例较少，但在日本近代前期到后期各个年代的作
品中都有所使用。第三种形式"お～あそばしませ"仅见于日本
近代10年代到30年代的三游亭圆朝、依田学海和尾崎红叶的作品
之中，而第四种形式"～あそばせ"在本次调查资料中仅使用了
1例。

表4-19　　　"あそばせ类"具体形式的使用量变化表

年代 祈使表达	近代前期		近代后期			合计
	初期	10 年代	20 年代	30 年代	40 年代以后	
～あそばせ			1			1
お～あそばせ		10	14	39	20	83
お～あそばしまし	1	2	3	4	1	11
お～あそばしませ		1	4	1		6
合计	1	13	22	44	21	101

"あそばせ类"各表达形式对应的具体语例如下。

51）御忌でせうが御兄弟や御両親の為めだと思つて辛抱遊
　　ばせよ。（八重桜・113・乳母→お八重）

52）何でも振出しが肝腎ですから、貴郎も幹さんを祝つてお
　　酔ひ遊ばせ。（社會百面相/老俗吏・240・妻→老俗吏）

53）お痛みあそばすでせう。少しお待ちあそばしまし。（金色
夜叉・286・宮→荒尾譲介）

54）へい一寸あなた方それではお困りでございませうから、ど
うかこちらへお入り遊ばしませ。（歐洲小説黄薔薇・523・
お政→久治）

表 4 - 20 "あそばせ类"具体形式的使用率变化表

年代 祈使表达	近代前期		近代后期			合计
	初期	10 年代	20 年代	30 年代	40 年代 以后	
～あそばせ	0.0%	0.0%	0.1%	0.0%	0.0%	0.0%
お～あそばせ	0.0%	0.9%	1.8%	3.1%	3.2%	1.9%
お～あそばしまし	0.2%	0.2%	0.4%	0.3%	0.2%	0.3%
お～あそばしませ	0.0%	0.1%	0.5%	0.1%	0.0%	0.1%
合计	0.2%	1.1%	2.8%	3.5%	3.4%	2.3%

3.3 使用受惠动词的祈使表达的推移

3.3.1 "てくれ类"

"てくれ类"祈使表达中有"～てくれ""～ておくれ"2 种
形式。如表 4 - 21 和表 4 - 22 所示，"～てくれ"和"～ておく
れ"这两种形式在日本近代的各个时期的作品中都得到广泛使用，
并且稍显出增加的势头。"てくれ类"表达可以说是日本近代东京
语祈使表达中的核心力量，是极具代表性的表达形式之一。

"てくれ类"各表达形式对应的具体语例如下。

55）お母様が此部屋で亡くなられた当時の事を話して呉れ。
（そらだき續編・357・北内輝一→伊豫）

56）坊やはあれから如何して居るか委しく話しておくれ。（夢

の女・29・お浪→お澤)

表 4 − 21　　　　　 "てくれ类" 具体形式的使用量变化表

祈使表达＼年代	近代前期		近代后期			合计
	初期	10 年代	20 年代	30 年代	40 年代以后	
～てくれ	18	46	29	76	42	211
～ておくれ	7	34	16	48	29	134
合计	25	80	45	124	71	345

表 4 − 22　　　　　 "てくれ类" 具体形式的使用率变化表

祈使表达＼年代	近代前期		近代后期			合计
	初期	10 年代	20 年代	30 年代	40 年代以后	
～てくれ	3.3%	4.1%	3.7%	6.0%	6.7%	4.8%
～ておくれ	1.3%	3.0%	2.0%	3.8%	4.6%	3.1%
合计	4.6%	7.1%	5.7%	9.8%	11.3%	7.9%

3.3.2　 "てくりやれ类"

表 4 − 23　　　　　 "てくりやれ类" 具体形式的使用量变化表

祈使表达＼年代	近代前期		近代后期			合计
	初期	10 年代	20 年代	30 年代	40 年代以后	
～てくりや	1	1				2
～てくりやれ	10	12	4	6		32
～ておくりやれ			1			1
合计	11	13	5	6	0	35

表 4 - 24　　　"てくりやれ类"具体形式的使用率变化表

祈使表达＼年代	近代前期		近代后期			合计
	初期	10 年代	20 年代	30 年代	40 年代以后	
～てくりや	0.2%	0.1%	0.0%	0.0%	0.0%	0.0%
～てくりやれ	1.8%	1.1%	0.5%	0.5%	0.0%	0.7%
～ておくりやれ	0.0%	0.0%	0.1%	0.0%	0.0%	0.0%
合计	2.0%	1.1%	0.6%	0.5%	0.0%	0.8%

　　"てくりやれ类"祈使表达包括"～てくりや""～てくりやれ""～ておくりやれ"3 种具体形式，在日本近代主要呈现衰退的趋势。此次调查中，该类表达仅见于假名垣鲁文、河竹默阿弥、依田学海和内田鲁庵的作品当中。如表 4 - 23 和表 4 - 24所示，"～てくりやれ"虽是该类表达中使用最多的形式，但是从日本近代前期至后期使用量仍然是明显减少，20 世纪 40 年代以后则再无踪影。"～てくりや"和"～ておくりやれ"则分别只有 2 个语例和 1 个语例，且在日本近代 30 年代以后都退出历史舞台。

　　"てくりやれ类"各表达形式对应的具体语例如下。

57) まアかういふわけだきいて<u>くりや</u>。（安愚楽鍋・143・大工同士）

58) これ、こウれ、其業にギヤアギヤア云はいでも解りおる。お前は怒ると前後の 考 もなく一徹に逸るから俺は毎も当惑する。成程俺も悪いが人には誰しも癖があるから 女は俺が 病 気ぢやと思ふて寛大に見て<u>呉りやれ</u>。（社會百

面相/精神家・57・精神家→妻君）

59）左様思（さやうおも）ふてお呉（く）りやれ。（政黨美談淑女の操・67・芦野道臣→島田道縄）

3.3.3　"てくれたまえ"

表 4－25　　　　　　"てくれたまえ"的使用量变化表

年代 祈使表达	近代前期		近代后期			合计
	初期	10 年代	20 年代	30 年代	40 年代 以后	
～てくれたまえ		23	23	43	19	108

　　本次调查共收集到 108 例 "てくれたまえ" 的祈使表达。如表 4－25 和本章第 2 节的表 4－2 所示，"てくれたまえ" 在日本近代初期的作品中尚未出现，但从 20 世纪 10 年代开始逐渐广泛使用，到 40 年代以后则一直保持着稳定的使用状况。其具体语例如下。

60）アヽもう止（よ）さう。あとハつまらない話（はな）しだから。君（きみ）。さつしてくれたまへ。（當世書生氣質・84・小町田→守山友芳）

61）僕はこれからお蔵へ行つて、玩具箱（おもちやばこ）を擔いで来るから、君達も一緒に来て手伝つてくれ給へ。（戀を知る頃・43・伸太郎→友達）

3.3.4　"てくんなさい类"

"てくんなさい类"祈使表达共有 113 例，大体上可分为 "てくんなさい" 和 "ておくんなさい" 2 大类。"てくんなさい" 类表达包括 "～てくんなさい" "～てくんなせえ" "～てくんな"

"～てくんねえ""～てくんろ" 5 种形式。"ておくんなさい"类表达包括"～ておくんなさい""～ておくんなせえ""～ておくんな""～ておくんねえ" 4 种形式。从整体上来看，"てくんなさい类"祈使表达在日本近代前期，尤其是初期使用非常频繁，但在近代后期使用量大幅减少，呈现衰退的态势。从具体形式上来看，"～てくんな""～てくんねえ""～ておくんなさい"是该类表达中语例数最多的 3 种形式，虽然各自的使用频率都有所减少，但直到近代 40 年代以后均还有少量使用。"～てくんなせえ""～ておくんなせえ"一直出现至近代 30 年代的作品当中，但其后就基本成为死语。"～てくんなさい""～てくんろ""～ておくんな""～ておくんねえ"各自的语例数则都低于 3 例。

表 4 -26　　"てくんなさい类"具体形式的使用量变化表

祈使表达 ＼ 年代	近代前期		近代后期			合计
	初期	10 年代	20 年代	30 年代	40 年代以后	
～てくんなさい		1				1
～てくんなせえ	14	4	1			19
～てくんな	15	6	1		1	23
～てくんねえ	12	3	8		2	25
～てくんろ		2				2
～ておくんなさい	2	9	8		5	24
～ておくんなせえ	8	5	1			14
～ておくんな	2				1	3
～ておくんねえ		2				2
合计	53	32	19	0	9	113

表 4 - 27　　　　"てくんなさい类"具体形式的使用率变化表

祈使表达　　　年代	近代前期		近代后期			合计
	初期	10 年代	20 年代	30 年代	40 年代以后	
～てくんなさい	0.0%	0.1%	0.0%	0.0%	0.0%	0.0%
～てくんなせえ	2.6%	0.4%	0.1%	0.0%	0.0%	0.4%
～てくんな	2.7%	0.5%	0.1%	0.0%	0.2%	0.5%
～てくんねえ	2.2%	0.3%	1.0%	0.0%	0.3%	0.6%
～てくんろ	0.0%	0.0%	0.0%	0.0%	0.0%	0.0%
～ておくんなさい	0.4%	0.8%	1.0%	0.0%	0.8%	0.6%
～ておくんなせえ	1.5%	0.4%	0.1%	0.0%	0.0%	0.3%
～ておくんな	0.4%	0.0%	0.0%	0.0%	0.2%	0.1%
～ておくんねえ	0.0%	0.2%	0.0%	0.0%	0.0%	0.0%
合计	9.7%	2.8%	2.4%	0.0%	1.4%	2.6%

　　"てくんなさい类"各表达形式对应的具体语例如下。

62）半分ぢやあ心持が悪い、一杯呑んでくんなさい。（富士
　　額男女繁山・575・七兵衛→お繁）

63）おぬしは石に喰付ても快なつて何卒那兒を人並に育あげ
　　て呉なせへ是ばつかりが頼みだ。（春雨文庫・311・大田
　　正庵→妻）

64）明日まではどうしたつてかゝると惣さんにさういつてくん
　　な。（朝顔・24・勝次→使の者）

65）馬鹿なことつてえけれども真正なんだよ。然うなりやアお
　　粥でも食べて、明日から御天気なら仕事に行ける。可哀想
　　だと思つて貸して呉んねえ。どうせ只取る商売だから貸し

たつて宜^{よか}らう。（夏どろ・458・住民→泥棒）

66）よく知^しらせて呉^くれた、早^{はや}く車^{くるま}を持^もつて来^きて呉^くんろ。（歐
　　洲小説黄薔薇・505・藤蔵→兼吉）

67）ほんとに三平さん、今夜妾だけなんだから、ゆつくりくつ
　　ろいでおくんなさい。（幇間・205・梅吉→三平）

68）サ今日は金子^{かね}をチヤンと持つて来たから道具箱を返してお
　　呉^くんなせエ（大工の訴訟・465・与太郎→勘兵衛）

69）行^{ゆき}がけに此文^{このふみ}を日本^{にほん}ばしえ持^もつて^い行ツておくんなヨ。（西洋
　　道中膝栗毛・85・娼妓→親夫）

70）貧乏暇^{びんぼうひま}なしで、聞^きいておくんねぇ。（英國孝子之傳・562・
　　竹→清次）

3.3.5　"てくだされ类"

表 4-28　　　　"てくだされ类"具体形式的使用量变化表

年代 祈使表达	近代前期		近代后期			合计
	初期	10 年代	20 年代	30 年代	40 年代 以后	
～てくだされ	2	7	8		1	18
～くだされ	2					2
お～くだされ	10	16	24			50
～てください	10	77	46	204	74	411
お～ください	2	28	10	35	6	81
～てくだせえ	3	12				15
合计	29	140	88	239	81	577

表 4 – 29   "てくだされ类"具体形式的使用率变化表

年代 祈使表达	近代前期		近代后期			合计
	初期	10 年代	20 年代	30 年代	40 年代以后	
～てくだされ	0.4%	0.6%	1.0%	0.0%	0.2%	0.4%
～くだされ	0.4%	0.0%	0.0%	0.0%	0.0%	0.0%
お～くだされ	1.8%	1.4%	3.0%	0.0%	0.0%	1.1%
～てください	1.8%	6.8%	5.8%	16.1%	11.8%	9.4%
お～ください	0.4%	2.5%	1.3%	2.8%	1.0%	1.9%
～てくだせえ	0.5%	1.1%	0.0%	0.0%	0.0%	0.3%
合计	5.3%	12.4%	11.1%	18.9%	12.9%	13.2%

"てくだされ类"祈使表达在此次调查中共出现 577 例，从形式上的相似点出发可以分为①くだされ（"～くだされ""～てくだされ""お～くだされ"）、②ください（"～てください""お～ください"）、③くだせえ（"～てくだせえ"）3 大类。其中，第①类"くだされ"从日本近代初期至后期 20 年代都有一定的使用，但从 30 年代开始逐渐退出历史舞台。第③类"くだせえ"仅见于日本近代前期，近代后期的语例数则为零。第②类"ください"是势力最强的一类表达，广泛使用于日本近代前期至后期的各个年代，且使用量不断增加。可以说，"てくだされ类"祈使表达在日本近代逐渐向"ください"这一类形式统一。

"てくだされ类"各表达形式对应的具体语例如下。

71）少し聞きたい事がある、もつとこちへ来て下され。（政黨餘談淑女の後日・122・お萩→吉原仙三）

72）いや、半左衛門を殺害せしは、斯くいふ船岡門三郎、拙者を死刑に行ひ下され。（東京日新聞・286・船岡門三郎

→結城七郎朝光)

73) さゝ其の仔細お聞き下され。(英國孝子之傳・587・春見丈助→江戸屋の清次)

74) 貴嬢も不幸だ。不幸だから諦めて下さい。(くれの廿八日・28・純之助→静江)

75) さアお母様、どうぞお入り下さい。そして私の仕合を分て下さい。(乳姉妹・116・松平昭定→春子)

76) 大きな声で五郎右衛門どの、高らかに読み上げて下せえ。(人間萬事金世中・57・邊見勢左衛門→毛織五郎右衛門)

3.3.6 "てくだされませ类"

"てくだされませ类"祈使表达在此次调查中共出现 356 例，16 种具体表达形式。从形式上的相似性出发可以将该类表达分为 5 大类，即①くだされませ（"～てくだされませ""～てくださんせ""お～くだされませ（し）"）、②くださりませ（"～てくださりませ""～くださりませ""お～くださりませ"）、③くださいまし（"～てくださいまし""お～くださいまし（せ）"）、④くだせえまし（"～てくだせえまし""お～くだせえまし"）、⑤くだされやし（"～てくだされ（い）やし""お～くだされやし"）注10。①"くだされませ"、④"くだせえまし"、⑤"くだされ（い）やし"三类表达在日本近代已经处于衰退的状态，尤其是到近代 30 年代以后就再无语例使用。②"くださりませ"类表达从近代初期到 20 年代都有一定的使用，但 30 年代以后则鲜见于资料中。③"くださいまし"类表达共出现 177 个语例，接近整体使用量的二分之一，是"てくだされませ类"祈使表达中最核心的势力，广泛使用于近代各个时期的作品当中。分析表 4－30 和表 4－31可知，"てくだされませ类"表达虽然具体语言形式众多，

但这些多种多样的形式呈现出向"くださいまし"这一类表达统一的趋势。

表 4 - 30　　"てくだされませ类"具体形式的使用量变化表

祈使表达　＼　年代	近代前期		近代后期			合计
	初期	10 年代	20 年代	30 年代	40 年代以后	
～てくだされませ			5			5
～てくださんせ	2	4	1			7
お～くだされませ		2	7			9
お～くだされまし			7			7
～てくださりませ	22	49	18	1		90
～てくださりまし			1			1
～くださりませ	2	2				4
お～くださりませ	10	37	4			51
～てくださいまし	12	24	11	66	19	132
お～くださいまし		6	1	28	7	42
お～くださいませ			2	1		3
～てくだせえまし	1					1
お～くだせえまし	1					1
～てくだされやし			1			1
～てくださいやし		1				1
お～くだされやし			1			1
合计	50	125	59	96	26	356

表 4-31　　"てくだされませ类"具体形式的使用率变化表

祈使表达 ＼ 年代	近代前期		近代后期			合计
	初期	10 年代	20 年代	30 年代	40 年代以后	
～てくだされませ	0.0%	0.0%	0.6%	0.0%	0.0%	0.1%
～てくださんせ	0.4%	0.4%	0.1%	0.0%	0.0%	0.2%
お～くだされませ	0.0%	0.2%	0.9%	0.0%	0.0%	0.2%
お～くだされまし	0.0%	0.0%	0.9%	0.0%	0.0%	0.2%
～てくださりませ	4.0%	4.3%	2.3%	0.1%	0.0%	2.1%
～てくださりまし	0.0%	0.0%	0.1%	0.0%	0.0%	0.0%
～くださりませ	0.4%	0.2%	0.0%	0.0%	0.0%	0.1%
お～くださりませ	1.8%	3.3%	0.5%	0.0%	0.0%	1.2%
～てくださいまし	2.2%	2.1%	1.4%	5.2%	3.0%	3.0%
お～くださいまし	0.0%	0.5%	0.1%	2.2%	1.1%	1.0%
お～くださいませ	0.0%	0.0%	0.3%	0.1%	0.0%	0.1%
～てくだせえまし	0.2%	0.0%	0.0%	0.0%	0.0%	0.0%
お～くだせえまし	0.2%	0.0%	0.0%	0.0%	0.0%	0.0%
～てくだされやし	0.0%	0.0%	0.1%	0.0%	0.0%	0.0%
～てくださいやし	0.0%	0.1%	0.0%	0.0%	0.0%	0.0%
お～くだされやし	0.0%	0.0%	0.1%	0.0%	0.0%	0.0%
合计	9.2%	11.0%	7.5%	7.6%	4.2%	8.2%

"てくだされませ类"各表达形式对应的具体语例如下。

77）何の連添ふ女房に気の毒なことのござりませう。それなら早く帰つて来ませば少時待て居て下されませ。（有福詩人・78・おかよ→廉平）

78）そんなら直に御通になる様に、茨木様にさう申して下さんせ。（政黨餘談淑女の後日・111・下女→車夫）

79）又此の貴下の御親筆の証書は貴下の御病気の種子ゆゑ、幼時朋友の我等に取ても忌はしければ、唯今破り捨てます<u>る</u>。証書無ければ二百圓は既御持参相成とても決して御受取り申さねば左様<u>御承知下されませ</u>。（有福詩人・85・仁斎→廉平）

80）島田さん、こちらへ<u>御通り下されまし</u>。（政黨美談淑女の操・63・吉原仙三→島田道縄）

81）お手数ながらこちらから縁者の衆を廻状にて、<u>お呼びなされて下さりませ</u>。（人間萬事金世中・34・藤太郎→邊見勢左衛門）

82）大きに御世話の顔の詮索、奇妙であらうと無からうと、貴下の娘の聟にでもならうと望をかけては居まいし、<u>打捨つて置いて下さりまし</u>。（有福詩人・105・杢郎次→露伴）

83）その申訳に惣助めが、白状をさせ御覧に入れゝば、何卒詮議の役目をば、<u>仰せ附られ下さりませ</u>。（富士額男女繁山・487・惣助→神保正道）

84）念の為めお包みの中を、<u>お改め下さりませ</u>。（東京日新聞・219・正直長次→船岡門三郎）

85）そんならお喜多さん、貴女このお飯櫃を彼方へ<u>持つてつて下さいましな</u>、私は葡萄酒を取つて来ますから。（空薫・290・伊豫→喜多）

86）折角のお言でございますが、私はどうぞ此儘に<u>お措き下さいまし</u>。（金色夜叉・274・間貫一→鰐淵直道）

87）繊子様、ぜひ其内におあそびに御出で下さいませ、当分
は 私 此邸に居りますから……（離鴛鴦・280・瑠璃枝→
節子）

88）どうぞ女ふたりを御厄介でもお連なすつて下せへまし。
（西洋道中膝栗毛・11・弥次郎兵衛→こん平）

89）早速お引取下せへまし。（西洋道中膝栗毛・9・こん平→
書生）

90）先生様、あなたの御手際であの 狼 を殺して下されやし。
（政黨餘談淑女の後日・88・猟人→時田頼国）

91）金才覚の出来るまで三円の抵当に此の観音さまをお厨子
ぐるみ預かつて、どうか勘辨して下さいやし。（英國孝子
之傳・534・重二郎の母→お虎）

92）すんだら御免下されやし。（政黨餘談淑女の後日・87・
猟人→直田正三）

3.3.7　"特殊动词命令形类"

表 4－32　　"特殊动词命令形类"具体形式的使用量变化表

祈使表达＼年代	近代前期		近代后期			合计
	初期	10 年代	20 年代	30 年代	40 年代以后	
さっしゃい		2				2
さっせえ		1				1
さっし		1				1
めされ			2			2
なされ		2				2

续表

祈使表达 ＼ 年代	近代前期		近代后期			合计
	初期	10 年代	20 年代	30 年代	40 年代以后	
なさい		3	8	25	6	42
なせえ		1				1
なされませ	2	4	1			7
なさいまし	1	6	9	8	1	25
なせえまし		1				1
あそばせ	3	1	2	12		18
あそばしまし				2		2
あそばしませ	1					1
くだされ			1			1
ください	2		1	3	1	7
くだせえ			1			1
くださりませ	1	3				4
くださいまし		2		1		3
頂戴		1		4		5
～て頂戴	2	2	5	32	28	69
いらっしゃい	2	4	7	24	35	72
いらっしゃいまし	1	12	10	16	7	46
いらっしゃいませ		1				1
おっしゃい		1	2	8	3	14
おっしゃいまし		1		2	1	4
おっしゃりませ	1	2				3
御覧じろ	5		2			7
御覧じまし			1			1
御覧じませ	1	3	2			6
あがれ	1			1		2
あがりまし		1				1
めしあがれ			5	7	4	16

续表

年代 祈使表达	近代前期		近代后期			合计
	初期	10 年代	20 年代	30 年代	40 年代 以后	
めしあがりまし	1	1		3		5
めしあがりませ		1				1
思召せ			1			1
合计	24	57	60	148	86	375

　　如表 4－32 所示，"特殊动词命令形类"祈使表达包含 35 种具体形式，共 375 个语例。该类表达可以大分为 2 类，即：①本动词命令形类，包括"さっしゃる""めされる""なさる""あそばす""くださる"等本动词的命令形，②特殊敬语动词命令形类，包括"頂戴""いらっしゃる""おっしゃる""ごらん""あがる""めしあがる""思召す"等敬语动词的命令形。

　　分析①类本动词命令形可知，该类表达总体语例数量较多，其中"なさい""なさいまし""ください"3 种形式直到日本近代 40 年代以后仍有使用。"あそばせ"从近代前期到 30 年代都有一定程度的使用，但到近代 40 年代以后则鲜有语例出现。"なされませ"在日本近代前期与"なさいまし"势力相当，但至近代后期则急剧衰退直至消失踪影。"くださりませ"总体只出现 4 个语例，且均为日本近代前期的作品所使用。"なされ""なせえ""なせえまし""あそばしまし""あそばしませ""くださいまし"等其他形式，语例数均在 3 例以下，不属于日本近代祈使表达的核心表达形式。

　　①本动词命令形类表达各形式对应的具体语例如下。

93）みんなもわしの 相伴 をさつしやい。（人間萬事金世中・
　　2・蒙八→荷介、鉄造ら）

94）さやうならお暑さに中らねぇやうお身体を大切にさつせ

え。（歐洲小説黄薔薇・484・藤蔵→江沼実）

95）大殿様に御高恩なうあれば、決して御心配は御無用に<u>さ</u><u>つしエぇ</u>、どうせ人に遣る乳だからサ。（歐洲小説黄薔薇・483・藤蔵→江沼実）

96）コレ静にめされ。（政黨美談淑女の操・28・探偵→巡査）

97）さハいへ是ぞといふ悪事がなくば。成るべく寛大に措置を<u>なされ</u>。（妹と背かゞみ・240・糟谷→水澤達三）

98）代さん、成らう事なら、年寄に心配を掛けない様に<u>なさい</u><u>よ</u>。（それから・295・梅子→代助）

99）旦那静かに<u>なせぇ</u>証拠のないものは取りに来ません。（英國孝子之傳・578・江戸屋の清次→春見丈助）

100）そのお腹立ちは御尤もなれど御覧の通りお客もあれば、まあお<u>静かになされませ</u>。（人間萬事金世中・45・おしづ→武太兵衛、宇四郎、勘次郎）

101）ちと御保養でも<u>なさいまし</u>、而して御體が良くさへなれば、御心地も自然と良くなりますから。（多情多恨・274・お種→鷲見柳之助）

102）まあ安心を。<u>なせえまし</u>。（富士額男女繁山・473・猿兼、豚吉→小助）

103）當家の令夫人にもお辞儀の一つも余計に為るやうに<u>遊ばせよ</u>。（八重桜・113・乳母→お八重）

104）さあさあ、貴方御遠慮無く御寛と<u>遊ばしまし</u>。（金色夜叉・345・豊→宮）

105）只今御膳を差上げますれば、御ゆるりと<u>遊ばしませ</u>。

（東京日新聞・229・お光→浅茅）

106）然らバ御案内を下され。（政黨餘談淑女の後日・145・茨
木景耀→谷川清三）

107）此上は一言慰藉のお言葉を下さい。（乳姉妹・204・綾小
路大尉→君江）

108）夜まで待つても御書見なら、明日の朝まで居る分だ。オ
イ伴当殿、火を下せへ、どれ煙草でも喫さうかへ。（有
福詩人・71・猪九郎→甲右衛門）

109）左様ならあなたから、どうか勘定を下さりませ。（東京
日新聞・176・彌太→甚内）

110）憚ですがお冷を一つ下さいましな。（金色夜叉・124・
宮→静緒）

分析②类特殊敬语动词命令形可知，"～て頂戴""いらっしゃ
い""いらっしゃいまし"3种形式语例数最多，分别位居该类表达
使用数量的前三位，虽然在日本近代初期的使用频率并不高，但到
近代40年代以后使用频率大幅升高，逐渐普及于社会。而"おっ
しゃい"和"めしあがれ"在日本近代初期尚无语例出现，但从10
年代开始使用数量不断增加。"御覧じろ"和"御覧じませ（し）"
一直使用至近代后期20年代左右，但从30年代开始就退出了历史
舞台。该类表达中其他各形式的语例数都在5例以下，可以说均非
日本近代常用的祈使表达形式。

②特殊敬语动词命令形类各形式对应的具体语例如下。

111）でも数の多い方が便利だから、お母さん、妾に頂戴な。
（社會百面相/投機・354・織江→斧枝）

112）どうしてこんなに遅く入らしつたの。もう皆寐ちまつた
から此處で堪忍して頂戴な。（彷徨・140・おオ→太田）

113）此奥の別室にね。深見さんの遺画があるから、それ丈見

て、帰りに西洋軒へ<u>入らつしやい</u>。（三四郎・502・原
口→里見美禰子）

114）今日はお嬢様のお雛様が飾つてございますから、お遊び
　　　に<u>いらつしやいまし</u>。（少年・162・女中→萩原栄）

115）お客さま、御飯が済みましたら、こちらへ<u>入らつしやい</u>
　　　<u>ませいなあ</u>。（富士額男女繁山・399・お仙→妻木繁）

116）何処だか<u>仰しやい</u>。良人の出先を聞くのは女房の役です。
　　　（くれの廿八日・16・お吉→純之助）

117）仰有る事があるなら<u>仰有いまし</u>。（腕くらべ・181・駒
　　　代→倉山南巣）

118）お嬢さま、早くお礼を<u>おつしやりませ</u>。（富士額男女繁
　　　山・411・お虎→お芳）

119）すき焼を食たあとで葱の湯どふしを<u>あがツてごらうじろ</u>。
　　　（安愚楽鍋・161・落語家→客）

120）まあ、一寸御二階へいらつして<u>御覧じまし</u>。（多情多
　　　恨・95・元→鷲見柳之助）

121）然も此文面を能く<u>ごらうじませ</u>、皆悉く御当家のお
　　　入用でござり升ぜ。（政黨餘談淑女の後日・137・横山原
　　　作→露子）

122）まあ、好いぢやないか。もう一つ<u>飲れ</u>。（其面影・245・
　　　葉村幸三郎→瀧子）

123）あの何かお薬を<u>上りましな</u>、何処かお痛みですか押し
　　　て上げませう。（歐洲小説黄薔薇・529・お吉→伊三郎）

124）マアそんなことは閑話休題として。こちらへいらしつて
　　　<u>めしあがれヨー</u>。（藪の鶯・134・宮崎→斉藤、相沢）

125）お風邪だと往ませんからお薬を召し上りますナ。（春雨
文庫・330・お岩→横田清兵衛）

126）アレ御前はお嫌でもございませうが、お供の方にお支度
を差上げます間お一つ召上りませ。（歐洲小説黄薔薇・
401・お政→江沼実）

127）そのまた悪い文三の肩を持ツてサ、私に喰ツて懸ツた者
があると思召せ。（浮雲・51・お政→本田昇）

4.总　结

　　本章对日本近代东京语祈使表达中最核心势力——肯定型直接
祈使表达的历史变迁进行了分析和调查。结果显示，日本近代东京
语祈使表达主要表现为以下 6 种历史变化模式。
　　（1）广泛使用于整个日本近代的祈使表达有以下具体形式。
Ⅰ类　"动词命令形"中的"普通动词命令形""谦让语动词
　　　　命令形"，"终助词类"中的"～な""～ねえ""お～
　　　　φ""お～な""お～よ"
Ⅱ类　"～たまえ""なされ类"中的"～なさい""お～な
　　　　さい""～なせえ"，"なされませ类"中的"お～な
　　　　さいまし"，"あそばせ类"中的"お～あそばしま
　　　　し"
Ⅲ类　"てくれ类"中的"～てくれ""～ておくれ"，"てく
　　　　んなさい类"中的"～ておくんなさい"注11，"くださ
　　　　れ类"中的"～てください""お～ください"，"く
　　　　だされませ类"中的"～てくださいまし"，"特殊动
　　　　词命令形类"中的"なさいまし""て頂戴""いらっ
　　　　しゃい""いらっしゃいまし"

表 4 - 33　　　　日本近代东京语祈使表达历史变化模式（一）

年代	近代前期		近代后期		
	初期	10 年代	20 年代	30 年代	40 年代以后
祈使表达	○	○	○	○	○

（2）使用至日本近代后期 30 年代，近代 40 年代以后基本退出历史舞台的祈使表达有以下具体形式。

Ⅰ类　"终助词类"中的"お～なね"

Ⅲ类　"てくりやれ类"中的"～てくりやれ"，"特殊动词命令形类"中的"あそばせ"

表 4 - 34　　　　日本近代东京语祈使表达历史变化模式（二）

年代	近代前期		近代后期		
	初期	10 年代	20 年代	30 年代	40 年代以后
祈使表达	○	○	○	○	

（3）使用至日本近代后期 20 年代，近代 30 年代以后则甚少出现的祈使表达有以下具体形式[注12]。

Ⅰ类　"终助词类"中的"～なよ"，"やれ类"中的"～や" "～やれ"，"しゃれ类"中的"～っしゃい"

Ⅱ类　"なされ类"中的"お～なされ"，"なされませ类" 中的"お～なされませ"

Ⅲ类　"てくんなさい类"中的"～てくんな" "～てくんね え"，"くだされ类"中的"～てくだされ" "お～く だされ"，"くだされませ类"中的～てくださりませ" "お～くださりませ"

表 4 - 35　　　　　日本近代东京语祈使表达历史变化模式（三）

年代	近代前期		近代后期		
	初期	10 年代	20 年代	30 年代	40 年代以后
祈使表达	○	○	○		

（4）广泛使用至日本近代前期 10 年代，但在近代后期则甚少使用的祈使表达有以下具体形式[注13]。

Ⅰ类　"しゃれ类"中的"〜 さっしゃい"

Ⅱ类　"なされ类"中的"お 〜 なせえ"

Ⅲ类　"てくんなさい类"中的"〜 てくんなせえ""〜 ておくんなせえ"，"くだされ类"中的"〜 てくだせえ"

表 4 - 36　　　　　日本近代东京语祈使表达历史变化模式（四）

年代	近代前期		近代后期		
	初期	10 年代	20 年代	30 年代	40 年代以后
祈使表达	○	○			

（5）近代初期尚无使用，但从 10 年代开始快速普及为常用语的祈使表达有以下具体形式。

Ⅱ类　"あそばせ类"中的"お 〜 あそばせ"

Ⅲ类　"〜 てくれたまえ"，"くだされませ类"中的"お 〜 くださいまし"，"特殊动词命令形类"中的"なさい""おっしゃい""めしあがれ"

表4－37　　　　　　　　日本近代东京语祈使表达历史变化模式（五）

年代	近代前期		近代后期		
	初期	10年代	20年代	30年代	40年代以后
祈使表达		○	○	○	○

（6）从近代初期开始急剧衰退，语例数均在10例以下的祈使表达有以下具体形式。

Ⅰ类　"终助词类"中的"～φ""～ねえよ""～ねえな""お～なよ""お～ねえよ""お～よね"，"しゃれ类"中的"～しゃれ""～っせえ""～っし""～しゃりませ""～しゃんせい""～せえまし""～さっしゃれ""～さっせえ""～さっし""～さっしゃろ"

Ⅱ类　"～ませい"，"めされ类"中的"～めされ""お～めされ"，"なされ类"中的"～なされ""～なさろ"，"なされませ类"中的"お～なされまし""～なさりませ""お～なさりませ""～なさいまし""～なさんせい""お～なせえやし""お～なせえまし"，"あそばせ类"中的"～あそばせ""お～あそばしませ"

Ⅲ类　"てくんなさい类"中的"～てくんなさい""～てくんろ""～ておくんな""～ておくんねえ"，"くだされ类"中的"～くだされ"，"くだされませ类"中的"～てくだされませ""～てくださんせ""お～くだされませ""お～くだされまし""～くださりませ""お～くださいませ""～てくだせえまし""お～くだせえまし""～てくだされやし""～てくださいやし""お～くだされやし"，"特殊动词命令形类"中的"さっしゃい""さっせえ""さっし""めされ""なされ""なせえ""なされませ""なせえまし""あそ

ばしまし""あそばしませ""くだされ""ください"
"くだせえ""くださりませ""くださいまし""頂
戴""いらっしゃいませ""おっしゃいまし""おっしゃ
りませ""御覧じろ""御覧じまし""御覧じませ"
"あがれ""あがりまし""めしあがりまし""めしあ
がりませ""思召せ"

　　综上可知，日本近代东京语祈使表达中含有丰富的语言表达
形式，这些具体表达形式在日本近代这一特殊历史阶段发生了巨
大的变化。总体而言，日本近代东京语祈使表达所发生变化中最
为显著的特征就是"Ⅰ类　未使用敬语形式的祈使表达"的减少
和"Ⅲ类　使用受惠动词的祈使表达"的增加。从祈使表达的历
时变化可以反映出，日本近代东京语继承了江户语的诸多要素，
近代前期，特别是初期的作品当中，存留有大量江户语的残余，
这时的近代东京语将其称为江户语也不为过。但是经过言文一致
运动、标准语的确立运动等改革后，日本近代东京语中的江户语
要素日趋转弱甚至消失，日本近代东京语也开始逐渐接近日本现
代东京语的形态。

注：

1. 本章是针对肯定型直接祈使表达进行的调查，因此禁止、劝诱、当为、
愿望、疑问、平叙、省略等间接型祈使表达形式不在本次的调查范围
之内。此外，如"馬鹿云へ""おかえりなさい""勝手になさい"等
说反话型表达、放任不管型表达以及寒暄表达，已经失去原有的祈使
功能；"願う""頼む"等动词也并非通过语法形式实现祈使功能，而
是词语本身具有祈使意义，这类特殊表达暂不列入本次调查的范围。

2. 从本章开始至第七章，如无特殊说明，所提到祈使表达均指肯定型直
接祈使表达。

3. 此外，幸田露伴的戏剧作品『有福詩人』中可见 1 个"お～あれ"的
语例。

例：明日は近郊御伴いたして一日遊び暮し申さう、今宵は最早
お休みあれ。（有福詩人・98・仁斎→露伴）

4. Ⅱ类和Ⅲ类表达究其本质同样是使用了敬语助动词和补助动词，本书
的分类主要是着眼于后者另外还带有受恩惠的意义，因此另分一类以
便细致调查。

5. 自谦语是指谦逊地提及动作主体的动词，在动作主体等同于说话者的
时候，就能够达到抬高客体、放低自己的效果。

6. 此类中包含终助词缺失为 0（φ）的情况。

7. 汤泽幸吉郎（1957）曾指出，在江户语中表示感动意义的终助词
"ね"常常在口语中说成拖长音拍的"ねえ"。在本次调查的近代东京
语资料中出现了"お～ なね"和"お～ なねえ"2 种形式，由于二者
的区别仅表现在"ね"的发音长短之上，并无意义上的差别，因此本
书将其归为同类形式进行调查。但是二者的历史发展也有一个较为明
显的特征就是，长音"お～ なねえ"多用于近代前期，短音"お～ な
ね"多用于近代后期。

8. 关于"や"的词性分类日本语言学界一般有两种解释方式，一种认为
是作为终助词使用，另一种认为是助动词"やる"的命令形"やれ"
省略掉"れ"而成的形式。村上谦（2002）曾经通过对日本近世后期
资料的调查总结指出，从江户末期开始"や"作为终助词使用的倾向
更为明显。但是本书采用汤泽幸吉郎（1957）的观点，将"や"作为
助动词命令形的省略形式来对待。

9. 故事本是江户时代出版给大众阅读的笑话、短篇小说汇编读物，因此
又称为笑话本，代表作品如「醒睡笑」「鹿の子餅」等。

10. "やし"主要是向听话者表达礼貌之意，与"ませ""まし"的用法
比较接近，因此本书将⑤类语言形式作为"てくだされませ类"表达
的语例进行考察。

11. 虽然在日本近代 30 年代的作品中尚未出现"～ ておくんなさい"的
使用，但在近代 40 年代以后的作品中出现了 5 个语例，且在综合分
析日本近代后期文艺作品中出场人物的社会阶层、人数以及说话次数
等的基础上，本书将该表达形式列入广泛使用于整个日本近代的祈使

表达类别中。

12. 关于各具体表达形式在日本近代 30 年代以后的使用状况，主要调查结果是：“～ てくんねえ”出现 2 例，“～ なよ”“～ や”“～ やれ”“～ っしゃい”“お～ なされ”“～ てくんな”“～ てくだされ”“～ てくださりませ”各自仅出现 1 例，“お～ なされませ”“お～ くだされ”“お～ くださりませ”则语例数为 0。

13. 关于各具体表达形式在日本近代 20 年代以后的使用状况，主要调查结果为：“～ さっしゃい”“お～ なせえ”“～ てくんなせえ”“～ ておくんなせえ”各自仅出现 1 例，“～ てくだせえ”则语例数为 0。

第五章　社会语言学视野中日本近代东京语祈使表达与位相（一）

1. 前　言

坪内逍遥是日本近代初期著名的启蒙思想家、文学家，他曾在其代表作小说『一讀三歎當世書生氣質』（《一读三叹当世书生气质》）中，对日本近代初期东京的民俗风情作了如下描述。

さまざまに。移れば換る浮世かな。幕府さかえし時勢には。武士のみ時に大江戸の。都もいつか東京と。名もあらたまの年毎に。開けゆく世の餘澤なれや。貴賎上下の差別もなく。才あるものは用ひられ。名を挙げ身さへたちまちに。黒塗馬車にのり賣の。息子も髭を貯ふれば。何の小路といかめしき。名前ながらに大通路を走る公家衆の車夫あり。栄枯盛衰いろいろに。定めなき世も智恵あれば。どうか活計はたつか弓。春めくあれば霜枯の。不景気に泣く商人あり。十人集れば十色なる。心づくしや陸奥人も。欲あればこそ都路へ。栄利もとめて集ゐ来る。富も才智も輻湊の。大都会とて四方より。入こむ人もさまざまなる。[注1]

从以上的描绘可知，日本明治维新之后，江户时代实施的士农工商身份制度逐步瓦解，四民平等意识不断高涨，在这一时局当中，既有士族沦落为车夫，也有商人烦恼于经济的不景气。同时，"为了追求名利、富贵、荣华"，全国各地的日本人不断从四面八方涌向东京，大都市东京呈现出一种"百人百色"的风姿。在这样的新兴大都市，在这种时代背景之下，待遇意识以及与待遇意识密切相关的祈使表达和以前的时代相比自然也发生着巨大的变化。

因此，从本章开始至第七章将围绕日本近代东京语中肯定型直接祈使表达[注2]的实际使用情况进行调查。本章主要以第四章中已做划分的"Ⅰ类　未使用敬语形式的表达"为研究重点，按照历史发展的角度，从说话者的位相[注3]、说话者与听话者之间的待遇关系以及说话的场面等方面来进行分析和探讨。

2. 日本近代东京语资料中出场人物的
位相及待遇关系分类

2.1　日本近代东京语资料中说话者的位相

本次调查的日本近代东京语代表作品当中，仅主要出场人物就有数百人，他们来自各个社会阶层，从事着各种职业。本书以社会阶层、职业、性别等因素为依据，综合考虑各种近似关系的归属，对主要出场人物的位相进行了如下划分：

（1）士族、知识阶层男性　　　武士，士族，官吏，医生，僧侣，教师，实业家，公司职员，书生[注4]　等

（2）士族、知识阶层女性　　　武家、士族、知识分子家庭中的夫人、千金，女学生　等

（3）上层町人阶层男性　　　大商店的老板，富商　等

（4）上层町人阶层女性　　　大商店的老板娘，千金　等

（5）下层町人阶层男性　　　手艺人，掌柜，男佣，二掌柜，小商贩，车夫，马夫，助酒艺人，说书先生，单口相声家，演员　等

（6）下层町人阶层女性　　　　（5）的配偶、女儿，奶妈，女佣，挽发女，艺妓，妓女　等

日本近代是一个激荡的时代，由于政府的革新政策，这一时代在政治、文化、社会生活等方面都不断发生着剧变。这一时期的各类文学文艺作品栩栩如生地描绘出生活在这个巨变时代的人物形象，这当中既有从士族转变成商人、车夫的沦落，也有书生摇身变成实业家的兴荣，以及女性由于婚姻关系而发生的社会阶层变化，等等。伴随着这些身份等级的变化，可以推测这些人物的用词用句等语言行为也会发生一定程度的改变，因此本书对于身份等级不完全固定的出场人物，主要以其在说话时间点的身份为核心参考基准，同时也对照其原有的身份进行了分类。

2.2　日本近代东京语资料中说话者和听话者的关系

本书对说话者和听话者的关系把握，主要从二者实际身份的上下关系（阶层、年龄、立场等）和二者交往的亲疏关系这两点来进行分析认定。特别是亲疏关系的分类有较大难度，本书主要通过参考二者在通常情况下待遇表达的使用状况和熟读资料的基础上进行判断。具体划分情况如下所示。而且，本次调查的各个年代的各类作品当中，均出现了下述上下、亲疏关系的对话场面。

"上对下"的关系　　说话者（上）→听话者（下）：士族、知识阶层→町人阶层、佣人、门生；上层町人阶层→下层町人阶层、佣人；医生→患者及其家属；僧侣→弟子；买方→卖方；丈夫→妻子；父母→儿女；年长者→年轻者；心理因素（如抱有求爱之心等）所致立场上的上→下　等

"下对上"的关系　　说话者（下）→听话者（上）："上对下"关系的逆转

"同等"的关系　　说话者和听话者立场关系相当：同为士族、知识阶层，同为上层、下层町人阶层　等

"亲"的关系　　亲子、夫妇、兄弟、亲戚、恋人、朋友、

同事、主仆、师徒　等

　　"疏"的关系　　　　　初次见面以及完全不存在"亲"的关系的说话者和听话者

3."Ⅰ类　未使用敬语形式的祈使表达"与位相的关系

3.1　"动词命令形"

表5－1　日本近代东京语中说话者位相与"普通动词命令形"使用量对应表

说话者 ＼ 听话者	使用者总数	下对上疏	下对上亲	同等疏	同等亲	上对下疏	上对下亲	合计
士族、知识阶层男性	96				118	50	127	295
士族、知识阶层女性	1						1	1
上层町人阶层男性	11			2		1	42	45
上层町人阶层女性	1						2	2
下层町人阶层男性	49	7			77	14	67	165
下层町人阶层女性	4		13		1		1	15
合计	162	7	13	2	196	65	240	523

表5－2　日本近代东京语中说话者位相与"普通动词命令形"使用率对应表

说话者 ＼ 听话者	使用者总数	下对上疏	下对上亲	同等疏	同等亲	上对下疏	上对下亲	合计
士族、知识阶层男性	96	0%	0%	0%	23%	10%	24%	57%
士族、知识阶层女性	1	0%	0%	0%	0%	0%	0%	0%
上层町人阶层男性	11	0%	0%	0%	0%	0%	8%	9%
上层町人阶层女性	1	0%	0%	0%	0%	0%	0%	0%
下层町人阶层男性	49	1%	0%	0%	15%	3%	13%	32%
下层町人阶层女性	4	0%	2%	0%	0%	0%	0%	3%
合计	162	1%	2%	0%	37%	12%	46%	100%

　　表5-1和表5-2分别是日本近代东京语资料中，"普通动词命令形"和说话者位相以及与听话者关系的总语例使用量表和总使用频率表。根据这两个表可知，在日本近代东京语中，所有阶层不分男性和女性都会使用普通动词的命令形。但是，其中男性的使用频率非常高，为全体使用率的97%，可以说是占到绝大多数。与此相对，女性的使用频率非常低，仅为3%。在所有的使用阶层中，主要都是向平等或上对下关系的听话者使用；只在下层町人阶层的男女性使用者中，偶尔会出现向〈下对上〉关系的听话者使用的语例。与疏远关系的听话者相比，对亲近的听话者使用普通动词命令形的频率更高，为整体使用率的85%。

　　【士族、知识阶层男性】的表达用例
　　〈上对下　亲〉

1）それ、縄_{なは}かけい。（東京日新聞・288・裁判官→牢番　初期）注5

2）菊_{きく}や。茶_{ちや}を持_もつて来_こい。（妹と背かゞみ・223・主人→下女　10 年代）

3）コリヤ父_{ちち}ぢやぞ。心_{こころ}を付_{つけ}よ。（政黨美談淑女の操・76・父→娘　20 年代）

4）俺_{わし}の云_いふのは棒_{ばう}ほど願_{ねが}ふて針_{はり}ほど協_{かな}ふといふから何_{なん}でも意気込_{いきごみ}を大_{おほ}きくしろ。（社會百面相/老俗吏・245・父→息子　30 年代）

5）雛江_{ひなえ}、此室_{ここ}は失敬_{しつけい}ぢや、彼方_{あちら}で茶_{ちや}でも上_あげえ。（そらだき續編・352・夫→妻　40 年代以后）

　　如上面的例1）～5）所示，在各个年代的作品中都可见士族、知识阶层男性在主人对女佣、父亲对儿女、丈夫对妻子等〈上对下〉的亲近关系时使用"普通动词命令形"。例1）是歌舞伎作品

『東京日新聞』中出场的法官对狱卒所说的话，虽然法官和狱卒的身份差别很大，但由于二者是在同一工作场所共同完成审讯任务的同事，所以本书将其关系认定为〈亲〉的关系。

〈同等　亲〉

6）思ひあきらめ後両所とも、とくとくこの場を帰られよ。（東京日新聞・235・門生→浪士　初期）

7）ヤイ須河<ruby>マ<rt>すがは</rt></ruby>アおれの<ruby>部屋<rt>へや</rt></ruby>へ<ruby>来<rt>こ</rt></ruby>いといふに。マア<ruby>来<rt>こ</rt></ruby>いヨ。（當世書生氣質・102・書生同士　10年代）

8）その<ruby>仔細<rt>しさい</rt></ruby>は御<ruby>両君心<rt>ごりやうくんこころ</rt></ruby>を<ruby>静<rt>しづ</rt></ruby>めて<ruby>得<rt>とく</rt></ruby>と御<ruby>了解致<rt>これうかいいた</rt></ruby>されよ。（政黨美談淑女の操・20・政党員同士　20年代）

9）<ruby>今日<rt>けふ</rt></ruby>は<ruby>順<rt>おとな</rt></ruby>しく<ruby>帰<rt>かへ</rt></ruby>れ、帰れ。（金色夜叉・160・同級生同士　30年代）

10）待て、待て、コイツはいろいろ事実を綜合して、能く考へて見さへすれば、大概見当が付く筈なんだ。……（あくび・311・一高生同士　40年代以后）

例6）～10）是士族、知识阶层男性对〈同等〉亲近关系的听话者使用"普通动词命令形"的语例，与〈上对下　亲〉的关系相同，这些语例也出现在日本近代各个时期的作品当中。例6）是船冈门三郎对浪人传八、大藏说的一番话，船冈和师父的女儿私奔逃走，传八、大藏受师父之命前来追赶。由于三人是受教于同一师父的同门师兄弟，所以将其关系认定为〈亲〉的关系。

〈上对下　疏〉

11）コヤ<ruby>女子<rt>をなご</rt></ruby>なにを<ruby>因循<rt>いんじゆん</rt></ruby>してをるか勉強して<ruby>神速<rt>しんそく</rt></ruby>に<ruby>べんけう<rt></rt></ruby>せい。（安愚楽鍋・141・武士→女中　初期）

12）さう<ruby>云<rt>い</rt></ruby>ふ<ruby>訳<rt>わけ</rt></ruby>ではないから<ruby>此方<rt>こちら</rt></ruby>へ<ruby>通<rt>とほ</rt></ruby>せ。（歐洲小説黄薔薇・493・官員→宿屋の女中　10年代）

13）政五郎其の方は物の<ruby>頭<rt>かしら</rt></ruby>に成り、棟梁だから壱両弐分貸す

程なら最う残金八百文貸して遣はせ。（大工の訴訟・471・
裁判官→棟梁　20 年代）

14）待て、こら！（金色夜叉・282・元参事官→車夫　30 年代）

例 11）～ 14）是在〈上对下〉的疏远关系时士族、知识阶层
男性使用"普通动词命令形"的语例。例 11）是偶然进入牛肉火
锅店吃饭的地方下级武士对女店员所说的话，例 12）是一位官员
临时住宿于一家地方旅馆时对那里的女佣所发的指示，这 2 个例子
当中的说话者与听话者都是临时性的服务与被服务关系，所以均认
定为〈疏〉的关系。例 14）是一位原参事官愤怒地喝止住一个拉
车夫的场景，由于这位参事官行走在大路上时突然被急匆匆拉车的
车夫撞到，所以非常生气，参事官和车夫互相完全不认识，所以将
二者的关系认定为疏远的关系。

另外，在男性使用的动词命令形中有很多是后接词尾的命令
形，例如前面的例 2）～ 4）、6）～ 8）、11）所示，士族、知识阶层
男性使用的命令形后常会附接词尾「よ」（37 例）、「い」（31
例）^{注6}、「ろ」（52 例）。而下面的例 17）～ 19）、21）、24）、30）
中所示，町人阶层的男性在使用命令形时，主要使用带有词尾
「ろ」（70 例）的形式，而带有词尾「い」的命令形则仅出现了
「来い」这一种形式。

进一步观察命令形后续终助词的使用状况可知，如前面的例
1）、7）和下面的例 20）、24）所示，日本近代的男性在使用命令
形时有时候会附接终助词"よ、い、や"，但从整体上来看其附加
率很低，仅为 7%。

【上层町人阶层男性】的表达用例

〈上对下　亲〉

15）ヲ丶丁度いひ 柊屋の寅吉を呼に遣て連てゆけ（春雨文
　　庫・338・本屋の旦那→妾　初期）

16）居ると云つたら仕方がないから通せ。（英國孝子之傳・

515・宿屋の主人→奉公人　10 年代）

17）はいでは無い。彼地（あつち）へ行て早くお茶でも持て来い。（恋の
　　病・79・旦那→乳母　20 年代）

〈上対下　疏〉

18）知れた事だ、娘の部屋へ一処に来い。（恋の病・86・旦
　　那→木樵　20 年代）

〈同等　疏〉

19）御用状（ごようじやう つ）を附けてやるから家（うち）へ帰（かへ）つて待（ま）つて居（ゐ）ろ。（人間
　　萬事金世中・87・旦那同士　10 年代）

上层町人阶层男性最常在〈上对下　亲〉的关系中使用“普通动词命令形”，正如例 15）～ 17）所示。当该阶层的男性处于激怒、威胁、放任不管等特殊心理状态时，也会对同等以下疏远关系的听话者使用“普通动词命令形”。如例 18）是一位父亲在女儿被诱拐后，对乔装成医生给女儿看病的樵夫进行的怒斥，例 19）是因为债务关系而产生对立的两位商人之间的对话，说话者一方扬言要上法庭进行裁决。这一阶层使用的另一个特色就是未出现向〈下对上〉关系的听话者使用“普通动词命令形”的情况。

【下层町人阶层男性】的表达用例

〈同等　亲〉

20）もつとこつちへからだをよせや。（西洋道中膝栗毛・37・
　　手代同士　初期）

21）これさ静かに言（い）へ。一番目方（ばんめかた）を引（ひ）いて見（み）ろ引（ひ）いて見（み）ろ。
　　（富士額男女繁山・384・車夫同士　10 年代）

22）是やあ面白い、引（ひき）ずり出せ。サア此様なりやあ親分面の遠
　　蔵（かう）からして乃公（おれ）が相手だ。（有福詩人・101・博徒同士　20
　　年代）

23）若（わけ）エんだから情婦（いろ）の一人（ふたり）や二人、辛抱（がまん）してやれ。（老車

夫・332・車夫同士　30 年代）

24）気をつけろい、此吹子の向ふ面め。（吾輩は猫である・
　　44・黒→吾輩　40 年代以后）

　　从上面的例 20）～ 24）可知，在日本近代前期和后期各个年代
的作品中均出现有下层町人阶层男性对〈同等〉亲近关系的对象使
用"普通动词命令形"的情况。可以说，在这一阶层当中，"普通
动词命令形"可以在同事、玩伴以及近邻之间广泛使用。

　　另外，如下面的例 25）～ 27）所示，下层町人阶层男性在
〈上对下〉的亲近关系当中也多用"普通动词命令形"。例 27）
是一位农夫对同村的渔夫妻子所说的话，二者本来应该是〈同
等〉关系，但由于农夫在这段对话之前曾借给渔夫一袋大米，其
债主身份使其在心理上处于上位，所以将此时二者的关系认定为
〈上对下〉。

　　〈上对下　亲〉

25）すぐに帰るからさきへ帰れ。（西洋道中膝栗毛・7・夫→
　　妻　初期）

26）これ小僧、この箱を片付けておけ。（人間萬事金世中・
　　64・店の若者→小僧　10 年代）

27）金を持たぬといふからは其持て居るものでも遣せ。（有福
　　詩人・65・農夫→漁夫の妻　20 年代）

　　进一步观察下层町人阶层男性的使用情况可以发现，在如例
28）～ 31）所示的〈上对下〉和〈下对上〉的疏远关系中，也会
出现"普通动词命令形"，但所有使用场景均为争吵、威胁等特殊
状态。例 28）是一位沐浴的顾客发现自己的外衣被盗，怒不可遏
地要求澡堂掌柜叫出老板解决问题。例 29）是小偷私闯民宅并胁
迫居民土木工掏出钱财的场面，因为此时小偷心理上处于优势，
所以将二者关系认定为〈上对下　疏〉的关系。例 30）是歌舞伎作
品『富士額男女繁山』中车夫仓桥直次郎恐吓女书生阿繁的话语，

阿繁是乘坐他车的一位顾客，但当他发现阿繁是个女人时就要求和她睡上一晚，但在遭到阿繁的严厉拒绝后，车夫仓桥立即威胁阿繁会将她女扮男装的事情报告给警察。例31）是尾崎红叶作品中一位车夫的话，他也在愤怒地斥责一位讨价还价后却不愿乘车的顾客。

〈上对下　疏〉

28）きさまじやアわからねへ亭主<ruby>亭主<rt>ていしゆ</rt></ruby>をよべ（西洋道中膝栗毛・12・客→銭湯の番頭　初期）

29）何を云やアがる。サア<ruby>有金<rt>ありがね</rt></ruby>を残らず<ruby>纏<rt>まと</rt></ruby>めて出せ（夏どろ・456・泥棒→住民　40 年代以后）

〈下对上　疏〉

30）<ruby>拘引<rt>かういん</rt></ruby>されるを<ruby>待<rt>ま</rt></ruby>つて<ruby>居<rt>ゐ</rt></ruby>ろ。（富士額男女繁山・424・車夫→客　10 年代）

31）要らなきや<ruby>止<rt>よ</rt></ruby>せ！（多情多恨・76・車夫→教授　20 年代）

【女性】的表达用例

〈上对下　亲〉

32）其<ruby>様<rt>そん</rt></ruby>なに欲しきや、呉れてやるから、何処へなと連れてツちまへ！（其面影・296・時子→小夜子　士族、知识阶层女性）

33）後押し綱引三枚で、<ruby>車<rt>くるま</rt></ruby>を<ruby>早<rt>はや</rt></ruby>く<ruby>頼<rt>たの</rt></ruby>んで<ruby>来<rt>こ</rt></ruby>い。（人間萬事金世中・121・女将→店の若者　上层町人阶层女性）

〈下对上　亲〉

34）晩に食ふ<ruby>飯<rt>めし</rt></ruby>がねえから、持てる銭を<ruby>寄来<rt>よこ</rt></ruby>せ。（恋の病・64・妻→夫　下层町人阶层女性）

在日本近代东京语的文艺作品中，女性使用"普通动词命令形"的情况非常少见。例32）是一位公务员的夫人正在叱责自己同父异母的妹妹，因为她怀疑自己的丈夫和妹妹有暧昧关系；例

34）是樵夫的妻子和丈夫吵架时轻蔑对方的话语。例 33）则是一家大店的女老板吩咐店里帮工的年轻人赶紧叫车来的情景，此时这位女老板正急着要赶出去找人理论。从上面这些例子可以看出，除去咒骂、吵架以及紧急状况之外，女性一般不使用"普通动词命令形"。

通过以上分析可知，在日本近代，"普通动词命令形"主要是用于同等及以下亲密关系的对象；除去吵架、胁迫等特殊状况，一般不对身份高、年龄大的听话者使用。同时，近代各阶层的女性一般都不使用该形式，只限于咒骂、吵架等特殊场合才会有不同于正常状态下的使用。因此，可以说"普通动词命令形"是男性的专用祈使表达形式。

表5-3　日本近代东京语中说话者位相与"自谦语动词命令形"使用量对应表

听话者 说话者	使用者总数	下对上疏	下对上亲	同等疏	同等亲	上对下疏	上对下亲	合计
士族、知识阶层男性	18				1	8	25	34
士族、知识阶层女性	1						1	1
上层町人阶层男性	3						5	5
上层町人阶层女性								0
下层町人阶层男性	3						3	3
下层町人阶层女性								0
合计	25	0	0	0	1	8	34	43

进一步观察动词命令形的使用情况可以发现，日本近代东京语的一大特点就是，在"普通动词命令形"之外，"自谦语动词命令形"也被广泛用于要求听话者实施的行为。根据表5-3和表5-4可知，"自谦语动词命令形"的使用者绝大部分为男性，女性使用的语例仅为1例。与町人阶层相比，知识阶层的使用占到绝大多数，为整体使用量的81%。使用对象主要是地位低、年龄小且关系比较亲近的听话者。在士族、知识阶层也可观察到对〈同等　亲〉

和〈上对下　疏〉关系的听话者使用。但无论在哪一个阶层，都未出现对地位、年龄高的尊长以及同等、疏远关系的听话者使用"自谦语动词命令形"的语例。

表 5 – 4　日本近代东京语中说话者位相与"自谦语动词命令形"使用率对应表

听话者 说话者	使用者 总数	下对上 疏	下对上 亲	同等 疏	同等 亲	上对下 疏	上对下 亲	合计
士族、知识阶层男性	18	0%	0%	0%	2%	19%	58%	79%
士族、知识阶层女性	1	0%	0%	0%	0%	0%	2%	2%
上层町人阶层男性	3	0%	0%	0%	0%	0%	12%	12%
上层町人阶层女性		0%	0%	0%	0%	0%	0%	0%
下层町人阶层男性	3	0%	0%	0%	0%	0%	7%	7%
下层町人阶层女性		0%	0%	0%	0%	0%	0%	0%
合计	25	0%	0%	0%	2%	19%	79%	100%

【士族、知识阶层男性】的表达用例

〈上对下　亲〉

35）過ぎ行く以前は兎も角も、今日こそはスッパリと禁酒いたして一吸も、此後飲まねば<u>安心いたせ</u>。（東京日新聞・183・浪士→元家来　初期）

36）貴様はゆつくりでいゝが、肴は早くよ東京の立派な方に上げるのだと<u>申せ</u>、（歐洲小説黄薔薇・477・主人→下女　10 年代）

37）こりや谷川。心を鎮めて様子を<u>申せ</u>。（政黨美談淑女の操・89・政治家→書生　20 年代）

38）秋葉さん、此方へ<u>ござれ</u>、前祝ひに一杯酌まう。（社會百面相/閨閥・107・伯爵→官員〈婿〉　30 年代）

39）まあお前は、<u>彼方へ往て居れ</u>、輝一に言ふて聽かせること

がある。（空薫・322・父→娘　40 年代以后）

　　在〈上对下〉的亲近关系中，如上面的例 35）～ 39）所示，从日本近代各个年代的资料当中都可以找到士族、知识阶层男性使用"自谦语动词命令形"的语例。特别是像主人对自家佣人、父母对子女等这类绝对性的上下关系中使用频率最高，这时的表达往往含有一种高高在上的语感，发出的是绝不容拒绝的命令和指示。例 38）和 39）都是老年男性使用的语例，从这一点可以推断，在日本近代后期 30 年代以后，除了老年人以外，逐渐形成平等意识的年轻人已经很少使用"自谦语动词命令形"来要求他人的行为了。

　　此外，如下面的例 40）～ 42）所示，向〈上对下　疏〉关系的听话者使用"自谦语动词命令形"的语例可以确认至日本近代 20 年代的作品当中。一般多用于从身份上看高低等级之差非常明显的关系之中，如浪人对车夫、顾客对女佣、侦探对男佣等。

　　〈上对下　疏〉

40）払つて遣はす、あれへ参れ。（東京日新聞・176・浪士→車夫　初期）

41）用があれば手を叩く、マアお茶を持つて来んでよい、後で差上げよ。（歐洲小説黄薔薇・490・客→宿屋の下女　10 年代）

42）警察署より参た者ぢや、取調者がある、案内致せ。（政黨美談淑女の操・56・探偵→下宿屋の下男　20 年代）

　　〈同等　親〉

43）誰が其の話に可然挨拶を為ろと言つた。友人に対する挙動が無礼だから節めと言つたのだ。高利貸なら高利貸のやうに、身の程を省みて神妙にして居れ。（金色夜叉・159・同級生同士　30 年代）

　　对〈平等〉亲近关系的听话者使用"自谦语动词命令形"的

语例仅有上面的例43）一例，这是愤怒斥责以前的友人兼同学的情景，被斥责的这位同学因为恋爱失败自暴自弃堕落成为放高利贷的卑劣者，所以这一语例是说话者处于失望、愤怒等极端情绪时极为特殊的用法，不同于一般常态。

【町人阶层男性和士族、知识阶层女性】的表达用例

〈上对下　亲〉

44）伯父へ孝行と思ふなら、喰潰しにならぬやう一生懸命に働きをれ。（人間萬事金世中・22・伯父→甥　上层町人阶层男性）

45）与太お礼を申せ。（大工の訴訟・473・棟梁→大工　下层町人阶层男性）

46）白状致せ（政黨餘談淑女の後日・140・士族令嬢→執事　士族、知识阶层女性）

分析上面的例44）～46）可知，町人阶层男性和士族、知识阶层女性也会对晚辈、部下等〈上对下　亲〉关系的听话者使用"自谦语动词命令形"。例46）是一位士族小姐严厉追究自家执事的发话，这位执事与恶人为伍想要欺骗主人，所以这里使用的"自谦语动词命令形"生动地刻画出这位小姐的愤怒和威严。

综合以上分析可知，日本近代东京语"动词命令形"的使用有两大特点，即：除特殊场景以外，女性不会使用；对地位年龄高的尊长不会使用。同时，从位相上来看，可以将"动词命令形"的使用状况划分为以下两种类型。

士族、知识阶层男性→同等以下亲近或疏远关系的听话者："自谦语动词命令形"

各阶层男性→同等或同等以下亲近或疏远关系的听话者："普通动词命令形"

3.2　"连用形＋终助词类"

在本书第四章已经提到，"连用形＋终助词"类表达在近代日

本主要有 13 种形式，其中语例数达 10 例以上的形式有 "～な" "～なよ" "～ねえ"^{注7} "お～φ" "お～よ" "お～な" "お～なね" 7 种形式。接下来，本书将以这 7 种形式为中心，考察分析 "连用形 + 终助词类" 表达和说话者位相之间的关联性。

3.2.1　"～な"

表 5-5　日本近代东京语中说话者位相与 "～な" 使用量对应表

听话者 说话者	使用者 总数	下对上 疏	下对上 亲	同等 疏	同等 亲	上对下 疏	上对下 亲	合计
士族、知识阶层男性	18					4	28	32
士族、知识阶层女性	2						2	2
上层町人阶层男性	2						2	2
上层町人阶层女性	1						1	1
下层町人阶层男性	15				8	5	6	19
下层町人阶层女性	1						1	1
合计	39	0	0	0	8	9	40	57

表 5-6　日本近代东京语中说话者位相与 "～な" 使用率对应表

听话者 说话者	使用者 总数	下对上 疏	下对上 亲	同等 疏	同等 亲	上对下 疏	上对下 亲	合计
士族、知识阶层男性	18	0%	0%	0%	0%	7%	49%	56%
士族、知识阶层女性	2	0%	0%	0%	0%	0%	4%	4%
上层町人阶层男性	2	0%	0%	0%	0%	0%	4%	4%
上层町人阶层女性	1	0%	0%	0%	0%	0%	2%	2%
下层町人阶层男性	15	0%	0%	0%	14%	9%	11%	33%
下层町人阶层女性	1	0%	0%	0%	0%	0%	2%	2%
合计	39	0%	0%	0%	14%	16%	70%	100%

分析本次的调查资料可以发现，在日本近代东京语当中，向听话者传达命令、劝告等意时有时会使用动词连用形或其拨音音变形

后接终助词"な"的形式，如"出しな、入んな"等。该形式的整体使用状况如表5-5和表5-6所示，各个阶层的男性和女性都会使用"〜な"这一形式。但无论在哪一个使用阶层都有一个共同的特征是，不会对地位高、年龄大的听话者使用，即不会在〈下对上〉的关系中使用，同时也不会对〈同等〉疏远关系的听话者使用。从说话者的性别上来看，该形式的女性使用频率较低，仅为8%，而且女性使用者只向〈上对下〉亲近关系的听话者使用。而另一方面，男性使用频率很高，占着主导地位，和女性一样，男性使用者也多对〈上对下〉亲近关系的听话者使用。士族、知识阶层男性和下层町人阶层男性在〈上对下〉的疏远关系当中有时候也会使用该形式，但在〈同等〉亲近关系中使用该形式的说话者则仅限于下层町人阶层男性。

【士族、知识阶层男性】的表达用例

士族、知识阶层男性是使用"〜な"最多的群体，占到整体使用量的56%。虽然这一阶层的男性主要是向〈上对下〉亲近关系的听话者使用，但也出现了少量向〈上对下〉疏远关系听话者使用的语例。如下面的例47）〜51）所示，士族、知识阶层男性的语例可以一直确认至日本近代30年代的作品当中，但到40年代以后就没有作品再出现相关语例。因为"〜な"这一形式表达出的命令和指示显得较为粗鲁，所以调查资料中未出现士族、知识阶层男性向〈下对上〉关系的尊长或是同等关系的听话者使用的语例。

〈上对下　亲〉

47）いゝからかまハないでほつておきな。（當世書生氣質・150・主人→下女　10年代）

48）当たりまへよ。耳をかしな。（藪の鶯・139・官員→情婦　20年代）

49）此の機械は非常に結構なのだから是非願ひな。何も羞含むことは無いぢやないか。（金色夜叉・135・夫→妻　30年代）

〈上对下　疏〉

50）お前は早く逃て仕まひな。（春雨文庫・335・侍→料理屋
　　の女　初期）

51）爺や茶を一杯くんな。（歐洲小説黄薔薇・481・官員→茶
　　店の亭主　10 年代）

【下层町人阶层男性】的表达用例

　　下层町人阶层男性使用"～ な"的频率也比较高，达到整体
使用量的 33%，居第二。如下面的例 52）～ 58）所示，从日本近
代各个时期的作品当中多可以找到下层町人阶层男性向〈上对下
亲〉和〈上对下　疏〉关系听话者使用"～ な"的语例。此外，如
例 59）、60）当中，下层町人阶层男性对〈同等〉亲近关系的听话
者也较多使用"～ な"这一形式。例 59）是在随同富商出游的男
佣人之间的对话，由于他们在出游当中一起经历了各种苦难，所以
本书将二者的关系认定为〈亲〉的关系。

〈上对下　亲〉

52）そんなら跡からきつときな。（西洋道中膝栗毛・11・親
　　方→子分　初期）

53）呑んでやるから爰へ出しな。（人間萬事金世中・36・番
　　頭→下女　10 年代）

54）婆アさん、棟梁が来なすッたからお茶でも煎な。（大工の
　　訴訟・466・夫→妻　20 年代）

55）ウム、アノ竿竹を出しな。（夏どろ・455・夫→妻　40 年
　　代以后）

〈上对下　疏〉

56）かハりをたつぴつにもつてきな。（安愚楽鍋・158・芝居
　　者→牛店の女中　初期）

57）オイオイ姐様、汝は御願ひに来たのだらう、さあさあ

此方へ来て<u>坐りな</u>。（有福詩人・63・猟師→農夫娘　20 年
代）

58）まあ、これから湯殿へ行つて色上げをするのだ。苦しから
うがちツと我慢を<u>しな</u>。（刺青・71・刺青師→芸妓の妹分
40 年代以后）

〈同等　亲〉

59）ヲイ 商 吉どんこつちへ<u>よこしな</u>。（西洋道中膝栗毛・
13・手代→下男　初期）

60）そんな不景気なことがあるものか。よく<u>見な</u>、そら。（恋
の病・71・奉公人→乳母　20 年代）

【上层町人阶层男性和女性】的表达用例

〈上对下　亲〉

61）よしよし、痛いか、然うか。最少しだから<u>我慢しな</u>。（恋
の病・80・父→娘　20 年代　上层町人阶层男性）

62）此 娘 ハよしに<u>しな</u>。（妹と背かゞみ・169・母→息子　10
年代　士族、知识阶层女性）

63）あのお父さんは奥においでなさるから其方に<u>お逢はせ申し
な</u>。（英國孝子之傳・514・宿屋のお嬢様→奉公人　10 年
代　上层町人阶层女性）

64）それはお困りだらうから、こつちへ<u>お入れ申して上げな</u>。
（歐洲小説黄薔・523・外妾→下女　10 年代　下层町人阶
层女性）

　上层町人阶层男性使用"～ な"的语例在本次调查中仅出现 2
例，即日本近代 20 年代作品『恋の病』中一位父亲的话语以及大
正 5 年谷崎润一郎作品『戀を知る頃』中出场的木棉批发商家小公
子哥对自己的贴身女佣所说的话，这两个语例均是在〈上对下〉的
关系中向关系亲密的听话者所说的话语。

女性使用"～な"的语例在各个阶层都显得极为罕见，在本次调查的资料当中仅出现 4 例。听话者和说话者的关系均是上对下的关系，且都是向亲近的自家人以及同一集团内部的对象使用，表达出的是一种带有亲密感的命令和指示。女性的语例仅可以确认至日本近代前期的作品之中，后期作品中则完全不再出现女性的使用。

综合以上分析可知，"～な"在日本近代的使用有如下特点。

"～な"是各个阶层男性常用的形式。士族、知识阶层男性的使用主要集中在 20 世纪 30 年代以前，町人阶层男性即使在 40 年代以后仍然继续使用该形式。

女性的语例非常少，尤其到近代后期就不再出现使用者。

不论哪个阶层，主要都是向同等以下亲近关系的听话者使用，男性有时候也会用于同等及以下疏远关系的听话者。该形式最大的特征就是任何使用阶层都不会对地位高、年龄大的听话者使用，即不会在同等以上的关系中使用。

3.2.2　"～なよ"

在日本近代东京语中，向听话者表达要求实施相关行动之意时常会用到动词连用形后续终助词"な"或"よ"的形式，如"来なよ、聴きなよ"等。分析表 5 - 7 可知，"～なよ"的使用者为各个阶层的男性和下层町人阶层女性，士族、知识阶层和上层町人阶层的女性则未出现相关语例。与"～な"相比，"～なよ"表达的是语气稍微强硬一些的命令和指示，因此该形式主要用于〈上对下〉亲近关系的听话者。另外，如下面的例 68）所示，下层町人阶层男性也出现了对〈同等〉亲近关系的听话者使用该形式的语例。而如下面的例 65）～ 69）所示，士族、知识阶层男性的使用可以确认至近代 40 年代以后，但其他阶层的使用则仅能确认至近代 20 年代，之后就不再出现相关语例了。

表5－7　日本近代东京语中说话者位相与"～なよ"使用量对应表

听话者 / 说话者	使用者总数	下对上疏	下对上亲	同等疏	同等亲	上对下疏	上对下亲	合计
士族、知识阶层男性	3						3	3
士族、知识阶层女性								0
上层町人阶层男性	1						1	1
上层町人阶层女性								0
下层町人阶层男性	1				2			2
下层町人阶层女性	3						4	4
合计	8	0	0	0	2	0	8	10

【男性】的表达用例

〈上对下　亲〉

65）余計な事を言はずに話の要領を聴きなよ。（多情多恨・
　　212・夫→妻　20年代　士族、知识阶层男性）

66）何さ、なまじ口を出さねえがいゝ。打捨つて置きなよ。
　　（腕くらべ・184・新聞小説家→講釈師　40年代以后　士
　　族、知识阶层男性）

67）よしなよ、知りもしない処へ無闇に入つては失敬だ。
　　（歐洲小説黄薔薇・523・若旦那→番頭　10年代　上层町
　　人阶层男性）

〈同等　亲〉

68）多七様黙つてゐなよ。（恋の病・69・奉公人同士　20年代
　　下层町人阶层男性）

【下层町人阶层女性】的表达用例

〈上对下　亲〉

69）確乎と腹を壓へて居なよ。（有福詩人・112・母→息子
　　20年代）

3.2.3   "～ねえ"

表5-8   日本近代东京语中说话者位相与"～ねえ"使用量对应表

听话者 / 说话者	使用者总数	下对上疏	下对上亲	同等疏	同等亲	上对下疏	上对下亲	合计
士族、知识阶层男性								0
士族、知识阶层女性								0
上层町人阶层男性	2				2		1	3
上层町人阶层女性								0
下层町人阶层男性	23				56	1	4	61
下层町人阶层女性	2		2				1	3
合计	27	0	2	0	58	1	6	67

表5-9   日本近代东京语中说话者位相与"～ねえ"使用率对应表

听话者 / 说话者	使用者总数	下对上疏	下对上亲	同等疏	同等亲	上对下疏	上对下亲	合计
士族、知识阶层男性		0%	0%	0%	0%	0%	0%	0%
士族、知识阶层女性		0%	0%	0%	0%	0%	0%	0%
上层町人阶层男性	2	0%	0%	0%	3%	0%	1%	4%
上层町人阶层女性		0%	0%	0%	0%	0%	0%	0%
下层町人阶层男性	23	0%	0%	0%	84%	1%	6%	91%
下层町人阶层女性	2	0%	3%	0%	0%	0%	1%	4%
合计	27	0%	3%	0%	87%	1%	9%	100%

分析表5-8、表5-9可知，在近代东京语中，"～ねえ"的使用者主要是上层町人阶层男性和下层町人阶层的男性和女性，其中特别是下层町人阶层男性的语例最多，占到整体使用量的91%。由于"～ねえ"这种形式是相当粗鲁的表达方式，所以主要使用

对象是同等及以下关系的听话者，在下层町人阶层女性的语例中也有向〈下对上〉亲近关系者使用的现象。士族、知识阶层不分男性女性均无使用"～ねえ"的语例。

【下层町人阶层男性】的表达用例

〈同等　亲〉

70）弥次さん見ねへむかふから来た馬車にやア女の異人ばかりのやうだぜ。（西洋道中膝栗毛・25・手代同士　初期）

71）サァ持つて往きねぇ。（英國孝子之傳・539・棟梁→婆　10年代）

72）作蔵殿放しねえ。手暴なことをしても可わけがあるから為るのだ。（恋の病・65・町人同士　20年代）

73）己なんか見ねエ、白銅一枚欲しいツたツて財布を逆さに振つて落ちねエ時は質に置く代物てやア蚤と虱ぐれゐだ。（老車夫・342・車夫同士　30年代）

74）誰が呶鳴る奴があるものか。マアモウ些と緩くりして行きねえ。（夏どろ・460・住民→泥棒　40年代以后）

在日本近代，下层町人阶层男性使用"～ねえ"的频率最高，且多用于同等亲近关系的听话者，大多表达的是一种轻松的要求或劝告等。如上面的例70）～74）所示，下层町人阶层男性的语例可见于各个年代的作品当中。例74）是住在长屋的土木工对借钱给自己的小偷所说的话，由于小偷在十分困难的时候帮了自己，因此话语间也带有亲昵和感谢之情，因此本书将二者的关系认定为〈亲〉的关系。

另外，如下面的例75）、76）中所示，下层町人阶层男性在上对下的关系中也会使用"～ねえ"，这时与听话者的关系既可以是比较亲近的，也可以是比较疏远的。例76）是士族家的养马官喝止想要自杀的书店千金的一幕。养马官在年龄上长于书店千金，而

且该场景为初次见面，所以本书将二者的关系认定为〈上对下疏〉。

〈上对下　亲〉

75）ま丶待つてろ待つてろ羽織を<u>出しねへ</u>、一緒に行つてやらう。（大工の訴訟・466・棟梁→大工・466　20 年代）

〈上对下　疏〉

76）姉さん危ねえ、まあ<u>待ちねえ</u>。（富士額男女繁山・519・士族の厩別当→本屋のお嬢様　10 年代）

【上层町人阶层男性】的表达用例

〈上对下　亲〉

77）サアサア亦珎事を仕でかしたぜ北さん早く椅子を<u>おこしねへ</u>。（西洋道中膝栗毛・83・豪商→手代　初期）

〈同等　亲〉

78）コレサ商 兵衛さんしつかり<u>しねへ</u>。（安愚楽鍋・158・商人同士　初期）

上层町人阶层男性对"～ねえ"的使用仅见于日本近代初期的作品当中。本次调查中收集到的所有语例均出现于假名垣鲁文的通俗小说中，说话对象则全部是同等及以下亲近关系的听话者。上面的例77）是大富商催促在酒席上闹得天翻地覆的自家下人赶紧收拾场面时的话语，例78）是边吃牛肉火锅边喝酒的商人想要唤起喝醉同伴时所说的话语。从这些语例可以看出，"～ねえ"虽然是一种粗鲁的表达，但可以表现出说话者和听话者之间的亲近关系，传达出的是带有一定亲密感的命令和催促。

【下层町人阶层女性】的表达用例

79）撲されにや<u>来ねえ</u>。（恋の病・64・妻→夫　20 年代）

80）お前も負けねエ気になつて騙されたと思つて殿様の 首 玉へ噛りついて鼻声でヨウヨウと<u>請求つて見ねエ</u>。お前の欲

しがる黄金^{きん}の指環や繡珍^{しゆちん}の帯がドシドシ買つて貰へる、

虚言^{うそ}ぢやアねエ……（破垣・119・母→娘　30 年代）

　　下层町人阶层女性使用"～ねえ"的语例仅为 3 例，使用率也低至 4%。包括上面例 79）在内的 2 例均是『恋の病』中出场的樵夫之妻和丈夫争吵时的奋激之言，例 80）则是木匠的妻子对想要辞去女佣工作的女儿所进行的说教之辞。可见，这些语例都不是出现在日常的对话场面，而是在说话者情绪十分激动和高昂时说出来的话语。

　　综合以上分析可知，"～ねえ"在日本近代的使用有如下特点。

　　"～ねえ"的使用者多为町人阶层的男性，尤其是在下层町人阶层的男性之间使用非常频繁，可以说该形式是下层町人阶层男性的专用表达形式。

　　"～ねえ"的主要使用对象是同等、亲近关系的听话者，但在紧迫、争辩等场合时也会用于同等以上关系的听话者或者疏远关系的听话者。

　　3.2.4　"お～φ"

　　"お入り""お出し"等形式，即"お+动词连用形"也是日本近代东京语资料中常见的祈使表达形式。分析表 5－10、表 5－11 可知，"お～φ"是所有阶层男性和女性都常使用的表达形式。特别是士族、知识阶层的男性和女性最多使用该形式，该阶层的总使用率达到 67% 之高。虽然该形式的主要使用对象是同等以下亲近关系的听话者，但向〈同等　亲〉和〈上对下　疏〉关系的听话者使用的现象也占到一定比例。士族、知识阶层和上层町人阶层的使用者未出现向同等以上关系的听话者使用的语例，但是下层町人阶层的使用者则有极为少量的用于同等以上关系听话者的语例。

表 5 – 10　　日本近代东京语中说话者位相与"お～φ"使用量对应表

说话者＼听话者	使用者总数	下对上疏	下对上亲	同等疏	同等亲	上对下疏	上对下亲	合计
士族、知识阶层男性	39			3	14	4	56	77
士族、知识阶层女性	28						65	65
上层町人阶层男性	6					2	7	9
上层町人阶层女性	4						14	14
下层町人阶层男性	14	2			5	5	5	17
下层町人阶层女性	19		3		9	2	17	31
合计	110	2	3	3	28	13	164	213

表 5 – 11　　日本近代东京语中说话者位相与"お～φ"使用率对应表

说话者＼听话者	使用者总数	下对上疏	下对上亲	同等疏	同等亲	上对下疏	上对下亲	合计
士族、知识阶层男性	39	0%	0%	1%	7%	2%	26%	36%
士族、知识阶层女性	28	0%	0%	0%	0%	0%	31%	31%
上层町人阶层男性	6	0%	0%	0%	0%	1%	3%	4%
上层町人阶层女性	4	0%	0%	0%	0%	0%	7%	7%
下层町人阶层男性	14	1%	0%	0%	2%	2%	2%	8%
下层町人阶层女性	19	0%	1%	0%	4%	1%	8%	15%
合计	110	1%	1%	1%	13%	6%	77%	100%

【士族、知识阶层男性】的表达用例

〈上对下　亲〉

81) 身を投げ出して 娘 を貰つて呉れとは云はれませんが、何
しろ行つてお 話 しませう、合口をお出し。（歐洲小説黄
薔薇・430・夫→妻　10 年代）

82）まあ、宜しい、其様（そんな）に心配せんでも。私に任せてお置き。
　　（其面影・283・兄→義理の妹　30 年代）

83）どうしたんだ。お見せ。（腕くらべ・178・旦那→芸妓　40
　　年代以后）

　　士族、知识阶层男性使用"お～φ"的频率最高，其中对女性听话者使用的语例占到其整体使用的 70%。分析上面的例 81）～83）可知，"お～φ"的使用对象多为〈上对下〉亲近关系的听话者，如丈夫对妻子、哥哥对妹妹、老爷对熟识的艺妓等；但另一方面，如下面的例 84）、85）所示，"お～φ"也常会出现在〈同等〉关系的说话者和听话者之间，如知识分子之间或士族之间等，这时所表达出的是一种带有亲昵之情的命令、提醒以及劝诫等。

　　〈同等　亲〉

84）喧嘩はおやめおやめ。さあ其（その）大議論のあとを拝聴しやう。
　　（吾輩は猫である・531・美学者→中学教師　30 年代）

85）おゝ、北内（きたうち）の奥（おく）さん、よう直（すぐ）と来（き）て下（くだ）さつた、さあ、お入（はひ）り。（そらだき續編・338・伯爵→親友の奥様　40 年代以后）

　　〈上对下　疏〉

86）何（なん）にしても早（はや）く往（ゆか）う私（わたし）の後（あと）へ附（つい）ておいで（春雨文庫・335・侍→料理屋の女　初期）

　　〈同等　疏〉

87）ヤ底だけでも大層な酒、飲み乾しましたら火の珠（たま）が身體（からだ）の中（うち）を轉（ころ）がつて居るやうな気がいたしまする。御主人御免、詩を吟じまする。……ゲップ、御免々々。（有福詩人・92・詩人→土豪　20 年代）

　　如上面的例 86）、87），即使是面对初次见面的同等及以下关

系的听话者，士族、知识阶层男性有时候也会使用"お～φ"。但是，这类用法仅限于如"おいで""ごめん"等基本定型的短语。

【士族、知识阶层女性】的表达用例

〈上对下　亲〉

88）アラ悪らしいネエ。ヲヤ一寸お見せ。（妹と背かゞみ・179・官員の次女→肴屋の娘　初期）

89）寐衣を持つて来て、その上へお端折り。（多情多恨・93・母→娘　20年代）

90）御父様はこの中にお出なさるから、お前一人でお入り。（乳姉妹・115・祖母→孫娘　30年代）

91）ぢや、代さん、皮切に何か御遣り。（それから・219・兄嫁→弟　40年代以后）

　　在日本近代，士族、知识阶层女性也是多用"お～φ"这一表达形式的代表群体，如上面的例88）～91）所示，各个年代的作品当中都会出现该阶层女性的语例。使用对象仅限于〈上对下〉亲近关系的听话者，用以表达亲昵的要求、劝告或催促等。例88）是官员家的千金在同玩伴、小酒家的女儿一起玩纸牌时所说的话语，所以本书将二者的关系认定为〈亲〉的关系。

【上层町人阶层男性】的表达用例

〈上对下　亲〉

92）それぢやァお前これを御家従様へ差上げ、慥にお請取を頂戴しておいで。（歐洲小説黄薔薇・525・若旦那→番頭　10年代）

93）おい、此処で戦さごつこをするんだから、みんな彼方へ片付けておしまひ！（戀を知る頃・45・木綿問屋の坊ちゃん→女中　40年代以后）

〈上对下　疏〉

94）坊ちやん、こちらへ御出で。（吾輩は猫である・296・湯屋
　　の坊主→子供　30 年代）

　　如上面的例 92）～93）所示，上层町人阶层男性向同等以下亲
近关系的听话者较多使用"お～φ"，但同时也存在少量对同等
以下疏远关系的听话者使用的语例。但是该阶层的一个使用特征就
是不会对同等以上关系的听话者使用"お～φ"。

　　【上层町人阶层女性】的表达用例

　　〈上对下　亲〉

95）坊は此処に大人しく待てお在（春雨文庫・349・母→息子
　　初期）

96）文さんのお弁当は打開けてお仕舞ひ。（浮雲・40・女将→
　　下女　20 年代）

97）伸ちやん、近所の人ツて、一体誰だね。名前を云つてお聞
　　かせ。（戀を知る頃・63・母→息子　40 年代以后）

　　上层町人阶层女性也常使用"お～φ"这一表达。和士族、
知识阶层女性相同，其使用对象仅限于〈上对下〉亲近关系的听话
者，多用来表达含有亲昵之意的提醒和指示等。例 95）和 97）都
是母亲对儿子所说的话语，前者是书店老板娘的发话，后者是木棉
批发店老板娘的发话，这些语例都体现出母亲对孩子的怜爱之情。

　　【下层町人阶层男性】的表达用例

　　〈上对下　亲〉

98）「まあ、お聞き……」と、惣さんはそれを遮つて、「あの
　　ときのお前の権幕つてものはなかつたぜ。旦那にあいいは
　　れると、ぷいともう怒つてしなつて、奥へ挨拶もしないで
　　いきなり店を飛び出した。（朝顔・18・番頭→弟子　40 年
　　代以后）

　　〈上对下　疏〉

99）兄<ruby>さん<rt>にい</rt></ruby>、さあ甘酒を<u>飲んでおいで</u>、お<ruby>銭<rt>あし</rt></ruby>は要らないんだよ。（少年・148・甘酒屋→子供　40年代以后）

〈同等　亲〉

100）源助様、　某　未熟なりといへども、<ruby>北辰<rt>ほくしん</rt></ruby>一刀流の心得があるから、<ruby>曳<rt>えい</rt></ruby>!（と撃込の真似をして）此調子だから安心を<u>おし</u>。（恋の病・72・奉公人同士　20年代）

〈下对上　疏〉

101）露：なんだと、百姓め、失敬なことをいふと<ruby>撃<rt>うつ</rt></ruby>て仕舞ふぞ。

丙、乙：<ruby>御免<rt>ごめん</rt></ruby>々々。

（有福詩人・56・百姓→詩人　20年代）

　　如前面的例98）～100）所示，下层町人阶层男性对〈上对下亲〉〈上对下　疏〉〈同等　亲〉关系的听话者常用表达形式"お～φ"。而且，不同于士族、知识阶层和上层町人阶层，下层町人阶层的男性会向〈下对上　疏〉关系的听话者使用该形式。例101）是百姓们发现惹怒了狩猎的诗人时向诗人请求原谅的场面。"御免"虽然也属于"お～φ"类表达形式，但在这里的用法比较特殊，可以说是一种定型的惯用说法。

　　【下层町人阶层女性】的表达用例

　　〈上对下　亲〉

102）<ruby>お前先<rt>まへさき</rt></ruby>へお<ruby>這入<rt>はい</rt></ruby>り。（歐洲小説黄薔薇・538・外妾→下女　10年代）

103）オヽ長太郎寒かつたらう、<ruby>此方<rt>こつち</rt></ruby>へお<ruby>出<rt>いで</rt></ruby>、さあ寝ませう。（有福詩人・118・母→息子　20年代）

104）お種まア気を静に<u>おし</u>。（夢の女・57・母→娘　30年代）

105）だけど、お前、<u>考へて御覧</u>、お前の方にもそれは理屈があるかも知れないけれど、何といつたつて、お店のもの

をそんなことしたんだもの、お前がわるいにはきまうて
るぢやないか。（朝顔・12・母→息子　40年代以后）

　　分析例102）～105）可知，日本近代各个时期的作品当中都可
以收集到下层町人阶层女性在〈上对下　亲〉的关系中使用
"お～φ"的语例。这些语例大多表现的是带有亲昵之意的要求以
及安抚等。例102）是曾做过元老院议员的妾室，因而自称是大小
姐的阿吉对自家女佣所说的话语，由于二者是多年的主仆关系，所
以本书将二者认定为〈亲〉的关系。例103）～105）均是母亲对
儿子所说的话语，例103）的说话者是樵夫的妻子，例104）的说
话者是情人旅馆的老板娘，以前曾卖过身，例105）的说话者是在
乡间巡回演出的女艺人。

　　如例106）～108）所示，面对〈同等　亲〉关系的听话者，下
层町人阶层女性也常用"お～φ"。而如例109）所示，本次调查
中还出现该阶层女性向〈上对下〉疏远关系的听话者使用的语例。

　　〈同等　亲〉

106）ヱヽいやならわちきがのむからおよし。（安愚楽鍋・
　　147・遊女同士　初期）

107）早く二階へお上り。（英國孝子之傅・537・婆→棟梁　10
　　年代）

108）利三どん、ちよいとお待ち。時刻は何時頃がいゝの。（戀
　　を知る頃・69・下女→手代　40年代以后）

　　〈上对下　疏〉

109）モシねへさん御酒となまをもつてお出。（安愚楽鍋・
　　164・客（茶店女）→牛店の女中　初期）

　　〈下对上　亲〉

110）そんなに眠くはごゆつくりとこゝろの済まで寝ておいで。
　　（春雨文庫・322・妻→夫　初期）

　　另外，和士族、知识阶层和上层町人阶层的女性不同，下层町

人阶层的女性还会向〈下对上〉关系的听话者使用"お～φ"。但这时的使用，仅限于妻子对丈夫、姐姐对妹妹等亲族关系之间。

综合以上分析可知，"お～φ"在日本近代的使用有如下特点。

"お～φ"是各个阶层的男性和女性常用的祈使表达形式，其中士族、知识阶层的男性和女性尤其爱用该形式。

"お～φ"的使用对象主要是同等以下亲近关系的听话者，但对同等或疏远关系听话者的使用也达到一定比例。仅有下层町人阶层，会对同等以上关系的听话者使用如"おいで""ごらん""ごめん"之类的定型惯用表达。

3.2.5 "お～よ"

分析表5-12、表5-13可知，在近代日本，各个阶层的男性和女性都广泛使用"お～よ"这一表达，但与男性相比，女性的使用占绝大多数，达到整体使用量的85%。其中，尤其是下层町人阶层女性的使用率最高，占到了整体使用的一半之多。所有使用阶层，主要都是向同等及以下亲近关系的听话者使用，但本次调查中也出现极为少量的用于同等以上或疏远关系听话者的语例。

表5-12   日本近代东京语中说话者位相与"お～よ"使用量对应表

听话者\说话者	使用者总数	下对上疏	下对上亲	同等疏	同等亲	上对下疏	上对下亲	合计
士族、知识阶层男性	6						7	7
士族、知识阶层女性	12		1		1		11	13
上层町人阶层男性	2				1		1	2
上层町人阶层女性	3						10	10
下层町人阶层男性	2				3			3
下层町人阶层女性	27	1	2		24	1	19	47
合计	52	1	3	0	29	1	48	82

表 5 - 13　日本近代东京语中说话者位相与"お～よ"使用率对应表

听话者 / 说话者	使用者总数	下对上疏	下对上亲	同等疏	同等亲	上对下疏	上对下亲	合计
士族、知识阶层男性	6	0%	0%	0%	0%	0%	9%	9%
士族、知识阶层女性	12	0%	1%	0%	1%	0%	13%	16%
上层町人阶层男性	2	0%	0%	0%	1%	0%	1%	2%
上层町人阶层女性	3	0%	0%	0%	0%	0%	12%	12%
下层町人阶层男性	2	0%	0%	0%	4%	0%	0%	4%
下层町人阶层女性	27	1%	2%	0%	29%	1%	23%	57%
合计	52	1%	4%	0%	35%	1%	59%	100%

【士族、知识阶层女性】的表达用例

〈上对下　亲〉

111）どうぞ行々はお父様のやうな立派な者になりゃやおなりよ。（歐洲小説黄薔薇・471・母→息子　10 年代）

112）花、次の室へ床をおのべよ。それから氷をすぐにね。（乳姉妹・208・主人→小間使　30 年代）

113）輝一さん、お前さんも身体を大切にお為よ。（そらだき續編・363・伯母→甥　40 年代以后）

〈同等　亲〉

114）休暇に必ず出ておいでよ。（富士額男女繁山・560・女書生→仲間　10 年代）

〈下对上　亲〉

115）お止しよ、阿母さん！（其面影・287・娘→母　30 年代）

　　如上面的例 111）～ 113）所示，士族、知识阶层女性面对〈上对下〉亲近关系的听话者时多使用表达形式"お ～ よ"，通

常表现出一种带有亲昵之意的指示或提醒等。另外，该阶层女性对同等及以上关系的听话者也各使用了 1 例该形式，这两个语例都是非典型的少数用法。例 114）是车夫妻子的话语，这位妻子原来是一名女书生，说话时正在讽刺以前的贫穷书生同伴；例 115）是家庭内部发生纷争的场面，姐姐正在劝母亲不要怒斥妹妹，这两个例子都是非正常情况下的使用，属于一般规则之外的特殊用法。

另一方面，如下面的例 116）所示，上层町人阶层女性则仅向〈下对上〉亲近关系的听话者使用"お～よ"，主要用以表达劝告等意。

【上层町人女性】的表达用例

〈上对下　亲〉

116）最う一ツのお召縮緬の方にお為ヨ、彼方がお前にやア似合ふヨ。（浮雲・55・母→娘　20 年代）

【下层町人阶层女性】的表达用例

〈上对下　亲〉

117）お聞や別の浴衣を出してお進よ。（春雨文庫・316・芸者出身の妾→下女　初期）

118）思ひきり。いぢめておやりヨ。（當世書生氣質・68・遊女〈姉〉→遊女〈妹〉　10 年代）

119）お浪や、まア衣服でも着換へて……鳥渡其の不断着の単物に着換へて御覧よ。（夢の女・25・母→娘　30 年代）

120）花ちゃん。家がきまつたら遊びにおいでよ。（腕くらべ・205・芸者→半玉　40 年代以后）

如上面的例 117）～120）所示，在日本近代各个时期的作品当中都可以收集到下层町人阶层女性向〈上对下　亲〉关系的听话者使用"お～よ"的语例。其中一大特点就是，艺妓、妓女、以及原为艺妓、妓女出身的人物大量使用该形式。大部分语例都表现出

亲昵的要求、劝告、邀约等意。

　　另外，如下面的例 121）～ 124）所示，下层町人阶层女性在面对〈同等　亲〉关系的听话者时也常用"お～よ"来要求相关行为的实施。例 124）是谷崎润一郎的作品『戀を知る頃』中木棉批发商妾室的女儿阿金对恋人利三郎所说的话语，由于两人是相互喜欢的恋人关系，所以本书将二者认定为〈同等　亲〉的关系。

　　〈同等　亲〉

121）まアよさずといゝからあとをおはなしヨ。（安愚楽鍋・
　　　163・茶店女同士　初期）

122）マアお聞_{きき}ヨ。旦那_{だんな}へこんな風_{ふう}に意見_{いけん}して居_ゐたツさ。（妹
　　　と背かゞみ・234・下女同士　10 年代）

123）作蔵_{さん}様放しておやりよ。（恋の病・65・木樵の妻→夫の仲
　　　間　20 年代）

124）利三どん、お前ももう少しシッカリおしよ。彼の子の口
　　　から大事が洩れたら、二人共立つ瀬がないぢやないか。
　　　（戀を知る頃・68・恋人同士　40 年代以后）

　　另外，如下面的例 125）～ 127）所示，下层町人阶层女性对同等以上以及疏远关系的听话者有时候也会使用"お～よ"这一表达。例 125）是进店吃牛肉火锅的歌妓点菜时对女佣所说的话，例 126）是妾室在取笑自己丈夫时所说的话，例 127）是妓女劝书生客人玩抓阄游戏时说的话。由此可见，以取悦顾客为生的艺妓、妓女以及妾室等女性，即使是面对初次见面或者是同等以上关系的听话者，为了缩短与听话者的距离营造出亲近感，常常会亲昵地使用不带敬语的较为粗鲁的表达方式"お～よ"。

　　〈上对下　疏〉

125）モシねへさんアノごめんだうなが生_{なま}でたべるのだから
　　　精肉をうす切にして山葵醤油_{わさびせうゆ}をつけて二人前_{ふたりまへ}おくれヨ。
　　　（安愚楽鍋・150・客（歌妓）→牛店の女中　初期）

〈下对上　亲〉

126）お萬さんの 処 から手紙が来たのだらう、出してお見せ
よ。（歐洲小説黄薔薇・455・外妾→旦那　10年代）

〈下对上　疏〉

127）半助でもとつておやりヨ。（當世書生氣質・68・遊女→客
10年代）

【男性】的表达用例

与女性相比，在日本近代，男性使用"お～よ"的语例比较
少。如下面的例128）～131）所示，士族、知识阶层和上层町人
阶层的男性向同等以下亲近关系的听话者较多使用"お～よ"，
其中特别是对女性的使用频率高达78%。常常表达的是亲昵的催
促、提醒、劝告等意。例128）和130）都是丈夫对妻子所说的
话，例128）的说话者是一位官员，例130）的说话者是一位实
业家。

另外，如例132）和133）所示，町人阶层的男性对同等关系
的听话者会使用"お～よ"这一形式。例133）是居民土木工对
本打算行窃但最后竟然借钱给自己的小偷所说的话语，因为受到了
对方的帮助而自然产生了心理上的亲近感，所以本书将二者认定为
〈亲〉的关系。

〈上对下　亲〉

128）ヱ。ヲイ。黙つて居ちやアわからない。ヨウ返辞をおし
ヨ。（妹と背かゞみ・168・夫→妻　10年代　士族、知识
阶层男性）

129）お前の情夫が 覘 てるッてから用心おしよ。（社會百面
相/新学士・83・法律学士→煙草屋の女　30年代　士
族、知识阶层男性）

130）そら来た。ね、だから一所に連れて行つて御貰よ。（そ

れから・189・夫→妻　40 年代以后　士族、知识阶层男性）

131）さう云はずと乗つてお出でよ。（歐洲小説黄薔薇・537・
若旦那→下女　10 年代　上层町人阶层男性）

〈同等　亲〉

132）構はないからみんなお上りよ。（戀を知る頃・43・木綿問
屋の坊ちゃん→友達　40 年代以后　上层町人阶层男性）

133）湯を沸して茶でも入れるから。又これを縁に度々御出で
よ。（夏どろ・460・住民→泥棒　40 年代以后　下层町人
阶层男性）

综合以上分析可知，"お ～ よ"在日本近代的使用有如下
特点。

"お ～ よ"是各个阶层的女性常用的祈使表达形式，其中下层
町人阶层女性尤其喜欢使用这种形式。与此相对，各个阶层的男性
则很少使用该形式。

"お ～ よ"的使用对象主要是同等及以下亲近关系的听话者。
除去讽刺、争辩以及妓女对客人等特殊情况以外，该形式一般不用
于同等以下或疏远关系的听话者。

3.2.6　"お ～ な"

分析表 5 - 14 和表 5 - 15 可知，在日本近代东京语中，"お ～
な"是各个阶层的男性和女性通用的祈使表达形式，其中特别是女
性的使用频率非常高，占到整体使用的 76%。"お ～ な"的主要使
用对象是同等以下的听话者，但町人阶层的使用者也会向同等及以
上关系的听话者使用。本次调查所收集到的所有语例都仅指向关系
亲密的听话者，不用于关系疏远的听话者，这可以说是"お ～ な"
使用的一大特征。

表5－14　日本近代东京语中说话者位相与"お～な"使用量对应表

听话者 说话者	使用者 总数	下对上 疏	下对上 亲	同等 疏	同等 亲	上对下 疏	上对下 亲	合计
士族、知识阶层男性	7						9	9
士族、知识阶层女性	17						23	23
上层町人阶层男性	1		1					1
上层町人阶层女性	3						6	6
下层町人阶层男性	4		2		2			4
下层町人阶层女性	13		2		8		6	16
合计	45	0	5	0	10	0	44	59

表5－15　日本近代东京语中说话者位相与"お～な"使用率对应表

听话者 说话者	使用者 总数	下对上 疏	下对上 亲	同等 疏	同等 亲	上对下 疏	上对下 亲	合计
士族、知识阶层男性	7	0	0%	0%	0%	0%	15%	15%
士族、知识阶层女性	17	0	0%	0%	0%	0%	39%	39%
上层町人阶层男性	1	0	2%	0%	0%	0%	0%	2%
上层町人阶层女性	3	0	0%	0%	0%	0%	10%	10%
下层町人阶层男性	4	0	3%	0%	3%	0%	0%	7%
下层町人阶层女性	13	0	3%	0%	14%	0%	10%	27%
合计	45	0	8%	0%	17%	0%	75%	100%

【士族、知识阶层女性】的表达用例

〈上对下　亲〉

134）いゝワネ。お品と組におなりな。（妹と背かゞみ・181・

官員の長女→肴屋の娘　10年代）

135）何故でも可いから、早く支度をおしな。（多情多恨・92・

母→娘　20 年代）

136）お神さんに電話口へ出ろつて<u>御云ひな</u>。（吾輩は猫であ
　　　る・129・資産家令嬢→下男　30 年代）

137）仙吉に会はせて上げるから、あたしと一緒に此方へ<u>おい</u>
　　　<u>でな</u>。（少年・180・お嬢様→平民の子供　40 年代以后）

【上层町人阶层女性】的表达用例

〈上对下　亲〉

138）用が有るなら茲処で<u>お言ひな</u>。（浮雲・64・母→息子　20
　　　年代）

139）失礼な……お茶でも持つて<u>おいでナ</u>。（くれの廿八日・
　　　19・女将→下女　30 年代）

　　　如上面的例句所示，在日本近代，士族、知识阶层和上层町人
阶层的女性只对同等以下亲近关系的听话者使用"お～な"这种
形式。士族、知识阶层女性使用的语例出现在除初期以外的各个时
期的作品当中，而上层町人阶层女性的语例则仅出现在 20、30 年
代的作品当中。"お～な"常用于富家千金对游戏伙伴、主人对自
家佣人、母亲对儿子等亲近关系的听话者和说话者之间，在要求行
为实施的同时多含有亲爱之意。

　　　另一方面，如例 140）～ 145）所示，下层町人阶层女性在面对
亲近关系的听话者时，无论是同等以下还是同等及同等以上的对象
都会使用祈使表达"お～な"，但对疏远关系的听话者则不会使用
该形式。例 144）是妻子鼓励丈夫的话语，丈夫因为腿脚无力难以
行走而说想要一个人去寻死，但妻子不离不弃仍然要搀扶他行走，
这些字里行间都体现出妻子体谅、抚慰丈夫的亲爱之情。例 145）
是曾做过妓女的女儿和自己经营小酒店的父亲吵架时所说的话语，
虽然二人之间发生了口角，但从"お～な"这一表达形式中仍能
体现出这位女性对亲人撒娇的心情。

【下层町人阶层女性】的表达用例

〈上对下　亲〉

140）一日も早くこんな処を出して貰ふのが上分別だ。よし
か。さうおしな。（當世書生氣質・160・母→娘 10 年
代）

〈同等 亲〉

141）おくみさんおまへおひきナ。（西洋道中膝栗毛・17・下女
同士 初期）

142）外の好い少女を呼んで遊んでおいでな。（英國孝子之
傳・536・婆→棟梁 10 年代）

143）花ちやん、兄さんが来たつて云ふから今の中、一緒に楽
屋へおいでな。（腕くらべ・224・芸者同士 40 年代以
后）

〈下对上 亲〉

144）まア吾儕の肩へしつかりと捕つてお出な。（春雨文庫・
318・妻→夫 初期）

145）何だネお爺さん。静におしな。（妹と背かゞみ・219・
娘→父 10 年代）

【男性】的表达用例

〈上对下 亲〉

146）是お見な。（春雨文庫・354・侍→料理屋の女 初期 士
族、知识阶层男性）

147）絹ちやん、お聞きな。（夢の女・45・客→待合の女 30
年代 士族、知识阶层男性）

148）あたしと栄ちやんがお巡査になるから、お前は泥坊にお
なんな。（少年・154・坊ちやん→馬丁の子供 40 年代以
后 士族、知识阶层男性）

〈下对上 亲〉

149）おツ母さん、何かお菓子をおくんな。（戀を知る頃・42・

息子→母　40 年代以后　上层町人阶层男性）

150）番頭さん、わたしが取持つてあげるから、晩に軍鶏でも
お奢りな。（人間萬事金世中・27・丁稚→番頭　初期　下
层町人阶层男性）

〈同等　亲〉

151）序にお前さんも切幕でも一幕見てお出でな。（歐洲小説
黄薔薇・537・奉公人同士　10 年代　下层町人阶层男性）

与女性相比，男性使用"お～な"的频率不太高。如上面的
例 146）～148）所示，士族、知识阶层的男性和同阶层的女性一
样，仅向同等以下关系亲近的听话者使用该形式。另外，如例
149）～151）所示，町人阶层的男性则会将该形式用于同等及以
上亲近关系的听话者。例 149）是木棉批发店的小少爷请求母亲
给点心吃时所说的话，儿子对母亲撒娇的语气尽显无疑。例 150）
是批发店的小学徒以帮掌柜找情妇为条件，要掌柜请他吃鸡时所
说的玩笑话，这一表达生动地刻画出工作同伴之间的亲昵之情。

综合以上分析可知，"お～な"在日本近代的使用有如下
特点。

"お～な"是各个阶层的男性和女性通用的祈使表达形式，其
中特别是下层町人阶层女性的使用最为频繁。

"お～な"的使用对象主要是同等以下关系的听话者。町人阶
层的使用者也会对同等及以上关系的听话者使用。"お～な"可以
消除说话者和听话者的界限，进入听话者的心理范围，融入亲昵、
感动、撒娇、抚慰等感情来要求相关行为的实施，所以仅用于关系
亲密的听话者。可以说"お～な"的一大特点就是不用于疏远关
系的听话者。

3.2.7　"お～なね"

根据表 5 - 16 可知，在日本近代东京语中，祈使表达"お～
なね"的使用者仅限于各个阶层的女性，本次调查没有收集到男

性的语例。士族、知识阶层和上层町人阶层的女性只对同等以下
亲近关系的听话者使用该形式，但下层町人阶层的女性则也会对
同等及以上亲近关系的听话者使用。"お～なね"使用的一大特
点就是无论哪个使用阶层都不会对疏远关系的听话者使用该形
式。如例152）是母亲催促女儿准备大扫除，例153）是官员的
妻子催促丈夫妾室的女儿立即答话，例154）是母亲提醒弄洒饭
的女儿吃饭小心。例155）是曾做过妓女的女儿请同她吵架的父
亲息怒，例156）是茶馆女侍催促弄洒酒的同伴赶紧站起来，例
157）是身为艺妓的姐姐催促妹妹赶紧端茶过来。从这些例子可
以看出，"お～なね"是催促听话者尽早实施某行为的表达，语
气中大都带有亲昵之情。另外，如本书第四章所述，"お～な
ね"在近代40年代以后就再无使用者出现。近代前期的语例多
为带有长音的"お～なねえ"，而后期则多为短音的"お～な
ね"。另一方面，从使用阶层上来看，近代前期的使用者主要是
茶馆侍女、妓女、艺妓等，而后期20、30年代的使用者则只有中
年以上的妇女。

表5-16　日本近代东京语中说话者位相与"お～なね"使用量对应表

听话者　　　　说话者	使用者总数	下对上疏	下对上亲	同等疏	同等亲	上对下疏	上对下亲	合计
士族、知识阶层男性								0
士族、知识阶层女性	2						3	3
上层町人阶层男性								0
上层町人阶层女性	1						3	3
下层町人阶层男性								0
下层町人阶层女性	4		2		1		1	4
合计	7	0	2	0	1	0	7	10

【士族、知识阶层女性】的表达用例

〈上对下　亲〉

152）早くお為なね。（多情多恨・93・母→娘　20 年代）

153）え、小夜、何とかお言ひなね。（其面影・288・継母→
　　　娘　30 年代）

【上层町人阶层女性】的表达用例

〈上对下　亲〉

154）そらそら、気をお付けなね。小供ぢやア有るまいし。（浮
　　　雲・125・母→娘　20 年代）

【下层町人阶层女性】的表达用例

〈下对上　亲〉

155）其青い筋をお蔵匿なネヱ。（妹と背かゞみ・219・娘→
　　　父　10 年代）

〈同等　亲〉

156）ソレおひきさんまへがよごれるからおたちなねへ。（安愚
　　　楽鍋・163・茶店女→茶店女　初期）

〈上对下　亲〉

157）早くお茶でもおくれなネヱ。（當世書生氣質・151・芸者
　　　姉→芸者妹　10 年代）

3.2.8　其他形式

　　除以上 7 种形式之外，"连用形＋终助词类"祈使表达在日本
近代东京语中还有 6 种形式，但是每种形式的总语例数都在 5 例以
下，即"～φ"（5 例）、"～ねえよ"（3 例）、"ねえな"
（3 例）、"お～なよ"（1 例）、"お～ねえよ"（1 例）、"お～よ
ね"（1 例）。如例 158）和 159）中所示，关于表达形式"～φ"，
男性将其用于同等亲近关系的听话者，而女性则将其用于同等以下
亲近关系的听话者。关于表达形式"～ねえよ"则如例 160）、
161）所示，主要是出现在下层町人阶层男性之间的对话当中。而

表达形式"～ねえな"如例162）、163）所示，主要是下层町人阶层女性向同等亲近关系的听话者使用。而如例164）～166）所示，表达形式"お～なよ""お～ねえよ""お～よね"在本次调查中都只收集到 1 个语例，使用者均为下层町人阶层的男性和女性。

158）マア待。イヽエマア待たまへ。君ハ相かはらず。考へすぎるヨ。（當世書生氣質・141・書生同士　10 年代　士族、知识阶层男性）

159）おまへもかうやつておき。（妹と背かゞみ・237・姉→妹　10年代　下层町人阶层女性）

160）エエト待ちねヘヨ。（西洋道中膝栗毛・52・手代同士　初期　下层町人阶层男性）

161）みんなも早く上げて来ねえよ。（富士額男女繁山・382・車夫同士　10 年代　下层町人阶层男性）

162）尚おめへ。考へても見ネエな。（當世書生氣質・132・梳擺→大工　10 年代　下层町人阶层女性）

163）何処へ行かうとお前の世話にはならねえよ。他の事よりお前こそ彼地へ行きねえな。（恋の病・65・木樵妻→夫の仲間　20 年代　下层町人阶层女性）

164）今から用心しておおきなヨ。（妹と背かゞみ・229・姉〈元遊女〉→妹　10 年代　下层町人阶层女性）

165）お免ねえよ……忠公おめへも一所にゆかねえか（政黨餘談淑女の後日・114・車夫同士　20 年代　下层町人阶层男性）

166）私が帰つて来たら、すぐお店へ行つて、大きいおかみさんによくおねがひするつもりだがね。お前もちつと番頭さんやなにかのところへ行つて、旦那の方の様子も聞い

て御覧よね。（朝顔・12・母〈地方廻りの女役者〉→息子　40 年代以后　下层町人阶层女性）

3.2.9　"连用形 + 终助词类"小结

根据日本近代东京语中"连用形 + 终助词类"祈使表达主要形式的使用状况，可以将其大分为五个类型。这类表达的一个共同特点就是都不会用于同等以上以及疏远关系的听话者。

下层町人阶层男性→同等或同等以下亲近关系的听话者："～ねえ"

所有阶层的男性→同等或同等以下亲近关系的听话者："～な"

所有阶层的女性→同等或同等以下亲近关系的听话者："お～よ""お～な""お～なねえ"

所有阶层的男性和下层町人阶层女性→同等以下亲近关系的听话者对象："～なよ"

所有阶层的男性和女性→同等或同等以下亲近关系的听话者："お～φ"

3.3　"连用形 + やれ 类"

在日本近代东京语中，作为要求相关行为实施的祈使表达使用的形式还有一类，即动词连用形后接助动词"やる"的命令形"やれ"；有时候"やれ"的"れ"会被省略变成"～や"。如本书第四章所述，此次调查中，"～やれ类"表达形式的使用仅出现在河竹默阿弥、松村春辅、依田学海、幸田露伴和内田鲁庵五位作家的作品之中。"～や"和"～やれ"都是江户语中常见的形式，该类表达可以说是传承江户语而遗留下的表达。因此，随着助动词"やる"的衰退，这两种形式在近代 40 年代以后就再未出现使用者和相关语例。

3.3.1　"～や"

表 5 – 17　日本近代东京语中说话者位相与"～や"使用量对应表

听话者 ／ 说话者	使用者总数	下对上疏	下对上亲	同等疏	同等亲	上对下疏	上对下亲	合计
士族、知识阶层男性								0
士族、知识阶层女性	6						12	12
上层町人阶层男性	1						1	1
上层町人阶层女性	3						3	3
下层町人阶层男性	1						1	1
下层町人阶层女性	2						2	2
合计	13	0	0	0	0	0	19	19

　　分析表 5 – 17 可知，"～や"是日本近代所有阶层的女性和町人阶层的男性使用的形式，其中特别是女性的使用率高达 90%。但是，士族、知识阶层男性不会使用该形式，因为本次调查中未收集到该阶层男性使用的相关语例。这一表达形式的最大特点就是，所有阶层的使用者都只将该形式用于同等以下亲近关系的听话者。

　　【士族、知识阶层女性】的表达用例

　　〈上对下　亲〉

167）コレ衛士 衆 二人は大造労れた様子よく介抱して連て来や（春雨文庫・320・主人→家来　初期）

168）卑怯未練に包み隠さず、名乗り合はして 勝 負しや。（富士額男女繁山・581・女書生→車夫　10 年代）

169）これ吉原、健八を追出しや。（政黨餘談淑女の後日・142・士族令嬢→玄関番書生　20 年代）

170）お前達は次へ退つて在や。（社會百面相/破調・469・侯

爵夫人→下女　30 年代）

如上面的例 167）～170）所示，从日本近代初期到 30 年代的作品当中都可以收集到士族、知识阶层女性使用"～や"的语例。常用于主君对家臣、女佣、门生等近代的绝对性上下级关系之中，多表现出一种带有亲近感的指示。例 168）是女书生对和自己有过一夜夫妻之情的车夫所说的话，因为书生和车夫在身份和学识上的差异，所以本书将二者认定为〈上对下　亲〉的关系。

【上层町人阶层女性】的表达用例

171）よく気を附けてお上げ申しや。（東京日新聞・229・座敷の女将→下女　初期）

172）さあ娘、早くはひりや。（人間萬事金世中・70・母→娘 10 年代）

另一方面，如上面的例 171）、172）所示，日本近代前期的作品当中可以收集到上层町人阶层女性使用"～や"的语例。和士族、知识阶层女性相同，上层町人阶层女性也仅向同等以下亲近关系的听话者使用该形式。

此外，如例 173）、174）所示，下层町人阶层女性使用"～や"的语例主要出现在近代 10 年代和 20 年代的作品之中。使用者和听话者的关系多为如祖母对孙儿、母亲对儿子等亲族关系。

【下层町人女性】的表达用例

173）煎じあがつた様子ゆゑ、枕頭へ持つて来や。（人間萬事金世中・39・祖母→孫　10 年代）

174）コレ長太郎父様と一処に納戸へ行て休みや。（有福詩人・113・母→息子　20 年代）

【町人阶层男性】的表达用例

175）これ娘、よくお礼を申しやいの。（富士額男女繁山・540・父→娘　10 年代　上层町人阶层男性）

176）これ、お夏、酷いでは無いか。考へて見や。（有福詩人・

64・農夫→漁夫妻　20 年代　下层町人阶层男性）

町人阶层的男性使用"～や"的语例非常少见，本次调查仅出现 2 例。例 175）是书店老板催促女儿感谢救命恩人时所说的话，这位使用者还在"～や"之后附加使用了表示感动之意的终助词"い"和"の"。例 176）中，农夫和渔夫的妻子是同村的熟人，原本是同等关系，但由于农夫借了一袋大米给渔夫，前者在心理上处于优势，因此本书将二者关系认定为〈上对下　亲〉的关系。

综合以上分析可知，"～や"在日本近代的使用有如下特点。

"～や"是女性和町人阶层男性使用的祈使表达形式，其中特别是女性的使用率最高。

"～や"的使用对象仅限于同等以下亲近关系的听话者。大多数情况下都表现出说话者亲近、感动、激昂的心情。

3.3.2　"～やれ"

表 5-18　日本近代东京语中说话者位相与"～やれ"使用量对应表

听话者 说话者	使用者总数	下对上疏	下对上亲	同等疏	同等亲	上对下疏	上对下亲	合计
士族、知识阶层男性	9					1	27	28
士族、知识阶层女性	1						1	1
上层町人阶层男性	2						8	8
上层町人阶层女性								0
下层町人阶层男性	3						3	3
下层町人阶层女性								0
合计	15	0	0	0	0	1	39	40

根据表 5-18 可知，在近代东京语中，"～やれ"是所有阶层的男性和士族、知识阶层女性使用的表达形式，町人阶层女性使用的语例在本次调查中为零。"～やれ"的主要使用对象是同等以下

亲近关系的听话者，但是士族、知识阶层男性对疏远关系的听话者也使用了 1 例该形式。

【士族、知识阶层男性】的表达用例

〈上对下 亲〉

177）まあ、何しろこつちへ来<u>やれ</u>。（東京日新聞・266・浪士→元家来　初期）

178）さゝ、回向（ゑかう）が済（す）んだら早（はや）く行（い）き<u>やれ</u>。（富士額男女繁山・442・父→娘　10 年代）

179）こりや谷川（たにかは）、今夜（こんや）は遊猟（いうれふ）に出（で）ねば成（な）らぬ、猟筒（れうづつ）の掃除（さうじ）を<u>しやれ</u>。（政黨餘談淑女の後日・91・政治家→書生　20 年代）

180）こりや奈何（どう）ぢや。大分激（だいぶはげ）しい逆鱗（げきりん）ぢやノウ。先ア少ッと此方（こちら）を向（む）き<u>やれ</u>──（社會百面相/精神家・57・夫→妻　30 年代）

〈上对下 疏〉

181）兎やかう申さず捨てゝ<u>おきやれおきやれ</u>。（東京日新聞・231・浪士→女将　初期）

在近代日本，士族、知识阶层男性使用"～やれ"的语例最多，占整体使用量的 70%。如上面的例 177）～181）所示，近代初期至 30 年代的作品当中都可以收集到相关语例。该阶层的使用者多将该形式用于同等以下亲近关系的听话者，如主人对家仆、父母对子女、丈夫对妻子，等等，表达出的要求之中多含有一种亲爱之意。例 181）是一位浪人被酒店女老板娘警告后反而十分暴怒时所说的话，这属于争吵状态下的特殊对话，不同于普通场面。

另一方面，如例 182）、183）所示，町人阶层男性使用"～やれ"的语例仅出现在近代前期河竹默阿弥的歌舞伎台词本之中。同士族、知识阶层男性一样，该阶层的使用者也仅对同等以下亲近关系的听话者使用"～やれ"。

【上层町人阶层男性】的表达用例

182）これ鉄造、包み物を爰へ出しやれ。（人間萬事金世中・

7・積問屋の旦那→店の若者　10年代）

【下层町人阶层男性】的表达用例

183）さあ繁、旦那様のおつしやる通り、もう盤面は作れぬ

から、恐れ入つたと白状しやれ、言はずば伯父の惣助

が、拷問に掛けて言はすぞ。（富士額男女繁山・492・伯

父→甥　10年代）

下面的例184）是女性使用"～やれ"的唯一一个语例。该例的使用者是河竹默阿弥作品『富士額男女繁山』中主人公女书生阿繁。阿繁由于不得已的原因长期隐瞒自己的女人身份作为一名书生生活着，该语例是阿繁面对杀害父亲的凶手正要惩罚这个恶人时所说的奋激之言，这里所使用的"往生しやれ"应该不是平常的女性用语，而应当认定为书生语言的一种表现。

【士族、知识阶层女性】的表达用例

184）無理に呑ましして酔ひ醒の、水の替りにひいやりと、冷た

い白刃を振舞ふから、覚悟をなして往生しやれ。（富士

額男女繁山・582・女書生→父を殺した犯人　10年代）

综合以上分析可知，"～やれ"在日本近代的使用有如下特点。

"～やれ"是各个阶层的男性使用的祈使表达形式。其最大特点就是女性不使用该形式。

"～やれ"的使用对象主要是同等以下亲近关系的听话者。士族、知识阶层男性在争吵等特殊场面也会对疏远关系的听话者使用。但对同等以上关系听话者使用的语例为零。

3.3.3　"连用形 + やれ类"小结

近代东京语中"连用形 + やれ类"祈使表达中有"～や"和

"～やれ"2种形式，其使用状况可以分为以下两个类型。这类表达的一个共同特点就是都不会用于同等以上以及疏远关系的听话者。

　　　　所有阶层的女性→同等以下亲近关系的听话者："～や"

　　　　所有阶层的男性→同等以下亲近关系的听话者："～やれ"

3.4　"连用形 + しゃれ 类"

　　"连用形 + しゃれ类" 祈使表达是在动词连用形后面接续助动词"さっしゃる"和"しゃる"的命令形形成的一类表达形式。汤泽幸吉郎（1957）中指出，从江户语发展的历史上来看，"さっしゃる"的命令形从"さっしゃれ"开始按照"さっしゃい""さっせえ""さっし"的顺序发生变化，"しゃる"的命令形则从"しゃれ"开始按照"しゃい""せえ""し"的顺序发生了变化。正如本书第四章中已经提到，在日本近代东京语中，这类祈使表达已经发生衰退。虽然此次调查中共收集到12种形式，但每种形式的语例都非常少，而且近代前期的资料中还可以零星地收集到一些语例，但在后期40年代以后则再无语例出现。在本节中，将以语例总数达10例以上的"～しゃい""～さっしゃい"为中心，探察分析"～しゃれ类"表达和说话者位相之间的关联性。

3.4.1　"～しゃい"

　　分析下面的表5－19可知，在日本近代，"～しゃい"是所有阶层男性使用的表达形式，其中特别是町人阶层男性的的使用率高达80%。但是女性使用的语例为零。士族、知识阶层的使用者主要是对同等以下亲近关系的听话者使用，而町人阶层的使用者则是对同等及以下亲近关系的听话者使用。但是该形式的最大特点就是，无论哪一使用阶层的使用者都不会将"～しゃい"用于同等以上或者疏远关系的听话者。而且，本次收集到的所有"～しゃい"的语例之后都未出现接续终助词的情况。

表 5 – 19　　日本近代东京语中说话者位相与"～しゃい"使用量对应表

说话者＼听话者	使用者总数	下对上疏	下对上亲	同等疏	同等亲	上对下疏	上对下亲	合计
士族、知识阶层男性	2						2	2
士族、知识阶层女性								0
上层町人阶层男性	2				2			2
上层町人阶层女性								0
下层町人阶层男性	4				3		3	6
下层町人阶层女性								0
合计	8	0	0	0	5	0	5	10

【士族、知识阶层男性】的表达用例

〈上对下　亲〉

185）そんなら加減_{かげん}をいたすから、其薬_{そのくすり}を出_ださつしやい。（富
　　士額男女繁山・428・医者→雇い婆　10 年代）

186）黙_{だま}らッしやい。生意気_{なまいき}な事吐_{ことほざ}くと頬桁_{ほほげた}ヒン曲げるぞ。
　　（社會百面相/精神家・53・精神家→書生　30 年代）

【上层町人阶层男性】的表达用例

〈同等　亲〉

187）よくござつた、まあこつちへ上_{あが}らつしやい。（人間萬事金
　　世中・6・旦那同士　10 年代）

【下层町人男性】的表达用例

〈同等　亲〉

188）いちげへにこつちへあがらッしやイ。（西洋道中膝栗毛・
　　46・下男→手代　初期）

189）これこれ惣助_{そうすけ}どの、めつたな事を言ひなさんな、待_またつ
　　しやい。（富士額男女繁山・485・奉公人同士　10 年代）

〈上对下　亲〉

190）コレ騒がしい、<u>静まらつしやい</u>。今旦那様が此処へ御坐

るは。（有福詩人・66・番頭→百姓　20 年代）

　　如上面的例 185）～ 190）所示，士族、知识阶层男性使用"～
しゃい"的语例可以确认至日本近代后期 30 年代的作品当中，但上
层町人阶层男性使用的语例则仅出现于近代前期河竹默阿弥的作品
之中。另一方面，下层町人阶层男性使用的语例可以从日本近代初
期确认至 20 年代的作品之中。例 190）是土豪家的掌柜对百姓所说
的话，因为百姓是来找自家主人借钱的，和主人在同一集团的掌柜
在心理上也处于优势，所以本书将二者认定为〈上对下　亲〉的关
系。"～しゃい"原本是对动作主体表达尊敬之意的形式，但在日
本近代东京语资料中无论哪个阶层的使用者都不会将其用于同等以
上以及疏远关系的听话者，因此可以推断该形式已近乎失去了原有
的敬意。

　　3.4.2　"～さっしゃい"

表 5 - 20　日本近代东京语中说话者位相与"～さっしゃい"使用量对应表

说话者＼听话者	使用者总数	下对上疏	下对上亲	同等疏	同等亲	上对下疏	上对下亲	合计
士族、知识阶层男性	1						1	1
士族、知识阶层女性								0
上层町人阶层男性	4				1		6	7
上层町人阶层女性								0
下层町人阶层男性	2			1	1			2
下层町人阶层女性								0
合计	7	0	0	1	2	0	7	10

　　根据上面的表 5 - 20 可知，在日本近代，与"～しゃい"一

样，"～さっしゃい"的使用者仅限于各阶层的男性。因为女性的语例为零，所以可以说女性不使用该表达形式。町人阶层男性的使用频率最高，占到整体使用量的90%。士族、知识阶层和上层町人阶层的使用者主要对同等以下亲近关系的听话者使用该形式，而下层町人阶层的使用者对同等的亲近以及疏远关系的听话者则都会使用。另外，本次调查中收集到1例"～さっしゃい"之后接续终助词的语例，即下面的例196）。

【士族、知识阶层男性】的表达用例

〈上对下 亲〉

191）僕に於ても気が勇む膏薬は今延して上るから少し待て<u>居さつしやい</u>（春雨文庫・321・医者→患者の妻　初期）

【上层町人阶层男性】的表达用例

〈上对下 亲〉

192）これこれ婆さん、大変だ、娘をつれて<u>爰へ出さつしやい</u>。（人間萬事金世中・32・夫→妻　10年代）

193）<u>離別さツしやい</u>。（くれの廿八日・21・本家の主人→姪の婿養子　30年代）

〈同等 亲〉

194）疑はしくばこれを<u>見さつしやい</u>。（人間萬事金世中・56・旦那同士　10年代）

【下层町人阶层男性】的表达用例

〈同等 亲〉

195）まあ、ともかくも<u>責掛けさつしやい</u>。（人間萬事金世中・44・差配人→米屋、薪屋　10年代）

〈同等 疏〉

196）今のお客を送つたと思つて、乗せて<u>上げさつしやいな</u>。（東京日新聞 ・224・茶店の亭主→車夫　初期）

上面的例191）是诊所医生对定期去为丈夫取药的相扑力士的

妻子所说的话，因为是医生与患者家属的关系，所以本书将二者认定为〈上对下　亲〉的关系。另外，如例192）～194）所示，上层町人阶层男性不仅向同等以下亲近关系的听话者使用"～ さっしゃい"，对同等亲近关系的听话者也同样会使用该形式。另一方面，如例195）、196）所示，下层町人阶层男性不会对同等以下的听话者使用"～ さっしゃい"，而主要是向同等关系的听话者使用。而且，只有这个阶层的使用者对疏远关系的听话者也会使用"～ さっしゃい"这一形式。

3.4.3　其他形式

除以上2种形式以外，"连用形 + しゃれ类"祈使表达在日本近代东京语中还有10种形式，但是每种形式的总语例数都在7例以下，即"～ しゃれ"（2例）、"～ せえ"（7例）、"～ し"（3例）、"～ しゃりませ"（1例）、"～ せえまし"（1例）、"～ さっしゃれ"（1例）、"～ さっせえ"（2例）、"～ さっし"（1例）、"～ さっしゃえ"（1例）、"～ さっしゃろ"（2例）。如下面的例197）、198）中所示，"～ しゃれ"主要由上层町人阶层和士族、知识阶层的男性向同等以下关系的听话者使用。关于表达形式"～ せえ"，除了例199）中士族、知识阶层男性使用了1例以外，其他语例的使用者均为下层町人阶层男性。另外，如例204）和208）中所示，"～ さっしゃれ"和"～ さっしゃえ"各有1个语例，其使用者都属于士族、知识阶层。其他表达形式"～ しゃりませ""～ せえまし""～ さっせえ""～ さっし""～ さっしゃろ"的使用者则均为下层町人阶层的男性。

197）さあ、改めて請取らつしゃれ。（人間萬事金世中・47・
　　　若旦那→差配人、米屋、薪屋　10年代　上层町人阶层男
　　　性）

198）宜しい、通らつしゃれ。（政黨美談淑女の操・68・士族→
　　　門生　20年代　士族、知识阶层男性）

199）こりや谷川又例の鉄砲ばなしハ置ツせえ。（政黨餘談淑
　　　女の後日・100・政治家→書生　20年代　士族、知識階
　　　層男性）

200）この竹へとりついてあがらツせへ。（西洋道中膝栗毛・
　　　46・下男→手代　初期　下層町人階層男性）

201）サアおはちおとめ一所にゆかつし。（西洋道中膝栗毛・
　　　11・親分→子分の妻　初期　下層町人階層男性）

202）さあさあ粗葉だが呑まつしやりませ。（東京日新聞・
　　　225・車夫→下男　初期　下層町人階層男性）

203）おめへさんの代に通次さんをよこさツせへチウ伝言でご
　　　ざるはやくよバツせへましヨ。（西洋道中膝栗毛・78・下
　　　男→豪商　初期　下層町人階層男性）

204）そりや何の引合かは存ぜぬが、手前はちつと心の急く
　　　ことがあれば、まあ爰を放さつしやれ。（東京日新聞・
　　　237・客→車夫　初期士族、知識階層男性）

205）鉄張の大艦に乗た気で落付てゐさツせへ。（西洋道中膝
　　　栗毛・9・町人→亭主　初期　下層町人階層男性）

206）「ヤイ甚公、見さつせ、」と助蔵老爺はニタニタ笑ひなが
　　　ら仰むいて、「己が破鐘声で笑つた御利益は覿面だ。此
　　　通り日輪様が顔ア出した。な……だから笑へツて事
　　　よ。あツはツはツ……」（老車夫・354・老車夫同士　30年
　　　代　下層町人階層男性）

207）ヲツト商公勘弁サツシ。（西洋道中膝栗毛・91・手代→
　　　下男　初期　下層町人階層男性）

208）それらの事ハ昨日倅からきゝましたが。シテ証拠にな

る品といふのハ。マア其品_{そのしな}をみせさつしやへ。（當世書
生氣質・148・士族→梳擺　10 年代士族、知识阶层男性）

209）夢中でおめへらをぶツころがしたゞア堪忍_{かんにん}さッしやろ。
（西洋道中膝栗毛・57・下男→手代　初期　下层町人阶层
男性）

3.4.4　"连用形＋しゃれ类"小结

本书对大量的日本近代东京语代表作品进行了数据收集，但在
本次的调查资料当中，"连用形＋しゃれ类"祈使表达的各个形式
相关语例都非常少，因此对其使用状况也很难加以判定。如果一定
要对其主要形式"～しゃい"和"～さっしゃい"的使用特征进行
总结，则可将二者归类为同一个类型，即"町人阶层的男性→同等
或同等以下亲近关系的听话者"使用的祈使表达。

4. "Ⅰ类 未使用敬语形式的祈使表达"与位相关系的总结

根据日本近代东京语中"Ⅰ类　未使用敬语形式的祈使表达"
的使用状况，可以将其与说话者位相的关系分为以下十种类型。这
类表达的最大特点就是几乎不会对同等以上或者疏远关系的听话者
使用。

士族、知识阶层男性→同等以下亲近或疏远关系的听话者：
"谦让语动词命令形"

下层町人阶层男性→同等或同等以下亲近关系的听话者："～
ねえ"

上层和下层町人阶层的男性→同等或同等以下亲近关系的听话
者："～しゃい""～さっしゃい"

所有阶层的男性→同等以下亲近关系的听话者："～やれ"

所有阶层的男性→同等或同等以下亲近关系的听话者："～

な”

　　所有阶层的男性→同等或同等以下亲近或疏远关系的听话者：
“普通动词命令形”

　　所有阶层的女性→同等以下亲近关系的听话者：“～や”

　　所有阶层的女性→同等或同等以下亲近关系的听话者：“お～
よ”“お～な”“お～なねえ”

　　所有阶层的男性和下层町人阶层女性→同等以下亲近关系的听
话者：“～なよ”

　　所有阶层的男性和女性→同等或同等以下亲近关系的听话者：
“お～φ”

注：

1. 引用自 1969 年由筑摩书房出版的『明治文學全集 16・坪内逍遙集』
第 59 页。

2. 本章主要限定于对肯定类型的祈使表达进行调查，主要探讨其与说话
者位相之间的关联性。因此，以下的形式不列入分析对象的范围之内。
①本次调查的核心对象是出现在对话句中、对听话者具有号召和推动
性的表达形式，因此，叙述句、引用句、假设让步句以及一般认为接
近书面语表达的书信和电报类表达均不属于本次研究的范围。

　　○　適には冴しな気がするから一緒に寝かしてお呉れと云ふと、
日本流の色事はいかない、西洋流に婚礼をしない内は
同衾をしないと云つて遠ざけられ……（叙述句　歐洲小説
黄薔薇・442）

　　○　さて此文、父上に見せたまふも、見せ給はぬも君が思ふ儘
に為し給ふべし、さらば健かに在せ、泉子様、輝一。（书
信　そらだき續編・366）

　　○　さうして僕に詫を為てくれ、其が成らずば、君に一遍逢せて
くれ、と縋つて頼むのじやな。（引用句　金色夜叉・314）

○　苟にも家庭教師と名の付く者に向つて、串戯にもしろ、其様な淫がはしいことを言つたり為たりするのは無礼でせう。（假设让步句　其面影・273）

②本次调查的对象主要限定在肯定类型的直接祈使表达，因此否定意义的禁止表达以及劝诱、当为、愿望、疑问、平叙、省略等语言形式派生而来的好似类祈使表达均不属于本次研究的范围。

○　露子の事ハ心配なさいますな。（禁止　八重桜・127）

○　な、静江さん、何時までも長アく骨肉の兄妹だと思つて睦じくしませうな。（劝诱　くれの廿八日・28）

○　あゝ仲が好のは仕合はせなやうなものゝ、両方とも若い者同士だからさうでもない、心得違ひが有ツてはならぬからお前が始終看張ツてゐなくてはなりませぬぜ。（当为　浮雲・24）

○　改めて願ひ升るが、是迄の証書の面を拝見が致したうござり升る。（愿望　政黨餘談淑女の後日・136）

○　親分のいふことを聞かぬか、太い野郎だ擲き出すぞ。（疑问　有福詩人・101）

○　ぢや菓子は可いから、御馳走の支度だ。（平叙　多情多恨・59）

○　今はお父様の思召もある事ですし、立派なお姉様もお出遊ばすのですから……貴君はどうぞお姉様を奥様に遊ばすやうに……（省略　乳姉妹・164）

③祈使表达中原本最基本的要素就是说话者和听话者同处一个地点直接面对面进行对话。如果说话者的要求不是指向眼前的听话者，那么通常只能成为其单方面的一种愿望。因此，本次调查中不包含听话者不明以及对逝者或神佛等发出要求的表达。

○助けてくれえ、誰か。（恋の病・65）

○南無清　正公太　神宮たたすけたまへ救ひたまへ。（西洋道中膝栗毛・32）

④本次调查中不包含对听话者无推动、号召作用的祈使表达，如自言自语以及心理活动等。

○　イヤ待てよ。もう根津ではなかつた、洲崎へ引こしてしまつたな。（自言自语　政黨美談淑女の操・30）

○　「己はこんな処へ来る筈ではなかつたのだ。後生だから此のまま黙つて寝かしてくれろ」かう云ふ言訳をする彼の腹の中では、極度の軽蔑、排斥、憤懣の情が、煮えくり返つて居た。（心理活动　颶風・232）

⑤本次调查中不包含对非人类的异物所使用的祈使表达，如自然物、无生物（无情物）、怪物、动物等。

○　吹雪よ、吹け、吹け。（对自然物的发话　颶風・234）

○　はなせといッたらエ丶はなせはなせ。（对野兽的发话　西洋道中膝栗毛・73）

⑥"馬鹿云へ""たんと悪口を仰いまし"等表达，虽然在形式上属于肯定类型的祈使表达，但实际的含义是禁止之意，即"馬鹿を云うな""悪口をおっしゃるのをやめなさい"等，因此这类表达不属于本次研究的范围。

⑦"勝手にしなさい""どうなとなれ"等放任表达不属于本次研究的范围。

⑧"いらっしゃいまし""おいでなさい""ごめんください"等寒暄语不属于本次研究的范围。

⑨"願う""頼む"类动词是词义本身具有祈使意义的动词，由于直接使用这类动词的祈使表达不是典型的基于语法形式而生成的祈使表达，因此这类表达不属于本次研究的范围。

⑩本次调查中不包含难以判断说话者位相的表达语例，如不同阶层的说话者同时说话的语例以及说话者社会阶层不明确的语例等。对这类表达的调查，笔者希望将其作为今后的研究课题不断延伸。

○　命を渡せ。（男佣人和年轻公子同时说的话语　東京日新聞・244）

○　よくもよくも日本の屎におれを浴せたなどうするか見やアがれ（对掏粪的中国人所说的话语　西洋道中膝栗毛・20）

3. 由于地域、性别、年龄、职业、社会阶层、书面体和口语体等因素的不同而引起的语言使用差异的现象。

4. 在日本近代，从平民到士族出身的各阶层年轻人都可以成为书生，在士族、官宦家庭学习兼帮工。但是，河竹默阿弥的歌舞伎剧台词本『富士額男女繁山』中，车夫仓桥直次郎对和贫穷书生吵架的妻子阿繁曾这样说到"これ、お歴々な書生さんに、そんな失敬な事をいふな。（p559）（喂，不要对尊贵的书生说那样无礼的话。）"从这段话可以看出，在那个时代即使是贫穷的书生，将来也是极有发展前途的青年，因此他们在一定程度上是广大民众尊敬的对象。因此，本书将书生群体均划分到"士族、知识阶层男性"这一社会阶层当中。

5. 此处所列语例相关信息的顺序为：作者名、出现页码、说话者、听话者、作品所属时代划分。

6. 在日本近代东京语中，作为"来る"的命令形，并未出现后接词尾"よ"而成的形式"来よ"，仅仅只出现了接续词尾"い"而成的形式"来い"。从上述现象可以断定，"来い"已经成为"来る"固定下来的命令形，所以本次调查不计入这些语例。

7. 通常认为"～な"和"～ねえ"是由补助动词"なさる"的命令形"なさい"经过省略后变换而来的形式。也就是说，由命令形"～なさい"首先生成"～なせえ"和"～ない"两种形式，后者进而分化为两种形式并逐步语法化，从而派生出"～ねえ"和"～な"。因此，虽然一般语法书中会将"な""ねえ"解释为终助词，但这二者在形成祈使表达中代表形式之一的"连用形命令法"时也是不可缺少的语法元素。说话者通过"动词连用形"表述"理想行为"，其后再通过附加"な"或"ねえ"来向听话者明确地传达要求其实施该行为的意愿。

第六章　社会语言学视野中日本近代东京语祈使表达与位相（二）

1. 前　言

本章将紧接第五章，继续围绕近代东京语中肯定型直接祈使表达的实际使用情况进行调查。本章主要以第四章中已做划分的"Ⅱ类　使用敬语助动词的祈使表达"为研究重点，按照历史发展的角度，从说话者的位相、说话者与听话者之间的待遇关系以及说话的场面等方面来进行分析和探讨。

2. 日本近代东京语资料中出场人物的位相及待遇关系分类

2.1　日本近代东京语资料中说话者的位相

对于本次调查资料中主要出场人物的位相认定，本章进行了与第五章相同的划分，具体如下：

（1）士族、知识阶层男性　　武士，士族，官吏，医生，僧侣，教师，实业家，公司职员，书生　等

（2）士族、知识阶层女性　　武家、士族、知识分子家庭中的夫人、千金，女学生　等

（3）上层町人阶层男性　　大商店的老板，富商　等

（4）上层町人阶层女性　　大商店的老板娘，千金　等

（5）下层町人阶层男性　　　手艺人，掌柜，男佣，二掌柜，小商贩，车夫，马夫，助酒艺人，说书先生，单口相声家，演员 等

（6）下层町人阶层女性　　　（5）的配偶、女儿，奶妈，女佣，挽发女，艺妓，妓女 等

2.2　日本近代东京语资料中说话者和听话者的关系

对于本次调查资料中说话者和听话者的关系认定，本章进行了与第五章相同的划分，具体如下：

"上对下"的关系　　　说话者（上）→听话者（下）：士族、知识阶层→町人阶层、佣人、门生；上层町人阶层→下层町人阶层、佣人；医生→患者及其家属；僧侣→弟子；买方→卖方；丈夫→妻子；父母→儿女；年长者→年轻者；心理因素（如抱有求爱之心等）所致立场上的上→下　等

"下对上"的关系　　　说话者（下）→听话者（上）："上对下"关系的逆转

"同等"的关系　　　说话者和听话者立场关系相当：同为士族、知识阶层，同为上层、下层町人阶层 等

"亲"的关系　　　亲子，夫妇，兄弟，亲戚，恋人，朋友，同事，主仆，师徒 等

"疏"的关系　　　初次见面以及完全不存在"亲"的关系的说话者和听话者

3. "Ⅱ类　使用敬语助动词的祈使表达"　与位相的关系

3.1　"ませい"

"ませい"是敬语助动词"ます"的命令形"ませ"接续词尾"い"而来的形式。日本近代东京语中"ませい"接在普通动词连用形之后可以用来要求听话者实施相关行为。本次调查的资料当中仅

出现 6 个"ませい"的语例，且均使用于歌舞伎台词本和单口相声速记之中。分析下面的例句可知，该表达形式的使用者仅限于官吏、法官、士族等士族、知识阶层的男性，使用对象也仅限于同等以下疏远关系的听话者。所有该语例使用的场面，都体现出一种摆大架子进行命令的语感。另外，如下面的例 3）所示，在单口相声速记中还出现了命令形"ませ"的词尾"い"转变成"え"的语例。但是本次调查中没有出现后续终助词的语例。

【士族、知识阶层男性】的表达用例

〈上对下　疏〉

1）はツ、立ちませい。（東京日新聞・249・役人→容疑者　初
　　期）注1

2）おゝ、大儀であつた。休息しませい。（富士額男女繁山・
　　487・士族→車夫　10 年代）

3）是式の事でお上へお手数をかけ、両人共不届奴、立ちませ
　　エ。（大工の訴訟・471・裁判官→棟梁、大家　20 年代）

3.2　"たまえ"

汤泽幸吉郎（1957）中曾指出，江户语中已经出现大量"动词连用形＋たまえ"的祈使表达形式。在本次调查中发现，日本近代各个时期的作品中都可以收集到"たまえ"的语例，由此可以推断，该形式在进入日本近代之后使用仍然非常盛行。分析表 6－1 和表 6－2可知，在近代东京语中，"～ たまえ"是所有阶层的男性常用的形式，其中尤以士族、知识阶层男性的使用率为最高，占到整体使用量的 90%。使用对象主要是同等亲近关系的听话者，但有时候也会用于关系疏远的听话者和同等以下的听话者等。用于同等以上听话者的语例则为零。女性使用的语例极为罕见，本次调查资料中仅收集到 1 例。

表6-1　　日本近代东京语中说话者位相与"～たまえ"使用量对应表

说话者　＼　听话者	使用者总数	下对上疏	下对上亲	同等疏	同等亲	上对下疏	上对下亲	合计
士族、知识阶层男性	76			2	232	3	41	278
士族、知识阶层女性								0
上层町人阶层男性	3				13			13
上层町人阶层女性								0
下层町人阶层男性	5				18			18
下层町人阶层女性	1		1					1
合计	85	0	1	2	263	3	41	310

表6-2　　日本近代东京语中说话者位相与"～たまえ"使用率对应表

说话者　＼　听话者	使用者总数	下对上疏	下对上亲	同等疏	同等亲	上对下疏	上对下亲	合计
士族、知识阶层男性	76	0%	0%	1%	75%	1%	13%	90%
士族、知识阶层女性		0%	0%	0%	0%	0%	0%	0%
上层町人阶层男性	3	0%	0%	0%	4%	0%	0%	4%
上层町人阶层女性		0%	0%	0%	0%	0%	0%	0%
下层町人阶层男性	5	0%	0%	0%	6%	0%	0%	6%
下层町人阶层女性	1	0%	0%	0%	0%	0%	0%	0%
合计	85	0%	0%	1%	85%	1%	13%	100%

【士族、知识阶层男性】的表达用例

〈同等　亲〉

4）小町田の場合に就て考へて見たまヘヨ。（當世書生氣質・141・書生同士　10年代）

5）干渉するやうだが僕がせわをしようから。ソディ篠原をこしらへ給ヘナ。（藪の鶯・142・文学士→技芸士　20年代）

6）あの絵図を見給へ──（と東亜の壁図を指さして爰からも見えるだらう、太い朱の線を引いてあるのは。我輩は畠水練で軍略を畫したのだ。（社會百面相／失意政治家・234・政治家同士　30年代）

7）君、既う済んだ事だ、断念めたまへ、男子だ、まさか今日伯爵に復讐も出来まい。（そらだき續編・361・大学生同士　40年代以后）

8）寒くて耐らんから其中へ一処に入れ給へ。（金色夜叉・19・高校生→婚約者　30年代）

　　如例4）～7）所示，"～たまえ"多用于书生、学士、政治家、大学生等士族、知识阶层男性的同伴之间，这类语例占该形式总使用量的绝大多数，比例高达75％。如例4）、5）所示，本次调查中收集到"～たまえ"后面接续终助词"よ""な"的语例形式，但总体而言这两种终助词附加的概率都很低，大约仅为3％。例4）中说话者通过附加"よ"来唤起同伴的注意，从而呼吁"考えてみる"这一行为内容，要求其实施该行为。例5）则是力劝同伴结婚的场面，说话者通过附加"な"来体现出好友之间的亲昵之情。另外，"～たまえ"的使用对象大都为男性，但本次调查中也出现少量对女性使用的语例，但这类语例的使用率低于5％。如例8）所示，高中生贯一喝醉了酒，他对悉心照顾自己的未婚妻阿宫撒娇着使用了带有"～たまえ"的形式，这一语例属于恋人之间的甜言蜜语，体现出两人的亲密感。

　　另外，如下面的例9）～12）所示，士族、知识阶层男性对同等以下亲近关系的听话者也较多使用"～たまえ"，但该类场面的使用频率远远低于面对同等亲近关系听话者的场面。例9）是贫穷书生向熟识的车夫讨要香烟吸时所说的话，例10）是身为顾客的政治家允许熟识的艺妓去换衣服时所说的话，例11）是前辈记者提醒晚辈要

多加学习时所说的话，例 12）是老师劝导学生们要多读书时所说的话。这些语例中表达出来的要求，都体现出无须客气且带有亲爱之意的语感。

〈上对下　亲〉

9）　幸ひ車屋一服貸したまへ。（富士額男女繁山・375・書生→
　　馴染の車夫　10 年代）

10）　さあさあゆき給へゆき給へ。（政黨餘談淑女の後日・117・
　　政治家→芸者　20 年代）

11）　新聞記者ツてものは有らゆる方面の知識を要するからね、
　　閑な時分は少と勉強し給へ。（社會百面相/新聞記者・41・
　　主筆記者→新入記者　30 年代）

12）　是が此間話したハイドリオタフヒア。退屈なら見てゐ玉
　　へ。（三四郎・536・高校教师→大学生　40 年代以后）

　　另外，在下面的例句中，士族、知识阶层男性对同等以下疏远关系的听话者也会使用 "～ たまえ"。例 13）是士族门生死乞白赖讨要钱财时所说的话，虽然他们已经遭到了主人的严词拒绝，例 14）是热血书生们要求泼妇招供时所说的话，因为这个坏女人逼得一位极有声望的官员不得不自杀，例 15）是伯爵的儿子对一位平民青年所说的话，因为自己的脚被这位青年踩到了。这些对疏远关系听话者使用的语例，都体现出说话者毫不客气的强硬要求。

〈同等　疏〉

13）　モシ江沼君積つて見給へ。（歐洲小説黃薔薇・448・士族同
　　士　10 年代）

〈上对下　疏〉

14）　逢つた事は無いといくら隠してもいけない、少し聞きたま
　　へ、かうお吉さん。（歐洲小説黃薔薇・546・書生→悪女

10 年代）

15）君は怒つてるですか。何も踏うと思つて踏んだ訳ぢやアな
　　いから許し玉へ。（乳姉妹・193・伯爵の息子→冒険の青年
　　30 年代）

　　另一方面，如下面的例 16）～ 19）所示，在近代日本，町人阶
层男性也是使用"～ たまえ"的一个群体。但是该阶层的使用者仅
会向同等亲近关系的男性使用该形式，对同等以上以及同等以下的
听话者，以及疏远关系的听话者则不会使用，也未出现对女性使用
的语例。例 16）是一位小旅馆的老板所说的话，他正在向老友讨要
一张证明，因为这位老板原本是旧幕府的重要官员，所以本书认为
他的用词用语当中仍然会残留很多士族阶层的印记。例 17）是在从
学校回家途中，木棉批发店的小少爷对同学所说的话，这个语例也
是受过教育的有教养阶层的措词表达。另外，例 18）是随同富商去
海外经商的翻译所说的话，虽然这位翻译是町人阶层出身，但因为
其受过教育，所以话语之间常常使用教养阶层的用词用语。例 19）
是同样随同富商去海外经商的二掌柜对翻译所说的话，这位二掌柜
虽然没受过什么教育，但在长期的旅行当中常常会模仿翻译说话，
因此这个语例体现出一种同伴意识。

　　【上层町人阶层男性】的表达用例
　　〈同等　亲〉

16）金は遣るから預り證書を出したまへよ。（英國孝子之傅・
　　567・宿屋の主人→旧友　10 年代）

17）君々、みんな此方へ来給へ。（と友達を麾く）（戀を知る
　　頃・42・木綿問屋の坊ちゃん→友達　40 年代以后）

　　【下层町人阶层男性】的表达用例
　　〈同等　亲〉

18）僕が何ンとかいツてごまかすから二人りながら退去給へ
　　（西洋道中膝栗毛・45・通訳→手代　初期）

19）通さん一寸^{ちょっと}誘引^{さそつ}て来^き給へ（西洋道中膝栗毛・25・手代→通

　　訳　初期）

　　下面的例20）是本次调查中收集到的女性使用"～たまえ"的唯一语例。这是一位艺妓对熟识的醉酒客人所说的话。因为身为知识阶层的客人并不理会她最初所说的催促"お起きなさいヨ"，所以她模仿客人说话玩文字游戏，这一语例也体现出二者之间关系的亲密。但是，对于艺妓半开玩笑式的话语，客人的反应是"生意気な語を吐くな"，听到这一训斥艺妓连忙改用回自己原来的措辞，所以从这段对话可以推测在近代日本"～たまえ"不是女性可以使用的表达形式。身为艺妓的女性使用"～たまえ"就被认为是"生意気（自大傲慢）"，是一种与身份不符的表达，也即"明明不具有某种身份，言行却恣意妄为，或者言行过度与其身份、年龄等不符"[注2]。

　　【下层町人阶层女性】的表达用例

20）（辨）サアサア岸^{きし}ちやんもお起^おきなさいヨ。口程^{くちほど}にない

　　　　弱虫^{よわむし}たア君^{きみ}の事^{こと}だ。

　　（岸）なんだおれが酔ツてるもんか。馬鹿野郎^{ばかやらう}。

　　（辨）ヲヤ私^{わたい}ハ野郎^{やらう}じやアないハ。サアサア起給^{おき}へ起給^{おき}へ。

　　（岸）イヤニ生意気^{なまいき}な語^ごを吐^はくなア。

　　（辨）ハゝゝゝ。生意気^{なまいき}でもなんでもいゝから。マアお起^おき

　　　　なさいといつたらヨウ。

　　（當世書生氣質・99・芸妓→客　10年代）

　　综合以上分析可知，"～たまえ"在日本近代的使用有如下特点。

　　"～たまえ"是士族、知识阶层男性对同伴经常使用的祈使表达，受过教育的町人阶层男性也有一定的使用。

　　"～たまえ"的主要使用对象是同等亲近关系的男性听话者，也有少量对同等以下或者疏远关系的听话者，以及对女性使用的情况。

但是不用于同等以上关系的听话者。

3.3　"めされ类"

将补助动词"召される"接在动词连用形之后用以增添敬意的用法在近世语资料中非常常见。[注3]但是，本次调查的日本近代东京语资料中，"召される"命令形的使用极为少见，处于一种极度衰退的状态。如下面的例21）～24）所示，"～めされ类"表达中仅有"～めされ"和"お～めされ"2种形式，在日本近代20年代之前的作品当中可以收集到相关语例，但从30年代开始就完全退出历史舞台了。这一类表达的语例非常少，使用者也仅限于公务员、官员、书生、侦探等士族、知识阶层的男性。"～めされ类"表达形式只用于同等的亲近或疏远关系的听话者，但不用于同等以上或同等以下的听话者。本次调查中未收集到后面接续终助词使用的语例。

　　"～めされ"

21）然らば是れへ、通り召され。（東京日新聞・285・役人→浪士　初期）

22）御両所さァこちらへ、夏気は垂籠めた応対所より、却つてかういふ場所が清涼で宜しからうと、設けた席でありますから、ズッとこれへ安座めされ。（歐洲小説黄薔薇・445・官員→士族予備門生　10年代）

　　"お～めされ"

23）ゆるちと亡父へ、御回向めされ。（富士額男女繁山・542・書生→女書生　10年代）

24）各方には、あとより御静に御出召され。（政黨美談淑女の操・28・探偵→巡査　20年代）

3.4　"なされ类"

在本书的第四章中已经提到，"なされ类"祈使表达可以分为"な

され""なさい""なせえ"3 大类型。在日本近代，"なされ"和"な
せえ"呈现出衰退的迹象，而"なさい"的使用则呈现出不断兴盛的
倾向。接下来，本书将以语例数在 10 例以上的"お～なされ""～な
さい""お～なさい""～なせえ""お～なせえ"5 种形式为中心，
考察分析"なされ类"表达和说话者位相之间的关联性。

3.4.1　"お～なされ"

分析表 6 - 3 和 6 - 4 可知，在日本近代"お～なされ"是士
族、知识阶层的男性和町人阶层的男性和女性常使用的表达形式，
其中尤其以士族、知识阶层男性的使用率为最高，占到整体使用量
的 78%。士族、知识阶层的使用者主要将该形式用于同等亲近关系
的听话者，而町人阶层的使用者则将该形式广泛用于同等及同等以
上亲近或疏远关系的听话者。所有使用阶层都未出现向同等以下听
话者使用的语例。本次调查中也未收集到士族、知识阶层女性使用
的语例。本次调查中，"お～なされ"的相关语例仅出现于河竹默
阿弥、三游亭元朝、依田学海、幸田露伴、三宅花圃以及大塚楠绪
子的作品中。可以说，该形式是在日本近代，尤其是后期 30 年代
以后就几乎不太使用的表达。

表 6 - 3　日本近代东京语中说话者位相与"～なされ"使用量对应表

听话者　　　　说话者	使用者总数	下对上疏	下对上亲	同等疏	同等亲	上对下疏	上对下亲	合计
士族、知识阶层男性	16	2	2	6	22			32
士族、知识阶层女性								0
上层町人阶层男性	2	1		2				3
上层町人阶层女性	1		1					1
下层町人阶层男性	2	1	2					3
下层町人阶层女性	2		1	1				2
合计	23	4	6	9	22	0	0	41

表 6 - 4　日本近代东京语中说话者位相与 " お～なされ " 使用率对应表

听话者 \ 说话者	使用者总数	下对上疏	下对上亲	同等疏	同等亲	上对下疏	上对下亲	合计
士族、知识阶层男性	16	5%	5%	15%	54%	0%	0%	78%
士族、知识阶层女性		0%	0%	0%	0%	0%	0%	0%
上层町人阶层男性	2	2%	0%	5%	0%	0%	0%	7%
上层町人阶层女性	1	0%	2%	0%	0%	0%	0%	2%
下层町人阶层男性	2	0%	5%	2%	0%	0%	0%	7%
下层町人阶层女性	2	0%	2%	2%	0%	0%	0%	5%
合计	23	10%	15%	22%	54%	0%	0%	100%

【士族、知识阶层男性】的表达用例

〈同等　亲〉

25)　さあさあ我等がお酌いたす、茶碗で一杯お過しなされい。
　　（東京日新聞・261・浪士同士　初期）

26)　此処をよく御聴なされよ。（政黨美談淑女の操・27・政
　　党員同士　20 年代）

27)　奥様、貴女もおかけなされ。（空薫・316・老伯爵→親友の
　　奥様　40 年代以后）

　　如上面的语例中，士族、知识阶层男性在面对同等亲近关系的听话者时使用 " お～なされ " 的频率最高。本次调查中还收集到 7 例 " お～なされ " 后续词尾 " い " 的形式，如例 25）和例 28）所示，所有语例均由士族、知识阶层男性使用，町人阶层的男性和女性则未出现这种带有词尾 " い " 的语例形式。另外，如例 26）所示，本次调查中还收集到少量 " お～なされ " 后续终助词 " よ " 的语例，但该形式的全部语例仅为 3 例。例 27）是近代后期 30 年代以后出现的 " お～なされ " 的唯一语例。这个语例是年老的伯

爵对亲友的夫人所说的话，这一时代的作品当中只有老人才使用该形式，因此可以说是一种已经落后于时代的带有腐旧感的表达。

另外，如下面的例 28）～ 30）所示，士族、知识阶层的男性不仅对同等亲近关系的听话者使用"お ～ なされ"，也会对疏远关系的听话者和同等以上的听话者使用该形式。因为本次调查中未出现对同等以下听话者使用的语例，所以可以说"お ～ なされ"是向听话者表达一定程度敬意的语言形式。例 28）是在士族家宅中游玩的书生对主人的访客所说的话，因为两人是初次见面且互不知晓对方的身份，所以本书将二者的关系认定为〈同等　疏〉的关系。

〈同等　疏〉

28）　暫く それに お控へなされい。（富士額男女繁山・544・书生→客　10 年代）

〈下对上　亲〉

29）　是れ 御覧成され。（政黨餘談淑女の後日・165・政党員→士族の奥様　20 年代）

〈下对上　疏〉

30）　取次事はならぬと申すに、はやくお帰りなされお帰りなされ。（政黨美談淑女の操・40・书生→士族令嬢　20 年代）

另一方面，本次调查中同样也收集到町人阶层的男性使用"お ～ なされ"的语例。上层町人阶层男性仅对同等及同等以上疏远关系的听话者使用，对同等以下的听话者以及亲近关系的听话者则不会使用该形式。例 31）是一位地方豪族出身的诗人对偶然到访的小诗人所说的话，通过"お ～ なされ"这一表达淋漓尽致地体现出有教养阶层之间以礼相待同时又保持适度距离的语感。例 32）是旅馆主人春见丈助对木工总领所说的话，春见原本是旧时幕府的重要官员，因此从身份上来判断，二者本应该认定为〈上对下〉的

关系。但是，这个语例出现的场面是春见在切腹自杀将死之际，自己以前犯过的杀人罪行已经被木工总领知晓，此时春见希望将心爱的女儿托付给木工总领，同时请求其立即离开现场以免造成不必要的误会和嫌疑。这时候从心理层面上分析，发出请求的春见方应该处于弱势或者说下位，因此本书将这二者的关系认定为〈下对上疏〉的关系。"お～なされ"在这种紧急状况下使用时充满了威严感，体现出极为慎重和急迫的语感。

【上层町人阶层男性】的表达用例

〈同等　疏〉

31）ハヽヽヽ、露伴先生の其御論、又甲右衛門お鶴等が言葉も一應さることながら、露伴先生御聞<ruby>聞<rt>おきき</rt></ruby>なされよ。（有福詩人・97・土豪→詩人　20 年代）

〈下対上　疏〉

32）<ruby>跡方<rt>あとかた</rt></ruby>は<ruby>清次<rt>せいじ</rt></ruby>どのお<ruby>頼<rt>たの</rt></ruby>み<ruby>申<rt>まう</rt></ruby>す<ruby>早<rt>はや</rt></ruby>く<ruby>此場<rt>このば</rt></ruby>をお<ruby>引取<rt>ひきと</rt></ruby>りなされ。（英國孝子之傳・589・宿屋の主人→棟梁　10 年代）

与上层町人阶层男性不同的是，下层町人阶层男性仅对同等以上亲近或者疏远关系的听话者使用"お～なされ"，但不用于同等以下的听话者。如例 33）、34）所示，"お～なされ"通常用来表达下位者对上位者十分客气或者说彬彬有礼的请求，常常用于身份差异非常明显的场面，如掌柜对主人、男佣人对侦探等。

【下层町人阶层男性】的表达用例

〈下对上　亲〉

33）まあ旦那様奥様とも彼様奴には御会ひなさらぬが宜しうございます、さあ御居間に御いでなされ。（有福詩人・70・番頭→主人　20 年代）

〈下对上　疏〉

34）<ruby>御用<rt>ごよう</rt></ruby>が<ruby>御座<rt>ござ</rt></ruby>り<ruby>升<rt>ます</rt></ruby>なら、あした<ruby>御出<rt>おいで</rt></ruby>なされ。（政黨美談淑女の操・22・下男→探偵）

【町人阶层女性】的表达用例

〈下对上　亲〉

35）旦那様一寸御覧なされ、お夏殿の持てまゐられた此織物は、網の絲を緯に織り込みましたもの、一ト通の丹誠では中々出来ませぬものでござりまするに、アヽ笑止な、甚い骨折りでござりましたらう。（有福詩人・68・妻→夫　20年代　上層町人阶层女性）

36）さあさあおはひりなされ。（人間萬事金世中・70・下女→お嬢様　10年代　下層町人阶层女性）

〈同等　疏〉

37）お菓子もお取りなされ。（八重桜・121・下女→乳母　20年代　下層町人阶层女性）

如例35）～37）所示，町人阶层女性会向〈下对上　亲〉和〈同等　疏〉关系的听话者使用"お～なされ"。但是，整体而言其使用率颇低，仅为7%，本次调查中也只出现3个语例，因此可以推断町人阶层女性并不是"お～なされ"这一表达的核心使用阶层。

综合以上分析可知，"お～なされ"在日本近代的使用有如下特点。

"お～なされ"是士族、知识阶层男性经常使用的祈使表达。与此相对，町人阶层的男性和女性则很少使用。

士族、知识阶层的使用者主要向同等亲近关系的听话者使用"お～なされ"，同时也会向同等以上或者疏远关系的听话者使用。但是，町人阶层的使用者则不会向同等亲近关系的听话者使用该形式，主要是向同等疏远关系的听话者或者同等以上的听话者使用。"お～なされ"使用对象的一大特点就是，所有使用阶层都不会将该表达形式用于同等以下的听话者。

3.4.2　"～なさい"

表6-5　日本近代东京语中说话者位相与"～なさい"使用量对应表

说话者＼听话者	使用者总数	下对上疏	下对上亲	同等疏	同等亲	上对下疏	上对下亲	合计
士族、知识阶层男性	19				12	6	28	46
士族、知识阶层女性	1						1	1
上层町人阶层男性	4				6		4	10
上层町人阶层女性	1				1		1	2
下层町人阶层男性	11			2	3	3	8	16
下层町人阶层女性								0
合计	36	0	0	2	22	9	42	75

表6-6　日本近代东京语中说话者位相与"～なさい"使用率对应表

说话者＼听话者	使用者总数	下对上疏	下对上亲	同等疏	同等亲	上对下疏	上对下亲	合计
士族、知识阶层男性	19	0%	0%	0%	16%	8%	37%	61%
士族、知识阶层女性	1	0%	0%	0%	0%	0%	1%	1%
上层町人阶层男性	4	0%	0%	0%	8%	0%	5%	13%
上层町人阶层女性	1	0%	0%	0%	1%	0%	1%	3%
下层町人阶层男性	11	0%	0%	3%	4%	4%	11%	21%
下层町人阶层女性		0%	0%	0%	0%	0%	0%	0%
合计	36	0%	0%	3%	29%	12%	56%	100%

　　"～なさい"是现代东京语中常见的祈使表达，与动词命令形相比，其语气略显柔和。但是，本次调查所涉及的日本近代东京语资料中仅仅收集到81个"～なさい"的语例[注4]，与现代东京语中几乎很少使用的表达形式"お～なさい"的421个语例相比，整

体使用量相当低，因此可以推断 "～ なさい" 在日本近代的使用频率还比较低。分析表 6 – 5 和表 6 – 6 可知，"～ なさい" 是除下层町人阶层女性以外其他所有阶层的男性和女性通用的形式。与女性相比，男性的使用占到绝大多数，高达整体使用量的95%。无论哪个使用阶层，主要都是向同等以及同等以下的听话者使用该形式，而不会用于同等以上的听话者。

【士族、知识阶层男性】的表达用例

〈上对下　亲〉

38）庭の口を開けて縁側の方へ廻しなさい。（歐洲小説黄薔薇・444・主人→奉公人　10 年代）

39）なッ、解つたかい。解つたら起きなさい。（くれの廿八日・15・夫→妻　30 年代）

40）いゝから、早く言ひなさい。（空薫・325・従兄→従妹　40 年代以后）

〈同等　亲〉

41）先四五本かかせられたと思ひなさい。（安愚楽鍋・144・文人同士　初期）

42）之を持つてすみやかに遠いところへ身をかくしなさい。（歐洲小説黄薔薇・520・士族同士　10 年代）

43）仕方がないと往生をしなさいよ。（政黨餘談淑女の後日・142・書生同士　20 年代）

44）まあ、だまつて居なさい。（吾輩は猫である・262・知識人同士　30 年代）

〈上对下　疏〉

45）実は斯々だと云ひさへすれば、事柄が分るのだから早く云ひなさい。（歐洲小説黄薔薇・547・書生→悪女　10 年代）

46）温和しく退会届を<u>出しなさい</u>。（破垣・127・新男爵→教師
　　30 年代）

　　在日本近代，士族、知识阶层男性使用"～なさい"的频率
最高，其中特别是在〈上对下　亲〉的关系中出现的语例最多，如
例 38）～40）中所示，主人对佣人、丈夫对妻子、堂兄对堂妹等。
本章 3.2 中曾提到，"～たまえ"主要用于男性听话者，而"～な
さい"则与之不同，也可以广泛用于女性听话者。另外，如上面的
例 41）～44）所示，从日本近代初期到 30 年代的作品当中也收集
到将"～なさい"用于同等亲近关系听话者的语例。向亲近关系
听话者所使用的"～なさい"通常表现出说话者向听话者进行着
比较轻松随意的要求。另一方面，对于同等以下疏远关系的听话
者，士族、知识阶层男性有时候也会使用"～なさい"。例 45）是
书生们正在让做尽坏事的恶女招供时所说的话，例 46）是经常玩
弄女性的男爵对想要保护新来女佣的教师所说的话。这类向疏远关
系听话者所使用的"～なさい"通常表达语气十分严厉的命令。
本次调查中，士族、知识阶层男性使用的语例中后面接续终助词的
现象非常少，仅出现上面的例 43）1 例。

　　【上层町人阶层男性】的表达用例

　　〈同等　亲〉

47）さ丶もう一杯茶を飲んで<u>行きなさい</u>。（東京日新聞・252・
　　旦那同士　初期）

48）さァ約束の千円は君に渡すから、どうか此の金で取付いて
　　どんな商法でも<u>開きなさい</u>。（英國孝子之傳・565・宿屋
　　の主人→旧友　10 年代）

　　〈上对下　亲〉

49）さあさあ、早く返事を<u>しなさい</u>。（人間萬事金世中・76・
　　伯父→甥　10 年代）

50）何でも可から早く<u>詫びなさいよ</u>。（恋の病・78・旦那→奉

公人　20 年代）

　　如例 47）、48）所示，上层町人阶层男性对同等亲近关系的听话者使用"～なさい"时多数是在劝告、建议等场面，如劝喝茶、建议开始买卖等要求听话者实施一般认为对其有利的行为。另外，如例 49）、50）所示，上层町人阶层男性对同等以下亲近关系的听话者使用"～なさい"时则通常是在催促对方尽快回答以及命令对方赶紧道歉等场面。同样，上层町人阶层男性使用的语例中后面接续终助词的现象也非常少，仅出现上面的例 50）1 例。

　　另一方面，如下面的语例中所示，下层町人阶层男性使用"～なさい"的对象主要是同等以及同等以下亲近或者疏远关系的听话者。例 52）是艺妓店的老板兼说书先生木谷长次郎对自家店的斟酒女花子所说的话，因此本书将二者认定为〈上对下　亲〉的关系。而例 53）是农夫猿二郎劝邀初次见面的渔夫之女阿春挨着自己入座时所说的话，例 55）是柴又信徒七兵卫向在路途中偶遇的车夫仓桥直次郎劝酒时所说的话。这两个例子中的说话者与听话者都是初次见面，因此将其关系认定为〈疏远〉关系。例 54）是木匠对同伴大婶所说的话，因此将二者认定为亲近的关系。

【下层町人阶层男性】的表达用例

〈上对下　亲〉

51）老媼さん、水をぶッ撒けなさい。（社會百面相/電影・403・夫→妻　30 年代）

52）そうッと持つて来なさい。焙烙をこわしなさんな。（腕くらべ・180・講釈師→お酌　40 年代以后）

〈上对下　疏〉

53）那所の娘子か綺麗な娘だ。汝は御礼に来たのだらう、さあさあ此方へ来て乃公の傍に坐りなさい。（有福詩人・63・農夫→漁夫娘　20 年代）

〈同等　亲〉

54）マ、止^よしなさい、悪い思案だ。（有福詩人・60・大工→中
　　婆　20 年代）

　〈同等　疏〉

55）さあさあ、遠慮^{ゑんりょ}なくやんなさい。（富士額男女繁山・574・
　　講中→車夫　10 年代）

　【女性】的表达用例

　〈上对下　亲〉

56）貴郎^{あなた}は新^{しん}ローマンシズムだつて、少そニーチエ主義^{ちつ}^{しゆぎ}を
　　実行^{じつかう}なさいよ。（社會百面相/破調・455・華族令嬢→作家
　　　30 年代　士族、知识阶层女性）

57）よくまあ物^{もの}を積^{つも}つて見^みなさい。（人間萬事金世中・20・伯
　　母→甥　10 年代　上层町人阶层女性）

　〈同等　亲〉

58）早^{はや}く話して聞^{はな}かせなさい^き。（人間萬事金世中・119・積問屋
　　の女将→親戚の商人　10 年代　上层町人阶层女性）

　　日本近代东京语资料中，女性使用"～なさい"的现象极为
少见，本次调查中一共只收集到 3 个语例。这些语例均是用于同等
以及同等以下亲近关系的听话者。上面的例 56）是一位华族千金
对向自己求爱的作家所说的话，这位千金由于心灵深处怀着一个悲
惨的身世秘密，所以变得轻视所有的男性。她在这一说话场面中心
理上处于绝对优势，而且又是在嘲弄这位作家，所以此时所用的语
言属于特殊用法。例 57）和 58）都是批发店老板娘所说的话，例
57）是在责骂想找自己借 10 日元的外甥，例 58）是催促自己的商
人亲戚详细说明情况，因为她听说自己本想招为女婿的外甥竟然和
其他女人结了婚，所以心存不甘又非常焦急。所以这两个语例也都
和正常情况下的使用性质略显不同。

　　综合以上分析可知，"～なさい"在日本近代的使用有如下

特点。

"～なさい"是所有阶层的男性通用的祈使表达，特别是士族、知识阶层男性的使用频率最高。女性则只在嘲笑、咒骂、急切的催促等特殊状态下才会偶有使用。

"～なさい"的主要使用对象是同等以及同等以下亲近或者疏远关系的听话者。该形式的一大特点就是不会用于同等以上的听话者。

3.4.3　"お～なさい"

表6-7　日本近代东京语中说话者位相与"お～なさい"使用量对应表

说话者＼听话者	使用者总数	下对上疏	下对上亲	同等疏	同等亲	上对下疏	上对下亲	合计
士族、知识阶层男性	63		19	13	60	11	21	124
士族、知识阶层女性	50		19	6	27	2	71	125
上层町人阶层男性	6		1	2	1	3		7
上层町人阶层女性	6		6		6		6	18
下层町人阶层男性	20	9	11		22	3		45
下层町人阶层女性	50	16	60	6	20			102
合计	195	25	116	27	136	19	98	421

"およしなさい""おかけなさい""おやめなさい"等表达在现代东京语中虽然也有所使用，但总体而言祈使表达"お～なさい"的使用频率在现代东京语中不如"～なさい"高。但在本书调查的日本近代东京语资料中收集到高达421个"お～なさい"的语例，而且在各个时期的各个作家的作品中都可以收集到相关语例，由此可以推断，该形式在整个日本近代都是使用频率较高的语言形式。如表6-7、表6-8所示，"お～なさい"是所有阶层的男性和女性广泛使用的祈使表达形式。从士族、知识阶层来看，男

性和女性的使用频率基本相同，而从町人阶层来看，女性使用的语例远远多于男性，达到男性使用量的 2 倍多。士族、知识阶层的男性和女性主要用于〈下对上 疏〉关系以外的所有听话者，而下层町人阶层的男性和女性则主要用于同等以及同等以上的听话者。观察上层町人阶层的使用对象，男性使用者会向〈下对上 疏〉和〈上对下 亲〉关系以外的所有听话者使用，女性则只会用于亲近关系的听话者，不会对疏远关系的听话者使用。

表 6-8　日本近代东京语中说话者位相与 "お～なさい" 使用率对应表

听话者　说话者	使用者总数	下对上疏	下对上亲	同等疏	同等亲	上对下疏	上对下亲	合计
士族、知识阶层男性	63	0%	5%	3%	14%	3%	5%	29%
士族、知识阶层女性	50	0%	5%	1%	6%	0%	17%	30%
上层町人阶层男性	6	0%	0%	0%	0%	1%	0%	2%
上层町人阶层女性	6	0%	1%	0%	1%	0%	1%	4%
下层町人阶层男性	20	2%	3%	0%	5%	1%	0%	11%
下层町人阶层女性	50	4%	14%	1%	5%	0%	0%	24%
合计	195	6%	28%	6%	32%	5%	23%	100%

【士族、知识阶层男性】的表达用例

〈同等 亲〉

59）さやうなら僕が縮緬や櫛を見立てて来ますから手紙をお書きなさい。（歐洲小説黄薔薇・411・士族同士　10 年代）

60）いや、お寒う。今旨い物が出来る所さ、まあお坐んなさい。（多情多恨・182・親友同士　20 年代）

61）今のはね、御主人の御考ではないですよ。十六世紀のナッシ君の説ですから御安心なさい（吾輩は猫である・555・

美学者→親友の細君　30 年代）

62）歩ければ、もう少し<u>御歩きなさい</u>。此所^{ここ}は汚^{きた}ない。（三四
　　郎・412・大学生→法学士の妹　40 年代以后）

〈同等　疏〉

63）何も永く前歯欠成^{マヘバカケナリ}を名乗る訳でもないでせうから<u>御安心な</u>
　　<u>さいよ</u>。（吾輩は猫である・116・美学者→実業家夫人　30
　　年代）

64）お困りでせう。これを上つて<u>御覧なさい</u>。（颱風・220・絵
　　師→旅の友　40 年代以后）

　　如上面的例句所示，从日本近代 10 年代到 40 年代的作品当中
都可以收集到士族、知识阶层男性对同等关系的听话者使用“お～
なさい”的语例。如例 61）～64）所示，与“～たまえ”的使用
对象不同，士族、知识阶层男性主要向女性听话者使用“お～な
さい”。

　　如下面的例句所示，士族、知识阶层男性对同等以下的听话者
也多用“お～なさい”。与“～なさい”相比，“お～なさい”
的祈使语气偏弱，多用于表达劝告、建议之意。而如例 73）、74）
所示，士族、知识阶层男性对同等以上的听话者也会使用“お～
なさい”，但仅限于母亲、嫂子等亲近关系的对象，而不会用于同
等以上疏远关系的听话者。另外，如前面的例 63）和后面的例 73）
所示，本次调查中收集到一定量的士族、知识阶层男性使用后面接
续终助词“よ、な”的“お～なさい”语例，但整体附加率偏低，
仅为 12%。

〈上对下　亲〉

65）マア兎^とも角^{かく}も<u>お任せなさい</u>。（當世書生氣質・150・銀行の
　　社主→書生　10 年代）

66）世のためになる事をしようと<u>お心がけなさい</u>。（藪の鶯・
　　132・助教授→学生　20 年代）

67）腹が空いたらう、まあ、飯でも喰つて緩くりお休みなさい。（其面影・309・兄→義理の妹　30 年代）

68）蘭花さん、あなたは実に芸者には惜しい。思切つて女優におなんなさい。（腕くらべ・223・芸術家→芸者　40 年代以后）

〈上対下　疎〉

69）マアマア此方へお這入なさい。（妹と背かゞみ・197・官員→女中　10 年代）

70）早速右の品々をお用ひなさい。（恋の病・81・医者→患者の家族　20 年代）

71）さ、椅子におつきなさい。（乳姉妹・237・侯爵→平民　30 年代）

72）明いてるでせう。御読みなさい（三四郎・285・高校教師→大学生　40 年代以后）

〈下対上　亲〉

73）だから織江には買つておやんなさいナ。（社會百面相/投機・356・婿→母親　30 年代）

74）まあ、蓋を開けて御置きなさい。今に遣るから。（それから・219・弟→兄嫁　40 年代以后）

【士族、知识阶层女性】的表达用例

〈同等　亲〉

75）それはさうと君達は、旦那様のお帰りまで、何処ぞそこらを一廻り、散歩しておいでなさいな。（富士額男女繁山・507・士族の妻→書生　10 年代）

76）ヨー斉藤さんもうおよしなさいヨ。（藪の鶯・133・女学生同士　20 年代）

77）先ア其様な事を云はずにお着換えなさいよ。（社會百面相/

新妻君・122・貴夫人同士　30 年代）

78）座敷へ御這入りなさい、御茶を上げますから。（三四郎・
　　　399・教授の妹→東大生　40 年代以后）

〈同等　疏〉

79）貴方より 私 が間さんには言ふ事が有るのですから、少し
　　　静にして聴いてお在なさい。（金色夜叉・377・高利貸の
　　　妻→資産家夫人　30 年代）

　　　如例 75）～78）所示，士族、知识阶层女性对同等亲近关系的
听话者使用"お～なさい"的频率较高，特别是多用于表达建议、
劝告、邀约等场合。例 75）是嫁给士族为妻的女书生对以前的书
生同伴所说的话，本书将二者的关系认定为〈同等　亲〉。而例 79）
是对同等疏远关系的听话者使用的语例，此处的"お～なさい"
就成为一种口气强硬的命令。另外，如例 75）、76）和例 82）、83）
所示，士族、知识阶层女性使用"お～なさい"时后面接续终助
词"な、よ"的频率比该阶层男性要高，附加率达到 40%。

　　　另一方面，士族、知识阶层女性对同等以下亲近关系的听话者
也较多使用"お～なさい"，如下面的例 80）～83）所示，从近代
10 年代到 40 年代以后的作品当中都能收集到相关语例。该种关系
下使用的"お～なさい"所含亲近之意的语气较强，因此多用于
表达语气缓和的命令、鼓励以及劝告等。而如例 84）所示，该阶
层女性对同等以下疏远关系的听话者使用时，"お～なさい"则成
为一种语气稍强的表达。

〈上对下　亲〉

80）これなら満足だ。とお思ひなら。宜しい。此 娘 をお貰ひ
　　　なさい。（妹と背かゞみ・169・母→息子　10 年代）

81）わたしがかうして内職をして。月々のこつたのを。三銭五
　　　銭位づつ郵便局へあづけたのが。二円五十銭計になり升か
　　　ら。ほしいものでもあるならそれで御買いなさい。（藪の

鶯・130・姉→弟　20 年代）

82）貴女は思つたよりも弱虫ねえ。勇気を<u>お出しなさい</u>よ。

（其面影・359・姉→妹　30 年代）

83）まあ、そんな事は、何うでも可^いいから、其所^{そこ}へ<u>御掛けなさ</u>

<u>いよ</u>。（それから・45・嫂→弟　40 年代以后）

〈上対下　疏〉

84）いえお前さんには解りませんから<u>御免なさい</u>。（歐洲小説

黄薔薇・513・お嬢様→手伝いの婆　10 年代）

【上层町人阶层男性】的表达用例

〈下対上　亲〉

85）あの姉^{ねえ}さん少^{すこ}し<u>お待^まちなさい</u>。（英國孝子之傳・527・弟→

姉　10 年代）

〈同等　疏〉

86）親孝行^{おやかうかう}のお前^{まへ}ゆゑ、さういふ心^{こころ}で居^ゐなすつては所詮止^{しよせんと}め

ても止^とまるまいから、これから直^{すぐ}に<u>おいでなさい</u>。（人間

萬事金世中・94・商人同士　10 年代）

〈同等　亲〉

87）もう四五日逗留^{にちとうりう}なすつて、小三にもとつくりと顔を見せて

<u>お遣りなさい</u>な。（東京日新聞・254・旦那同士　初期）

〈上対下　疏〉

88）<u>お黙^{だま}んなさい</u>、預^{あづ}かつた覚^{おぼ}ぇは毛頭^{まうとう}ありません。（英國孝

子之傳・577・宿屋の主人→棟梁　10 年代）

上层町人阶层男性将"お～なさい"用于同等以上、同等以及同等以下所有上下关系的听话者。在向同等以下的听话者使用时一般多含有敬意。而例 88）是用于同等以下疏远关系听话者的语例，这时命令的语气则有所增强。

另一方面，如下面的语例所示，上层町人阶层女性则只向各类

亲近关系的听话者使用 "お～なさい"。如例89）～91）中，该阶层女性在对同等以上的听话者使用时大多含有敬意，而例92）～94）中当对同等以及同等以下的听话者使用时，则较多用于表达语气缓和的命令、劝告等。

【上层町人阶层女性】的表达用例

〈下对上　亲〉

89）フゝン其様<ruby>其<rt>そん</rt></ruby>様なに宜<ruby>宜<rt>よ</rt></ruby>きやア慈母<ruby>慈母<rt>おツか</rt></ruby>さんお做<ruby>做<rt>し</rt></ruby>なさいな。（浮雲・63・娘→母　20 年代）

90）お待ちなさい。（くれの廿八日・16・妻→夫　30 年代）

91）遊ぶのも好いけれど、まあ御覧なさい、（部屋の四方を見廻す）此の通り壁でも唐紙でも障子でも、みんな穴だらけにして了ふんですからね。（戀を知る頃・40・妻→夫　40 年代以后）

〈同等　亲〉

92）打遣<ruby>打遣<rt>うつちや</rt></ruby>ッてお置きなさいヨ。あんな教育の無い者が何と言ッたッて好う御座んさアネ。（浮雲・44・茶店のお嬢様→従兄　20 年代）

〈上对下　亲〉

93）欠<ruby>欠<rt>あく</rt></ruby>びをして徒然<ruby>徒然<rt>つくねん</rt></ruby>としてゐることは無<ruby>無<rt>ない</rt></ruby>やアね。本でも出して来てお復習<ruby>復習<rt>さらひ</rt></ruby>なさい。（浮雲・132・母→娘　20 年代）

94）今おッ母さんがお菓子を持つて来て上げますから、今日は戸外<ruby>戸外<rt>おもて</rt></ruby>でお遊びなさい。（戀を知る頃・42・母→息子　40 年代以后）

【下层町人阶层男性】的表达用例

〈下对上　亲〉

95）さあさあお上<ruby>上<rt>あが</rt></ruby>りなさい、……（富士額男女繁山・375・車夫→馴染の客　10 年代）

96）旦那、私 やあ催眠術が大嫌ひなんだから、もう<u>お止しな</u>
　　　<u>さい</u>。（幇間・201・幇間→旦那　40 年代以后）

　〈下对上　疏〉

97）只今主人のいふ通り、慌てずに 緩 りとお 考 へなさい。
　　（英國孝子之傳・492・番頭→客　10 年代）

98）それは彼処で入場切符と云ふのを<u>お買ひなさい</u>。二銭で
　　す。（夢の女・17・駅夫→お客様　30 年代）

99）御出でやす。<u>御這入んなさい</u>。（三四郎・296・小間使→お
　　客様　40 年代以后）

　〈同等　亲〉

100）少々ヅツお膝をくりで高座のそばへ<u>おつめなさい</u>。（西
　　　洋道中膝栗毛・54・手代→手代、下女、下男　初期）

101）よく気を静めて<u>おきゝなさい</u>。吃驚しちやアいけねいゼ。
　　　（當世書生氣質・152・大工→芸妓　10 年代）

102）さア棟梁別に火を取らんから、火鉢の側へ<u>お寄んなさい</u>。
　　　（大工の訴訟・466・大屋→棟梁　20 年代）

103）さア、こゝからが貴嬢に取つて大事な所です、よく注意
　　　して<u>お聞なさい</u>。（乳姉妹・216・元恋人同士　30 年代）

104）<u>お敷きなさい</u>。（腕くらべ・225・役者→芸者　40 年代以
　　　后）

　〈上对下　疏〉

105）ハテ水ハ安イ物牛ハ高イもの水ハたつぷり<u>おくみなさ</u>
　　　<u>い</u>。（安愚楽鍋・158・客→女中　初期）

106）まあ<u>お待ちなさい</u>。己がお前を立派な器量の女にしてや
　　　るから（刺青・69・刺青師→芸妓　40 年代以后）

　　如前面的例 95）〜 99）所示，下层町人阶层男性对同等以上亲

近或者疏远关系的听话者较多使用"お～なさい"，且大多带有一定程度的敬意。而如例 100）～ 106）所示，该阶层男性也会对同等以及同等以下的听话者使用"お～なさい"，但这种情况下听话者为女性的比例较高，与多用于男性听话者的"～なせえ"相比显得语气更加和缓，更为礼貌。

　　另一方面，下层町人阶层女性仅对同等以上的听话者使用"お～なさい"，而不会用于同等以下的听话者。如下面的语例所示，艺妓、妓女、小酒馆女招待等，以客人为营生的女性对顾客多使用"お～なさい"，此时一方面在表达敬意，同时另一方面又体现出女性特有的撒娇和亲昵之感。另外，如下面的例 107）～ 111）、113）、114）、117）所示，该阶层女性在使用"お～なさい"时后面常接续终助词"よ、な、なねえ"，其附加率高达 56%。

　　【下层町人阶层女性】的表达用例

　　〈下对上　亲〉

107）其様なところへ往のはお止なさいなねへ。（春雨文庫・342・料理屋の女→侍　初期）

108）ヲヤ。マア。ワタイハびつくらしたヨ。アヽびつくらした。なんとか 断つておはいんなさいヨ。（當世書生氣質・94・娼妓→馴染の客　10年代）

109）だからさ、長澤さん御 奢なさいよ。（政黨餘談淑女の後日・115・芸者→馴染の客　20年代）

110）其んなら御母様。赤帽にお持たせなさいよ。重いでせう。（夢の女・19・娘→母　30年代）

111）お止しなさいよ。馬鹿々々しい。初めての方に恥しいわ。（彷徨・138・芸者→馴染の客　40年代以后）

　　〈下对上　疏〉

112）邪魔の来ねぇやうにしますから、緩くりお楽しみなさい。（歐洲小説黄薔薇・493・宿屋の下女→客　10年代）

113）貴方や、御覧なさいな。（多情多恨・228・芸者→客　20
　　年代）

114）ちよいとちよいとお寄んなさいよ。眼鏡の旦那。（腕くら
　　べ・218・料理屋の女→客　40年代以后）

〈同等　亲〉

115）然がマア一寸御覧なさい京都の染の綺麗なこと。（春雨
　　文庫・362・料理屋の女同士　初期）

116）オヤお夏さん、汝も此方へ御坐りなさい。（有福詩人・
　　63・中婆→漁夫妻　20年代）

117）桜井さん、御馳走がありますから、台所で一杯おやんな
　　さいな。（幇間・198・女中→幇間　40年代以后）

〈同等　疏〉

118）まづ始めは丁寧に一通りお頼みなさい。（恋の病・71・木
　　樵妻→奉公人　20年代）

　　综合以上分析可知，"お～なさい"在日本近代的使用有如下
特点。

　　"お～なさい"是所有阶层的男性和女性通用的祈使表达，与
男性相比，女性的使用频率略高。

　　就"お～なさい"的主要使用对象来看，士族、知识阶层和
上层町人阶层的使用者会对同等以上、同等以及同等以下的听话者
使用，而下层町人阶层的使用者则主要用于同等以上的听话者。所
有使用阶层的共同特点就是，比起疏远关系的听话者，一般多用于
亲近关系的听话者。

　　3.4.4　"～なせえ"

　　"～なせえ"在现代东京语中是一种几乎不再使用的祈使表达
形式。但是，如本书第四章中所述，日本近代前期的东京语中，这
个形式的使用非常盛行，直到进入近代后期其使用频率才逐步降
低。分析表6－9、表6－10可知，町人阶层男性使用"～なせえ"

的总量是最多的，其使用率高达整体使用的94%。下层町人阶层男性会对除〈下对上　疏〉关系以外的所有听话者使用该形式，而与此相对，上层町人阶层男性则仅对同等以下亲近关系的听话者使用。士族、知识阶层男性和町人阶层的女性虽然也有少量使用，但两者的使用频率都相当低。本次调查中未收集到士族、知识阶层女性使用的语例。

表6-9　日本近代东京语中说话者位相与"～なせえ"使用量对应表

听话者 / 说话者	使用者总数	下对上 疏	下对上 亲	同等 疏	同等 亲	上对下 疏	上对下 亲	合计
士族、知识阶层男性	1					1		1
士族、知识阶层女性								0
上层町人阶层男性	6				2		10	12
上层町人阶层女性	1						1	1
下层町人阶层男性	20		2	6	70	4	7	89
下层町人阶层女性	2				1		3	4
合计	30	0	2	6	73	5	21	107

表6-10　日本近代东京语中说话者位相与"～なせえ"使用率对应表

听话者 / 说话者	使用者总数	下对上 疏	下对上 亲	同等 疏	同等 亲	上对下 疏	上对下 亲	合计
士族、知识阶层男性	1	0%	0%	0%	0%	1%	0%	1%
士族、知识阶层女性		0%	0%	0%	0%	0%	0%	0%
上层町人阶层男性	6	0%	0%	0%	2%	0%	9%	11%
上层町人阶层女性	1	0%	0%	0%	0%	0%	1%	1%
下层町人阶层男性	20	0%	2%	6%	65%	4%	7%	83%
下层町人阶层女性	2	0%	0%	0%	1%	0%	3%	4%
合计	30	0%	2%	6%	68%	5%	20%	100%

【下层町人阶层男性】的表达用例

〈同等　亲〉

119）むかふの 商家 で借なせへな。（西洋道中膝栗毛・86・手
　　　代→通訳　初期）

120）これこれ惣助どの、いふ事があつたら後で言ひなせえ。
　　　（富士額男女繁山・482・奉公人同士　10年代）

121）早く遁げなせえ。（恋の病・65・木樵→仲間の妻　20年
　　　代）

122）まア考へて見なせヱ。お前の様なノホヽンだつて顔を
　　　顰めずにはゐられめヱ。（老車夫・325・車夫同士　30年
　　　代）

123）それ見なせえ。だから己の云はねえ事ちやない。何も酔
　　　興にこんな所で女中なんぞ働くには当らないぢやないか。
　　　綺麗な手足が汚れるだけでも勿体ねえ。（戀を知る頃・
　　　65・恋人同士　40年代以后）

　　在日本近代，下层町人阶层男性是使用"～なせえ"最多的群
体，保持着高达83％的使用率。特别是如例119）～123）所示，从
近代各个时期的作品当中都可以收集到该阶层男性对同等亲近关系
听话者使用的语例。从其使用的对象来看，男性听话者远多于女性
听话者。例119）是随富商外出商旅之行的男佣人和翻译之间的对
话，二者同为受雇者，又是长途旅行中的伙伴，因此本书将他们的
关系定为同等关系。如这个语例中所示，该阶层男性也会在"～な
せえ"后面接续终助词"な"使用，但整体使用量颇低，本次调查
中仅收集到2个语例。例123）是木棉批发店的男佣人对老板妾室侄
女所说的话，由于二者是恋爱关系，因此本书将之认定为〈同等
亲〉的关系。

　　另外，如下面的例124）～127）所示，下层町人阶层男性也会
对同等以上或者同等以下以及疏远关系的听话者使用"～なせ

え”，但这几种情况下使用的语例都不太多。例 124）是在宴会上男佣人对富商老板所说的话，他正准备拿出自己的绝活进行表演，由于此时是主人和佣人一起喧闹同乐的场面，上下等级的意识应该有一定程度的减弱。例 127）是士族的养马官制止意图自杀的姑娘并询问其自杀原因时所说的话。养马官并不知道姑娘的真实身份，但从外貌上能够推断她年龄比自己小，因此本书将二者的关系认定为〈上对下　疏〉。

〈下对上　亲〉

124）そんならこれからおいらの極秘珍芸を出すからあらためて見物しなせへ。（西洋道中膝栗毛・83・手代→主人　初期）

〈同等　疏〉

125）おいらが番をして遣るから、ゆつくりと行つて来なせえ。（東京日新聞・213・下男→茶店の亭主　初期）

〈上对下　亲〉

126）これ婆ァどん貴様の乳でも絞り出して進ぜなせえ。（歐洲小説黄薔薇・481・夫→妻　10 年代）

〈上对下　疏〉

127）悪い事は言はねえから、仔細を早く言ひなせえ。（富士額男女繁山・521・士族の厩別当→娘　10 年代）

另一方面，本次调查中仅收集到 12 个上层町人阶层男性使用“～なせえ”的语例。该阶层的使用频度不太高，而且仅用于同等以下亲近关系的听话者。因为既不用于同等以上的听话者又不用于疏远关系的听话者，所以可以推测，对上层町人阶层来说，“～なせえ”是一种不含敬意的、比较随意的表达。另外，本次调查中也未收集到该阶层男性在“～なせえ”后面接续终助词使用的语例。

【上层町人阶层男性】的表达用例

〈上对下　亲〉

128）此_{この}さきの「ジブラルタル」といふみなとへ上陸_{あが}ンなせへ。（西洋道中膝栗毛・105・豪商→手代　初期）

129）こりやあわたしに任_{まか}しなせえ。（人間萬事金世中・86・旦那→親戚の若旦那　10 年代）

〈同等　亲〉

130）なんぞ新_{しん}きやうげんのたねになるはなしハねへかと買出_{かひだ}しに来_くると思ひなせへ。（安愚楽鍋・148・商人同士　初期）

【士族、知识阶层男性和女性】的表达用例

〈上对下　疏〉

131）見_みなせえ新聞紙_{しんぶんし}上_{じやう}に此_この通_{とほ}り事柄_{ことがら}が出_でて居_ゐるがのう。（歐洲小説黄薔薇・546・書生→悪女　10 年代　士族、知识阶层男性）

〈上对下　亲〉

132）こりや代言人_{だいげんにん}の真似_{まね}をする、臼右衛門_{うすゑもん}さんに任_{まか}しなせぇ。（人間萬事金世中・86・伯母→甥　10 年代　上层町人阶层女性）

133）約束通_{やくそくどほ}り此_この布団_{ふとん}を持_{もつ}ていくから退_{どき}なせへ（春雨文庫・311・金貸し婆→長屋住の老医者　初期　下层町人阶层女性）

〈同等　亲〉

134）マアこゝへすわんなせいヨ。（當世書生氣質・132・梳擺→大工　10 年代　下层町人阶层女性）

　　除了町人阶层男性的使用之外，如上面的例 131）～ 134）所示，本次调查中也收集到士族、知识阶层男性和町人阶层女性使用

"～なせえ"的语例，但这些使用者的使用量都很少，使用频度相当低。例131）是士族、知识阶层男性使用的唯一语例，是一位书生让恶女招供自己所作坏事时所说的话。在这段话之前，这位书生的说法还是"さう強情を云ふなら、サアこれを見なさい"，但由于恶女在证据面前仍然拒绝承认罪行，书生感到非常愤怒，所以其措词也由最初的"見なさい"变成了语气比较粗暴的"見なせえ"。例133）是放债的老妪让借了自己钱的老医生还钱时所说的话。这位老医生住在长屋[注5]，非常贫穷，一时没钱还债，所以一再要求延期偿还，对于老医生提出的这一要求，放债的老妪非常生气，说话方式也变得十分粗鲁。老妪此时在心理上处于优势地位，因此本书将二者认定为〈上对下　亲〉的关系。而例134）是烟花巷的梳头女急忙叫住木匠，一边安慰一边让其坐下时所说的话，这个语例也是说话者在感情非常激昂状态下的话语。本次调查中，词尾由"え"变成"い"的"～なせい"的相关语例仅此1例。

综合以上分析可知，"～なせえ"在日本近代的使用有如下特点。

"～なせえ"是町人阶层男性常用的祈使表达，其中特别是下层町人阶层男性最爱使用该形式。士族、知识阶层男性和町人阶层的女性则只在愤怒、催促等特殊状态下才会偶有使用。而士族、知识阶层女性则未使用该形式。

"～なせえ"的主要使用对象是同等以及同等以下亲近关系的听话者。除去宴会等特殊场面，该形式不会用于同等以上的听话者。

3.4.5　"お～なせえ"

"お～なせえ"在现代东京语中是已经消失不用的祈使表达形式。即使在日本近代东京语中，该形式也不如前面小节中所调查的"お～なさい""～なせえ"等形式使用频繁。近代前期该形式还有一定程度的使用，但到了近代后期就几乎不太使用了。分析表6-11、表6-12可知，"お～なせえ"的使用者仅限于男性，本次调查中未出现女性使用的语例。下层町人阶层男性的使用率最高，

达到86%，主要是用于同等以及同等以上亲近或疏远关系的听话者。士族、知识阶层和上层町人阶层的男性也有极为少量的使用，而且只限于对同等以下疏远关系的听话者使用。所有使用阶层都未出现接续终助词使用的语例。

表6-11　日本近代东京语中说话者位相与"お～なせえ"使用量对应表

说话者＼听话者	使用者总数	下对上疏	下对上亲	同等疏	同等亲	上对下疏	上对下亲	合计
士族、知识阶层男性	1					2		2
士族、知识阶层女性								0
上层町人阶层男性	1					1		1
上层町人阶层女性								0
下层町人阶层男性	10	6	10		3			19
下层町人阶层女性								0
合计	12	6	10	0	3	3	0	22

表6-12　日本近代东京语中说话者位相与"お～なせえ"使用率对应表

说话者＼听话者	使用者总数	下对上疏	下对上亲	同等疏	同等亲	上对下疏	上对下亲	合计
士族、知识阶层男性	1	0%	0%	0%	0%	9%	0%	9%
士族、知识阶层女性		0%	0%	0%	0%	0%	0%	0%
上层町人阶层男性	1	0%	0%	0%	0%	5%	0%	5%
上层町人阶层女性		0%	0%	0%	0%	0%	0%	0%
下层町人阶层男性	10	27%	45%	0%	14%	0%	0%	86%
下层町人阶层女性		0%	0%	0%	0%	0%	0%	0%
合计	12	27%	45%	0%	14%	14%	0%	100%

【下层町人阶层男性】的表达用例

〈下对上　亲〉

135）通さんと三人づれでこの池のはたへきて涼んでゐたところがマアおききなせへ。（西洋道中膝栗毛・46・手代→主人　初期）

136）此処ではお話が出来やせん、まァ此方へお入んなせぇ。（歐洲小説黃薔薇・500・奉公人→奥様　10 年代）

137）先アお聞きなせヱ。（くれの廿八日・22・職人→お嬢様　30 年代）

〈下对上　疏〉

138）さあ、勘定が出来ぬといふなら、わつちと一緒にお出でなせえ。（東京日新聞・175・車夫→客　初期）

139）まァ黙つてお出でなせぇ、旦那ぇ。（英國孝子之傳・578・棟梁→宿屋の主人　10 年代）

〈同等　亲〉

140）モシ女子達おゐどのひさしをお引なせへ。（西洋道中膝栗毛・54・手代→下女　初期）

　　如例 135）〜139）所示，下层町人阶层男性对同等以上的听话者多用"お〜なせえ"。从日本近代初期到 30 年代的作品当中都可以收集到相关语例，特别是对同等以上亲近关系的听话者使用量最多。例 140）是随同富商做商旅之行的男佣人对女佣人所说的话，虽然二者是同等亲近关系，但由于不是对着男性同伴而是对着女性听话者，所以语气略显礼貌和缓和。该阶层男性不会对同等以下的听话者使用"お〜なせえ"，由此可以推断该形式是比用于同等关系听话者的"〜なせえ"敬意程度高的祈使表达形式。

　　另一方面，如下面的语例所示，士族、知识阶层和上层町人阶层的男性对"お〜なせえ"也有少量的使用。例 141）是武士将在路途中救助的年轻女子带到自己奶娘家并催促其赶紧

进门时所说的话，由于是在漆黑的夜里，又加上是被大雨淋湿的状态，所以这时武士的话语与正常情况相比就稍显得有些粗暴和焦急。例142）则是原为豪族的清水助右卫门愤怒地对掌柜所说的话，因为他在旅店老板那儿寄存了一大笔钱，现在却要不回来。本次调查中也仅收集到这1个词尾由"え"变成"い"的"お～なせい"的语例。

【士族、知识阶层和上层町人阶层男性】的表达用例

〈上对下　疏〉

141）さアお前さん此手で足をふいて此方へお上んなせへ
（春雨文庫・336・侍→料理屋の女　初期　士族、知识阶层男性）

142）黙つてお在でなせい、あんたの知つたことぢやァない、
（英國孝子之傳・492・客→番頭　10年代　上层町人阶层男性）

综合以上分析可知，"お～なせえ"在日本近代的使用有如下特点。

"お～なせえ"是下层町人阶层男性常用的祈使表达。士族、知识阶层和上层町人阶层的男性则只在愤怒、催促等特殊状态下才会偶有使用。女性则不会使用该形式。

"お～なせえ"的主要使用对象是同等以及同等以上亲近或者疏远关系的听话者。

3.4.6　其他形式

除以上5种形式以外，"なされ类"祈使表达中还有其他2种形式，即"～なされ"（5例）和"～なさろ"（1例）。如下面的例143）和144）所示，"～なされ"的使用者均为町人阶层的男性，使用对象主要是同等以及同等以下亲近关系的听话者。"～なさろ"仅有1个语例，出现在男佣人对同伴所说的话语中。

143）えゝうるさい、放しなされい。（人間萬事金世中・27・若

　　旦那→番頭　10 年代　上层町人阶层男性）

144）卯三郎殿、<u>聞きなされ</u>。（有福詩人・59・百姓同士　20
　　年代　下层町人阶层男性）

145）在所へサあゆんで<u>見なさろ</u>。（西洋道中膝栗毛・57・下
　　男→手代　初期　下层町人阶层男性）

3.4.7　"なされ类"小结

　　根据日本近代东京语中"なされ类"祈使表达主要形式的使用
状况，可以将其分为五个类型。

　　士族、知识阶层男性→同等或同等以上亲近或疏远关系的听话
者："お～なされ"

　　下层町人阶层男性→同等以上亲近或疏远关系的听话者："お
～なせえ"

　　上层和下层町人阶层男性→同等或同等以下亲近关系的听话
者："～なせえ"

　　所有阶层的男性→同等或同等以下亲近或疏远关系的听话者：
"～なさい"

　　所有阶层的男性和女性→同等以上或同等或同等以下亲近或疏
远关系的听话者："お～なさい"。

3.5　"なされませ类"

　　"なされませ类"祈使表达可以大分为 5 个类型，即"なされ
ませ（し）""なさりませ""なさいまし""なさんせい""なせ
えまし"。在日本近代，"なさいまし"类表达的使用占绝对优势，
而"なされませ"类表达在近代前期则有较多的使用。接下来，本
书将以语例数达到 10 例以上的 2 种形式"お～なされませ"和
"お～なさいまし"为中心，考察分析"なされませ类"表达和说
话者位相之间的关联性。

3.5.1 "お～なされませ"

表6-13 日本近代东京语中说话者位相与"お～なされませ"使用量对应表

说话者 ＼ 听话者	使用者总数	下对上疏	下对上亲	同等疏	同等亲	上对下疏	上对下亲	合计
士族、知识阶层男性	4	1	2			3		6
士族、知识阶层女性	1					2		2
上层町人阶层男性	4	3		2	1			6
上层町人阶层女性	2	1	1					2
下层町人阶层男性	18	8	15	2				25
下层町人阶层女性	7	6	10	1				17
合计	36	19	28	5	1	5	0	58

表6-14 日本近代东京语中说话者位相与"お～なされませ"使用率对应表

说话者 ＼ 听话者	使用者总数	下对上疏	下对上亲	同等疏	同等亲	上对下疏	上对下亲	合计
士族、知识阶层男性	4	2%	3%	0%	0%	5%	0%	10%
士族、知识阶层女性	1	0%	0%	0%	0%	3%	0%	3%
上层町人阶层男性	4	5%	0%	3%	2%	0%	0%	10%
上层町人阶层女性	2	2%	2%	0%	0%	0%	0%	3%
下层町人阶层男性	18	14%	26%	3%	0%	0%	0%	43%
下层町人阶层女性	7	10%	17%	2%	0%	0%	0%	29%
合计	36	33%	48%	9%	2%	9%	0%	100%

　　"お～なされませ"在现代东京语中是使用频率比较低的一种祈使表达形式，主要由少部分特定职业、特定年龄的人使用。观察该种表达形式在日本近代东京语中的使用状况也可以发现，直到近代20年代的作品中还可以收集到相关语例，但到30年代以后的作

品中则不再出现使用。本次调查当中，也仅在河竹默阿弥、坪内逍
遥、依田学海、幸田露伴、三宅花圃五位作家的作品当中收集到相
关语例。分析表 6-13、表 6-14 可知，"お～なされませ"是所
有阶层男性和女性通用的表达形式，但是与士族、知识阶层相比，
町人阶层的使用量要大很多，占到绝对优势。町人阶层的使用者主
要是向同等以上亲近或者疏远关系的听话者使用该形式，而士族、
知识阶层的使用者则主要是向同等以下疏远关系的听话者使用。所
有使用阶层都未出现接续终助词使用的语例。

　　【士族、知识阶层男性】的表达用例

　　〈下对上　疏〉

146）とくとくお帰りなされませ。（政黨美談淑女の操・16・書
　　　生→士族令嬢　20 年代）

　　〈下对上　亲〉

147）時田様にも御嬢様にも御悦なされませ。（政黨餘談淑
　　　女の後日・105・執事→士族令嬢、政治家　20 年代）

　　〈上对下　疏〉

148）しかと承知いたしました、御安心なされませ。（政黨餘
　　　談淑女の後日・89・政治家→猟人　20 年代）

　　【士族、知识阶层女性】的表达用例

149）横山氏、もう是で御用は有りませまい、早くここをお帰り
　　　成れませ。（政黨餘談淑女の後日・141・士族令嬢→社員
　　　20 年代）

　　如例 146）～149）所示，本次调查当中士族、知识阶层使用
"お～なされませ"的语例全部出自小说家、剧作家依田学海的作
品。从使用对象来看，其特点是不仅用于同等以上的听话者，还会
用于同等以下疏远关系的听话者。例 148）是一位政治家对猎人所
说的话，因为猎人们请求他前去驱除狼患，政治家面对的是初次见

面的猎人，从其修养上来讲说话比较礼貌和客气，因此这里的"お
～なされませ"不是用来向听话者表示敬意。例149）是士族千金
要求骗取钱财的社员立刻离开时所说的话，这里也是完全不含敬意
的愤怒之言。但是，通过使用"お～なされませ"这样十分礼貌
的说法，一方面表达出严厉的要求之意，同时又保持和体现出士族
千金作为上流阶层的修养和风度。

　　【上层町人阶层男性】的表达用例

　　〈下对上　疏〉

150）さ、それもみんな御酒の上、手前が悪くば悪いにして、

　　　まあ御勘弁なされませ。（東京日新聞・201・商人→浪士
　　　初期）

　　〈同等　疏〉

151）如何にも妻の申す通り今宵は御泊りなされませ。（有福
　　　詩人・91・土豪→詩人　20年代）

　　　　〈同等　親〉

152）早くお仕舞ひなされませ。（東京日新聞・256・旦那同士
　　　初期）

　　【上层町人阶层女性】的表达用例

　　〈下对上　疏〉

153）あなた方は御自分のお座敷へおいでなされませ。（東京日
　　　新聞・231・女将→浪士　初期）

　　〈下对上　親〉

154）お早くお開きなされませ。（人間萬事金世中・52・積問屋
　　　のお嬢様→年上の商人　10年代）

　　如上面的语例所示，上层町人阶层男性主要是对同等以及同等
以上的听话者使用"お～なされませ"，而不会对同等以下的听话
者使用。例150）是急着赶路的商人不小心撞到了浪人，连声对其

道歉时所说的话，由于二者是从未打过交道的完全陌生的两人，因此本书将他们认定为〈下对上　疏〉的关系。另一方面，如例153）、154）所示，上层町人阶层女性则仅对同等以上的听话者使用"お～なされませ"。

【下层町人阶层男性】的表达用例

〈下对上　疏〉

155）先づ先づ是れへお掛けなされませ。（東京日新聞・212・茶店の亭主→客　初期）

156）ハイ苦しんで居りまする哩。まあ些御聞なされませ。（有福詩人・106・粉挽き→土豪　20年代）

〈下对上　亲〉

157）別品さんの顔を見ながら、洋弓でもお引きなされませ。（富士額男女繁山・374・車夫→馴染の客　10年代）

158）それでは御支度なされませ。（有福詩人・77・番頭→主人　20年代）

〈同等　疏〉

159）小田原の方へお出でになるなら、地の車をお雇ひなされませ。（東京日新聞・224・車夫→下男　初期）

【下层町人阶层女性】的表达用例

〈下对上　疏〉

160）あのやうに仰しやいますから、お梳き上げなされませ。（富士額男女繁山・405・下女→客　10年代）

〈下对上　亲〉

161）早くお帰りなされませ。（人間萬事金世中・93・下女→女将　10年代）

〈同等　疏〉

162）今御待なされませ、お茶も出来て居ります。（八重桜・

120·下女→乳母　20 年代）

如例 155）～ 162）所示，在日本近代前期，下层町人阶层的男性和女性对同等以上的听话者多用“お ～ なされませ”，且使用时都含有尊敬之意。使用对象主要是如佣人对主人或者车夫对熟客等亲近关系的听话者，但对初次见面的客人等疏远关系的听话者也会使用。另外，如例 159）、162）所示，该阶层还出现少量用于同等疏远关系听话者的语例。但是，本次调查中没有收集到向同等以下听话者使用的语例。

综合以上分析可知，“お ～ なされませ”在日本近代的使用有如下特点。

“お ～ なされませ”是所有阶层的男性和女性通用的祈使表达。

“お ～ なされませ”的使用对象主要是同等以上的听话者或者疏远关系的听话者，士族、知识阶层在体现修养和风度的场面也会对同等以下疏远关系的听话者使用该形式。

3.5.2　“お ～ なさいまし”

表 6 – 15　日本近代东京语中说话者位相与“お～なさいまし”使用量对应表

说话者＼听话者	使用者总数	下对上疏	下对上亲	同等疏	同等亲	上对下疏	上对下亲	合计
士族、知识阶层男性	9		3	3	2		1	9
士族、知识阶层女性	10		8		14		4	26
上层町人阶层男性								0
上层町人阶层女性	1				3			3
下层町人阶层男性	3	1	1		2			4
下层町人阶层女性	23	6	21	7	2			36
合计	46	7	33	10	23	0	5	78

表 6-16　日本近代东京语中说话者位相与"お～なさいまし"使用率对应表

听话者＼说话者	使用者总数	下对上疏	下对上亲	同等疏	同等亲	上对下疏	上对下亲	合计
士族、知识阶层男性	9	0%	4%	4%	3%	0%	1%	12%
士族、知识阶层女性	10	0%	10%	0%	18%	0%	5%	33%
上层町人阶层男性		0%	0%	0%	0%	0%	0%	0%
上层町人阶层女性	1	0%	0%	0%	4%	0%	0%	4%
下层町人阶层男性	3	1%	1%	0%	3%	0%	0%	5%
下层町人阶层女性	23	8%	27%	9%	3%	0%	0%	46%
合计	46	9%	42%	13%	29%	0%	6%	100%

　　"お～なさいまし"在现代东京语中也是主要由少部分特定职业、特定年龄的人使用的祈使表达，但是在本次调查的日本近代东京语资料中，从近代各个时期的作品当中都可以收集到相关语例，由此可以推断该形式在日本近代还是非常盛行使用的形式。分析前面的表 6-15、表 6-16 可知，"お～なさいまし"是各个阶层的女性常用的形式，女性的总使用率高达整体的 83%。此外，本次调查中也收集到士族、知识阶层和下层町人阶层男性使用的语例，主要使用对象是同等以及同等以上的听话者，但是在士族、知识阶层也出现了向同等以下听话者使用的情况。

　　【士族、知识阶层女性】的表达用例

　　〈下对上 亲〉

163）アレまア小さい方にしてお置なさいましヨヲ。（春雨文庫・362・妻→夫　初期）

164）まあ那様事はお舎諸なさいましよ。（多情多恨・214・妻→夫　20 年代）

165）縦令んば句崩が其様な不心得をしやうとしても 妾 が傍

に附いてますから、嫂さん、夫りやア<u>御安心なさいまし</u>
よ 妾が必と骨を折らして見せますから……（社會百面
相/鐵道國有・281・妹→嫂　30年代）

〈同等 亲〉

166）悪い事は申しませんから、貴方も能く<u>お考へなさいまし</u>
<u>な</u>。（多情多恨・344・会社員の奥様→夫の親友　20年
代）

〈上对下 亲〉

167）輝一さん、開けて<u>御覧なさいまし</u>なね。（空薫・303・議
員夫人→夫の前妻の息子　40年代以后）

　　如上面的语例所示，从日本近代各个时期的作品当中都可以收
集到士族、知识阶层女性使用"お～なさいまし"的语例。"お～
なさいまし"多用于自家人或近似于自家人的亲近人际关系之中，
如妻子对丈夫、妹妹对嫂子、公司职员的妻子对住在自己家里的丈
夫的好友、继母对儿子等，而且本次调查中未收集到用于疏远关系
听话者的语例，由此可以推断，该形式的主要功能不是用来表达敬
意，而是能够强烈地表现出亲近之情以及说话者的教养。本次调查
中收集到大量"お～なさいまし"后面接续终助词"よ、な、な
ね"使用的语例，附加率约为54%。

　　另一方面，下面的例168）是二叶亭四迷的代表作『浮雲』中
出场的茶店千金阿势所说的话，这句话的说话对象是和阿势亦兄亦
友的堂兄文三，两人关系非常亲密。对于寄宿在自己家的、同等亲
近关系的文三并没有必要表达过度的敬意，因此这个语例应该是阿
势为了表现自己的修养而采用的措辞，因为阿势虽然出身町人阶层
却一直自认为受过教育很有教养。

　　【上层町人阶层女性】的表达用例

　　〈同等 亲〉

168）些とお遣ひなさいまし。（浮雲・18・従兄妹同士　20年

代）

【下层町人阶层女性】的表达用例

〈下对上　疏〉

169）一度云ひ出してはどんな事があつてもお合ひになりませ
　　　んから、お帰りなさいまし。（歐洲小説黄薔薇・465・下
　　　女→官員の奥様　10 年代）

〈下对上　亲〉

170）それじやア別にいいお燗をつけますから延喜直しにお喫
　　　んなさいましな（春雨文庫・316・下女→主人　初期）

171）それじやア此方からおあがんなさいまし。（當世書生氣
　　　質・149・下女→主人　10 年代）

172）御親切様、有難うムいますが、妾の良夫は学校卒業ま
　　　では妾狂ひは致しませんから御安心なさいまし。（社會
　　　百面相/新学士・83・煙草屋の女→馴染の客　30 年代）

173）それから今日は好いお召を召していらつしやるんですか
　　　ら、あんまりお徒をなさらないやうに大人しくお遊びな
　　　さいましよ。（少年・150・女中→坊ちゃん　40 年代以
　　　后）

〈同等　疏〉

174）まあお聞きなさいましよ、其先生はね、謂はゞ偏人さ
　　　ね、……（恋の病・69・木樵妻→奉公人　20 年代）

〈同等　亲〉

175）マアお珍らしいこと。兎も角もおあがんなさいましな。
　　　（當世書生氣質・152・芸妓→大工　10 年代）

　　如上面的语例所示，下层町人阶层女性对"お～なさいまし"
的使用非常多，从日本近代各个时期的作品当中都可以收集到相关

语例。该形式主要用于同等以上亲近或者疏远关系的听话者，多数情况都含有对听话者的敬意。但是，例 175）是艺妓对熟识的木匠所说的话，在这个语例中使用的"お～なさいまし"主要是表达和听话者之间的亲近感，这是出于艺妓这一女性特殊职业而来的习惯，而不是为了纯粹表达敬意。与士族、知识阶层女性一样，本次调查中也收集到很多该阶层女性后面接续终助词"よ、な"使用的语例，其附加率大约为 44%。

【男性】的表达用例

〈下对上　疏〉

176）まァまァ今晩は緩_{ゆる}りとお泊_{とま}りなさいまし。（英國孝子之傳・486・番頭→客　10 年代　下层町人阶层男性）

〈下对上　亲〉

177）それだから織江やお母さんのはお買_かひなさいまし。僕のは僕の了簡_{れうけん}があるから買はなくッても宜_いいです。（社會百面相/投機・357・官員→義理の母　30 年代　士族、知识阶层男性）

178）旦那様、お懽_{よろこ}びなさいまし、無類極上_{ごくじやう}といふ上手のお医者がございました。（恋の病・76・奉公人→主人　20 年代　下层町人阶层男性）

〈同等　疏〉

179）無論の事です。必らずお受合します。御安心なさいまし。（乳姉妹・224・伯爵の息子→侯爵令嬢　30 年代　士族、知识阶层男性）

〈同等　亲〉

180）奥_{おく}さん、貴方_{あなた}が音頭_{おど}をお取んなさいましよ――いゝえ、本当_{ほんたう}に。（金色夜叉・173・法学士→学友の奥様　30 年代　士族、知识阶层男性）

181）お店の方にもたまには御用がございませうから、ちつと
　　　お顔を<u>お見せなさいまし</u>。（嫌味らしく云ふ）（戀を知る
　　　頃・54・恋人同士　40 年代以后　下层町人阶层男性）

〈上对下　亲〉

182）さあ奥<ruby>様<rt>おくさん</rt></ruby>、<ruby>お<rt>やす</rt></ruby>寝みなさいまし。（多情多恨・269・夫→
　　　妻　20年代　士族、知识阶层男性）

　　如例 176）～182）所示，士族、知识阶层和下层町人阶层的男
性面对同等以及同等以上的听话者会使用"お～なさいまし"，且
多带有敬意。但是，例 181）是木棉批发店的男佣人对久未见面的
恋人所说的话，本来对于同等关系的听话者没有必要表达敬意，所
以在这里使用的"お～なさいまし"是一种故作客气的表达，是
为了传达对恋人的不满情绪。例 182）是丈夫对妻子开玩笑时的话
语，因此也和一般用法稍有不同。另外，如例 181）所示，本次调
查中仅收集到 2 例男性在"お～なさいまし"后面接续终助词使
用的语例。

　　综合以上分析可知，"お～なさいまし"在日本近代的使用有
如下特点。

　　"お～なさいまし"是所有阶层的女性常用的祈使表达。士
族、知识阶层和下层町人阶层的男性也有一定程度的使用。

　　"お～なさいまし"的主要使用对象是同等以上的听话者，但
在士族、知识阶层，有时候也会对同等以下亲近关系的听话者使
用，用来表达亲昵之意或者开玩笑等。在町人阶层则不会对同等以
下的听话者使用，但可以用于亲近或者疏远关系的听话者。

3.5.3　其他形式

　　除以上 2 种形式以外，"なされませ类"祈使表达在日本近代
东京语中还有其他 8 种形式，即"お～なされまし"（3 例）、"～
なさりませ"（1 例）、"お～なさりませ"（4 例）、"～なさいま
し"（1 例）、"～なさんせ"（2 例）、"お～なさんせ"（2 例）、

"お～なせえやし"（5例）、"お～なせえまし"（2例）。如下面的例183）、184）所示，"お～なされまし"和"～なさりませ"由士族、知识阶层男性对同等关系的听话者使用。而如例185）中所示，"～なさいまし"则是由上层町人阶层男性对同等亲近关系的听话者使用。另外，如例187）～191）所示，"お～なさりませ""～なさんせ""お～なさんせ""お～なせえやし""お～なせえまし"都是下层町人阶层的男性和女性使用的形式，用于同等以上的听话者。

183）茨木君にも御機嫌よく折角御奉職なされまし。（政黨餘談淑女の後日・107・政党員同士　20年代　士族、知识阶层男性）

184）サントウイスへ洋行して、婦人の窮理学へ入門なさりませ。（富士額男女繁山・380・書生同士　10年代　士族、知识阶层男性）

185）これで着物の一枚も早く拵へて着なさいまし。（人間萬事金世中・111・若旦那→お嬢様　10年代　上层町人阶层男性）

186）まづお茶を一つお上りなさりませ。（東京日新聞・224・茶店の亭主→客　初期　下层町人阶层男性）

187）あゝ、これはしたりお嬢さま、……黙つておいでなさりませ。（富士額男女繁山・530・髪結→本屋のお嬢様　10年代　下层町人阶层女性）

188）これさ、黙つて居なさんせいな。（富士額男女繁山・392・下女→奉公人　10年代　下层町人阶层女性）

189）お前さんならしなさんせうから、今夜はお出でなさんせいな。（東京日新聞・253・女中→客　初期　下层町人阶层女性）

190）わかだんなわかだんなちよつと<u>ごらんなせへやし</u>。（安愚
楽鍋・142・幇間→若旦那　初期　下层町人阶层男性）

191）ハイおいでなせぇまし、<u>お<ruby>上<rt>あが</rt></ruby>んなせぇまし</u>。（歐洲小説黄
薔薇・487・料理屋の下女→客　10年代　下层町人阶层
女性）

3.5.4 “なされませ类”小结

根据日本近代东京语中“なされませ类”祈使表达的使用状
况，可以将语例数达到 10 例以上的主要形式分为两个类型。该类
表达的最大特点就是除去特殊情况不会用于同等以下的听话者。

所有阶层的女性→同等以上或同等亲近或疏远关系的听话者：
“お～なさいまし”

所有阶层的男性→同等以上亲近或疏远关系的听话者：“お～
なされませ”。

3.6 “あそばせ类”

在日本近代，“あそばせ类”祈使表达中主要包括 4 种形式，
即“～あそばせ”“お～あそばせ”“お～あそばしまし”“お～
あそばしませ”。其中，尤其以“お～あそばせ”的使用量最多，
占绝对优势。接下来，本书将以语例数达到 10 例以上的 2 种形式
“お～あそばせ”和“お～あそばしまし”为中心，考察分析
“あそばせ类”表达和说话者位相之间的关联性。

3.6.1 “お～あそばせ”

前人的很多研究[注6]中都曾指出，“あそばせ语”本来是佣人对
主人使用的含有很高敬意的用语，也就是所谓的公馆用语，到了日
本近代，这类用语的使用者不再仅限于上流社会的女性，社会阶层
相对较低的女性也开始广泛使用。分析表 6-17、表 6-18 可知，
“お～あそばせ”多为士族、知识阶层和下层町人阶层的女性所使
用，使用率高达 95%。士族、知识阶层男性也出现极少的语例，但

是町人阶层的男性和上层町人阶层的女性则未出现相关语例。士族、知识阶层女性会对同等以上、同等以及同等以下的所有听话者使用该形式，但是下层町人阶层女性则只对同等以上亲近或疏远关系的听话者使用，而不会用于同等以及同等以下的听话者。

表 6 – 17　日本近代东京语中说话者位相与 "お～あそばせ" 使用量对应表

说话者＼听话者	使用者总数	下对上疏	下对上亲	同等疏	同等亲	上对下疏	上对下亲	合计
士族、知识阶层男性	2		1		3			4
士族、知识阶层女性	14		17	7	16		6	46
上层町人阶层男性								0
上层町人阶层女性								0
下层町人阶层男性								0
下层町人阶层女性	11	5	28					33
合计	27	5	46	7	19	0	6	83

表 6 – 18　日本近代东京语中说话者位相与 "お～あそばせ" 使用率对应表

说话者＼听话者	使用者总数	下对上疏	下对上亲	同等疏	同等亲	上对下疏	上对下亲	合计
士族、知识阶层男性	2	0%	1%	0%	4%	0%	0%	5%
士族、知识阶层女性	14	0%	20%	8%	19%	0%	7%	55%
上层町人阶层男性		0%	0%	0%	0%	0%	0%	0%
上层町人阶层女性		0%	0%	0%	0%	0%	0%	0%
下层町人阶层男性		0%	0%	0%	0%	0%	0%	0%
下层町人阶层女性	11	6%	34%	0%	0%	0%	0%	40%
合计	27	6%	55%	8%	23%	0%	7%	100%

【士族、知识阶层女性】的表达用例

〈下对上　亲〉

192）母上様お聞き遊ばせ。（政黨美談淑女の操・138・娘→
　　　母　20 年代）

193）ついお母さんの事を思ふと……お気に障つたら御免遊ば
　　　せよ。（乳姉妹・144・妹→姉　30 年代）

194）所夫も遇には 私 の言ふこともお聴き遊ばせ、（空薫・
　　　318・妻→夫　40 年代以后）

〈同等　疏〉

195）さあ、これへおかけ遊ばせ、頓て彼方に能が始まります
　　　る。（離鴛鴦・278・侯爵令嬢→参事官夫人　30 年代）

〈同等　亲〉

196）サアサアお持遊ばせ。今何かもたせてよこしましたから。
　　　（藪の鶯・133・女学生同士　20 年代）

197）貴方こそ最少し気を着けてお口をお利き遊ばせな。（金色
　　　夜叉・371・知人同士　30 年代）

198）もう、お止し遊ばせよ。（そらだき續編・370・議員夫
　　　人→伯爵　40 年代以后）

〈上对下　亲〉

199）さう、これから貴君も大きくなつたら、桂のやうな真直
　　　な、屑よい大木におなり遊ばせよ。（乳姉妹・135・家庭
　　　教師→生徒　30 年代）

200）泉子様、まあ、おかけ遊ばせ。（そらだき續編・37・議
　　　員夫人→伯爵令嬢　40 年代以后）

　　如例 192）～200）所示，从日本近代后期各个年代的作品当中
都可以收集到士族、知识阶层女性使用"お ～ あそばせ"的语例。

在例 192）～ 194）中，听话者主要是母亲、姐姐、丈夫等与说话者是自家人一样的亲近对象，这时候使用的"お ～ あそばせ"一方面是表达敬意，另一方面也包含着亲爱之意。而在例 195）～ 200）中，听话者主要是同等以及同等以下对象，这时候因为不存在社会阶层以及利害关系的巨大影响，基本不需要向听话者表达敬意，所以"お ～ あそばせ"主要是作为一种礼貌谦恭语，体现出说话者的修养和风度。另外，如例 193）、197）～ 199）所示，本次调查中收集到士族、知识阶层女性在"お ～ あそばせ"之后接续终助词"よ、な"使用的语例，附加率大约为 26％。

　　另一方面，如下面的例 201）～ 205）所示，从日本近代 10 年代到 40 年代的作品当中都可以收集到下层町人阶层女性使用"お ～ あそばせ"的语例。与士族、知识阶层女性不同，下层町人阶层女性绝不会向同等以下的听话者使用该形式，而仅用于同等以上的听话者，如女佣人对官员，佣人对主人等。由此可以推断，该阶层使用的"お ～ あそばせ"不是礼貌谦恭语，而是一种含有高度敬意的表达形式。下层町人阶层女性在"お ～ あそばせ"后面接续终助词使用的语例仅有 1 例，即下面的例 205）。

　　【下层町人阶层女性】的表达用例

　　〈下对上　疏〉

201）アレいけませんよウ、明日は日曜日で御用もございますまいから、今晚は是非お泊り遊ばせ。（歐洲小説黄薔薇・402・下女→官員　10 年代）

　　〈下对上　亲〉

202）お雪さま……奥さま。ごらん遊バせ。こゝがアノ何でございますヨ。あのお辻さんが身を投げました所で。（妹と背かゞみ・247・下女→奥様　10 年代）

203）妾しあ洗ひます。さアお家へお這入り遊ばせ。（八重

桜・111・乳母→奥様　20 年代）

204）御嬢ちゃん。能うく御母様のお顔を見てお置き遊ばせ。
（夢の女・10・老婢→お嬢様　30 年代）

205）若様、お厭でも最少し御辛抱あそばせよ、もう少しの事
ぢや御座いませんか、学校さへ御卒業あそばせば。（そ
らだき續編・334・乳母→若様　40 年代以后）

【士族、知识阶层男性】的表达用例

〈同等　亲〉

206）あなたは明朝早めに此家を御出立遊ばせよ、車を
申付けて置きませう。（歐洲小説黄薔薇・497・士族→旧
友の奥様　10 年代）

〈下对上　亲〉

207）先づハ御安心遊ばせ。（政黨餘談淑女の後日・132・門
生→奥様　20 年代）

士族、知识阶层男性极少使用"お～あそばせ"，在本次调查
中仅收集到 4 个语例。如例 206）、207）所示，士族、知识阶层男
性仅对同等以及同等以上亲近关系的女性听话者使用该形式，而不
用于男性听话者或者同等以下的女性听话者。

综合以上分析可知，"お～あそばせ"在日本近代的使用有如
下特点。

"お～あそばせ"是士族、知识阶层和下层町人阶层女性常用
的祈使表达。士族、知识阶层男性也有极为少量的使用。

就"お～あそばせ"的使用对象而言，士族、知识阶层女性
会用于同等以上、同等以及同等以下的听话者，而下层町人阶层女
性则仅用于同等以上的听话者。

3.6.2 "お～あそばしまし"

表 6 – 19 日本近代东京语中说话者位相与"お～あそばしまし"使用量对应表

说话者＼听话者	使用者总数	下对上疏	下对上亲	同等疏	同等亲	上对下疏	上对下亲	合计
士族、知识阶层男性								0
士族、知识阶层女性	4			2	3			5
上层町人阶层男性								0
上层町人阶层女性	2	2						2
下层町人阶层男性								0
下层町人阶层女性	2		3					3
合计	8	2	3	2	3	0	0	10

表 6 – 20 日本近代东京语中说话者位相与"お～あそばしまし"使用率对应表

说话者＼听话者	使用者总数	下对上疏	下对上亲	同等疏	同等亲	上对下疏	上对下亲	合计
士族、知识阶层男性		0%	0%	0%	0%	0%	0%	0%
士族、知识阶层女性	4	0%	0%	20%	30%	0%	0%	50%
上层町人阶层男性		0%	0%	0%	0%	0%	0%	0%
上层町人阶层女性	2	20%	0%	0%	0%	0%	0%	20%
下层町人阶层男性		0%	0%	0%	0%	0%	0%	0%
下层町人阶层女性	2	0%	30%	0%	0%	0%	0%	30%
合计	8	20%	30%	20%	30%	0%	0%	100%

"お～あそばしまし"在现代东京语中是主要由少部分特定职业、特定年龄的人使用的祈使表达，在日本近代东京语中其使用频率也不太高，但是从各个时期的作品当中都可以收集到相关语例。分析表 6 – 19、表 6 – 20 可知，"お～あそばしまし"的使用者仅

限于各个阶层的女性，本次调查中未出现男性使用的语例。士族、知识阶层的使用者主要将该形式用于同等亲近或者疏远关系的听话者，而町人阶层的说话者则仅用于同等以上亲近或者疏远关系的听话者。

【士族、知识阶层女性】的表达用例

〈同等　疏〉

208）私、今夜の事は誓つて誰にも申しませんから、どうぞ<u>御安心遊ばしまし</u>。（乳姉妹・133・侯爵令嬢→男爵夫人　30 年代）

〈同等　亲〉

209）お痛（いた）みあそばすでせう。<u>少しお待（すこ）ちあそばしまし</u>。（金色夜叉・286・資産家夫人→旧友　30 年代）

如例 208）、209）所示，士族、知识阶层的女性对同等关系的听话者会使用"お ～ あそばしまし"。例 208）是一位侯爵千金对男爵夫人所说的话，她看到男爵夫人因为少女时代写的一封情书而遭到他人威胁的全过程，因为侯爵千金自己也有过类似的遭遇因而心怀同情，而且和男爵夫人又是初次见面，因此可以推断其措辞中表达着一定程度的敬意。例 209）是资本家夫人对旧友所说的话，因为自己的车不小心撞到了这位旧友，多年未见再加上十分抱歉的心情，因此其措辞也非常的礼貌和谦恭。本次调查中未收集到士族、知识阶层女性在"お ～ あそばしまし"后面接续终助词使用的语例。

另一方面，如下面的语例所示，町人阶层的女性仅对同等以上的听话者使用"お ～ あそばしまし"。例 210）是旅馆千金伊佐对落魄的富家少爷清水重二郎所说的话，因为伊佐倾心于重二郎，在心理上处于弱势地位，因此本书将二者认定为下对上的关系。另外，例 211）、212）中是老婢女和奶妈等下层町人阶层女性对自己的主人谦恭地提出建议时所说的话，这时她们都使用了敬意程度很高的"お ～ あそばしまし"。本次调查中仅收集到 1 例下层町人阶

层女性在"お～あそばしまし"后面接续终助词使用的语例，即例 211）。

【町人阶层女性】的表达用例

〈下对上　疏〉

210）此方へお這入り遊ばしまし、どうぞどうぞ此方へ。（英國孝子之傳・556・宿屋のお嬢様→元豪家の若旦那　10 年代　上层町人阶层女性）

〈下对上　亲〉

211）これから御詣をなさいます代に、御仏前へいらしつて、御線香を多度お供げ遊ばしましな。（多情多恨・10・老婢→主人　20 年代　下层町人阶层女性）

212）若様、転寝を遊ばすとお感冒を召しますよ、もうお寝み遊ばしまし。（空薫・309・乳母→若様　40 年代以后下层町人阶层女性）

综合以上分析可知，"お～あそばしまし"在日本近代的使用有如下特点。

"お～あそばしまし"是各阶层女性通用的祈使表达，男性不使用该形式。

就"お～あそばしまし"的使用对象而言，士族、知识阶层女性会用于同等关系的听话者，而町人阶层的女性则仅用于同等以上的听话者。

3.6.3　其他形式

除以上 2 种形式以外，"あそばせ类"祈使表达在日本近代东京语中还有其他 2 种形式，即"～あそばせ"（1 例）、"お～あそばしませ"（6 例）。如下面的例 213）所示，"～あそばせ"出现在奶妈对以前照看过的小姐所说的话语中。而如例 214）、215）所示，"お～あそばしませ"则由士族、知识阶层和下层町人的女性

使用，使用对象是同等以上关系的听话者。

213）御忌でせうが御兄弟や御両親の為めだと思つて辛抱遊
ばせよ。（八重桜・113・乳母→お嬢様　20 年代　下层町
人阶层女性）

214）へい一寸あなた方それではお困りでございませうから、
どうかこちらへお入り遊ばしませ。（歐洲小説黄薔薇・
523・下女→番頭　10 年代　下层町人阶层女性）

215）お居間へお出遊ばしてお気をお休め遊ばしませ。（政黨
美談淑女の操・143・娘→母　20 年代　士族、知识阶层
女性）

3.6.4　"あそばせ类"小结

根据日本近代东京语中"あそばせ类"祈使表达的使用状况，
可以将语例数达到 10 以上的主要形式归纳为一个类型。该类表达
的最大特点就是除去特殊情况外不会出现男性使用者，也不会用于
同等以下的听话者。

所有阶层的女性→同等以上或同等亲近或疏远关系的听话者：
"お ～ あそばせ""お ～ あそばしまし"。

4. "Ⅱ类 使用敬语助动词的祈使表达"与位相关系的总结

根据日本近代东京语中"Ⅱ类　使用敬语助动词的祈使表达"
的使用状况，可以将其与说话者位相的关系分为以下八种类型。

士族、知识阶层男性→同等亲近关系的听话者："～ たまえ"

士族、知识阶层男性→同等或同等以上亲近或疏远关系的听话
者："お ～ なされ"

下层町人阶层男性→同等以上亲近或疏远关系的听话者："お

～なせえ"

上层和下层町人阶层的男性→同等或同等以下亲近关系的听话者："～なせえ"

所有阶层的男性→同等或同等以下亲近或疏远关系的听话者："～なさい"

所有阶层的女性→同等以上或同等亲近或疏远关系的听话者："お～なさいまし""お～あそばせ""お～あそばしまし"

所有阶层的男性和女性→同等以上亲近或疏远关系的听话者："お～なされませ"

所有阶层的男性和女性→同等以上或同等或同等以下亲近或疏远关系的听话者："お～なさい"。

注：

1. 此处所列语例相关信息的顺序为：作者名、出现页码、说话者、听话者、作品所属时代划分。

2. 请参考北原保雄他编（2000～2002）『日本国語大辞典』（第二版）、小学館。

3. 松村明（1995）『大辞林第二版』、三省堂。

4. 这里所说的 81 例中包括说话者位相不明确的语例。

5. 长屋是日本历史上传统的城市集体住宅，一般形状多比较细长，因而得名。其中的住户多为町人阶层的百姓。

6. 请参考辻村敏树（1968）、森田良行（1974）、田中章夫（1983）、杉本勉（1985）、高泽信子（2003），等等。

第七章　社会语言学视野中日本近代东京语祈使表达与位相（三）

1. 前　言

本章将紧接第五章、第六章，继续围绕近代东京语中肯定型直接祈使表达的实际使用情况进行调查。本章主要以第四章中已做划分的"Ⅲ类　使用受惠表达的祈使表达"为研究重点，按照历史发展的角度，从说话者的位相、说话者与听话者之间的待遇关系以及说话的场面等方面来进行分析和探讨。

2. 日本近代东京语资料中出场人物的位相及待遇关系分类

2.1　日本近代东京语资料中说话者的位相

对于本次调查资料中主要出场人物的位相认定，本章进行了与第五章相同的划分，具体如下：

（1）士族、知识阶层男性　　　　武士，士族，官吏，医生，僧侣，教师，实业家，公司职员，书生 等

（2）士族、知识阶层女性　　　　武家、士族、知识分子家庭中的夫人、千金，女学生 等

（3）上层町人阶层男性　　　　大商店的老板，富商 等

（4）上层町人阶层女性　　　　大商店的老板娘，千金 等

（5）下层町人阶层男性　　　手艺人，掌柜，男佣，二掌柜，小商贩，车夫，马夫，助酒艺人，说书先生，单口相声家，演员 等

（6）下层町人阶层女性　　　（5）的配偶、女儿，奶妈，女佣，挽发女，艺妓，妓女 等

2.2　日本近代东京语资料中说话者和听话者的关系

对于本次调查资料中说话者和听话者的关系认定，本章进行了与第五章相同的划分，具体如下：

"上对下"的关系　　　说话者（上）→听话者（下）：士族、知识阶层→町人阶层、佣人、门生；上层町人阶层→下层町人阶层、佣人；医生→患者及其家属；僧侣→弟子；买方→卖方；丈夫→妻子；父母→儿女；年长者→年轻者；心理因素（如抱有求爱之心等）所致立场上的上→下 等

"下对上"的关系　　　说话者（下）→听话者（上）："上对下"关系的逆转

"同等"的关系　　　说话者和听话者立场关系相当：同为士族、知识阶层，同为上层、下层町人阶层 等

"亲"的关系　　　亲子，夫妇，兄弟，亲戚，恋人，朋友，同事，主仆，师徒 等

"疏"的关系　　　初次见面以及完全不存在"亲"的关系的说话者和听话者

3. "Ⅲ类 使用受惠动词的祈使表达"
与位相的关系

3.1　"てくれ类"

"てくれ类"祈使表达主要有2种形式，即"～てくれ"和"～ておくれ"。在日本近代，这两种形式都广泛使用于各个时期

的作品当中。接下来，本书将考察分析"てくれ类"表达和说话者位相之间的关联性。

3.1.1 "～てくれ"

表7－1　日本近代东京语中说话者位相与"～てくれ"使用量对应表

说话者 ＼ 听话者	使用者总数	下对上疏	下对上亲	同等疏	同等亲	上对下疏	上对下亲	合计
士族、知识阶层男性	57				31	20	95	146
士族、知识阶层女性								0
上层町人阶层男性	8				2		10	12
上层町人阶层女性	1						1	1
下层町人阶层男性	22				33	7	9	49
下层町人阶层女性								0
合计	88	0	0	0	66	27	115	208

表7－2　日本近代东京语中说话者位相与"～てくれ"使用率对应表

说话者 ＼ 听话者	使用者总数	下对上疏	下对上亲	同等疏	同等亲	上对下疏	上对下亲	合计
士族、知识阶层男性	57	0%	0%	0%	15%	10%	46%	70%
士族、知识阶层女性		0%	0%	0%	0%	0%	0%	0%
上层町人阶层男性	8	0%	0%	0%	1%	0%	5%	6%
上层町人阶层女性	1	0%	0%	0%	0%	0%	0%	0%
下层町人阶层男性	22	0%	0%	0%	16%	3%	4%	24%
下层町人阶层女性		0%	0%	0%	0%	0%	0%	0%
合计	88	0%	0%	0%	32%	13%	55%	100%

"～てくれ"是现代东京语中经常使用的祈使表达形式。本次调查的日本近代东京语资料中，也收集到超过200例的语例，依此

可以推断该形式在近代的使用也非常盛行。分析表 7 - 1、表 7 - 2
可知，"～てくれ"是各阶层男性多用的形式，与此相对，女性使
用的语例则极为少见，本次调查中仅出现 1 例。"～てくれ"的使
用对象多为同等亲近关系的听话者和同等以下亲近或疏远关系的听
话者，而不用于同等以上的听话者和同等疏远关系的听话者。本次
调查中未收集到在"～てくれ"前面使用尊他语和自谦语的语例。

　　【士族、知识阶层男性】的表达用例

　　〈同等　亲〉

1）これからが話_{はなし}だ。マア聞_{きい}てくれ。（當世書生氣質・90・書
　　生同士　10 年代）^{注1}

2）早くしてくれ、もう耐_{たま}らん。（多情多恨・222・親友同士
　　20 年代）

3）それで彼あ是非欲しいが、一つ考へて見て呉_{あり}れさ。（其面
　　影・276・友達同士　30 年代）

4）「君、もう五分許_{ばかりすは}坐_くつて呉れ」と代助は頼んだ。（それか
　　ら・332・旧友同士　40 年代以后）

　　〈上対下　疏〉

5）あのうナ生肉_{せいにく}をナ一斤_{いつきん}ばかり持参_{ぢさん}したスンで。至極_{しごく}の
　　正味_{しやうみ}を周旋_{しうせん}いたイてくれイ。（安愚楽鍋・141・武士→牛
　　店の女中　初期）

6）船頭花屋敷_{せんどうばなやしき}の常磐屋_{ときは や}へやつて呉_くれ。（歐洲小説黄薔薇・
　　434・貴族→船頭　10 年代）

7）よしよし……女中案内_{ちよちうあんない}してくれ。（政黨餘談淑女の後日・
　　112・政党員→女中　20 年代）

　　〈上対下　亲〉

8）ちよつと洗_{あら}ひに玉子焼_{たまごやき}、なんぞ見繕_{みつくろ}つて来_きてくれろ。（富

士額男女繁山・543・士族→奉公人　10 年代）

9）いづれお前にも話を為るけれど、少し事情があるのだから

　　　まあ 拵へてくれ。（多情多恨・159・主人→老婢　20 年代）

10）そちはよく房江の気立や、嗜好を知つてるのぢやから、よ

　　　く気をつけてな、岸和田に居た時のやうに仲を善くしてく

　　　れよ。（乳姉妹・143・父親→娘　30 年代）

11）おい是を一寸其所へ置いて呉れ（門・441・主人→下女

　　　40 年代以后）

　　如例 1）～ 11）所示，从日本近代各个时期的作品当中都可以
收集到士族、知识阶层男性使用 "～てくれ" 的语例。使用对象
多为同等或同等以下的听话者，表达着命令、催促、叫停、请求等
意义。虽然 "～てくれ" 中含有表达受惠之意的补助动词 "くれ
る" 的命令形，但原有的敬意已几乎完全消失，基本上成为一种毫
不客气的祈使表达，因此调查中未出现向同等以上听话者使用的语
例。另外，如上面的例 5）、8）所示，调查资料中还收集到士族、
知识阶层男性在 "～てくれ" 后接续词尾 "い"（26 例）和 "ろ"
（1 例）使用的语例。而且如例 3）、10）所示，该阶层男性也会在
"～てくれ" 后面接续终助词 "よ、さ" 使用，但是使用量不多，
各自仅为 4 例和 1 例。

　　另一方面，如下面的例 12）～ 14）所示，上层町人阶层男性和
士族、知识阶层男性有相同的使用倾向，即不用于同等以上的听话
者或疏远关系的听话者，仅用于同等以下亲近关系的听话者。如例
13）所示，该阶层男性使用了 2 例带有词尾 "ろ" 的形式。

【上层町人阶层男性】的表达用例

〈同等　亲〉

12）此処へ五十円持つて来たから、是だけ受取つて置いてく

　　　れ。（英國孝子之傅・553・宿屋の主人→旧友　10 年代）

〈上对下　亲〉

13）モウモウ飯は真平だ何にしろ小常その猪口を鳥渡返して
　　　呉ろ。（春雨文庫・337・旦那→妾　初期）

14）さうして米屋薪屋の払ひは幾らばかりあればいゝか、それ
　　　を序に聞かしてくれ。（人間萬事金世中・16・若旦那→乳
　　　母の孫　10年代）

　　　如例15）～24）所示，下层町人阶层男性对"～てくれ"也
有大量的使用。从日本近代各个时期的作品当中都可以收集到相关
语例。与普通动词命令形相比，"～てくれ"表达的要求语气稍显
柔和。例19）是土木工人对来偷钱的小偷所说的话，因为小偷没
有偷钱反倒借钱给他，因此他说到"何だか親類のやうな心持がす
るぜ（总觉得和你像亲人一样啊）"，土木工的这句话饱含着亲爱
之意，因此本书将这个场景中二者的关系认定为亲近关系。例20）
是一位文身师对艺妓所说的话，虽然这两个人是初次见面，但由于
文身师用很长的时间在艺妓的背上画出了倾注自己心血的文身图案
后，二人之间因此产生了一种联接，因此可以认为在这种情况下二
者之间的用词用语与〈亲近〉关系的对话者之间的措辞十分接近。
而例23）是农夫对渔夫之妻所说的话，由于农夫曾借给渔夫家一
袋米，心理上处于债主的优势地位，所以本书将二者认定为〈上对
下〉的关系。

　　　【下层町人阶层男性】的表达用例
　　　〈同等　亲〉

15）てめへに貸してある蝦蟇巾着を返してくれ。（西洋道中
　　　膝栗毛・26・手代同士　初期）

16）其仮名からして読めねえから、まあ手前読んでくれ。（富
　　　士額男女繁山・569・植木屋同士　10年代）

17）ヤア忌々しい、悉皆やられた。猪九郎汝はまた受けたな。

十両ばかり<u>貸して呉れ</u>。（有福詩人・99・悪漢同士　20 年代）

18）面白くもねエ、真剣に<u>聞いて呉れ</u>。（老車夫・44・車夫同士　30 年代）

19）何だか親類のやうな心持がするぜ。俺も外^{ほか}に身内も何^{なん}にもねえから親類に<u>なつてくれ</u>。（夏どろ・460・土方→泥棒　40 年代以后）

〈上対下　疏〉

20）帰る前にもう一遍、その刺青を<u>見せてくれ</u>。（刺青・72・刺青師→芸子　40 年代以后）

〈上対下　亲〉

21）手前^{てめへ}は跡^{あと}に残つて居^{のこ}て何^ゐとか工夫^{なん}^{くふう}を<u>つけてくれ</u>。（春雨文庫・319・夫→妻　初期）

22）すこしここに<u>待つていてくれ</u>。（富士額男女繁山・571・車夫→妻　10 年代）

23）何時^{いつ}でも好いと云はるゝ人に御礼に来居るほどならば、些^{ちつと}も早く受取りたい此乃公に<u>直</u>^き<u>返</u>^を<u>して呉れ</u>。（有福詩人・64・農夫→漁夫の妻　20 年代）

24）時にお定、手がすいてゐるなら鳥渡此方へ這入^は^い<u>つてくれ</u>。（腕くらべ・238・講釈師→内箱　40 年代以后）

例 25）是本次调查中女性使用"～てくれ"的唯一语例。这个语例是茶馆小姐阿势所说的话，因为和堂兄文三吵了架，所以阿势将愤怒的情绪转向女佣人阿锅，其语气中含有破罐破摔的放任之意，这个语例也是一种拒人于千里之外的极端表达，因此与平常状态下阿势的语言使用相比，在性质上是有所区别的。

【女性】的表达用例

25）<u>打擲^{うつちや}ツといてくれ</u>。何だか云ふ事が有ツていふんだから、

それを……聞かないうちは……（浮雲・127・茶店のお嬢
様→下女　20 年代）

综合以上分析可知，"〜てくれ"在日本近代的使用有如下
特点。

"〜てくれ"是所有阶层男性常用的祈使表达。

"〜てくれ"的主要使用对象是同等或同等以下亲近关系的听
话者，不用于同等疏远关系或者同等以上关系的听话者。

3.1.2　"〜ておくれ"

表 7 – 3　日本近代东京语中说话者位相与"〜ておくれ"使用量对应表

听话者\说话者	使用者总数	下对上疏	下对上亲	同等疏	同等亲	上对下疏	上对下亲	合计
士族、知识阶层男性	5				1		8	9
士族、知识阶层女性	19						41	41
上层町人阶层男性	2				1		3	4
上层町人阶层女性	5						8	8
下层町人阶层男性	7	2			4	1	4	11
下层町人阶层女性	21	3	2	1①	17	3	34①	60②
合计	59	5	2	1①	23	4	98①	133②

注：○内的数字是指使用了自谦语的语例数，计数时也包含在○前的数字中。

"〜ておくれ"在现代东京语中是一种很少，甚至基本不太使
用的祈使表达形式。但是在本次的调查资料中，从近代各个时期的
作品当中收集到超过 130 例的语例，由此可以看出在近代东京语中
该形式的使用频度还相当高。根据表 7 – 3、表 7 – 4 可知，所有阶
层的男性和女性都会使用"〜ておくれ"。其中，女性的使用量大
大超过男性，高达整体使用的 82%。所有使用阶层的使用对象主要
都是同等以及同等以下的听话者，特别是多用于同等以下的听话

者。另外，只有下层町人阶层的使用者偶尔也会对同等以上关系的听话者使用。与疏远关系的听话者相比，该形式更多用于亲近关系的听话者。本次调查中收集到 2 例在 "～ておくれ" 前面伴随使用自谦语的语例，但没有伴随尊他语使用的语例。

表 7-4　日本近代东京语中说话者位相与 "～ておくれ" 使用率对应表

说话者＼听话者	使用者总数	下对上疏	下对上亲	同等疏	同等亲	上对下疏	上对下亲	合计
士族、知识阶层男性	5	0%	0%	0%	1%	0%	6%	7%
士族、知识阶层女性	19	0%	0%	0%	0%	0%	31%	31%
上层町人阶层男性	2	0%	0%	0%	1%	0%	2%	3%
上层町人阶层女性	4	0%	0%	0%	0%	0%	6%	6%
下层町人阶层男性	7	2%	0%	0%	3%	1%	3%	8%
下层町人阶层女性	22	2%	2%	1%	13%	2%	26%	45%
合计	59	4%	2%	1%	17%	3%	74%	100%

【士族、知识阶层女性】的表达用例

〈上对下　亲〉

26）障子をしめておくれな。（妹と背かゞみ・211・奥様→下女　10 年代）

27）ここへ通しておくれ。（藪の鶯・140・子爵令嬢→下女　20 年代）

28）聴いてお呉れよ、私此間から、つひ気にかゝり始めてならない事があるのだから……（離鴛鴦・274・参事官夫人→乳母　30 年代）

29）何卒お前が気を注けてお呉れ、若いお母様を持て輝一も

何様(どんな)にか心配(しんぱい)を為(し)やうから……（空薫・299・漢学先生の
未亡人→乳母　40 年代以后）

【上层町人阶层女性】的表达用例

〈上对下　亲〉

30）さうかぇ、そんなら早(はや)く奥(おく)の六畳(でふ)へでもお通(とほ)し申(まう)して逢(あ)は
　　してお<u>くれ</u>。（英國孝子之傅・575・宿屋のお嬢様→下女
　　10 年代）

31）村(ちょっと)や、一寸お前其方(そっち)の櫛を<u>出しておくれな</u>。（恋の病・
　　86・お嬢様→乳母　20 年代）

32）濱からちらッと聞いたが、妾(あたし)ア気が揉めてならないから、
　　お前が知つてるなら<u>話してお呉れ</u>。（くれの廿八日・13・
　　主人→下女　30 年代）

33）伸ちやんさうかい。誰に頼まれてそんなお使ひをしたのだ
　　い。別にお前を叱るんぢやないのだから、おツ母さんに<u>教
　　へておくれ</u>。（戀を知る頃・62・母→息子　40 年代以后）

　　如例 26）～33）所示，从日本近代前期和后期的作品当中
都可以收集到士族、知识阶层和上层町人阶层的女性使用"～
ておくれ"的语例。使用对象仅限于亲近关系的听话者，如主
人对佣人、母亲对儿子等内部关系对象，话语间多含有亲爱之
意，表达着叮嘱、提醒等语气柔和的命令。但是这两个阶层的
女性都不会向同等以上或同等关系的听话者以及疏远关系的听
话者使用"～ておくれ"。如例 26）、28）、31）所示，本次调
查中收集到在"～ておくれ"之后接续终助词"よ、な"使用
的语例，士族、知识阶层的附加率为 39%，上层町人阶层的附
加率为 13%。

　　另一方面，如下面的例 34）～39）所示，下层町人阶层女性对
同等以下亲近关系的听话者多使用"～ておくれ"，话语中亲近之
意的语气比较强烈，多表达出毫不客气和迟疑的叮嘱或催促等。另

外，下面的例 40）是妻子对卧病不起的丈夫所说的话，例 41）是画上文身后的艺妓对文身师所说的话，从"お前さんの命を貰つた（我得到了您的生命）"这句话可以推知，通过画文身这件事，初次见面的两个人已经深深地联接在一起，心理上也变得非常亲近。由此可见，该阶层女性在对同等以上的听话者使用"～ておくれ"时，要求的语气中大多含有娇羞和心爱之意。而例 42）、43）分别是小酒馆的女佣和茶馆女侍所说的话，她们面对的虽然是疏远关系的听话者，但是由于职业习惯，仍然使用着带有撒娇语气的"～ておくれ"。此外，如例 34）、35）、37）、38）所示，本次调查中收集到较多该阶层女性在"～ておくれ"之后接续终助词"よ、な"使用的语例，附加率大约为 53%。

【下层町人阶层女性】的表达用例

〈上对下　亲〉

34）金どん。おまへハネ。梅どんと一所にあちらへいつてネ。もう直にお帰になるから。用意をしてと車夫にさういつてお呉れな。（當世書生氣質・61・芸妓→箱夫　10 年代）

35）この小函の中の髪の毛と、指輪と、手紙はきつと房さんに渡しておくれよ。（乳姉妹・102・母→娘　30 年代）

36）それからね、お信が帰つて来たら、此のお重へお萩を入れて、馬喰町へ届けるやうに左様云つておくれ。（戀を知る頃・30・木綿問屋旦那の妾→下女　40 年代以后）

〈同等　亲〉

37）アゝおちまさん聞てお呉ヨ……。（春雨文庫・309・長屋住まいの女同士　初期）

38）ハハハ。ヲイ一杯ついてお呉れな。（妹と背かゞみ・234・下女同士　10 年代）

39）ほんとにあたしが可愛いと思ふなら、どうか<u>決心しておく</u>
<u>れ</u>。（戀を知る頃・69・恋人同士　40 年代以后）

〈下対上　亲〉

40）アイヨ少し<ruby>待<rt>ま</rt></ruby>って<u>お呉れ</u>。（春雨文庫・311・妻→夫　初
期）

〈下対上　疏〉

41）親方、早く私に<ruby>背<rt>せなか</rt></ruby>の刺青を<u>見せておくれ</u>、お前さんの命
を貰つた代りに、私はさぞ美しくなつたらうねえ。（刺
青・68・芸子→刺青師　40 年代以后）

〈同等　疏〉

42）<ruby>車夫<rt>わかいしゆ</rt></ruby>さん、<ruby>檀那様<rt>だんなさま</rt></ruby>に<ruby>御早<rt>おはや</rt></ruby>くと<u><ruby>申<rt>まを</rt></ruby>しておくれ</u>。（政黨餘談
淑女の後日・112・下女→車夫　20 年代）

〈上対下　疏〉

43）サねへさんはやく<u>してをくれ</u>。（安愚楽鍋・164・客〈茶
店女〉→牛店の女中　初期）

【男性】的表达用例

〈上対下　亲〉

44）まァ<ruby>此処<rt>ここ</rt></ruby>ぢやァ<ruby>話<rt>はなし</rt></ruby>ができない、<ruby>奥<rt>おく</rt></ruby>の<ruby>囲<rt>かこ</rt></ruby>ひへ<ruby>行<rt>い</rt></ruby>つて<u>お<ruby>呉<rt>く</rt></ruby>れ</u>。
（歐洲小説黄薔薇・466・旦那→外妾　10 年代　士族、知
识阶层男性）

45）切つてもらはう、切れるなら切つてもらはう、然し薄く<u>切</u>
<u>つておくれ</u>よ、<ruby>私<rt>わたし</rt></ruby>は歯が悪いから。（多情多恨・230・
客→馴染の芸者　20 年代　士族、知识阶层男性）

46）来年の暑中休暇にや、<ruby>屹度<rt></rt></ruby>生れ変つたやうに<ruby>為<rt>な</rt></ruby>つて帰つて
来るから、今は何も言はずに<u>置いてお呉れ</u>。（其面影・
370・夫→妻　30 年代　士族、知识阶层男性）

47）今来たんだよ。顔を洗ふんだから、一杯<u>汲んでおくれ</u>。

（戀を知る頃・32・父→娘　40 年代以后　上层町人阶层男性）

48）　さうかい。それぢや済まないけれどさう<u>しておくれ</u>。（腕くらべ・228・役者→芸者　40 年代以后　下层町人阶层男性）

〈同等　亲〉

49）　宮さん、お前から好く然う<u>言つておくれ</u>、よ。（金色夜叉・72・恋人同士　30 年代　士族、知识阶层男性）

50）　構やしないつてば、大きな箱が三つも四つもあるんだから、君達みんな来て<u>手伝つておくれ</u>。（戀を知る頃・43・木綿問屋の坊ちゃん→友達　40 年代以后　上层町人阶层男性）

51）　お帰りになる様にさう<u>云つて来てお呉れ</u>な。（歐洲小説黄薔薇・537・番頭→下女　10 年代　下层町人阶层男性）

52）　其ンな云艸を聴くには及ばねへ、今渡すから請取を<u>書いてお呉れ</u>。（大工の訴訟・471・棟梁→大屋　20 年代　下层町人阶层男性）

〈下对上　疏〉

53）　貴い方の奥さんは無闇とお会ひにならんから<u>帰つてお呉れ</u>。（歐洲小説黄薔薇・461・下男→女客　10 年代　下层町人阶层男性）

　　与女性相比，在日本近代，男性使用“～ておくれ”的频率则相当低，仅为 18%。本次调查中收集到男性的相关语例为 24 例，这当中有 19 例、相当于约 80% 的语例是面向女性听话者使用的。如前面的例 44）～52）所示，与女性使用者的使用倾向相似，各阶层男性主要是对同等以下的听话者使用“～ておくれ”，且语气中多含有亲近、心爱之意。如例 52）所示，只有下层町人阶层男性

会对同等以上疏远关系的听话者使用该形式。另外，本次调查中收集到少量男性在"～ておくれ"之后接续终助词使用的语例，即上面的例45）和51）2例，附加率仅为8％。

综合以上分析可知，"～ておくれ"在日本近代的使用有如下特点。

"～ておくれ"是所有阶层的男性和女性通用的祈使表达，但女性的使用量大大超过男性。

"～ておくれ"的主要使用对象是同等或同等以下的听话者，特别是多用于同等以下关系的听话者，下层町人阶层的男性和女性也会向同等以上的听话者使用。总体而言，与疏远关系的听话者相比，多用于亲近关系的听话者。

3.1.3 "てくれ类"小结

根据日本近代东京语中"てくれ类"祈使表达主要形式的使用状况，可以将其分为两个类型。该类表达的最大特点就是除去特殊情况不会用于同等以上的听话者。

所有阶层的男性→同等或同等以下亲近或疏远关系的听话者："～てくれ"

所有阶层的女性→同等或同等以下亲近关系的听话者："～ておくれ"。

3.2 "てくりやれ类"

"てくりやれ类"祈使表达主要有3种形式，即"～てくりやれ""～てくりや"和"～ておくりやれ"。在日本近代，"てくりやれ类"表达都朝着衰退的方向发展，即使是最具优势的形式"～てくりやれ"在近代的40年代以后也从人们的生活中完全消失。接下来，本书将以语例数在10例以上的"～てくりやれ"为中心，考察分析"てくりやれ类"表达和说话者位相之间的关联性。

3.2.1 "～てくりやれ"

"～てくりやれ"是由"～てくれやれ"变化而来的祈使表达

形式^{注2}。在日本近代东京语中，随着助动词"やる"的衰落，"～てくりやれ"的使用频度也逐渐降低，40 年代以后则从人们的日常生活中完全消失。本次调查中，仅从河竹默阿弥、依田学海和内田鲁庵三位作家的作品当中收集到相关语例。分析下面的表7－5、表7－6可知，"～てくりやれ"的使用者以士族、知识阶层男性为中心，其使用量占到了整体使用的91%。此外，士族、知识阶层女性和上层町人阶层男性也有极为少量的使用，但是本次调查中未出现上层町人阶层女性和下层町人阶层的男性和女性使用的语例。所有使用阶层的一大共同特点就是仅用于同等以下的听话者。总体而言，对亲近关系的听话者使用的频率最高，但是士族、知识阶层男性也会对疏远关系的听话者使用。本次调查中未出现在"～てくりやれ"之前接续尊他语使用的语例，但是伴随自谦语使用的语例有2 例。

表7－5　日本近代东京语中说话者位相与"～てくりやれ"使用量对应表

听话者 说话者	使用者 总数	下对上 疏	下对上 亲	同等 疏	同等 亲	上对下 疏	上对下 亲	合计
士族、知识阶层男性	11					11①	18①	29②
士族、知识阶层女性	1						1	1
上层町人阶层男性	2						2	2
上层町人阶层女性								0
下层町人阶层男性								0
下层町人阶层女性								0
合计	14	0	0	0	0	11①	21①	32②

注：○内的数字是指使用了自谦语的语例数，计数时也包含在○前的数字中。

表7-6 日本近代东京语中说话者位相与"～てくりやれ"使用率对应表

听话者 说话者	使用者 总数	下对上 疏	下对上 亲	同等 疏	同等 亲	上对下 疏	上对下 亲	合计
士族、知识阶层男性	11	0%	0%	0%	0%	34%	56%	91%
士族、知识阶层女性	1	0%	0%	0%	0%	0%	3%	3%
上层町人阶层男性	2	0%	0%	0%	0%	0%	6%	6%
上层町人阶层女性		0%	0%	0%	0%	0%	0%	0%
下层町人阶层男性		0%	0%	0%	0%	0%	0%	0%
下层町人阶层女性		0%	0%	0%	0%	0%	0%	0%
合计	14	0%	0%	0%	0%	34%	66%	100%

【士族、知识阶层男性】的表达用例

〈上对下 亲〉

54）如何程でもよいそこにあるたけ、身共に二三日貸してくりやれ。（東京日新聞 ・185・浪士→元家来 初期）

55）そちは先方へ仔細を知らせ、迎ひに来るやう申してくりやれ。（富士額男女繁山・523・士族→髪結 10年代）

56）其方はこゝに居て、警吏参らバしらせてくりやれ。（政黨美談淑女の操・51・政党員→書生 20年代）

57）それで、任地が決つたら面倒序に千鶴を歐羅巴へ同行して呉りやれ。（社會百面相/閨閥・107・老伯爵→婿 30年代）

〈上对下 疏〉

58）序に床を延べてくりやれ。（富士額男女繁山・417・客→宿屋の下女 10年代）

如上面的例54）～58）所示，士族、知识阶层男性仅向同等以

下的听话者使用"～てくりやれ"。这一表达虽然语气中带有亲爱和亲近之意，但是多用于地位高、年长者对地位低、年幼者的绝对性命令。如例55）所示，本次调查中只有士族、知识阶层男性使用了在"～てくりやれ"之前伴随使用自谦语动词的形式。

　　另外，如下面的例59）、60）所示，士族、知识阶层女性和上层町人阶层男性仅对自家佣人使用"～てくりやれ"，多表达着含有亲爱之意的指示。

　　【士族、知识阶层女性和上层町人阶层男性】的表达用例

　　〈上对下　亲〉

59）露子にわしが用あるほどに此におじやと<u>いふてくりやれ</u>。
　　（政黨美談淑女の操・7・士族夫人→下女　20年代）

60）番頭どのも皆の者も、家の留守居を<u>してくりやれ</u>。（人間
　　萬事金世中・121・旦那→奉公人　10年代）

　　3.2.2　其他形式

　　除语例数在10例以上的"～てくりやれ"以外，"てくりやれ类"祈使表达在日本近代东京语中还有其他2种形式，即"～てくりや"（2例）和"～ておくりやれ"（1例）。如下面的例61）和62）所示，"～てくりや"既会出现在士族、知识阶层女性面对同等以下亲近关系听话者的对话当中，又会出现在下层町人阶层男性面对同等亲近关系听话者的对话当中。而如例63）所示，"～ておくりやれ"则用于士族、知识阶层男性之间。

61）これ辰や、何ぞお肴を見繕つて、お燗をつけて<u>上げて
　　くりや</u>。（富士額男女繁山・508・士族夫人→下女　10年
　　代　士族、知识阶层女性）

62）まアかういふわけだ<u>きいてくりや</u>。（安愚楽鍋・143・大工
　　同士　初期　下层町人阶层男性）

63）<u>左様思ふてお呉りやれ</u>。（政黨美談淑女の操・67・士族→

警察官　20 年代　　士族、知识阶层男性）

3.2.3　"てくりやれ类"小结

根据日本近代东京语中"てくりやれ类"祈使表达主要形式的使用状况，可以将其归纳为一个类型。

士族、知识阶层男性→同等以下亲近或疏远关系的听话者："～てくりやれ"。

3.3　"～てくれたまえ"

表 7 - 7　日本近代东京语中说话者位相与"～てくれたまえ"使用量对应表

听话者　　　　说话者	使用者总数	下对上疏	下对上亲	同等疏	同等亲	上对下疏	上对下亲	合计
士族、知识阶层男性	34				93	3	9	105
士族、知识阶层女性								0
上层町人阶层男性	3				3			3
上层町人阶层女性								0
下层町人阶层男性								0
下层町人阶层女性								0
合计	37	0	0	0	96	3	9	108

祈使表达形式"动词连用形＋てくれたまえ"在现代东京语中也会出现在某些特定场面。在本次的调查中，日本近代初期的作品中未出现相关语例，但从 10 年代开始直至 40 年代以后的作品当中则出现超过 100 例语例，由此可以推知，在当时"～てくれたまえ"是一种使用频率相当高的表达形式。分析表 7 - 7、表 7 - 8 可知，"～てくれたまえ"的使用者仅限于士族、知识阶层和上层町人阶层的男性，而女性和下层町人阶层男性则不会使用。"～てくれたまえ"的使用对象主要是同等以及同等以下的听话者，不用于

同等以上的听话者。总体而言，基本不用于疏远关系的听话者，但多用于亲近关系的听话者。本次调查中未出现在"～てくれたまえ"之前接续尊他语和自谦语使用的语例。

表 7-8 日本近代东京语中说话者位相与"～てくれたまえ"使用率对应表

听话者 说话者	使用者 总数	下对上 疏	下对上 亲	同等 疏	同等 亲	上对下 疏	上对下 亲	合计
士族、知识阶层男性	34	0%	0%	0%	86%	3%	8%	97%
士族、知识阶层女性		0%	0%	0%	0%	0%	0%	0%
上层町人阶层男性	3	0%	0%	0%	3%	0%	0%	3%
上层町人阶层女性		0%	0%	0%	0%	0%	0%	0%
下层町人阶层男性		0%	0%	0%	0%	0%	0%	0%
下层町人阶层女性		0%	0%	0%	0%	0%	0%	0%
合计	37	0%	0%	0%	89%	3%	8%	100%

【士族、知识阶层男性】的表达用例

〈同等 亲〉

64）いはれる事なら打明（うちあけ）て。僕に聞かして呉（く）れたまへな。（當世書生氣質・72・書生同士 10年代）

65）からしてモウ僕は何も言ふまいが、シカシ最初の「プロポーザル」（申出）より一歩も引く事は出来んから、モウ降りて呉れ給へ。（浮雲・100・官員同士 20年代）

66）間君、まあ少し待つてくれたまへよ。（金色夜叉・158・旧友同士 30年代）

67）今度（こんだ）一つ遣（や）るから聞いて呉れ玉へ。（三四郎・470・画家→教師 40年代以后）

如上面的例64）～67）所示，士族、知识阶层男性在同伴之间

多使用“～てくれたまえ”，如官员之间、知识分子之间等同等关系之间使用该形式的语例量高达整体使用量的86％。大部分情况表达的都是毫不客气的直接要求。如例64）、66）所示，本次调查中收集到少量该阶层男性在“～てくれたまえ”后面接续终助词“よ、な”使用的语例，但是附加率仅为7％。另外，如下面的语例所示，该阶层男性也会将“～てくれたまえ”用于同等以下关系的听话者，与动词命令形相比表达的是语气更为柔和的指示。例69）是大学生猪濑弘对艺妓阿才所说的话，阿才和猪濑的同学关系非常好，而这时的猪濑和阿才刚刚一起散步、聊天，共同迎接了黎明的到来，因此二者之间也萌生了非常亲密的同伴意识。像这个例子中将“～てくれたまえ”用于女性听话者的语例非常罕见，本次调查中仅收集到2例。

〈上対下　亲〉

68）少ししつかりして、珠を<u>磨いてくれ玉へ</u>。（吾輩は猫である・526・先生→元生徒　30年代）

69）あゝ。君も達者で<u>居てくれたまへ</u>。今に又どうにかなるだらう。（彷徨・140・大学生→芸者　40年代以后）

〈上対下　疏〉

70）少し御依頼の筋があつて参つたものだと斯う<u>云つて呉れたまへ</u>。（歐洲小説黄薔薇・444・客→下男　10年代）

71）君、一寸<u>待つてくれ玉へ</u>。（乳姉妹・193・伯爵の息子→平民の青年　30年代）

【上层町人阶层男性】的表达用例

〈同等　亲〉

72）残金は来月五日の晩には遅くも十二時までに相違なく君の宅まで持つて往くから<u>待つて居つてくれたまへ</u>。（英國孝子之傳・553・宿屋の主人→旧友　10年代）

73）僕はこれからお蔵へ行つて、玩具箱を擔いで来るから、君

達も一緒に来て<u>手伝つてくれ給へ</u>。（戀を知る頃・43・木綿問屋の息子→学友　40 年代以后）

与士族、知识阶层男性相比，上层町人阶层男性对"〜 てくれたまえ"的使用则相对较少。上面的例 72）是旅店的老板对旧友所说的话，这位老板原来是旧时幕府的重要官员，因此其语言使用上残留着较多士族阶层的用语。例 73）是放学回家的木棉批发店小少爷对自己同学所说的话，这个例子也是受教育阶层措词的一种体现。

3.4　"てくんなさい类"

"てくんなさい类"祈使表达可以分为"てくんなさい"和"ておくんなさい"两大类，共含 9 种表达形式。在日本近代前期，尤其是初期，该类表达的使用还比较频繁，但到近代后期语例数有明显减少，呈现出逐渐衰退的趋势。接下来，本书将以语例数在 10 例以上的"〜 てくんなせえ""〜 てくんな""〜 てくんねえ""〜 ておくんなさい""〜 ておくんなせえ" 5 种形式为中心，考察分析"てくんなさい类"表达和说话者位相之间的关联性。

3.4.1　"〜 てくんなせえ"

分析表 7 - 9 可知，在日本近代，"〜 てくんなせえ"仅限于町人阶层的男性使用，女性和士族、知识阶层男性都不会使用。"〜 てくんなせえ"的主要使用对象是同等及同等以下亲近关系的听话者。如例 74），上层町人阶层男性不仅将"〜 てくんなせえ"用于〈上对下 亲〉关系的听话者，也会对疏远关系的听话者使用该形式，用来表示强硬的命令。另一方面，如下页的例 76）是掉进河里的男佣人向同伴求救时所说的话，例 77）是车夫乞求乘客女书生和他共寝一晚时所说的话。例 78）是病弱的丈夫将女儿托付给妻子时所说的话，例 79）是顾客车夫对要关店门的老婆婆要茶水喝时所说的话。从这些语例可以看出，下层町人阶层男性在请求的场合多会使用"〜 てくんなせえ"这一形式。本

次调查中未收集到使用者在"～てくんなせえ"之前伴随使用尊他语和自谦语的语例，也未收集到在该形式之后接续终助词使用的语例。

表 7-9　日本近代东京语中说话者位相与"～てくんなせえ"使用量对应表

说话者＼听话者	使用者总数	下对上疏	下对上亲	同等疏	同等亲	上对下疏	上对下亲	合计
士族、知识阶层男性								0
士族、知识阶层女性								0
上层町人阶层男性	2			1			1	2
上层町人阶层女性								0
下层町人阶层男性	7				15		2	17
下层町人阶层女性								0
合计	9	0	0	1	15	0	3	19

【上层町人阶层男性】的表达用例

〈同等　疏〉

74）お前方（まへがた）には用はないから、早（はや）く帰（かへ）つてくんなせえ。（人間萬事金世中・92・商人→商人達　10 年代）

〈上対下　亲〉

75）あしたゆつくり談事（だんじ）やうはやくつれてゐツて寐（ね）かしてくんなせへ。（西洋道中膝栗毛・40・豪商→手代　初期）

【下层町人阶层男性】的表达用例

〈同等　亲〉

76）後生（ごしやう）だからもツとこつちへ竿（さほ）をのばしてくんなせへ。（西洋道中膝栗毛・46・手代→下男　初期）

77）悪（わる）い車（くるま）に乗（の）つたと思（おも）つて、うんと言（い）つてくんなせえ。

（富士額男女繁山・422・車夫→女書生　10 年代）

〈上対下　親〉

78）おぬしは石に喰付ても快なつて何卒那兒を人並に 育あげ
て 呉なせへ是ばつかりが 頼みだ。（春雨文庫・311・夫→
妻　初期）

79）こう、婆さん。もう 仕舞のか。まだ 早 ぢアねえか。まあ
一ぷく 呑ましてくんなせえ。（政黨餘談淑女の後日・83・
客→茶店の婆　20 年代）

3.4.2　"～てくんな"

表 7-10　日本近代东京语中说话者位相与"～てくんな"使用量对应表

说话者 ＼ 听话者	使用者总数	下对上疏	下对上亲	同等疏	同等亲	上对下疏	上对下亲	合计
士族、知识阶层男性	5					2	5①	7①
士族、知识阶层女性								0
上层町人阶层男性	4					2	5	7
上层町人阶层女性								0
下层町人阶层男性	3				7		1	8
下层町人阶层女性								0
合计	12	0	0	0	7	4	11①	22①

注：〇内的数字是指使用了自谦语的语例数，计数时也包含在〇前的数字中。

分析上面的表 7-10 可知，在日本近代，"～てくんな"的使用者仅限于各阶层的男性，女性未使用任何相关语例。士族、知识阶层和上层町人阶层的男性主要将该形式用于同等以下亲近或疏远关系的听话者，不用于同等及同等以上的听话者。而另一方面，下

层町人阶层男性则不仅用于同等以下关系的听话者，还会用于同等亲近关系的听话者。如下面的语例所示，"～てくんな"的使用对象主要是女性听话者，如女佣人、船屋女老板、小妾等，这样的语例高达整体使用的74%。本次调查中未收集到在"～てくんな"之前伴随使用尊他语的语例，但收集到1例使用自谦语的语例，即例81）。"～てくんな"之后接续使用终助词的频率也相当低，仅出现1例，即例85）。

【士族、知识阶层男性】的表达用例

〈上对下　疏〉

80）此方へ通してくんな。（妹と背かゞみ・197・官員→宿屋の下女　10年代）

〈上对下　亲〉

81）もう宜しい、何しろ今夜は目出度い事だから例の料理屋から何ぞ取り寄せて一杯遣るとしよう、そして坊はね、御迷惑でもお隣りの石川様の御新造に預けて、今晩だけの処をお願ひ申してくんな。（歐洲小説黄薔薇・475・主人→下女　10年代）

82）屋根を一腰支度してくんな。（藪の鶯・136・技芸士→船屋の女房　20年代）

【上层町人阶层男性】的表达用例

〈上对下　疏〉

83）タレ抜のスウプへみりんと醬油をおとしてよく煮てくんな。（安愚楽鍋・166・客→女中　初期）

〈上对下　亲〉

84）オイ常香其大きいのへ次で遣つて呉んな。（春雨文庫・327・旦那→妾　初期）

【下层町人阶层男性】的表达用例

〈同等　亲〉

85）おちやみさんお酌さんマア爰へ来てビイルの酌でもして<u>くんな</u>ヨ。（西洋道中膝栗毛・39・手代→下女　初期）

86）明日まではどうしたつてかゝると惣さんに<u>さういつてくんな</u>。（朝顔・24・袋物屋の弟子→使の者　40年代以后）

〈上对下　疏〉

87）コレコレごめんだうだらうが葱を小口からざくざくに切ッて熱イ湯をかけて<u>持ッてきてくんな</u>。（安愚楽鍋・161・客→女中　初期）

3.4.3　"～てくんねえ"

表7-11　日本近代东京语中说话者位相与"～てくんねえ"使用量对应表

说话者 ╲ 听话者	使用者总数	下对上疏	下对上亲	同等疏	同等亲	上对下疏	上对下亲	合计
士族、知识阶层男性								0
士族、知识阶层女性								0
上层町人阶层男性								0
上层町人阶层女性								0
下层町人阶层男性	15		4		20			24
下层町人阶层女性	1		1					1
合计	16	0	5	0	20	0	0	25

　　分析上面的表7-11可知，在日本近代，"～てくんねえ"的使用者仅限于下层町人阶层的男性和女性，其中尤以下层町人阶层男性的使用最为频繁，其使用率高达96%。士族、知识阶层和上层町人阶层的男性和女性则不会使用该形式。如下面的例88）～92）

所示，下层町人阶层男性多将该形式用于同等及同等以上亲近关系的听话者，特别是用于同等关系听话者的使用率超过了整体使用的80%。但是该阶层男性不会对同等以下的听话者和疏远关系的听话者使用该形式。另一方面，例93）是下层町人阶层女性使用的唯一语例，这个语例是被丈夫殴打后妻子所说的话，话语间满是不快和挖苦，因此应归属于特殊用法。本次调查中未出现在"～てくんねえ"之前伴随使用尊他语和自谦语的语例。"～てくんねえ"之后接续使用终助词的频率也相当低，仅出现1例，即下面的例89）。

【下层町人阶层男性】的表达用例

〈下对上 亲〉

88）これから改心<small>かいしん</small>してお前の手助<small>まへ</small>け<small>てだす</small>でもするから、家に置いてくんねえ。（歐洲小説黄薔薇・511・息子→父　10年代）

89）夫<small>それ</small>は不可<small>いけね</small>エ。壱両弐分持つて来たから渡して呉<small>く</small>んねへな。
（大工の訴訟・466・大工→大屋　20年代）

〈同等 亲〉

90）過日<small>いつか</small>程が谷<small>や</small>で遊<small>あす</small>んだ割前勘定<small>わりめへかんぢやう</small>を今よこしてくんねえ。
（西洋道中膝栗毛・15・手代同士　初期）

91）おれと一緒<small>しよ</small>に踊<small>おど</small>つてくんねえ。（富士額男女繁山・577・柴又講中同士　10年代）

92）三公<small>さんこう</small>それにも何<small>なん</small>ぞ訳<small>わけ</small>がある事<small>こと</small>か、どうぞ聞<small>き</small>かしてくんねえ。（政黨餘談淑女の後日・109・車夫同士　20年代）

【下层町人阶层女性】的表达用例

〈下对上 亲〉

93）お前先刻<small>めえさつき</small>撲<small>ぶ</small>たれた背<small>せなか</small>も痛い痛い。次手<small>ついで</small>に其讐<small>そのかたき</small>も取てくんねえ。（恋の病・67・妻→夫　20年代）

3.4.4　"～ておくんなさい"

表7－12　日本近代东京语中说话者位相与"～ておくんなさい"使用量对应表

听话者 说话者	使用者总数	下对上疏	下对上亲	同等疏	同等亲	上对下疏	上对下亲	合计
士族、知识阶层男性	1					1		1
士族、知识阶层女性								0
上层町人阶层男性	1	1						1
上层町人阶层女性	3		7（1）					7（1）
下层町人阶层男性	5	1	5					6
下层町人阶层女性	8	2	4		2	1		9
合计	18	4	16（1）	0	2	2	0	24（1）

注：（ ）内的数字是指使用了尊他语的语例数，计数时也包含在（ ）前的数字中。

　　分析表7－12、表7－13可知，在日本近代，"～ておくんなさい"的使用者以町人阶层的男性和女性为中心，其使用量占到整体使用的96%，而士族、知识阶层的使用则极为罕见。与男性相比，女性的使用频率更高。"～ておくんなさい"的主要使用对象是同等以上亲近或者疏远关系的听话者，但是下层町人阶层女性也会用于同等或同等以下关系的听话者。本次调查中未收集到在"～ておくんなさい"之前伴随使用自谦语的语例，但是出现了1例伴随使用尊他语的语例，即下面的例95）。女性使用者在"～ておくんなさい"之后接续使用终助词"よ、な"的情况非常多，附加率约为50%。但是与此相对，男性使用者则未出现在该形式之后接续使用终助词的语例。

表 7 – 13　日本近代东京语中说话者位相与"～ておくんなさい"使用率对应表

说话者 ＼ 听话者	使用者总数	下对上疏	下对上亲	同等疏	同等亲	上对下疏	上对下亲	合计
士族、知识阶层男性	1	0%	0%	0%	0%	4%	0%	4%
士族、知识阶层女性		0%	0%	0%	0%	0%	0%	0%
上层町人阶层男性	1	4%	0%	0%	0%	0%	0%	4%
上层町人阶层女性	3	0%	29%	0%	0%	0%	0%	29%
下层町人阶层男性	5	4%	21%	0%	0%	0%	0%	25%
下层町人阶层女性	8	8%	17%	0%	8%	4%	0%	38%
合计	18	17%	67%	0%	8%	8%	0%	100%

【上层町人阶层男性】的表达用例

〈下对上　疏〉

94）用があるならずつと此方へ這入つておくんなさい。（英國
　　孝子之傳・484・宿屋の主人→客　10 年代）

【上层町人阶层女性】的表达用例

〈下对上　亲〉

95）因果と眼も癒らず、死ぬ事も出来ましねぇ、お察しなすつ
　　ておくんなさい。（英國孝子之傳・534・元豪家の奥様→長
　　屋の婆　10 年代）

96）今日から私を下宿してお呉んなさいな。（浮雲・116・
　　娘→母　20 年代）

【下层町人阶层男性】

〈下对上　疏〉

97）奥様は少々御不快でもあり殿様もお留守の事で、知らぬ
　　方にお目にかゝる事は出来んから帰つて下さいと斯様申
　　しましたから、お気の毒だが帰つてお呉んなさい。（歐洲

小説黄薔薇・460・下男→女客　10年代）

〈下対上　亲〉

98）どうか帳面へ間違はないやうに、控へておいておくんなさい。（人間萬事金世中・2・若者→番頭　10年代）

99）明日の晩でも明後日でも幾らか入れるやうな事にしますから、勘弁して道具箱を渡して遣つてお呉なさい。（大工の訴訟・467・棟梁→大屋　20年代）

100）たつた一と晩でようがすから、どうか一つ旦那の威光でうんと云はせておくんなさい。（幫間・204・幫間→旦那　40年代以后）

如例94）～100）所示，上层町人阶层的男性和女性以及下层町人阶层男性仅向同等以上关系的听话者使用“～ておくんなさい”，多用来表达礼貌而谦恭的请求。例95）是落魄的富家太太对长屋的老婆婆所说的话，由于对方借了钱给自己，心理上感觉受到了恩惠，因此本书将二者认定为〈下对上〉的关系。

另一方面，下层町人阶层女性使用“～ておくんなさい”的语例量非常多。如下面的语例所示，下层町人阶层女性不仅将该形式用于同等以上关系的听话者，还会用于同等或同等以下关系的听话者。如例102）、103）、105）～107）所示，大多用来表达礼貌而谦恭的请求。但是如例101）、104）所示，在吵架的时候也会出现该形式的使用，这种情况下主要是通过故意使用礼貌而谦恭的措辞来拉开和听话者之间的距离。

【下层町人阶层女性】的表达用例

〈下对上　疏〉

101）巡査でもだれでもよんできておくんなさい。（藪の鶯・141・元遊女→子爵令嬢　20年代）

102）親分、白状します。私はお前さんのお察し通り、其の絵の女のやうな性分を持つて居ますのさ。——だからもう

堪忍して、其れを<u>引つ込めてお呉んなさい</u>（刺青・68・芸子→刺青師　40 年代以后）

〈下对上　亲〉

103）……何卒私の体を売つて少しでもお金が取れたら夫で美味ものでも喫て些ともはやく病悩を快くして私の所へ<u>逢に来てお呉なさいヨ</u>。（春雨文庫・312・娘→両親　初期）

104）わたしも眼があります。<u>打棄ツておいておくんなさいな</u>。（妹と背かゞみ・228・妹→姉　10 年代）

〈同等　亲〉

105）源助様、乳母殿乳母殿といふのは、<u>よしておくんなさいよ</u>。（恋の病・77・乳母→奉公人　20 年代）

106）ほんとに三平さん、今夜妾だけなんだから、<u>ゆつくりくつろいでおくんなさい</u>。（幇間・205・芸者→幇間　40 年代以后）

〈上对下　疏〉

107）アタイの衣服もお序に。すつかり<u>あづかつておくんなさいな</u>。（當世書生氣質・128・女客→温泉座敷の女中　10 年代）

【士族、知识阶层男性】的表达用例

〈上对下　疏〉

108）兎も角も土蔵の中へ<u>這入つてお呉んなさい</u>。（歐洲小説黄薔薇・542・書生→悪女　10 年代）

　上面的例 108）是士族、知识阶层男性使用"～ておくんなさい"的唯一语例，这个语例是书生催促做尽坏事的恶女人时所说的话。书生虽然是受过教育的人群，但是有些原本出身阶层比较低。而且此时正因愤怒而情绪激昂，所以其语言使用也可以理解为原阶

层用语的残留，属于特殊用法。

综合以上分析可知，"～ておくんなさい"在日本近代的使用有如下特点。

"～ておくんなさい"是町人阶层的男性和女性常用的祈使表达。

"～ておくんなさい"的主要使用对象是同等以上亲近或者疏远关系的听话者。

3.4.5 "～ておくんなせえ"

表7-14 日本近代东京语中说话者位相与"～ておくんなせえ"使用量对应表

听话者 说话者	使用者 总数	下对上 疏	下对上 亲	同等 疏	同等 亲	上对下 疏	上对下 亲	合计
士族、知识阶层男性								0
士族、知识阶层女性								0
上层町人阶层男性	2				2			2
上层町人阶层女性								0
下层町人阶层男性	7	1	3		7			11
下层町人阶层女性	1	1 (1)						1 (1)
合计	10	2 (1)	3	2	7	0	0	14 (1)

注：（ ）内的数字是指使用了尊他语的语例数，计数时也包含在（ ）前的数字中。

分析表7-14和表7-15可知，在日本近代，"～ておくんなせえ"的使用者以町人阶层的男性为主，下层町人阶层女性偶尔也有少量使用。士族、知识阶层的男性和女性以及上层町人阶层女性则不会使用该形式。"～ておくんなせえ"的主要使用对象是同等以及同等以上亲近或者疏远关系的听话者，不用于同等以下的听话者。本次调查中未出现"～ておくんなせえ"之后接续使用终助词的语例，也未收集到伴随使用自谦语的语例，但是出

现了 1 例伴随使用尊他语的语例，即例 115），这个例子也是女性使用该形式的唯一语例。另外，例 114）是男佣人请求翻译代为交涉时所说的话，因为他想在语言不通的国外购买到便宜的珊瑚珠，虽然二者是同时随富商出游的伙伴关系，但此时的请求显得非常礼貌而谦恭。

表 7－15　日本近代东京语中说话者位相与"～ておくんなせえ"使用率对应表

听话者 ＼ 说话者	使用者总数	下对上疏	下对上亲	同等疏	同等亲	上对下疏	上对下亲	合计
士族、知识阶层男性		0%	0%	0%	0%	0%	0%	0%
士族、知识阶层女性		0%	0%	0%	0%	0%	0%	0%
上层町人阶层男性	2	0%	0%	14%	0%	0%	0%	14%
上层町人阶层女性		0%	0%	0%	0%	0%	0%	0%
下层町人阶层男性	6	7%	21%	0%	50%	0%	0%	79%
下层町人阶层女性	1	7%	0%	0%	0%	0%	0%	7%
合计	9	14%	21%	14%	50%	0%	0%	100%

【上层町人阶层男性】的表达用例

〈同等　疏〉

109）これまで一度も催促せず、長々待つた其の代り、又貸すとても一度は元利揃へて二萬円、器用に返しておくんなせえ。（人間萬事金世中・83・旦那同士　10 年代）

【下层町人阶层男性】的表达用例

〈下对上　疏〉

110）あゝこれこれ、待つておくんなせぇ待つておくんなせぇ、今言つたのは嘘だ嘘だ。（東京日新聞・177・車夫→浪士　初期）

〈下対上　亲〉

111）ヲイヲイ親方はやくおろしておくんなせへ（西洋道中膝
　　　栗毛・47・通訳→豪商　初期）

112）もう身を投げて死なうなど、悲しい事を言はないで、
　　　土産に貰うたパンの菓子でもしこたま喰つて力を附け、
　　　早くよくなつておくんなせえ。（人間萬事金世中・38・
　　　孫→祖母　10年代）

113）サ今日は金子をチヤンと持つて来たから道具箱を返して
　　　お呉んなせエ。（大工の訴訟・465・大工→大屋　20年
　　　代）

〈同等　亲〉

114）どうかおめへ談判して成丈安く買込ンでおくんなせへ。
　　　（西洋道中膝栗毛・101・手代→通訳　初期）

【下层町人阶层女性】的表达用例

115）ハイ只今申し上げますから少々お待ちなすつてお呉んな
　　　せえ。（歐洲小説黄薔薇・488・料理屋の下女→客　10年
　　　代）

3.4.6　其他形式

除以上5种形式以外，"てくんなさい类"祈使表达在日本近
代东京语中还有其他4种形式，即"～てくんなさい"（1例）、
"～てくんろ"（2例）、"～ておくんな"（3例）、"～ておくんね
え"（2例）。每种形式的语例数均在3例以下。如下面的例116）～
119）所示，这4种形式的使用者均为下层町人阶层的男性和女性。

116）半分ぢやあ心持が悪い、一杯呑んでくんなさい。（富士
　　　額男女繁山・575・講中→車夫の妻　10年代　下层町人
　　　阶层男性）

117）これ兼吉よ、サ早く此の奥様を今己ァ乗つて来た車へ
乗つけて、大急ぎで古河の紺屋町までお伴れ申して呉
んろ。（歐洲小説黄薔薇・508・茶店の亭主→車夫　10年
代　下層町人阶层男性）

118）私の云ふ事を聞いてお呉んねぇ。（歐洲小説黄薔薇・
507・悪漢→若い奥様　10年代　下層町人阶层男性）

119）行がけに此文を日本ばしえ持て行ツておくんなヨ。（西
洋道中膝栗毛・85・娼妓→親夫　初期　下層町人阶层女
性）

3.4.7　"てくんなさい类"小结

根据日本近代东京语中"てくんなさい类"祈使表达主要形式
的使用状况，可以将其分为五个类型。

下层町人阶层男性→同等以上或同等亲近关系的听话者："～
てくんねえ"

上层和下层町人阶层男性→同等以上或同等亲近或疏远关系的
听话者："～ておくんなせえ"

上层和下层町人阶层男性→同等或同等以下亲近关系的听话
者："～てくんなせえ"

上层和下层町人阶层的男性和女性→同等以上或同等亲近或疏
远关系的听话者："～ておくんなさい"

所有阶层的男性→同等或同等以下亲近或疏远关系的听话者：
"～てくんな"。

3.5　"てくだされ类"

在本书的第四章中已经提到，"てくだされ类"祈使表达可以
分为3大类型，共6种表达形式，即：①くだされ（"～くだされ"
"～てくだされ""お～くだされ"）、②ください（"～てくださ

い”“お～ください”）、③くだせえ（“～てくだせえ”）。其中，
②“ください”最具优势，从日本近代前期到后期各个时期的作品
当中都广为使用，而①“くだされ”和③“くだせえ”到近代后
期的作品当中就几乎很少有使用者出现了。接下来，本书将以语例
数在 10 例以上的“～てくだされ”“お～くだされ”“～てくだ
さい”“お～ください”“～てくだせえ”5 种形式为中心，考察
分析“てくだされ类”表达和说话者位相之间的关联性。

3.5.1　“～てくだされ”

表 7－16　日本近代东京语中说话者位相与“～てくだされ”使用量对应表

听话者　　　说话者	使用者总数	下对上疏	下对上亲	同等疏	同等亲	上对下疏	上对下亲	合计
士族、知识阶层男性	6				4（2）		2①	6（2）①
士族、知识阶层女性	2					1	3	4
上层町人阶层男性	2			1			1	2
上层町人阶层女性	1						1	1
下层町人阶层男性	2			1①	1			2①
下层町人阶层女性	1		1					1
合计	14	0	1	1①	6（2）	1	7①	16（2）②

注：（ ）内的数字是指使用了尊他语的语例数，○内的数字是指使用了自谦语的语例数，计数时各自都包含在（ ）前和○前的数字中。

　　“～てくだされ”在现代东京语中是一种几乎接近消失的祈使
表达，即使出现使用者，也会给人一种老人用语的强烈印象。本次
的调查资料中，仅从河竹默阿弥、松村春辅、依田学海、幸田露
伴、大塚楠绪子五位作家的作品中收集到相关语例。分析表 7－16
和表 7－17 可知，在日本近代，“～てくだされ”是各个阶层的男
性和女性通用的表达形式。从使用率来看，男性高于女性，士族、

知识阶层高于町人阶层。"～てくだされ"的主要使用对象是同等以下亲近或者疏远关系的听话者，仅有下层町人阶层女性也会将其用于同等以上亲近关系的听话者。本次调查中收集到在"～てくだされ"之前伴随使用尊他语和自谦语的语例各2例。

表7-17　日本近代东京语中说话者位相与"～てくだされ"使用率对应表

说话者＼听话者	使用者总数	下对上疏	下对上亲	同等疏	同等亲	上对下疏	上对下亲	合计
士族、知识阶层男性	6	0%	0%	0%	25%	0%	13%	38%
士族、知识阶层女性	2	0%	0%	0%	0%	6%	19%	25%
上层町人阶层男性	2	0%	0%	0%	6%	0%	6%	13%
上层町人阶层女性	1	0%	0%	0%	0%	0%	6%	6%
下层町人阶层男性	2	0%	0%	6%	6%	0%	0%	13%
下层町人阶层女性	1	0%	0%	6%	0%	0%	0%	6%
合计	14	0%	6%	6%	38%	6%	44%	100%

【士族、知识阶层男性】的表达用例
〈同等　亲〉

120）御 両 名には奥へござつて、一献上つて下されい。（富士
　　　額男女繁山・562・士族→書生　10 年代）

121）貴公には申しても相分らん事であるから、すみやかにこ
　　　の場を立退いて下されえ。（歐洲小説黄薔薇・520・士族
　　　同士　10 年代）

122）まあ、奥様、緩くりして下され、夕飯も命令てある。
　　　（そらだき續編・342・老伯爵→親友の奥様　40 年代以
　　　后）

〈上対下　亲〉

123）お春どんどうぞ御願ぢやが何かの次に御嬢様へ吉原
　　　は時田様の事を実に気の毒に思ふて、先日も噂を申て
　　　居りました、と甘く申て下され。（政黨美談淑女の操・
　　　64・書生→下女　20 年代）

　　　如上面的语例所示，士族、知识阶层男性对同等以及同等以下
亲近关系的听话者发出指示时会使用"～てくだされ"。如例 120）
和 121）所示，在"～てくだされ"之后接续词尾"い、え"使用
的语例也仅出现在士族、知识分子阶层。例 122）是近代后期 30 年
代以后出现的唯一语例，使用者是一位年迈的伯爵。这一时期已经
不再出现年轻人使用的语例，由此可以推知，在近代后期"～てく
だされ"已经变成一种带有陈旧感的表达方式。

　　　另一方面，如下面的语例所示，士族、知识阶层女性仅对同等
以下关系的听话者使用"～てくだされ"。该阶层女性在"～てく
だされ"之后接续终助词使用的频率很高，如例 125）中下接终助
词"や"以及如例 126）中下接终助词"よ"等。

　　　【士族、知识阶层女性】的表达用例
　　　〈上对下　亲〉

124）少し聞きたい事がある、もつとこちへ来て下され。（政
　　　黨餘談淑女の後日・122・士族夫人→玄関番書生　20 年
　　　代）

125）　妾が思ふ一とほりを、とつくと聞いて下されや。（政黨
　　　美談淑女の操・34・士族令嬢→乳母の連合　20 年代）
　　　〈上对下　疏〉

126）お膳の支度をして置いて下されよ。（政黨餘談淑女の後
　　　日・159・士族夫人→料理屋の下女　20 年代）

　　　另外，如下面的语例所示，上层町人阶层的男性和女性对"～
てくだされ"的使用可以分别确认至日本近代 10 年代和近代初期

的作品中，主要用于同等以及同等以下亲近关系的听话者。本次调查中未收集到该阶层使用者在"～てくだされ"之后接续使用终助词或词尾的语例。

【上层町人阶层男性】

〈同等　亲〉

127）お前も達者で居て下され。（人間萬事金世中・114・恋人同士　10年代）

〈上対下　亲〉

128）以前に返りて親御同様、どうぞ親しくして下され。（人間萬事金世中・68・親戚の商人→若旦那　10年代）

【上层町人阶层女性】

〈上対下　亲〉

129）さアさア此度は坊が画を出して母さんに見せて下され。（春雨文庫・348・母〈本屋の女将〉→息子　初期）

【下层町人阶层男性】

〈同等　亲〉

130）これさ、さう無情言はねえものだ、……わしに功名さして下され。（富士額男女繁山・397・座頭→按摩　10年代）

〈同等　疏〉

131）茨木と申す御方が、御越しに成たとさう申て下され。（政黨餘談淑女の後日・110・車夫→下女　20年代）

【下层町人阶层女性】的表达用例

〈下対上　亲〉

132）少時の間留守して下され。（有福詩人・110・妻→夫　20年代）

上面的例130）～132）是下层町人阶层的男性和女性使用"～

てくだされ”的语例，该阶层的男性使用者主要对同等关系的听话者使用“～ てくだされ”，但如例131）所示，对疏远关系听话者仅使用了1例上接自谦语的语例。女性使用者的语例仅有1例，使用对象是自己丈夫这样的亲近关系听话者。本次调查中未收集到该阶层使用者在“～ てくだされ”之后接续使用终助词或词尾的语例。

3.5.2　“お～くだされ”

表7-18 日本近代东京语中说话者位相与“お～くだされ”使用量对应表

听话者＼说话者	使用者总数	下对上疏	下对上亲	同等疏	同等亲	上对下疏	上对下亲	合计
士族、知识阶层男性	14	6	5	3	14	2	4	34
士族、知识阶层女性								0
上层町人阶层男性	6	2		3	3		2	10
上层町人阶层女性								0
下层町人阶层男性	3	4		1				5
下层町人阶层女性								0
合计	23	12	5	7	17		6	49

　　与前节提到的“～ てくだされ”相似，“お～くだされ”在现代东京语中也是一种几乎消失的祈使表达，即使出现使用者，也会给人一种老人用语的强烈印象。本次的调查资料中，仅从河竹默阿弥、三游亭圆朝、依田学海、幸田露伴四位作家的作品中收集到相关语例。分析表7-18和表7-19可知，在日本近代，“お～くだされ”是各个阶层男性通用的表达形式，女性未使用任何相关语例。该形式的主要使用对象是同等以及同等以上亲近或者疏远关系的听话者，但是在士族、知识阶层和上层町人阶层也出现对同等以下听话者使用的语例。

表7-19　日本近代东京语中说话者位相与"お～くだされ"使用率对应表

听话者 说话者	使用者 总数	下对上 疏	下对上 亲	同等 疏	同等 亲	上对下 疏	上对下 亲	合计
士族、知识阶层男性	14	12%	10%	6%	29%	4%	8%	69%
士族、知识阶层女性		0%	0%	0%	0%	0%	0%	0%
上层町人阶层男性	6	4%	0%	6%	6%	0%	4%	20%
上层町人阶层女性		0%	0%	0%	0%	0%	0%	0%
下层町人阶层男性	3	8%	0%	2%	0%	0%	0%	10%
下层町人阶层女性		0%	0%	0%	0%	0%	0%	0%
合计	23	24%	10%	14%	35%	4%	12%	100%

【士族、知识阶层男性】的表达用例

〈下对上　疏〉

133）誠を照らす神国に、その本人のそれがしが名乗つて出づる上からはこの両人はお助け下されい。（東京日新聞・287・浪士→裁判官　初期）

134）何れ裁判所でお目に掛と長澤氏へお伝へ下され。（政黨餘談淑女の後日・132・社員→士族夫人　20年代）

〈下对上　亲〉

135）先づ先づお控へ下されい。（富士額男女繁山・484・甥→伯父　10年代）

136）先づ先づお席にお付き下され。（政黨餘談淑女の後日・132・門生→士族夫人　20年代）

〈同等　疏〉

137）これは拙者が運よくも皆是自ら撃ちましたもの、御笑ひ草に差上ますれば御庖厨へ御廻し下され。（有福詩人・

90・詩人→土豪　20年代）

〈同等　亲〉

138）よしなき失礼、真平御免下されよ（政黨美談淑女の操・
　　　21・政党員同士　20年代）

〈上対下　疏〉

139）此身の恥辱を思ふゆゑ、此の十圓札の手に入りし仔細
　　　を包み隠せしが、まづ一通りお聞きくだされ。（東京日新
　　　聞・241・書生→下男　初期）

〈上対下　亲〉

140）おゝ、よき所へ二人の衆、……再び我手に入つたれば
　　　神保様へお渡し下され。（富士額男女繁山・584・女書生
　　　→奉公人　10年代）

141）此旨御主人御帰あらば、御通達下されエ。（政黨美談淑
　　　女の操・19・客→玄関番書生　20年代）

　　如前面的例133）～141）所示，士族、知识阶层男性使用
"お～くだされ"的对象并无明确限制，即可用于同等以上、同等
以及同等以下关系的听话者，同时也可用于亲近或者疏远关系的听
话者。但是，对同等以下的听话者使用该形式时，一般不含敬意，
而是带有较强的礼貌语语感。如例133）、135）和141）所示，该
阶层男性常常使用在"お～くだされ"之后接续词尾"い、え"
的形式。但是，本次调查中仅收集到1例该阶层男性在"お～く
だされ"之后接续终助词"よ"使用的语例，即例138）。例140）
是恢复女性身份后的女书生所说的话，她毒杀了自己的杀父仇人之
后准备自杀，但在自杀之前，她请求以前一起供奉过主人的佣人将
自己偷偷从主人那里拿走的钱还给主人。此时的状况十分紧急和悲
壮，女书生曾经长久以来隐瞒女性之身以书生的身份生活，这时她
的用词用语应该是更接近于其以前的书生用语。

　　另一方面，如下面的语例所示，上层町人阶层男性会对同等以上或同等或同等以下的听话者使用"お～くだされ"，而与此相对，下层町人阶层男性则仅对同等以及同等以上的听话者使用该形式。下面的例142）是一位旅馆老板所说的话，他以前曾经杀过人，而此时他犯罪的证据已经被木工头领知晓，在心理上处于弱势地位，因此本书将二者认定为〈下对上〉的关系。

　　【上层町人阶层男性】的表达用例

　　〈下对上　疏〉

142）さゝ其の仔細お聞き下され。（英國孝子之傳・587・宿屋の主人→棟梁　10年代）

　　〈同等　疏〉

143）思ひもかけず茅屋に御来臨下され、ありがたう存じまする。まあまあ御手を御挙げ下され。（有福詩人・89・土豪→詩人　20年代）

　　〈同等　亲〉

144）中を開いて御覧下され。（人間萬事金世中・128・商人同士　10年代）

　　〈上对下　亲〉

145）左様なら御免下され。（人間萬事金世中・66・旦那→若者　10年代）

　　【下层町人阶层男性】的表达用例

　　〈下对上　疏〉

146）あいや、其のお縄お待ち下され。（東京日新聞・288・下男→牢番　初期）

　　〈同等　疏〉

147）ちよッと御出下され。（政黨餘談淑女の後日・110・車夫→下女　20年代）

3.5.3　"～てください"

表 7-20　日本近代东京语中说话者位相与"～てください"使用量对应表

听话者 / 说话者	使用者总数	下对上疏	下对上亲	同等疏	同等亲	上对下疏	上对下亲	合计
士族、知识阶层男性	54	3	39(4)	3(1)	72(5)①	10	41	168(10)①
士族、知识阶层女性	36		37(10)	2(1)	51(9)	2(1)	32(1)	124(22)
上层町人阶层男性	11		1(1)		10(1)	3	8②	22(2)②
上层町人阶层女性	5	2(1)	2(1)	3	3		2	12(2)
下层町人阶层男性	17	2(2)	4(2)	6	8	2		22(4)
下层町人阶层女性	30	5(1)	28	3(2)	15(1)	2	7	60(4)
合计	153	12(4)	111(18)	17(4)	159(16)①	19(1)	90(1)②	408(44)③

注：（ ）内的数字是指使用了尊他语的语例数，○内的数字是指使用了自谦语的语例数，计数时各自都包含在（ ）前和○前的数字中。

　　"～てください"在现代东京语中是经常使用的祈使表达的形式。本次调查的日本近代东京语资料中也收集到超过 400 例的语例，而且广泛用于各个时期各个作家的作品当中，由此可知，在日本近代该形式也是一种使用频度相当高的祈使表达形式。分析表 7-20 和表 7-21 可知，"～てください"是各个阶层男性和女性通用的祈使表达，但是士族、知识阶层的男性和女性的总体使用量要高于町人阶层的男性和女性。所有阶层的使用者在使用该形式时其使用对象都无特别的限制，即既可用于同等以上、同等以及同等以下关系的听话者，同时也可用于亲近或者疏远关系的听话者。本次调查中收集到在"～てください"之前伴随使用尊他语使用的语例 44 例，这类语例的听话对象主要是同等以及同等以上的听话者。而与此相对，本次调查中仅出现 3 例在"～てください"之前接续自谦语使用的语例，这 3 个例子均用于同等以及同等以下亲近关系的听话者，而未用于同等以上关系的听话者或者疏远关系的听

话者。

表 7 - 21　日本近代东京语中说话者位相与 " ～てください " 使用率对应表

说话者 ＼ 听话者	使用者总数	下对上疏	下对上亲	同等疏	同等亲	上对下疏	上对下亲	合计
士族、知识阶层男性	54	1%	10%	1%	18%	2%	10%	41%
士族、知识阶层女性	36	0%	9%	0%	13%	0%	8%	30%
上层町人阶层男性	11	0%	0%	0%	2%	1%	2%	5%
上层町人阶层女性	5	0%	0%	1%	1%	0%	0%	3%
下层町人阶层男性	17	0%	1%	1%	2%	0%	0%	5%
下层町人阶层女性	30	1%	7%	1%	4%	0%	2%	15%
合计	153	3%	27%	4%	39%	5%	22%	100%

【士族、知识阶层男性】的表达用例

〈下对上　疏〉

148) 以後注意しますから、今度丈許して下さい。(吾輩は猫である・337・生徒→中学教師　30 年代)

〈下对上　亲〉

149) お舅御これ迄に何か拙者に不実の廉があらば、御遠慮なう仰しやつて下さい。(歐洲小説黄薔薇・480・官員→義理の父親　10 年代)

150) 私は後から参りますから、貴方は御先へ行つて下さい。(多情多恨・80・大学教授→義理の母親　20 年代)

151) それが済んでから、お母様どうか娘の君江を連て来て下さい。(乳姉妹・174・息子→母　30 年代)

152) あゝ、お父様、そんな事を仰しやらずに、何うぞ、もう

一度全快つて家へ帰つて下さい。（空薫・365・息子→父

親　30 年代以后）

〈同等　疏〉

153）それもいゝですね、是非周旋して下さい（吾輩は猫であ

る・560・理学士→会社員　30 年代）

〈同等　亲〉

154）今日は一番強談で、四半分でもお勧め申す、是非とも口

を附けて下さい。（東京日新聞・261・浪士同士　初期）

155）茲へ一封の書面を置いて行くから萬に渡して下さい。

（歐洲小説黄薔薇・491・士族同士　10 年代）

156）それから又貴方を葉山君と同じやうに親友だと思つとる

のですから、貴方も何卒僕のやうなものでも親友だと思

つて下さい。（多情多恨・331・大学教授→親友の奥様

20 年代）

157）今も言ひました通り、一向識らん方なのですから、お還

し申して下さい。（金色夜叉・246・高利貸し→知人の女

性　30 年代）

158）お伴しますから其の時ゆつくり手前に鑑定させて下さい。

（腕くらべ・172・会社員同士　40 年代以后）

〈上対下　疏〉

159）今もいふやうな次第であれバ。最早若里にも関係ハな

い。但し此金子ハ収めて下さい。（妹と背かゞみ・243・

官員→女中　10 年代）

160）貴方は、どうか生涯其の心掛を忘れずに居て下さい！（金

色夜叉・449・高利貸し経営者→芸者　30 年代）

〈上対下　亲〉

161）仏壇へ供へて下さい。（富士額男女繁山・446・私学校の
　　　教師→雇い婆　10 年代）

162）だから、厭な事が有つたら、直ぐ帰つて来て下さい。（其
　　　面影・250・大学講師→義理の妹　30 年代）

163）失敬だが、君一人で、後で食つて下さい。（三四郎・
　　　328・大学教授→学生　40 年代以后）

　　如前面的例 148）～ 163）所示，从日本近代各个时期的作品当
中都可以收集到士族、知识阶层男性使用“～ てください”的语
例。该阶层男性多将“～ てください”用于同等以上或同等或同
等以下亲近关系的听话者，但是对疏远关系的听话者也有一定程度
的使用。如例 149）所示，“～ てください”之前接续尊他语的形
式仅用于同等以及同等以上的听话者，而如例 157）所示，“～ て
ください”之前伴随自谦语使用的形式则用于同等关系的听话者。
与多用于男性听话者的“～ たまえ”相比，士族、知识阶层男性
将“～ てください”用于女性的情况非常多，使用率高达整体使
用的 85% 。

　　【士族、知识阶层女性】的表达用例
　　〈下对上　亲〉

164）年が若いものですから迂濶りと悪い者に騙されてこんな
　　　事になりました、何卒御免遊ばして下さい。（歐洲小説
　　　黄薔薇・513・娘→父親　10 年代）

165）阿母さん、坤一の事はお父さんにお断念め遊ばすやうに
　　　仰しやッて下さい。（社會百面相/獵官・173・娘→母親
　　　30 年代）

166）清を寝かして遣つて下さい。（門・486・妻→夫　40 年代
　　　以后）

　　〈同等　疏〉

167）オホゝゝゝッ、妾くし、貴郎のやうな方大好き。何卒遊
　　　びに入来しつて下さい。（社會百面相/破調・445・華族令
　　　嬢→作家 30 年代）

　　〈同等　亲〉

168）姉様では酷うございます、妹にして置いて下さい。
　　　（多情多恨・297・会社員の妻→夫の親友　20 年代）

169）ちよいと、田鶴子さん。白牡丹を取つて下さいな。（乳姉
　　　妹・192・士族令嬢同士　30 年代）

170）一寸来て下さい。（三四郎・373・法学士の妹→東大生
　　　40 年代以后）

　　〈上対下　疏〉

171）お父さまへまんが来たとさうおつしやつて下さい。（歐洲
　　　小説黄薔薇・512・官員夫人→手伝いの婆　10 年代）

172）俥屋さん、あの金波楼へつけて下さい。（彷徨・121・
　　　客→車夫　40 年代以后）

　　〈上対下　亲〉

173）国へかへればおまへもわたしも。真成の無学文盲になる
　　　から。なんでもあたしが一生けん命になつて。東京で御
　　　前をえらいものにしたいと思つて居ますから。其つもり
　　　で勉強してくださいヨ。（藪の鶯・130・姉→弟　20 年
　　　代）

174）然うですか、そんなら如何なと貴方のお意任せに成すつ
　　　て下さい。（其面影・272・母親→婿　30 年代）

175）さう云ふ訳でね、まことに宗さんにも御気の毒だけれど
　　　も、何しろ取つて返しの付かない事だから仕方がない。
　　　運だと思つて諦らめて下さい。（門・396・伯母→甥　40

年代以后）

如前面的语例所示，从日本近代 10 年代至 40 年代以后的作品当中都可以收集到士族、知识阶层女性使用"～ てください"的语例。除去〈下对上 疏〉关系的听话者以外，该阶层女性会向其他所有身份的听话者使用该形式，但是用于亲近关系听话者的语例要远远多于疏远关系的听话者。如例 164）所示，本次的调查数据显示，该阶层女性在"～ てください"之前伴随使用尊他语的频率最高，主要用于同等以及同等以上的听话者，仅出现 1 例用于同等以下听话者的语例，即例 174）。这个例子是官员夫人对女婿所说的话，这位女婿完全不听夫人的意见，所以夫人的措辞在表面上虽然显得极为客气和礼貌，但实际上却是在挖苦和讽刺，是一种听任不管的语气。另外，如例 169）、173）所示，本次调查中也收集到很多该阶层女性在"～ てください"之后接续终助词"な、よ"使用的语例。

【上层町人阶层男性】的表达用例

〈下对上 亲〉

176）小母さんお待ちなすつて下さい。（英國孝子之傅・533・元豪家の若旦那→婆　10 年代）

〈同等 亲〉

177）いくらにふめるか踏んで下さい。（東京日新聞・254・旦那同士　初期）

〈上对下 疏〉

178）お静かにして下さい、お静かにしてください。（英國孝子之傅・579・宿屋の主人→棟梁　10 年代）

〈上对下 亲〉

179）お内であらば臼右衛門がちよいとお目にか〻りたいと、御主人へ申して下さい。（人間萬事金世中・67・旦那→

奉公人　10 年代）

　　如上面的语例所示，上层町人阶层男性会向同等以上或同等或同等以下的听话者使用“～ てください”。如例 176）所示，该阶层男性会在“～ てください”之前伴随使用尊他语，这类表达仅用于同等以上关系的听话者；而如例 179）所示，该阶层男性也会在“～ てください”之前伴随使用自谦语，这类表达则仅用于同等以下关系的听话者。例 176）是落魄的富家公子对长屋的老婆婆所说的话，因为老婆婆借了钱给他们家，也就是他处于背负债务的状态，心理上处于弱势，因此本书将二者认定为〈下对上〉的关系。

　　【上层町人阶层女性】的表达用例

　　〈下对上　疏〉

180）　誠に申しにくいけれども、どうか御膳だけ召上つて下さい。（英國孝子之傳・558・宿屋のお嬢様→元豪家の若旦那　10 年代）

　　〈下对上　亲〉

181）　母親さん、咽が渇いていけないから、お茶を一杯入れて下さいナ。（浮雲・29・娘→母　20 年代）

　　〈同等　疏〉

182）　先刻祝ひに持つて来たあの糸織を返して下さい。（人間萬事金世中・92・女将→商人　10 年代）

　　〈同等　亲〉

183）　あの人に少し頼むものがござんすから、来たら奥へ知せて下さい。（人間萬事金世中・23・従兄妹同士　10 年代）

　　〈上对下　亲〉

184）　其時は何卒連て往て下さいナ。（春雨文庫・345・本屋の女将→小道具屋　初期）

如上面的例 180）～ 184）所示，上层町人阶层女性与上层町人阶层男性一样，会对同等以上或同等或同等以下的听话者使用"～てください"。如例 180）所示，该阶层女性会在"～ てください"之前伴随使用尊他语，这类表达仅用于同等以上关系的听话者，与此相对，该阶层女性未使用在"～ てください"之前接自谦语的语例。例 180）是大旅馆千金伊佐对落魄的富家公子重二郎所说的话，因为伊佐暗暗喜欢着重二郎，在心理上处于弱势，因此本书将二者认定为〈下对上〉的关系。本次调查中收集到 2 例该阶层女性在"～ てください"之后下接终助词的语例，如例 181）等。

【下层町人阶层男性】的表达用例

〈下对上　疏〉

185）相済みませんが、此先きに温泉がありますから、どうかそれへお出でなすつて下さい。（英國孝子之傳・486・番頭→客　10 年代）

186）旦那、お乗んなすつて下さい。（秘密・263・車夫→客 40 年代以后）

〈下对上　亲〉

187）ホンニ々々お聞なすツて下さい。（西洋道中膝栗毛・8・子分→親分　初期）

188）さういつこくを言はないで、取持つことが出来ずば、せめて、おくらさんと情人になる智慧をわたしに貸して下さい。（人間萬事金世中・26・番頭→若旦那　10 年代）

189）お嬢さん、嘘をついたつて知つてますよ。ね、栄ちやんと私を彼処へ内証で連れて行つて下さいな。（少年・172・馬丁の息子→お嬢様　40 年代以后）

〈同等　疏〉

190）むゝ、さう聞く上は湯元まで、こなたも一緒に行つて下

さい。（東京日新聞・226・下男→車夫　初期）

191）此近所で無くつても、何処かに上手なお医者の在るのを
　　知ておいでなら、どうか誨（をし）へて下さい。（恋の病・68・奉
　　公人→木樵妻　20 年代）

192）御存知なら教へて下さい。どこの令嬢です。（乳姉妹・
　　193・平民→伯爵の息子　30 年代）

〈同等　親〉

193）就（つ）きましては今日（けふ）は大変（たいへん）な事（こと）が出来（でき）まして、大急（おほいそ）ぎで来（き）
　　たんですから主人（しゆじん）に逢（あ）はして下（くだ）さい。（歐洲小説黄薔
　　薇・533・番頭→下女　10 年代）

194）屋根屋を止して、ちつと仕事に身を入れて下さいよ。（朝
　　顔・24・袋物屋の弟子→使の者　40 年代以后）

〈上対下　疏〉

195）車屋さん。其の荷物を玄関まで入れて下さい。馬鹿に重
　　い様だ。（夢の女・11・客→車夫　30 年代）

　　如前面的语例所示，从日本近代各个时期的作品当中都可以收
集到下层町人阶层男性使用“～ てください”的语例，使用对象
是除了同等以下亲近关系以外的所有听话者。如例 185）～ 187）所
示，该阶层男性会在“～ てください”之前伴随使用尊他语，这
类表达仅用于同等以上关系的听话者，与此相对，该阶层男性未使
用在“～ てください”之前接自谦语的语例。如例 189）和例
194）所示，本次调查中收集到 3 例该阶层男性在“～ てくださ
い”之后接续使用终助词“な、よ”的语例。

　　【下层町人阶层女性】的表达用例

　　〈下对上　疏〉

196）お嫌でもございませうが、どうぞお上（あが）りなすつて下（くだ）さい
　　な、よう。（歐洲小説黄薔薇・400・下女→官員　10 年
　　代）

197）後生だから、早く其の絵をしまつて下さい。（刺青・
　　68・芸子→刺青師　40年代以后）

〈下対上　亲〉

198）平常の通り強い心に成て居て下さいな。（春雨文庫・
　　318・妻→夫　初期）

199）一年に一度や二度。兄さんにお目に懸つたからてつて。
　　お父さんがお叱もなさるまいから。内々で呼んで下さ
　　いよ。（當世書生氣質・62・妹→兄　10年代）

200）吾夫攫徒ですとサ、うろうろしてはいけませぬ、疾く
　　捉へて下さいな、攫徒だ攫徒だ、盗賊だ。（有福詩人・
　　114・妻→夫　20年代）

201）小田邊さん。御縁が無いのだと思つて諦めて下さい。（夢
　　の女・32・遊女→馴染の客　30年代）

202）おッ母さん、今の話はよく考へて置いて下さいな。もう
　　此れツきり頼みませんから。（戀を知る頃・31・娘→母
　　40年代以后）

〈同等　疏〉

203）何ぞ有難いお話しを、お聞かせなすつて下さいな。（富
　　士額男女繁山・5・車夫妻→講中　10年代）

204）決して家の方々も御心配遊ばさん様に仰しやッて上げて
　　ください。（八重桜・121・下女→乳母　20年代）

〈同等　亲〉

205）サアお辻さん。是だけは取ためたから。番をしてゐて下
　　さいヨ。（妹と背かゞみ・183・下女→肴屋の娘　10年
　　代）

206）ところがお春さん聞て下さい、此家の旦那様は御慈悲深

い上にも御慈悲の深い方ゆゑ、訳を申して御願ひ申せば、

誰<ruby>だれ</ruby>にでも御金を貸して下さるは汝<ruby>おまへ</ruby>も知つての通りだ

が、……（有福詩人・62・漁夫妻→農夫娘　20年代）

207）貴方<ruby>あなた</ruby>、その指環を私のと<u>取替事<ruby>とりかへつこ</ruby>して下さい</u>ね。（金色夜
叉・428・恋人同士　30年代）

208）まあ、妾を安心させる為だと思つて<u>かゝつて見て下さい
よ</u>。（幇間・205・芸者→幇間　40年代以后）

〈上対下　疏〉

209）是非今日は内々<ruby>ぜひけふ</ruby><ruby>ないない</ruby>お目<ruby>め</ruby>にかゝつてお話<ruby>はなし</ruby>をしたいからよくさ

う<u>云<ruby>い</ruby>つて下<ruby>くだ</ruby>さい</u>な。（歐洲小説黄薔薇・460・客→下男

10年代）

210）若衆<ruby>わかいしゆ</ruby>さん気を付けて<u>遣つて下さい</u>。（夢の女・38・客→
車夫　30年代）

〈上対下　亲〉

211）だからね、其れには、手馴れたお前が、何よりも私の頼
りなんだから、まア此先もね、精々気を付けて<u>働いて下
さいよ</u>。（夢の女・39・待合の女将→女中　30年代）

　　如上面的例196）～211）所示，下层町人阶层女性会对同等以
上或同等或同等以下的听话者使用"～てください"，其总体使用
量较多，从日本近代各个时期的作品当中都可以收集到相关语例。
如例196）、203）、204）所示，该阶层女性会在"～てください"
之前伴随使用尊他语，这类表达仅用于同等以上以及同等关系的听
话者，不用于同等以下关系的听话者。与此相对，该阶层女性未使
用在"～てください"之前接自谦语的语例。如例196）、198）～
200）、202）、203）、205、207）～209）、211）所示，本次调查中
收集到大量该阶层女性在"～てください"之后下接终助词"な、
よ、ね"的语例，附加率高达整体的52%。

综合以上分析可知，"～てください"在日本近代的使用有如下特点。

"～てください"是所有阶层的男性和女性通用的祈使表达，特别是士族、知识阶层的男性和女性使用频率最高。

就"～てください"的主要使用对象来看，所有使用阶层都会对同等以上或同等或同等以下的听话者使用。在"～てください"之前接尊他语的表达形式是所有阶层的男性和女性通用的形式，除去特殊场面，这类表达不用于同等以下关系的听话者，多用于同等以上或同等亲近或疏远关系的听话者。而在"～てください"之前上接自谦语的表达形式则仅有士族、知识阶层和上层町人阶层的男性会使用，多用于同等以及同等以下的听话者，不用于同等以上关系的听话者和疏远关系的听话者。

3.5.4   "お～ください"

与前节分析的"～てください"相同，"お～ください"在现代东京语中是非常常用的祈使表达的形式。在日本近代东京语中，"お～ください"虽然没有"～てください"的使用频率高，但从各个时期的作品当中都可以收集到相关语例，可见该形式在当时也有一定程度的使用。分析表 7 - 22 和表 7 - 23 可知，在日本近代，所有阶层的男性和女性都会使用"お～ください"。从使用量上来看，士族、知识阶层的使用多于町人阶层，男性的使用量更是远远多于女性。从使用对象上来看，士族、知识阶层的男性和女性以及上层町人阶层男性不仅会将"お～ください"用于同等以上或同等关系的听话者，还会用于同等以下关系的听话者，与此相对，上层町人阶层女性和下层町人阶层的男性和女性则仅会将"お～ください"用于同等或同等以上亲近或疏远关系的听话者。

表 7 - 22　日本近代东京语中说话者位相与"お～ください"使用量对应表

说话者 ＼ 听话者	使用者总数	下对上疏	下对上亲	同等疏	同等亲	上对下疏	上对下亲	合计
士族、知识阶层男性	22	1	9	2	22	4	7	45
士族、知识阶层女性	4		2				2	4
上层町人阶层男性	5	3		2			3	8
上层町人阶层女性	1	1						1
下层町人阶层男性	10	4	12					16
下层町人阶层女性	5	2	1	2				5
合计	47	11	24	6	22	4	12	79

表 7 - 23　日本近代东京语中说话者位相与"お～ください"使用率对应表

说话者 ＼ 听话者	使用者总数	下对上疏	下对上亲	同等疏	同等亲	上对下疏	上对下亲	合计
士族、知识阶层男性	22	1%	11%	3%	28%	5%	9%	57%
士族、知识阶层女性	4	0%	3%	0%	0%	0%	3%	5%
上层町人阶层男性	5	4%	0%	3%	0%	0%	4%	10%
上层町人阶层女性	1	1%	0%	0%	0%	0%	0%	1%
下层町人阶层男性	10	5%	15%	0%	0%	0%	0%	20%
下层町人阶层女性	5	3%	1%	3%	0%	0%	0%	6%
合计	47	14%	30%	8%	28%	5%	15%	100%

【士族、知识阶层男性】的表达用例

〈下对上　疏〉

212）僕等が元老院へお届け申しませうから一寸お認め下さい、只今速にサアサア。（歐洲小説黄薔薇・552・書生→議員　10 年代）

〈下対上 親〉

213）若し人が尋ねましたから、拙者は加州金沢表へ身を避けたと御披露下さい。（歐洲小説黄薔薇・480・官員→義理の父親 10年代）

214）いやいや先づあなたからお始め下さい。（政黨餘談淑女の後日・160・議員→士族夫人 20年代）

215）さアお母様、どうぞお入り下さい。そして私の仕合を分て下さい。（乳姉妹・116・息子→母親 30年代）

〈同等 疏〉

216）草鞋銭の足に呈しますからお納め下さい。（歐洲小説黄薔薇・448・士族同士 10年代）

〈同等 親〉

217）御両所お悦び下さい、よい家来は持ちたいもので、身共が嚢中銭なきを悟り、帰りに一杯飲んで行けと三分一朱貢ぎくれた。（東京日新聞・186・浪士同士 初期）

218）エヽどういたしまして、なにとぞ手前の命をお取り下さい。（歐洲小説黄薔薇・519・旧友同士 10年代）

219）不承知か、困ツたもんだネ。それぢや宜ろしい、斯うしよう、我輩が謝まらう、全くさうした深い考が有ツて云ツた訳ぢやないから、お気に障ツたら真平御免下さい。（浮雲・100・官員同士 20年代）

220）もう昔話は御免下さい。（金色夜叉・156・同級生同士 30年代）

〈上対下 疏〉

221）ひよつと容態に変りが見えたらすぐ使をおこして下さ

い。（乳姉妹・101・医者→乳母の娘　30 年代）

〈上对下　亲〉

222）それは余り早急で、切て今晩一夜だけは御足をお止め下
　　　さい。（歐洲小説黄薔薇・480・父親→義理の息子　10 年
　　　代）

223）さうですか。それなら私にお任せ下さい、決して悪いや
　　　うには計らひません。（腕くらべ・215・作家→役者　40
　　　年代以后）

　　　如前面的例 212）～ 223）所示，从日本近代各个时期的作品当
中都可以收集到士族、知识阶层男性使用“お～ください”的语
例。该阶层男性会将“お～ください”用于同等以上或同等或同
等以下亲近或疏远关系的所有听话者，表达内容大多为礼貌客气的
请求、恳请、劝谏等。如上面的例 215）中，身为侯爵的儿子对自
己的母亲同时使用着“お～ください”和“～てください”两种
形式，由此可知这两种表达形式在待遇价值方面较为近似。本次调
查中收集到该阶层男性在“お～ください”之后接续使用终助词
“よ”的语例 1 例和“な”的语例 3 例。

　　　另外，如下面例 224）～ 226）所示，士族、知识阶层女性仅向
同等或同等以下亲近关系的听话者使用“お～ください”，表达的
内容大多为礼貌客气的请求以及劝诫等。本次调查中未收集到该阶
层女性在“お～ください”之后接续使用终助词的语例。

【士族、知识阶层女性】的表达用例

〈同等　亲〉

224）はあ、お話し下さい。（金色夜叉・368・知人同士　30 年
　　　代）

〈上对下　亲〉

225）良人にお咄しなさるなら妾しにお咄し下さい。（社會百
　　　面相/鐵道國有・313・嫂→弟　30 年代）

226）今、起しました、まあ、何卒此方へお入り下さい。（空
　　薫・312・学友の母→大学生　40 年代以后）

【上层町人阶层男性】的表达用例

〈下对上　疏〉

227）只今直ぐに上げます、少しお待ち下さい。（英國孝子之
　　傅・579・宿屋の主人→棟梁　10 年代）

〈同等　疏〉

228）左様なら、御免下さい。（人間萬事金世中・80・商人同
　　士　10 年代）

〈上对下　亲〉

229）御一同どうか御頭を御上げ下さい、それでは如何も困り
　　ます。（有福詩人・66・土豪→農夫達　20 年代）

【上层町人阶层女性】的表达用例

〈下对上　疏〉

230）そんな事を云はないでこれは私の心ばかりでござい
　　ますから、どうかお取り下さい。（英國孝子之傅・519・
　　宿屋のお嬢様→元豪家の若旦那　10 年代）

　　如前面的语例所示，上层町人阶层男性向同等以上或同等或同
等以下的听话者使用"お～ください"，与此相对，上层町人阶层
女性仅会向同等以上疏远关系的听话者使用该形式。例 227）是以
前犯下杀人之罪的旅馆老板对木工头领栋梁所说的话，因为这位旅
馆老板希望掌握其罪证的栋梁能够为自己保密，所以从心理状态上
来说处于下位，因此本书将二者认定为〈下对上〉的关系。而例
230）是旅馆千金伊佐对落魄的富家少爷清水重二郎所说的话，伊
佐对重二郎是一见钟情，在心理上处于弱势地位，因此本书将二者
认定为〈下对上〉的关系。本次调查中未收集到上层町人阶层的使
用者在"お～ください"之后接续使用终助词的语例。

　　另一方面，如下面的语例所示，除去初期以外，从近代各个时期的作品当中都可以收集到下层町人阶层的男性和女性使用"お～ください"的语例。与士族、知识阶层不同，下层町人阶层的使用者不会向同等以下的听话者使用"お～ください"，而是主要用于同等以上的听话者或疏远关系的听话者，多用来表达礼貌客气的请求、恳请、劝谏等。与上层町人阶层相同，本次调查中未出现下层町人阶层的使用者在"お～ください"之后接续使用终助词的语例。

　　【下层町人阶层男性】的表达用例

　　〈下对上　疏〉

231）さあ此 扱 ひが出来ぬなら、お繁を拙者へお渡し下さい。
（富士額男女繁山・550・車夫→士族　10 年代）

232）へい、旦那様御聞下さい、それで一夜寝られません故、とんだ苦しい思ひをしました。（有福詩人・128・粉挽き→土豪　20 年代）

233）此上にまた法律の制裁を受て、死刑に処せられる人間ですから、どうぞ私を憐れんで、いふ所をお聞取下さい。
（乳姉妹・237・平民→侯爵　30 年代）

234）夫で御払ひ下さい。（門・429・道具屋→客　40 年代以后）

　　〈下对上　亲〉

235）さあさあおはひり下さい。（人間萬事金世中・40・乳母の孫→若旦那　10 年代）

236）どうぞお通り下さい。奥様も丁度お宅でござります。（乳姉妹・180・下男→侯爵令嬢　30 年代）

　　【下层町人阶层女性】的表达用例

　　〈下对上　疏〉

237）はい左様でございますか、少々お待ち下さい。（歐洲小

　　説黄薔薇・464・下女→客〈官員夫人〉　10 年代）

238）何うぞ御通り下さい（門・444・下女→客〈役人〉　40
　　年代以后）

　〈下对上　亲〉

239）はてむさくるしうござりますから、どうぞあれへお坐り
　　下さい。（人間萬事金世中・40・乳母→若旦那　10 年代）

　〈同等　疏〉

240）いいえ、それでは恐れ入ります。皆さん御免下さい（戀を知
　　る頃・50・待合の女→木綿問屋の女中　40 年代以后）

　　综合以上分析可知，"お～ください"在日本近代的使用有如
下特点。

　　"お～ください"是所有阶层的男性和女性通用的祈使表达，
与町人阶层相比，士族、知识阶层的使用率更高；与女性相比，男
性的使用频率也更高。

　　就"お～ください"的主要使用对象来看，士族、知识阶层
的男性和女性以及上层町人阶层的男性既会用于同等以上以及同等
关系的听话者，也会用于同等以下关系的听话者；而上层町人阶层
女性以及下层町人阶层的男性和女性则主要用于同等以及同等以上
亲近或者疏远关系的听话者。

　　3.5.5　"～ てくだせえ"

　　"～ てくだせえ"在日本现代东京语中主要是由少部分特定职
业、特定年龄的人使用的祈使表达；纵观日本近代东京语的资料也
可以发现，虽然从前期的作品当中还可以收集到"～ てくだせえ"
的语例，但是到后期则未出现任何相关语例。分析表 7 – 24 和
表 7 – 25可知，在日本近代，"～ てくだせえ"的使用者仅限于各
个阶层的男性，尤其以町人阶层的使用率为最高，达到整体使用的
87%。本次调查中未出现女性使用的语例。各阶层男性使用者主要
将"～ てくだせえ"用于同等亲近关系的听话者，有时也会用于

同等以上或者同等以下的听话者或者疏远关系的听话者。下页的例241）是住在长屋的浪人对同伴所说的话，由于其落魄的身份和居住环境，可以推断其用词用语也一定程度上受到町人阶层的影响。例243）是客人对旅馆老板所说的话，这位客人原是幕府的御用商人，与旅馆老板是旧相识，他过去在旅馆老板这里寄存了一大笔钱，现在旅馆老板竟然想装不知道，由于迫切希望能够得到返还的心理，因此其措辞非常礼貌客气，而且语气也近乎是哀求。本次调查中收集到2例在"～てくだせえ"之前伴随使用尊他语的语例，且这2个语例都出自这位原御用商人所说的话语。本次调查中收集到1例"～てくだせえ"的词尾"え"变成"い"的形式，这个语例也是由这位原御用商人所使用。另外，本次调查中还收集到1例在"～てくだせえ"之前伴随使用自谦语的语例，即例245），这是一位士族的养马官对女佣人所说的话。本次调查资料中未出现在"～てくだせえ"之后接续终助词使用的语例。

表7-24　日本近代东京语中说话者位相与"～てくだせえ"使用量对应表

听话者 / 说话者	使用者总数	下对上疏	下对上亲	同等疏	同等亲	上对下疏	上对下亲	合计
士族、知识阶层男性	1				2			2
士族、知识阶层女性								0
上层町人阶层男性	5				4		3 (2)	7 (2)
上层町人阶层女性								0
下层町人阶层男性	4	3			3①			6①
下层町人阶层女性								0
合计	10	3	0	0	9①	0	3 (2)	15 (2) ①

注：（ ）内的数字是指使用了尊他语的语例数，○内的数字是指使用了自谦语的语例数，计数时各自都包含在（ ）前和○前的数字中。

表 7 - 25　日本近代东京语中说话者位相与 "～てくだせえ" 使用率对应表

听话者 说话者	使用者 总数	下对上 疏	下对上 亲	同等 疏	同等 亲	上对下 疏	上对下 亲	合计
士族、知识阶层男性	1	0%	0%	0%	13%	0%	0%	13%
士族、知识阶层女性		0%	0%	0%	0%	0%	0%	0%
上层町人阶层男性	5	0%	0%	0%	40%	0%	7%	47%
上层町人阶层女性		0%	0%	0%	0%	0%	0%	0%
下层町人阶层男性	4	20%	0%	0%	20%	0%	0%	40%
下层町人阶层女性		0%	0%	0%	0%	0%	0%	0%
合计	10	20%	0%	0%	73%	0%	7%	100%

【士族、知识阶层男性】的表达用例

〈同等　亲〉

241）仮令何と言はれても、病気ゆゑに飲めぬ酒、今日ばかり
　　　は許して下せえ。（東京日新聞・261・浪士同士　初期）

【上层町人阶层男性】的表达用例

〈同等　亲〉

242）これ邊勢どの、大変な次第を聞いて下せえ。（人間萬事
　　　金世中・118・旦那同士　10 年代）

〈上对下　亲〉

243）どうかお願ひでございますからお返しなすつて下せい。
　　　（英國孝子之傳・491・客→宿屋の主人　10 年代）

【下层町人阶层男性】的表达用例

〈下对上　疏〉

244）旦那、返して遣つて下せぇな。（英國孝子之傳・577・棟
　　　梁→宿屋の主人　10 年代）

〈同等　亲〉

245）繁だんを連れて戻つたと、旦那様へ申し上げて下せえ。

（富士額男女繁山・482・奉公人→下女　10年代）

3.5.6　其他形式

除以上5种形式以外，"てくだされ类"祈使表达在日本近代东京语中还有1种形式，即"～くだされ"（2例）。如下面的例246）所示，该形式的使用者均为河竹默阿弥作品『東京日新聞』中主要人物剑术师的门生船冈门三郎，使用对象为同等以上疏远关系的听话者。

246）いや、半左衛門を殺害せしは、斯くいふ船岡門三郎、拙者を死刑に行ひ下され。（東京日新聞・286・書生→裁判官　初期）

3.5.7　"てくだされ类"小结

根据日本近代东京语中"てくだされ类"祈使表达的使用状况，可以将语例数达到10以上的主要形式分为五个类型。

上层和下层町人阶层的男性→同等以上或同等或同等以下的亲近或疏远关系的听话者："～てくだせえ"

所有阶层的男性→同等以上或同等亲近或疏远关系的听话者："お～くだされ"

所有阶层的男性和女性→同等以上或同等亲近或疏远关系的听话者："お～ください""～（尊他语）てください"

所有阶层的男性和女性→同等或同等以下亲近或疏远关系的听话者："～てくだされ"

所有阶层的男性和女性→同等以上或同等或同等以下亲近或疏远关系的听话者："～てください"。

3.6　"てくだされませ类"

本书的第四章已经提到，"てくだされませ类"祈使表达可以

分为5大类型，共12种表达形式，即：①くだされませ（"～てくだされませ""～てくださんせ""お～くだされませ（し）"、②くださりませ（"～てくださりませ""～くださりませ""お～くださりませ"）、③くださいまし（"～てくださいまし""お～くださいまし（せ）"）、④くだせえまし（"～てくだせえまし""お～くだせえまし"）、⑤くだされやし（"～てくだされ（い）やし""お～くだされやし"）。其中，③"くださいまし"的使用最具优势，从日本近代前期到后期各个时期的作品当中可以收集到相关语例，而其他各类形式则均向着衰退的方向发展。接下来，本书将以语例数在10例以上的"～てくださりませ""お～くださりませ""～てくださいまし""お～くださいまし"4种形式为中心，考察分析"てくだされませ类"表达和说话者位相之间的关联性。

3.6.1　"～てくださりませ"

"～てくださりませ"在日本现代东京语中主要是由少部分特定职业、特定年龄的人使用的祈使表达。本次所调查的日本近代东京语资料当中，仅在河竹默阿弥、依田学海、幸田露伴、菊池幽芳四位作家的作品中出现了相关语例，其他作家的作品中则完全未出现使用者。分析表7－26、表7－27可知，"～てくださりませ"的使用者是各个阶层的女性和町人阶层的男性，本次调查中未收集到士族、知识阶层男性使用的语例。各个阶层的使用者在"～てくださりませ"之前伴随使用尊他语的频率非常高，整体附加率达到69%。整体使用倾向是，"～てくださりませ"前无论是否接尊他语的形式，主要都是用于同等以上或同等关系的听话者，也可用于疏远或亲近关系的听话者。另外，士族、知识阶层女性以及上层町人阶层的男性和女性有时也会向同等以下关系的听话者使用。

表 7-26 日本近代东京语中说话者位相与"～てくださりませ"使用量对应表

听话者\说话者	使用者总数	下对上疏	下对上亲	同等疏	同等亲	上对下疏	上对下亲	合计
士族、知识阶层男性								
士族、知识阶层女性	4		13（12）		5（2）	3（2）	2（2）	23（18）
上层町人阶层男性	8	9（8）	9（8）		3		1	22（16）
上层町人阶层女性	4	10（7）	3（2）		3（1）	1		17（10）
下层町人阶层男性	9	11（7）	8（6）	1				20（13）
下层町人阶层女性	5	2（1）	5（3）					7（4）
合计	30	32（23）	38（31）	1	11（3）	4（2）	3（2）	89（61）

注：（　）内的数字是指使用了尊他语的语例数，计数时也包含在（　）前的数字中。

表 7-27 日本近代东京语中说话者位相与"～てくださりませ"使用率对应表

听话者\说话者	使用者总数	下对上疏	下对上亲	同等疏	同等亲	上对下疏	上对下亲	合计
士族、知识阶层男性	1	0%	0%	0%	0%	0%	0%	0%
士族、知识阶层女性	4	0%	15%	0%	6%	3%	2%	26%
上层町人阶层男性	8	10%	10%	0%	3%	0%	1%	25%
上层町人阶层女性	4	11%	3%	0%	3%	1%	0%	19%
下层町人阶层男性	9	12%	9%	1%	0%	0%	0%	22%
下层町人阶层女性	5	2%	6%	0%	0%	0%	0%	8%
合计	31	36%	43%	1%	12%	4%	3%	100%

【士族、知识阶层女性】的表达用例

〈下对上　亲〉

247）只此上のお願ひにはお情 お慈悲と思召し、最期の跡の

死骸をばお隠しなされて下さりませ。（富士額男女繁山・498・女書生→主人　10 年代）

248）母上様仔細と申は右の事、お察しなされて下さり升せ。（政黨美談淑女の操・9・娘→母　20 年代）

〈同等 親〉

249）いえいえ、一人残るは心細うてなりませぬゆゑ、どうぞ爰に居て下さりませ。（東京日新聞・218・恋人同士　初期）

250）外に誰も居り升ねば、どうぞ御遠慮なうお出で成されて下さりませ。（政黨美談淑女の操・159・士族令嬢→政党員　20 年代）

〈上対下 疏〉

251）さうおつしやらずと、根岸を教へて下さり升。（政黨美談淑女の操・31・士族令嬢→町人　20 年代）

〈上対下 親〉

252）正作が申し升る通り、どうぞお心うち解けて御承知成されて下さりませ。（政黨餘談淑女の後日・166・士族夫人→議員　20 年代）

　　如上面的例 247）～ 252）所示，士族、知识阶层女性不仅会向同等以上或同等关系的听话者，还会向同等以下关系的听话者使用"～てくださりませ"。该阶层女性在"～てくださりませ"之前伴随使用尊他语的频率非常高，达到 78%，一般用于带着高度的敬意向听话者进行恳求、劝谏等场合。例 252）是士族夫人希望年轻的议员和自己女儿结婚时所说的话，虽然是面对同等以下亲近关系的听话者，但这位夫人仍然保持着上流阶层的修养和风度，同时含着高度的敬意。本次调查中未收集到士族、知识阶层女性在"～て

くださりませ"之后接续终助词使用的语例。

　　另一方面，如下面的语例所示，上层町人阶层的男性和女性与士族、知识阶层女性相同，不仅会向同等以上或同等关系的听话者，还会向同等以下关系的听话者使用"～ てくださりませ"。该阶层使用者在"～ てくださりませ"之前伴随使用尊他语的频率也非常高，达到67％，可见该形式是一种含有高度敬意的祈使表达形式。如例258）所示，本次调查中收集到在"～ てくださりませ"之后带有词尾"い"和下接终助词"な"使用的语例，但是这些语例形式均由上层町人阶层女性使用。例260）是批发店的千金对初次见面的亲戚家的男佣人所说的话，因此本书将二者认定为〈疏〉的关系。

　　【上层町人阶层男性】的表达用例

　　〈下对上　疏〉

253）此煙草人に只今の、櫛を添へて差上げますから、お使ひなされて下さりませ。（富士額男女繁山・411・本屋の旦那→書生　10年代）

　　〈下对上　亲〉

254）どうか不便と思召し、十円出来ずば五円でも、お恵みなされて下さりませ。（人間萬事金世中・104・甥→伯父　10年代）

　　〈同等　亲〉

255）どうか持参の一萬圓を持つて来るやうな、婿があつたら周旋して下さりませ。（人間萬事金世中・36・旦那同士　10年代）

　　〈上对下　亲〉

256）其の代りに又此方に困る事がござつたら、そこはどうか奮発して力になつて下さりませ、爰が親類の誼でござ

る。（人間萬事金世中・68・商人→親戚の若旦那　10 年代）

【上层町人阶层女性】的表达用例

〈下対上　疏〉

257）是れはお口には合ひますまいが、山中のてゝ打ち栗、お笑ひ草に召上つて下さりませ。（東京日新聞・228・座敷の女将→客　初期）

〈下対上　亲〉

258）父さま、堪忍して下さりませいな。（富士額男女繁山・528・娘→父親　10 年代）

〈同等　亲〉

259）今にもお身の納りが附きましたらば其の時に、わたしに返して下さりませ。（人間萬事金世中・112・親戚同士　10 年代）

〈上対下　疏〉

260）早う聞かせて下さりませ。（人間萬事金世中・34・積問屋のお嬢様→手代　10 年代）

【下层町人阶层男性】的表达用例

〈下対上　疏〉

261）是れにて確に半左衛門を、害せし敵に極まれば、お仕置きなされて下さりませ。（東京日新聞・282・下男→裁判官　初期）

〈下対上　亲〉

262）そんならどうぞ若旦那様、お助けなすつて下さりませ。（人間萬事金世中・17・乳母の孫→若旦那　10 年代）

263）御慈悲の深い旦那様、どうぞ勘めが親父の命を助けて遣

つて下さりませ。（有福詩人・73・百姓→土豪　20 年代）

〈同等　疏〉

264）悪いさつではござりませぬか、お目利きをして下さりま
　　せ。（東京日新聞・225・車夫→下男　初期）

【下层町人阶层女性】的表达用例

〈下对上　疏〉

265）又御用がございましたら、何時でも起きて居りますから、
　　お呼びなされて下さりませ。（富士額男女繁山・417・下
　　女→客　10 年代）

〈下对上　亲〉

266）お上さんからよろしくお礼を、おつしやつて下さりませ。
　　（東京日新聞・228・下女→女将　初期）

267）まあまあ待つて下さりませ。仰 あることに御無理は無け
　　れど、先生様に御恩になつたは、吾夫の病気の治療の世
　　話、あれだけの病気を治して頂いたはお金にしたら何程
　　かは知れねど、畢竟生命一つ拾ふたものと、此家の御恩
　　を我等夫婦は一生被やうと思ふてゐるのでございますれ
　　ば、御礼に持つてまゐつたもホンの 私 の心ばかり、お金
　　やなぞではございませぬ。（有福詩人・65・漁夫妻→農夫
　　　20 年代）

268）泉州にお初といふ婆のある事を、時々は思ひ出してやつ
　　て下さりませ。（乳姉妹・114・手伝い婆→侯爵令嬢　30
　　年代）

　　如上面的例 261）～ 268）所示，下层町人阶层的男性和女性不
会向同等以下关系的听话者使用"～てくださりませ"，而主要将

其用于同等以上亲近或疏远关系的听话者。该阶层使用者在"～て
くださりませ"之前伴随使用尊他语的频率也非常高，达到63％。
使用场面多为近代社会中具有绝对性上下关系的人物对话之间，如
男佣人对法官、佣人对主人、女佣人对客人等，所以该形式也是含
有高度敬意的表达形式。例267）是渔夫之妻对曾借米给自家的农
夫所说的话，因为心理上存在着债务人与债权人的关系，所以本书
将二者认定为〈下对上〉的关系。本次调查中未收集到下层町人阶
层的使用者在"～てくださりませ"之后接续使用终助词的语例。

综合以上分析可知，"～てくださりませ"在日本近代的使用
有如下特点。

"～てくださりませ"是各个阶层的女性和町人阶层的男性通
用的祈使表达，士族、知识阶层男性则未出现使用者。

从"～てくださりませ"的使用倾向上来看，所有使用阶层
在该形式之前上接尊他语的频率都非常高，主要用于同等以上亲近
或者疏远关系的听话者。

3.6.2　"お～くださりませ"

"お～くださりませ"在现代东京语中主要是由少部分特定职
业、特定年龄的人使用的祈使表达。本次所调查的近代东京语资料
当中，仅在河竹默阿弥、依田学海、幸田露伴三位作家的作品中出
现了相关语例，其他作家的作品中则完全未出现使用者。分析
表7－28、表7－29可知，在日本近代，"お～くださりませ"是
所有阶层的男性和女性通用的表达形式，但是男性的使用率远远高
于女性，达到84％。所有阶层的使用者主要都是将该形式用于同等
以上以及同等关系的听话者，特别是多用于同等以上关系的听话
者，而对于〈同等　亲〉关系的听话者和同等以下关系的听话者则
不会使用。在同等以上关系中，则亲近或疏远关系的对象都可
使用。

表 7–28 日本近代东京语中说话者位相与"お～くださりませ"使用量对应表

说话者＼听话者	使用者总数	下对上疏	下对上亲	同等疏	同等亲	上对下疏	上对下亲	合计
士族、知识阶层男性	4	3	4					7
士族、知识阶层女性	1		2	1				3
上层町人阶层男性	3	5	14					19
上层町人阶层女性	3	1	1	1				3
下层町人阶层男性	11	8	7					15
下层町人阶层女性	2		2					2
合计	24	17	30	2	0	0	0	49

表 7–29 日本近代东京语中说话者位相与"お～くださりませ"使用率对应表

说话者＼听话者	使用者总数	下对上疏	下对上亲	同等疏	同等亲	上对下疏	上对下亲	合计
士族、知识阶层男性	4	6%	8%	0%	0%	0%	0%	14%
士族、知识阶层女性	1	0%	4%	2%	0%	0%	0%	6%
上层町人阶层男性	3	10%	29%	0%	0%	0%	0%	39%
上层町人阶层女性	3	2%	2%	2%	0%	0%	0%	6%
下层町人阶层男性	11	16%	14%	0%	0%	0%	0%	31%
下层町人阶层女性	2	0%	4%	0%	0%	0%	0%	4%
合计	24	35%	61%	4%	0%	0%	0%	100%

　　如下页的语例所示，在各个使用阶层中，男性主要是向同等以上亲近或者疏远关系的听话者使用"お～くださりませ"，而与此相对，女性则不仅会向同等以上的听话者，也会向同等疏远关系的听话者使用该形式。所有阶层的使用者都将该形式用来表达恳请或礼貌客气的劝谏，所以"お～くださりませ"也是一种含有高度敬意的表达形式。本次调查中未出现使用者在"お～くださりま

せ"之后接续使用终助词的语例。下面的例 276）是一位女书生的话语，说话的场面是有人已经将她是女儿身的事情告知了主人，所以这个语例在本书当中是作为女性使用的语例来计数和分析的。

【男性】的表达用例

〈下对上　疏〉

269）上を偽る不届きは、御宥免下さりませ。（東京日新聞・287・書生→裁判官　初期　士族、知识阶层男性）

270）これはこれは御免下さりませ、私方から突当ればお詫びをいたしますれど、あなたの方から私へ突当つたのでございますから、それゆゑお侘びをいたしませぬ。（東京日新聞・200・商人→浪士　初期　上层町人阶层男性）

271）御恩を思つて言ひたい事も、申しませねば此儘に、綺麗にお渡し下さりませ。（富士額男女繁山・549・車夫→士族　10 年代　下层町人阶层男性）

〈下对上　亲〉

272）どうかこちらへお通り下さり升。（政黨餘談淑女の後日・145・書生→客　20 年代　士族、知识阶层男性）

273）実に路頭に迷ひますから親類合の誼を以て、どうかお貰ひ下さりませ。（人間萬事金世中・102・甥→伯父　10 年代　上层町人阶层男性）

274）如何にも金子の借用証、持て参りし上からは、何卒御留め下さりませ。（有福詩人・129・百姓→土豪　20 年代　下层町人阶层男性）

【女性】的表达用例

〈下对上　疏〉

275）有難うはございまするが、どうぞお慈悲に私を、お

見逃し下さりませ。（富士額男女繁山・523・本屋のお嬢
様→士族 10 年代 上层町人阶层女性）

〈下对上 亲〉

276）さあ、御成敗なし下さりませ。（富士額男女繁山・499・
女書生→主人 10 年代 士族、知识阶层女性）

277）後をお読み下さりませ。（人間萬事金世中・58・積問屋の
お嬢様→大商人 10 年代 上层町人阶层女性）

278）はいはい、御免下さりませ。（人間萬事金世中・5・下女
→主人 10 年代 下层町人阶层女性）

〈同等 疏〉

279）これを御覧下さりませ。（富士額男女繁山・534・士族夫
人→本屋のお嬢様 10 年代 士族、知识阶层女性）

280）これへお通り下さりませ。（人間萬事金世中・80・積問屋
の女将→商人 10 年代 上层町人阶层女性）

3.6.3 "～てくださいまし"

"～てくださいまし"在日本现代东京语中主要是由极少部分
特定职业、特定年龄的人使用的祈使表达。但是在本次所调查的日
本近代东京语资料当中，从近代各个时期的作品当中都可以收集到
相关语例，语例总数超过了 130 例，可见该形式在当时还是非常常
用的一种祈使表达形式。分析表 7－30、表 7－31 可知，在日本近
代，"～てくださいまし"是所有阶层的男性和女性通用的表达形
式，但是女性的使用率远远高于男性，达到87％。而且，在女性使
用者当中，尤以士族、知识阶层女性的使用量为最多。所有使用阶
层在该形式之前接尊他语的频率都非常高，主要用于同等以上以及
同等亲近或疏远关系的听话者。仅有士族、知识阶层女性还会向同
等以下关系的听话者使用该形式。

表 7 - 30 日本近代东京语中说话者位相与 "～てくださいまし" 使用量对应表

听话者＼说话者	使用者总数	下对上疏	下对上亲	同等疏	同等亲	上对下疏	上对下亲	合计
士族、知识阶层男性	5		3(2)		3(1)			6(3)
士族、知识阶层女性	24		15(4)	4(2)	46(28)	2(1)	6(2)	73(37)
上层町人阶层男性	2	2(2)			2(1)			4(3)
上层町人阶层女性	2	7(2)	3(2)					10(4)
下层町人阶层男性	6	3(3)	5					8(3)
下层町人阶层女性	18	7(5)	19(11)	2(2)	2(2)			30(20)
合计	57	19(12)	45(19)	6(4)	53(32)	2(1)	6(2)	131(70)

注：（　）内的数字是指使用了尊他语的语例数，计数时也包含在（　）前的数字中。

表 7 - 31 日本近代东京语中说话者位相与 "～てくださいまし" 使用率对应表

听话者＼说话者	使用者总数	下对上疏	下对上亲	同等疏	同等亲	上对下疏	上对下亲	合计
士族、知识阶层男性	5	0%	2%	0%	2%	0%	0%	5%
士族、知识阶层女性	24	0%	11%	3%	35%	2%	5%	56%
上层町人阶层男性	2	2%	0%	0%	2%	0%	0%	3%
上层町人阶层女性	2	5%	2%	0%	0%	0%	0%	8%
下层町人阶层男性	6	2%	4%	0%	0%	0%	0%	6%
下层町人阶层女性	18	5%	15%	2%	2%	0%	0%	23%
合计	57	15%	34%	5%	40%	2%	5%	100%

【士族、知识阶层女性】的表达用例

〈下对上　亲〉

281）お後から追附冥土とやらのお供を致しますから何卒連て

往て下さいましな。（春雨文庫・363・妻→夫　初期）

282）兄様は御勉強なさるなら、為すつて下さいまし。（多情
多恨・102・妹→義理の兄　20年代）

283）どこか静かな所へ休まして下さいまし。（乳姉妹・208・
孫娘→祖母　30年代）

284）先の奥様を悪く思ふのぢや御座いませんけれど、私も
所天を良人と思ふ以上、あれが有つては心持が悪う
御座います、何卒あの肖像画を除けて下さいまし。（空
薫・306・妻→夫　40年代以后）

〈同等　疏〉

285）仰しやつて下さいまし。（乳姉妹・224・侯爵令嬢→伯爵
の次男　30年代）

〈同等　親〉

286）貴方、どうぞお楽に在しつて下さいまし。（多情多恨・
56・会社員の妻→夫の親友　20年代）

287）どうぞ最暫く被在つて下さいまし、唯今直に御飯が参
りますですから。（金色夜叉・291・資産家夫人→元恋人
の親友　30年代）

288）ですから其秘密を仰しやつて下さいまし、（そらだき續
編・368・恋人同士　40年代以后）

〈上対下　疏〉

289）お嬢様に一目お目に懸かれば宜しうございますから、ど
うかあなたからお願ひなすつて下さいまし。（歐洲小説
黄薔薇・465・客→下女　10年代）

290）何なら御勝手口か、物置小屋の隅なりと、風雨を凌がせ

て下さいまし。（颶風・223・客→宿屋の番頭　40 年代以
后）

〈上对下　亲〉

291）どうぞおーとつ召し上つて下さい升。（政黨餘談淑女の
後日・160・士族夫人→議員　20 年代）

292）何卒、お腹も立ちませうが、母子を助けると思つて、勘
弁して遣つて下さいまし（其面影・261・官員の奥様→婿
30 年代）

　　如上面的语例所示，从日本近代各个时期的作品当中都可以收
集到士族、知识阶层女性使用“～てくださいまし”的语例。除
去同等以上疏远关系的听话者以外，该阶层女性会将“～てくださ
いまし”用于其他所有关系的听话者，而且在该形式之前伴随使用
尊他语的比例非常高，多用于表达恳求、礼貌客气的劝谏等。例
290）是患麻风病的姐妹对旅店掌柜所说的话，因为生病的原因常
常遭到周围人的疏远，所以在这个场面中虽然是作为客人，两姐妹
的措辞仍然非常礼貌和小心。例 292）是死去丈夫的官员之妻对想
和自己女儿离婚的女婿所说的话，出于害怕在生活上没有依靠的危
机感，所以即使是面对同等以下关系的听话者，其说话语气仍然十
分礼貌和客气。另外，如例 281）所示，本次调查中收集到该阶层
女性在“～てくださいまし”之后接续使用终助词“な”或“よ”
的语例，附加率大约为30％。

　　如下面的例293）、294）所示，上层町人阶层女性仅会向同等
以上关系的听话者使用“～てくださいまし”，且本次调查中未收
集到该阶层女性在“～てくださいまし”之后接续使用终助词的
语例。另一方面，如例295）～303）所示，下层町人阶层女性则主
要是向同等以上以及同等关系的听话者使用“～てくださいま
し”，且在该形式之前伴随使用尊他语的比率非常高，大约为
67％。而且，如例297）、299）、302）所示，下层町人阶层女性在

"～てくださいまし"之后接续使用终助词"よ、な"的语例颇多，附加率大约为49%。

【上层町人阶层女性】的表达用例

〈下对上　疏〉

293）お馴染ならば母に逢つて、どうぞ力になつて下さいまし。（英國孝子之傳・543・元豪家のお嬢様→棟梁　10年代）

〈下对上　亲〉

294）さうすれば其内三円お返し申しますからどうか観音様を返して下さいまし。（英國孝子之傳・538・元豪家のお嬢様→婆　10年代）

【下层町人女性】的表达用例

〈下对上　疏〉

295）其処へお出のは何方様か存じませんが外国人に捕まつて難儀をするものお助けなすつて下さいまし。（春雨文庫・335・料理屋の女→侍　初期）

296）貴方此方へ、……此方へ何卒入しつて下さいまし。（歐洲小説黄薔薇・526・下女→若旦那　10年代）

297）あれまあ、あんな御冗談ばつかり。此処をお放しなすつて下さいましよ。（恋の病・86・乳母→医者　20年代）

〈下对上　亲〉

298）今日の所は是で堪忍して下さいまし。（春雨文庫・311・小娘→婆　初期）

299）貴方、お二階へ行らつしてゐて下さいましよ。（多情多恨・100・老婢→お嬢様　20年代）

300）いゝえ、どうぞお話をお聞せなすつて下さいまし。（金色

夜叉・467・下女→主人　30 年代）

301）有り難う存じます。就きまして、坊ちやんにお伺ひ致したい事がございますが、どうぞ隠さずに<u>仰つしやつて下さいましよ</u>。（戀を知る頃・69・女中→坊ちやん　40 年代以后）

〈同等　疏〉

302）ホンイ貴嬢汚穢ところで御坐いますがお<ruby>上<rt>あが</rt></ruby>んなすつて<u>下さいましナ</u>。（春雨文庫・336・乳母→料理屋の女　初期）

〈同等　亲〉

303）お寅どん、ちつとお手伝ひ致しませうか。一向気が付きませんですから、御遠慮なく御用を<u>仰つしやつて下さいまし</u>。（戀を知る頃・51・女中同士　40 年代以后）

【男性】的表达用例

〈下对上　疏〉

304）<ruby>親子三人<rt>おやこさんにんたす</rt></ruby>助かりますから、どうか<ruby>お恵<rt>めぐ</rt></ruby>みなすつて<u>下さいまし</u>。（英國孝子之傳・516・元豪家の若旦那→宿屋の主人　10 年代　上层町人阶层男性）

305）もしお客さまぇ、草鞋を切つてしまひましたから、ちよつと<ruby>待<rt>ま</rt></ruby>つて<u>下さいまし</u>。（東京日新聞・247・駕籠かきり→客　初期　下层町人阶层男性）

306）そこで<ruby>此者<rt>これ</rt></ruby>は修業中でござるから、見習<ruby>旁<rt>かたがた</rt></ruby>今日伴れて参つたといつた様なことを先生が<u>おつしやつて下さいまし</u>。（恋の病・84・町人→医者　20 年代　下层町人阶层男性）

〈下对上　亲〉

307）<ruby>厳父君<rt>おとつさん</rt></ruby>も<ruby>三芳<rt>みよし</rt></ruby>さんも。<ruby>御安心<rt>ごあんしん</rt></ruby>なすつて<u>下さいまし</u>。（當世書生氣質・154・息子→父親　10 年代　士族、知识阶

层男性）

308）わざと志の牡丹餅を拵らへましたが、姉の手でムリ升か
ら。旨くはムリ升まいが。どうか召上つてくださいまし。
（藪の鶯・131・学生→教授の母親　20 年代　士族、知识
阶层男性）

309）新宅へ入らつしやるなら、お供をさせて下さいまし。
（富士額男女繁山・374・車夫→馴染の客　10 年代　下层
町人阶层男性）

〈同等　亲〉

310）その 志 しは此の如く 頂いて受けました、必ず徒には
思はぬから、此の儘納めて下さいまし。（人間萬事金世
中・112・恋人同士　10 年代　上层町人阶层男性）

　　如例 304）～ 310）所示，各阶层的男性主要是对同等以上以及
同等关系的听话者使用"～ てくださいまし"，尤其是对同等以上
关系的听话者使用的数量最多，但不会用于同等以下关系的听话
者。与女性相同的是，男性在使用"～ てくださいまし"时，前
面伴随尊他语的频率也非常高，大约达到50%，多用于表达恳求以
及礼貌客气的劝谏等。

　　综合以上分析可知，"～ てくださいまし"在日本近代的使用
有如下特点。

　　"～ てくださいまし"是各个阶层的男性和女性通用的祈使表
达，但是女性的使用率高于男性。所有使用阶层的共同倾向就是，
在"て"之前伴随使用尊他语的频率非常高。

　　从"～ てくださいまし"的使用对象来看，无论前面是否伴
随尊他语，主要都是用于同等以上以及同等亲近或者疏远关系的听
话者，很少用于同等以下关系的听话者。

3.6.4　"お～くださいまし"

表 7 – 32　日本近代东京语中说话者位相与"～てくださいまし"使用量对应表

听话者　　说话者	使用者总数	下对上疏	下对上亲	同等疏	同等亲	上对下疏	上对下亲	合计
士族、知识阶层男性	3		1		4		2	7
士族、知识阶层女性	7		3	4	18			25
上层町人阶层男性	1		1					1
上层町人阶层女性	1	1						1
下层町人阶层男性	3	2	1					3
下层町人阶层女性	4	1	4					5
合计	19	4	10	4	22	0	2	42

　　"お～くださいまし"在日本现代东京语中主要是由极少部分特定职业、特定年龄的人使用的祈使表达。但是在本次所调查的日本近代东京语资料当中，从近代 10 年代到 40 年代以后的作品当中都可以收集到相关语例，可见该形式在当时还是较为常用的一种祈使表达形式。分析表 7 – 32、表 7 – 33 可知，在日本近代，"お～くださいまし"是所有阶层的男性和女性通用的表达形式，与男性相比，女性的使用率更高，达到 74% 。而且，在女性使用者当中，尤以士族、知识阶层女性的使用量为最多。士族、知识阶层的使用者主要将"お～くださいまし"用于同等以上以及同等亲近或疏远关系的听话者，町人阶层的使用者则主要将该形式用于同等以上亲近或疏远关系的听话者，不用于同等以及同等以下关系的听话者。

表7-33　日本近代东京语中说话者位相与"お～くださいまし"使用率对应表

听话者 说话者	使用者 总数	下对上 疏	下对上 亲	同等 疏	同等 亲	上对下 疏	上对下 亲	合计
士族、知识阶层男性	3	0%	2%	0%	10%	0%	5%	17%
士族、知识阶层女性	7	0%	7%	10%	43%	0%	0%	60%
上层町人阶层男性	1	0%	2%	0%	0%	0%	0%	2%
上层町人阶层女性	1	2%	0%	0%	0%	0%	0%	2%
下层町人阶层男性	3	5%	2%	0%	0%	0%	0%	7%
下层町人阶层女性	4	2%	10%	0%	0%	0%	0%	12%
合计	19	10%	24%	10%	52%	0%	5%	100%

【士族、知识分阶层男性】的表达用例

〈下对上　亲〉

311）就きましてお父様に少々内々で申し上げたい儀がござい
ますから、奉公人をお遠ざけ下さいまし。（歐洲小説黄
薔薇・477・官員→義理の父親　10年代）

〈同等亲〉

312）改めて三百円の証書をお書き下さいまし。（金色夜
叉・160・同級生同士　30年代）

〈上对下　亲〉

313）イヤもう五十五六歳になつて女房に別れる不幸お察し
下さいまし。（歐洲小説黄薔薇・476・貴族→義理の息
子　10年代）

　　如上面的语例所示，在日本近代，士族、知识阶层男性会对同
等以上或同等或同等以下亲近关系的听话者使用"お～ください
まし"，但不会用于疏远关系的听话者。例312）是尾崎红叶作品
『金色夜叉』中主要人物间贯一对以前的同学游佐良橘所说的话，

贯一现在从事的工作是放高利贷，而游佐借了他公司的钱，虽然这两人以前是同学关系，但是现在却是放高利贷者与借债客人之间的关系，因此这个场面的说话方式不同于一般同等关系人物之间的用词用语。例313）是贵族生间忠右卫门对自己的女婿官员江沼实所说的话，此时的生间因为妻子去世在心理上处于极端低落期，因此对待同等以下关系的听话者仍然使用着待遇价值相当高的"お～くださいまし"。另外，本次调查中未收集到该阶层男性在"お～くださいまし"之后接续使用终助词的语例。

　　另一方面，如后面的语例所示，士族、知识阶层女性会向同等以上以及同等关系的听话者使用"お～くださいまし"，但不用于同等以下关系的听话者，大多表达着恳请、礼貌谦恭的劝诫等。例318）是在旅行中邂逅的旅友之间的对话，由于两者一同旅行，并且同住一个旅馆，通过在旅行当中的互帮互助关系逐渐变得亲密，因此本书将二者认定为〈亲〉的关系。另外，如例316）所示，本次调查中收集到该阶层女性在"お～くださいまし"之后接终助词"よ"或"な"使用的语例，附加率大约为28%。

　　【士族、知识阶层女性】的表达用例

　　〈下对上　亲〉

314）それでは平磯へ<u>おつれ下さいまし</u>。（乳姉妹・209・侯爵令嬢→祖母　30年代）

　　〈同等　疏〉

315）アノ君江さん。私、三室に脅迫^{けうはく}されました仔細^{しさい}を申上ますから、どうぞ<u>お聞置下さいまし</u>……（乳姉妹・132・男爵夫人→侯爵令嬢　30年代）

316）はい、貴女^{あなた}、暫時<u>御免下^{ちよつと　ごめんくだ}さいましよ</u>。（空薫・301・議員の若妻→漢学先生の未亡人　40年代以后）

　　〈同等　亲〉

317）荒尾さんどうか<u>お坐^{すわ}り下さいまし</u>。（金色夜叉・291・資

産家夫人→元恋人の親友　30 年代）

318）北海道の方へ御出での節は、どうぞおついでにお立ち寄
　　 り下さいまし。（颱風・224・旅の友達同士　40 年代以
　　 后）

　　如下面的例 319）～326）所示，町人阶层的男性和女性仅对同
等以上亲近或疏远关系的听话者使用“お～くださいまし”，不用
于同等以及同等以下关系的听话者，通常表达着礼貌的请求、劝谏
等。本次调查中未收集到町人阶层的使用者在“お～くださいま
し”之后接续终助词使用的语例。

【町人阶层的男女】的表达用例

〈下对上　疏〉

319）お浴衣が参りましたから、直ぐ御風呂をお召し下さいま
　　 し。（彷徨・122・宿屋の女将→客　40 年代以后　上層町
　　 人阶层女性）

320）それは唯今申上げますが、最少々お聴かせ下さいまし。
　　 （恋の病・82・町人→医者　20 年代　下層町人阶层男性）

321）どうぞお上り下さいまし（颱風・221・番頭→客　40 年
　　 代以后　下層町人阶层男性）

322）お目に懸かりませんからお帰り下さいまし。（歐洲小説
　　 黄薔薇・464・下女→客　10 年代　下層町人阶层女性）

〈下对上　亲〉

323）さあ妻木さま、召上るものもござりますまいが、お一つ
　　 お上り下さいまし。（富士額男女繁山・457・本屋の主人
　　 →書生　10 年代　上層町人阶层男性）

324）えゝ、どうか手前へも御祝儀をおつかはし下さいまし。
　　 （幇間・195・幇間→馴染の客　40 年代以后　下層町人阶
　　 层男性）

325）貴方は今でも昔の通り乳母を信用して下さいますなら、
　　　どうぞ何もかもお打明下さいまし。（乳姉妹・91・乳母→
　　　お嬢様　30 年代　下層町人阶层女性）

326）おや、御免下さいまし。何時入らつしたんですの。（戀を
　　　知る頃・32・娘→父親　40 年代以后　下层町人阶层女
　　　性）

　　　综合以上分析可知，"お～くださいまし"在日本近代的使用
有如下特点。

　　　"お～くださいまし"是所有阶层的男性和女性通用的祈使表
达，与男性相比，女性的使用频率更高。

　　　就"お～くださいまし"的主要使用对象来看，所有阶层的
使用者都将该形式用于同等以及同等以上亲近或者疏远关系的听话
者，基本不用于同等以下关系的听话者。

3.6.5　其他形式

　　　除以上 4 种形式以外，"てくだされませ类"祈使表达在日本
近代东京语中还有其他 12 种形式，即"～てくだされませ"（5
例）、"～てくださんせ"（7 例）、"お～くだされませ"（9 例）、
"お～くだされまし"（7 例）、"～くださりませ"（4 例）、"お
～くださいませ"（3 例）、"～てくださりまし"（1 例）、"～て
くだせえまし"（1 例）、"お～くだせえまし"（1 例）、"～てく
だされやし"（1 例）、"～てくださいやし"（1 例）、"お～くだ
されやし"（1 例），但是这 12 种形式在 40 年代以后都不再使用。
如下面的例 327）～328）和 331）～334）所示，"～てくだされま
せ""お～くだされませ""お～くだされまし"的使用者是各阶
层的男性和女性；而如例 329）、330）所示，"～てくださんせ"
的使用者则仅为各阶层的女性。另外，如例 335）所示，"お～く
ださいませ"的使用者仅有士族、知识阶层女性；而如例 336）～
342）所示，"～てくださりまし""～てくだせえまし""お～く

だせえまし”“〜てくだされやし”“〜てくださいやし”“お 〜
くだされやし”的使用者则是町人阶层的男性和女性。

327）早く呼んで来て下されませ、旦那様のお陰で飛んだ眼に
　　　逢つた。（有福詩人・125・粉挽き→番頭　20 年代　下層
　　　町人阶层男性）

328）どうぞ長澤が戻り升る迄、暫時是にてお待ち成されて下
　　　され升。（政黨餘談淑女の後日・131・士族夫人→社員
　　　20 年代　士族、知识阶层女性）

329）そりやさうでもござんすが、折角お前に上げようと人目
　　　を忍んだその志しを、林之助さん、どうぞ受けて下さ
　　　んせいな。（人間萬事金世中・112・恋人同士　10 年代
　　　上层町人阶层女性）

330）お世話ながらこの鏡を、片附けて下さんせ。（東京日新
　　　聞・229・女客→座敷の女将　10 年代　士族、知识阶层
　　　女性）

331）夜も更けましたし、雪の後の路も宜しうござりませねば、
　　　陋穢しくとも今宵はもうお泊りなさるゝこととなされて
　　　夜とともに御遊び明し下されませ。（有福詩人・91・土豪
　　　夫人→詩人　20 年代　上层町人阶层女性）

332）奥様暫時お待ち下され升。（政黨餘談淑女の後日・133・
　　　士族門生→奥様　20 年代　士族、知识阶层男性）

333）甲右衛門殿、御悦び下されまし。幸運が続いて私もお返
　　　し申しに来ました。（有福詩人・67・漁夫→番頭　20 年
　　　代　下层町人阶层男性）

334）時田さま少々御待ち下され升、申上度い事が御座り升。

（政黨美談淑女の操・14・士族令嬢→政党員　20 年代
士族、知识阶层女性）

335）どうかお褥をお敷き下さい升。（政黨餘談淑女の後日・
160・士族令嬢→政党員　20 年代　士族、知识阶层女性）

336）よろしく仰せ下さりませ。（人間萬事金世中・64・手代→
若者　10 年代　下层町人阶层男性）

337）大きに御世話の顔の詮索、奇妙であらうと無からうと、
貴下の娘の聟にでもならうと望をかけては居まいし、
打捨つて置いて下さりまし。（有福詩人・105・粉挽き→
詩人　20 年代　下层町人阶层男性）

338）どうぞ女ふたりを御厄介でもお連なすつて下せへまし。
（西洋道中膝栗毛・11・子分→親分　初期　下层町人阶层
男性）

339）早速お引取下せへまし。（西洋道中膝栗毛・9・商人→書
生　初期　下层町人阶层男性）

340）先生様、あなたの御手際であの狼を殺して下されや
し。（政黨餘談淑女の後日・88・猟人→政党員　20 年代
下层町人阶层男性）

341）金才覚の出来るまで三円の抵当に此の観音さまをお厨子
ぐるみ預かつて、どうか勘辨して下さいやし。（英國孝
子之傳・534・元豪家の奥様→婆　10 年代　上层町人阶
层女性）

342）すんだら御免下されやし。（政黨餘談淑女の後日・87・
猟人→士族執事　20 年代　下层町人阶层男性）

3.6.6　"てくだされませ类"小结
根据日本近代东京语中"てくだされませ类"祈使表达主要形

式的使用状况，可以将其分为两个类型。该类表达的最大特点就是基本不用于同等以下的听话者。

　　所有阶层的女性和町人阶层的男性→同等以上亲近或疏远关系的听话者："～（尊他語）てくださりませ"

　　所有阶层的男性和女性→同等以上或同等亲近或疏远关系的听话者："お～くださりませ""～（尊他語）てくださいまし""お～くださいまし"。

3.7　"特殊动词命令形类"

　　在日本近代东京语资料中，"特殊动词命令形类"祈使表达共有35种表达形式，可以大分为2个类型，即①"さっしゃる""めされる""なさる""あそばす""くださる"等本动词的命令形；②"頂戴""いらっしゃる""おっしゃる""ごらん""あがる""めしあがる""思召す"等特殊敬语动词的命令形。接下来，本书将以语例数达到10例以上的8种形式"なさい""なさいまし""あそばせ""～て頂戴""いらっしゃい""いらっしゃいまし""おっしゃい""めしあがれ"为中心，考察分析"特殊动词命令形类"表达和说话者位相之间的关联性。

3.7.1　"なさい"

　　"なさい"是"する"的尊他语"なさる"的命令形。在现代东京语中，该形式是仅由极少部分特定职业、特定年龄的人使用的祈使表达，但是在近代东京语的资料当中，除初期作品以外，可以从近代各个时期的作品当中收集到相关语例，由此可知，该形式在当时还是较为常用的一种祈使表达形式。分析表 7 - 34、表 7 - 35 可知，在日本近代，除上层町人阶层女性以外，"なさい"是其他各个阶层的男性和女性通用的表达形式，其中尤以士族、知识阶层的使用率最高，达到整体使用的 80%。"なさい"可以用于同等以上或同等或同等以下关系的听话者。但是在所有使用阶层都仅将该形式用于亲近关系的听话者，不用于疏远关系的听话者。

表 7 - 34　　　日本近代东京语中说话者位相与 " な さ い " 使用量对应表

说话者＼听话者	使用者总数	下对上疏	下对上亲	同等疏	同等亲	上对下疏	上对下亲	合计
士族、知识阶层男性	9		2		11		4	17
士族、知识阶层女性	9		5		7		5	17
上层町人阶层男性	1						1	1
上层町人阶层女性								0
下层町人阶层男性	2				3			3
下层町人阶层女性	4		3				1	4
合计	25	0	10	0	21	0	11	42

表 7 - 35　　　日本近代东京语中说话者位相与 " な さ い " 使用率对应表

说话者＼听话者	使用者总数	下对上疏	下对上亲	同等疏	同等亲	上对下疏	上对下亲	合计
士族、知识阶层男性	10	0%	5%	0%	26%	0%	10%	40%
士族、知识阶层女性	9	0%	12%	0%	17%	0%	12%	40%
上层町人阶层男性	1	0%	0%	0%	0%	0%	2%	2%
上层町人阶层女性		0%	0%	0%	0%	0%	0%	0%
下层町人阶层男性	2	0%	0%	0%	7%	0%	0%	7%
下层町人阶层女性	4	0%	7%	0%	0%	0%	2%	10%
合计	26	0%	24%	0%	50%	0%	26%	100%

【士族、知识阶层男性】的表达用例

〈下对上 亲〉

343) お母さん、詰らない愚痴咄は見つともないから止しになさい。（社會百面相/鐵道國有・309・息子→母親　10 年代）

〈同等 亲〉

344）本当に貴方も注意を<u>為さい</u>よ。躰は大事に為なければ成らんです。（多情多恨・192・大学教授→親友の奥様　20年代）

345）何遍でも言ひます。学士なら学士のやうな所業を<u>為さい</u>。（金色夜叉・162・同級生同士　30年代）

346）帰りには車を云ひ付けて上げるから可いでせう。緩りな<u>さい</u>。（それから・170・恋人同士　40年代以后）

〈上对下　亲〉

347）私と鷲見のは御無用に<u>なさい</u>よ。（多情多恨・216・夫→妻　20年代）

348）お京さん、僕が付いてるから堅固<u>なさい</u>。決して心を曲げてはなりませんぞ。（破垣・127・教師→学生　30年代）

如上面的语例所示，从日本近代 20 年代到 40 年代的作品当中都可以收集到士族、知识阶层男性使用"なさい"的语例。该阶层男性会将"なさい"用于同等以上或同等或同等以下亲近关系的听话者，但不用于疏远关系的听话者。该阶层男性的另一个使用特点是，对女性听话者使用该形式的频率非常高，达到 82%。另外，如例 344）、347）所示，本次调查中收集到 3 例该阶层男性在"なさい"之后接续使用终助词"よ"的语例，附加率大约为 18%。

另一方面，如下页的语例所示，从近代 30 年代到 40 年代的作品当中都可以收集到士族、知识阶层女性使用"なさい"的语例。与该阶层男性相同，士族、知识阶层女性也会将"なさい"用于同等以上或同等或同等以下亲近关系的听话者，但不用于疏远关系的听话者。如下面的例 349）和 352）所示，本次调查中收集到很多该阶层女性在"なさい"之后接续使用终助词"よ、な"的语例，附加率大约为 59%。

【士族、知识阶层女性】的表达用例

〈下对上 亲〉

349）御酒はもういゝでせう、是で御飯に<u>なさいな</u>、ねえ。（吾輩は猫である・305・妻→夫 30年代）

〈同等亲〉

350）<ruby>是<rt>これ</rt></ruby>に<u>なさい</u>。（三四郎・523・友達同士 40年代以后）

〈上对下 亲〉

351）さあ、支度<u>なさい</u>、御一緒に是から千葉へ<ruby>行<rt>ゆく</rt></ruby>から。さあ！（其面影・360・姉→妹 30年代）

352）代さん、<ruby>成<rt>な</rt></ruby>らう事なら、<ruby>年寄<rt>としより</rt></ruby>に心配を掛けない様に<u>なさいよ</u>。（それから・295・兄嫁→弟 40年代以后）

　　　町人阶层的男性和女性使用"なさい"的频率不及士族、知识阶层的男性和女性高，但是从日本近代10年代到40年代的作品当中都可以收集到相关语例。如下面的例353）～355）和358）所示，下层町人阶层女性在使用"なさい"时均会下接终助词"よ"。町人阶层的男性在使用"なさい"时则不会下接终助词。

【町人阶层男性和女性】的表达用例

〈下对上 亲〉

353）あすこへ行つてチヤンと<ruby>御挨拶<rt>ごあいさつ</rt></ruby>を<ruby>為<rt>な</rt></ruby><u>さいよう</u>。（歐洲小説黄薔薇・394・外妾→旦那 10年代 下层町人阶层女性）

354）御新造さん御新造さんしつかり<u>なさいよ</u>。（夢の女・6・老婢→主人 30年代 下层町人阶层女性）

355）いけませんてばさ、男の癖に意久地のない、もう少しだから我慢<u>なさいよ</u>。（颶風・241・下女→絵師 40年代以后 下层町人阶层女性）

〈同等 亲〉

356）私の妻になる工夫を<u>なさい</u>。その外に<ruby>貴嬢<rt>あなた</rt></ruby>の<ruby>免<rt>のが</rt></ruby>れる途は

ないです。（乳姉妹・217・元恋人同士　30 年代　下层町
人阶层男性）

〈上对下　亲〉

357）早くお支度をなさい。（歐洲小説黄薔薇・536・若旦那→
　　　外妾　10 年代　上层町人阶层男性）

358）それじやアお常どん。おつきまをして。一寸上の間の
　　　掃除をするから。なんならさうなさいヨ。（當世書生氣
　　　質・94・梳擢→下女　10 年代　下层町人阶层女性）

3.7.2　"なさいまし"

表 7-36　日本近代东京语中说话者位相与"なさいまし"使用量对应表

说话者 ＼ 听话者	使用者总数	下对上疏	下对上亲	同等疏	同等亲	上对下疏	上对下亲	合计
士族、知识阶层男性	3				2			2
士族、知识阶层女性	8		4		5		1	10
上层町人阶层男性								0
上层町人阶层女性	1	1						1
下层町人阶层男性	1			3				3
下层町人阶层女性	6	1	8					9
合计	19	2	12	3	7	0	1	25

　　"なさいまし"在日本现代东京语中是一种几乎不太使用的祈
使表达，但是在日本近代东京语的资料当中，从各个时期的作品当
中都可以收集到相关语例，可见该形式在当时还是有一定程度的使
用。分析表 7-36、表 7-37 可知，在日本近代，除上层町人阶层
男性以外，"なさいまし"是其他各个阶层的男性和女性通用的表
达形式，但是与男性相比，女性的使用率更高，达到 80%。所有阶

层的使用者主要都是将"なさいまし"用于同等以上以及同等亲近或疏远关系的听话者，仅有士族、知识阶层女性对同等以下亲近关系的听话者使用了1例该形式。

表7-37　日本近代东京语中说话者位相与"なさいまし"使用率对应表

听话者 说话者	使用者总数	下对上 疏	下对上 亲	同等 疏	同等 亲	上对下 疏	上对下 亲	合计
士族、知识阶层男性	3	0%	0%	0%	8%	0%	0%	8%
士族、知识阶层女性	8	0%	16%	0%	20%	0%	4%	40%
上层町人阶层男性		0%	0%	0%	0%	0%	0%	0%
上层町人阶层女性	1	4%	0%	0%	0%	0%	0%	4%
下层町人阶层男性	1	0%	0%	12%	0%	0%	0%	12%
下层町人阶层女性	6	4%	32%	0%	0%	0%	0%	36%
合计	19	8%	48%	12%	28%	0%	4%	100%

【女性】的表达用例

〈下对上　疏〉

359）お身体をお大切になさいまし。（英國孝子之傳・519・宿屋のお嬢様→元豪家の息子　10年代　上层町人阶层女性）

360）モシお気をしつかりとなさいまし。（當世書生氣質・131・下女→客　10年代　下层町人阶层女性）

〈下对上　亲〉

361）色男のお頭さまにお役がへを成さいましナ。（春雨文庫・364・妻→夫　初期　士族、知识阶层女性）

362）此の上は是非存命へてお父さんの問吊をなさいまし。（歐洲小説黄薔薇・516・足軽の娘→貴族のお嬢様　10年代

士族、知识阶层女性）

363）お気の毒さまですね、妾は口喧しうござんすから。お花が帰つて来たらシンねコに鳥の突つき合でもなさいまし、妾はお湯にでも行つて外して上げませう。（社會百面相/精神家・55・妻→夫　30年代　士族、知识阶层女性）

364）お嬢様、早くお支度をなさいましよ。（恋の病・85・乳母→お嬢様　20年代　下层町人阶层女性）

365）まあ、何でも可いから、左も右も一盃召上ると成さいましよ。ね。（金色夜叉・462・下女→主人　30年代　下层町人阶层女性）

366）アラお帰りですか、先生、まア御ゆつくりなさいましな。（腕くらべ・184・老芸者→新聞小説家　40年代以后　下层町人阶层女性）

〈同等　亲〉

367）ちと御保養でもなさいまし、而して御軆が良くさへなれば、御心地も自然と良くなりますから。（多情多恨・274・会社員の妻→夫の親友　20年代　士族、知识阶层女性）

〈上对下　亲〉

368）お可厭でもね、無理に御出勤はなさいましよ。（多情多恨・86・母親→義理の息子　20年代　士族、知识阶层女性）

　　如前面的例359）～368）所示，从日本近代各个时期的作品当中都可以收集到女性使用"なさいまし"的语例。其中，尤以士族、知识阶层和下层町人阶层女性的使用量为最多。町人阶层的女性仅将该形式用于同等以上关系的听话者，多用来表达带有敬意或

礼貌之意的请求和劝谏等。士族、知识阶层女性则不仅会用于同等以及同等以上关系的听话者，还会用于同等以下关系的听话者。例361）是妻子对丈夫开玩笑时所说的话，例363）是妻子挖苦丈夫喜欢拈花惹草时所说的话。从这些语例可以看出，士族、知识阶层女性在使用"なさいまし"时并不一定含有敬意。另外，例368）是岳母劝说女婿出门散散心时所说的话，这位女婿是一位大学教授，他因和妻子死别后悲伤不已，整天把自己关在家里不愿意出门，岳母十分担心女婿的状况，不想刺激低落的他，所以满怀着心爱和安慰的心情非常温和地劝导着他。如例361）、364）、365）～367）、368）所示，本次收集到一些女性在"なさいまし"之后接续终助词使用的语例，附加率大约为30%。

另一方面，如下面的语例所示，男性使用"なさいまし"的语例量较少，一般用于同等亲近或疏远关系的听话者，用以表达礼貌客气的制止、劝慰等。本次调查中未收集到男性在"なさいまし"之后接续终助词使用的语例。

【男性】的表达用例

〈同等　疏〉

369）まあまあ静かになさいまし。（富士額男女繁山・485・車夫→奉公人　10 年代　下层町人阶层男性）

〈同等　亲〉

370）まあ御寛縦なさいまし。（多情多恨・57・親友同士　20年代　士族、知识阶层男性）

3.7.3　"あそばせ"

"あそばせ"是"する"的尊他语"あそばす"的命令形，在日本现代东京语中，该形式是仅由极少部分特定职业、特定年龄的人使用的祈使表达，使用的人际关系和环境也有很大的限制。但是，在本次调查的日本近代东京语资料当中，从初期到 30 年代的作品当中均能收集到相关语例，因此可以推知，在当时，"あそば

せ"是一种较为常用的表达形式。不过值得注意的是，近代 40 年代以后的作品中就不再出现"あそばせ"的相关语例，呈现出衰退的趋势。分析表 7 - 38 可知，在日本近代，"あそばせ"的使用者仅限于士族、知识阶层和下层町人阶层的女性，男性和上层町人阶层女性[注3]则未使用该形式。士族、知识阶层的女性将该形式广泛用于同等以上或同等或同等以下关系的听话者，而下层町人阶层的女性则仅向同等以上的听话者使用该形式。所有使用阶层的共同倾向是，将该形式多用于亲近关系的听话者，而不用于疏远关系的听话者。

表 7 - 38　　日本近代东京语中说话者位相与"あそばせ"使用量对应表

听话者 ＼ 说话者	使用者总数	下对上疏	下对上亲	同等疏	同等亲	上对下疏	上对下亲	合计
士族、知识阶层男性								0
士族、知识阶层女性	4		1		6		2	9
上层町人阶层男性								0
上层町人阶层女性								0
下层町人阶层男性								0
下层町人阶层女性	7		9					9
合计	11	0	10	0	6	0	2	18

士族、知识阶层女性的语例仅出现在近代 30 年代出版的小说『乳姉妹』和『金色夜叉』两部作品中。下面的例 372）是男爵夫人和侯爵千金之间的对话，由于一些秘密的共享，二者成为了非常亲密的好友，例 373）是家庭教师对 13 岁的女学生所说的话。在这些同等关系和面对同等以下听话者时并不需要表达敬意，因此这里使用的"あそばせ"应该属于礼貌客气且带着高雅语感的上流阶层女性的用语，主要作用是体现出说话者的修养和风度。与此相对，

如下面的例 374）～377）所示，从近代初期到 30 年代的作品当中均能收集到下层町人阶层女性使用"あそばせ"的语例。所有这些语例均出现在女佣人对主人所说的话语当中，属于带有敬意的祈使表达形式。另外，本次调查发现，所有阶层的使用者在"あそばせ"之后接续终助词使用的比例都很高，大约达到 78%。

【士族、知识阶层女性】的表达用例

〈下对上　亲〉

371）お姉様。しつかり遊ばせよ。（乳姉妹・208・妹→姉　30
　　　年代）

〈同等　亲〉

372）今出してまゐりますから、それこそお着心がお悪いでせ
　　　うけども、暫くの間御辛抱して——さう遊ばせな。（乳
　　　姉妹・184・男爵夫人→侯爵令嬢　30 年代）

〈上对下　亲〉

373）立派な淑女にならうと思召すなら、いつも他人の上を思
　　　ひやるやうに遊ばせよ。（乳姉妹・98・家庭教師→生徒
　　　30 年代）

【下层町人阶层女性】的表达用例

〈下对上　亲〉

374）夫じやア此大きい方に遊ばせな。（春雨文庫・316・下
　　　女→主人　初期）

375）嬢様お話を遊ばせ。（英國孝子之傳・558・下女→お嬢
　　　様　10 年代）

376）當家の令夫人にもお辞儀の一つも余計に為るやうに遊ば
　　　せよ。（八重桜・113・乳母→お嬢様　20 年代）

377）ちつとしつかり遊ばせよ。（離鴛鴦・274・乳母→参事官
　　　夫人　30 年代）

3.7.4　"～て頂戴"

表 7-39　　日本近代东京语中说话者位相与"～て頂戴"使用量对应表

说话者＼听话者	使用者总数	下对上疏	下对上亲	同等疏	同等亲	上对下疏	上对下亲	合计
士族、知识阶层男性	1				1			1
士族、知识阶层女性	16		20		13（1）		11	44（1）
上层町人阶层男性								0
上层町人阶层女性	2				2		1	3
下层町人阶层男性	1				1			1
下层町人阶层女性	11	2	12		6			20
合计	31	2	32	0	23（1）	0	12	69（1）

注：（　）内的数字是指使用了尊他语的语例数，计数时也包含在（　）前的数字中。

表 7-40　　日本近代东京语中说话者位相与"～て頂戴"使用率对应表

说话者＼听话者	使用者总数	下对上疏	下对上亲	同等疏	同等亲	上对下疏	上对下亲	合计
士族、知识阶层男性	1	0%	0%	0%	1%	0%	0%	1%
士族、知识阶层女性	16	0%	29%	0%	19%	0%	16%	64%
上层町人阶层男性		0%	0%	0%	0%	0%	0%	0%
上层町人阶层女性	2	0%	0%	0%	3%	0%	1%	4%
下层町人阶层男性	1	0%	0%	0%	1%	0%	0%	1%
下层町人阶层女性	11	3%	17%	0%	9%	0%	0%	29%
合计	31	3%	46%	0%	33%	0%	17%	100%

"頂戴"本来表示从头顶上毕恭毕敬地接受赠物时的动作，在现代东京语中则常作为"もらう"和"たべる"的自谦语使用。而且，该形式还常接续在助词"て"之后，如补助动词的命令形一

般使用。在本次调查的近代东京语资料当中，本动词"頂戴"的语例仅出现 5 例，而作为补助动词使用的"～て頂戴"则出现 69 例。从近代各个时期的作品当中都可以收集到"～て頂戴"的相关语例，而且从初期到 40 年代的作品当中，其使用率逐渐升高，呈现出不断普及到广泛使用的趋势。

　　分析表 7-39、表 7-40 可知，在日本近代，"～て頂戴"的使用者主要是各个阶层的女性，女性的使用率高达整体使用量的 97%。与此相对，男性使用的语例非常少，仅出现 2 例。士族、知识阶层和町人阶层的女性主要将该形式用于同等以及同等以下关系的听话者，而下层町人阶层女性则用于同等以及同等以上关系的听话者。所有使用阶层的共同倾向是主要将该形式用于亲近关系的听话者。本次调查中收集到 1 例在"～て"之前伴随使用尊他语的语例，而伴随使用自谦语的语例数则为 0。

　　【士族、知识阶层女性】的表达用例

　　〈下对上　亲〉

378) 私が悪かつた、宥して頂戴よ、姉様。（其面影・360・妹
　　　→姉　30 年代）

379) 後生だから一休したら御湯に行つて頭を刈つて髭を剃つ
　　　て来て頂戴。（門・601・妻→夫　40 年代以后）

　　　〈同等　亲〉

380) あの英和字彙が有ならお貸遊ばしてちやうだい。（藪の
　　　鶯・133・女学生同士　20 年代）

381) 一寸の間ですから辛抱して頂戴な。（乳姉妹・185・侯爵
　　　令嬢→男爵夫人　30 年代）

382) 淋しくつて不可ないから、又来て頂戴。（それから・
　　　235・親友同士　40 年代以后）

　　　〈上对下　亲〉

383）どうぞ君子を<u>可愛がつて頂戴</u>。こればかりがお頼です。

　　　（乳姉妹・216・お嬢様→乳母　30 年代）

384）叔父^{じさま}様がお帰宅になつてよ、<u>来^きて頂^{ちやうだい}戴</u>。（空薫・285・

　　　貴族院議員の姪→乳母　40 年代以后）

　　如上面的语例所示，从日本近代 20 年代至 40 年代的作品当中都可以收集到士族、知识阶层女性使用"～て頂戴"的语例。该阶层使用者主要将"～て頂戴"广泛用于同等以上或同等或同等以下的听话者，主要表达的语义是带着亲近和心爱之意向听话者进行建议、请求、要求等。该阶层女性不会将"～て頂戴"用于疏远关系的听话者。如例 380）所示，本次调查中收集到 1 例该阶层女性在"て"之前伴随使用尊他语的语例。而如例 378）和 381）所示，本次调查中发现该阶层女性在"～て頂戴"之后接续使用终助词"よ、な"的语例很多，附加率大约达到 43%。

　　另一方面，如下面的语例所示，上层町人阶层女性则主要向同等以及同等以下关系的听话者使用"～て頂戴"。而且，使用对象仅限于亲近关系的听话者，未出现疏远关系的听话者。本次调查中发现上层町人阶层女性在"～て頂戴"之后接续使用终助词"よ、な"的频率高达 100%。

　　【上层町人阶层女性】的表达用例

　　〈同等　亲〉

385）<u>放して頂戴よ</u>。よう。放さないと此手に喰付ますよ。（浮

　　　雲・135・友達同士　20 年代）

　　〈上对下　亲〉

386）坊^{ぼう}は覚えてお在^{おば}だらう^{いで}<u>教えて頂^{をし}戴^{てうだい}な</u>。（春雨文庫・348・

　　　母親→息子　初期）

　　【下层町人阶层女性】的表达用例

　　〈下对上　疏〉

387）ヨウ檀^{だん}那^な。<u>堪^{かんにん}忍して頂^{ちやうだい}戴な</u>。（當世書生氣質・68・遊

女→客　10 年代）

388）あら堪忍して頂戴。つい……（腕くらべ・170・芸者→会
　　社員　40 年代以后）

〈下对上　亲〉

389）今日は最 車 も帰しまして一泊願ふ積りで出ましたので
　　すから何も遊ばさないで、乳母におさせ 遊 して 頂 戴。
　　（八重桜・112・乳母→奥様　20 年代）

390）また儲け咄、妾 も太鼓を叩くから半口乗せて 頂 戴な。
　　（社會百面相/教育家・72・女中→客　30 年代）

391）どうしてこんなに遅く入らしつたの。もう皆寐ちまつた
　　から此處で堪忍して頂戴な。（彷徨・140・芸者→馴染の
　　客　40 年代以后）

〈同等　亲〉

392）東京へ行つたら奢つて頂戴よ。（腕くらべ・188・芸者→
　　役者　40 年代以后）

　　如前面的例 387）～392）所示，从日本近代 10 年代至 40 年代
的作品当中都可以收集到下层町人阶层女性使用 "～て頂戴" 的
语例。该阶层女性主要将 "～て頂戴" 用于同等以上以及同等关
系的听话者，不用于同等以下关系的听话者。从亲疏关系上来看，
主要用于亲近关系的听话者，但如例 387）、388）所示，妓女和艺
妓也会向疏远关系的听话者使用。以男性顾客为服务对象的这些特
定职业女性，一般希望尽快拉近与客人之间的距离，所以即使是面
对初次见面的客人，也会较多使用能够表现女性气质的、含有心爱
之意和温柔语气的 "～て頂戴"。另外，如例 387）、390）～392）
所示，该阶层女性在 "～て頂戴" 之后接续使用终助词 "よ、な"
的频率非常高，大约为 80%。但是本次调查中未收集到该阶层女性
在 "～て頂戴" 之前伴随使用尊他语和自谦语的语例。

　　本次调查发现，男性对 "～て頂戴" 的使用频率非常低，仅

出现 2 个语例。例 393）是年轻女孩丰印话音刚落时一位书生所说的玩笑话，书生主要是通过模仿这个女孩子说话来逗乐同伴，所以这个语例并不能认定为真正的书生语。

【男性的表达用例】

〈同等 亲〉

393）よいヨ。なんとなといつて 頂 戴（ちやうだい）。（當世書生氣質・121・書生同士　10 年代　士族、知识阶层男性）

394）通さんはゞかりだがおめへの傍の「フラスコ」をとつててうだい。（西洋道中膝栗毛・57・手代→通訳　初期　下层町人阶层男性）

3.7.5　"いらっしゃい"

表 7-41　日本近代东京语中说话者位相与"いらっしゃい"使用量对应表

听话者 说话者	使用者总数	下对上疏	下对上亲	同等疏	同等亲	上对下疏	上对下亲	合计
士族、知识阶层男性	8				12			12
士族、知识阶层女性	18		14		17		10	41
上层町人阶层男性								0
上层町人阶层女性	3		2		2			4
下层町人阶层男性	2				2			2
下层町人阶层女性	9	1	8	2				11
合计	40	1	24	2	33	0	10	70

"いらっしゃい"是"行く、来る、いる"的尊他语"いらっしゃる"的命令形，在日本现代东京语中是一种常用的祈使表达形式。在日本近代东京语资料中，从各个时期的作品中都可以收集到相关语例，特别是从近代初期到 40 年代，该形式的使用频率呈现

不断上升的趋势。分析表 7 - 42、表 7 - 43 可知，在日本近代，除上层町人阶层男性之外，"いらっしゃい"是各个阶层的男性和女性广泛使用的表达形式，其中女性的使用率非常高，达到81％。任何阶层的使用者主要都是将该形式用于同等以上以及同等亲近关系的听话者，但是士族、知识阶层女性也会用于同等以下关系的听话者，下层町人阶层女性会用于疏远关系的听话者。

表 7 - 42　日本近代东京语中说话者位相与"いらっしゃい"使用率对应表

听话者　　　说话者	使用者总数	下对上疏	下对上亲	同等疏	同等亲	上对下疏	上对下亲	合计
士族、知识阶层男性	8	0％	0％	0％	17％	0％	0％	17％
士族、知识阶层女性	18	0％	20％	0％	24％	0％	14％	59％
上层町人阶层男性		0％	0％	0％	0％	0％	0％	0％
上层町人阶层女性	3	0％	3％	0％	3％	0％	0％	6％
下层町人阶层男性	2	0％	0％	0％	3％	0％	0％	3％
下层町人阶层女性	9	1％	11％	3％	0％	0％	0％	16％
合计	40	1％	34％	3％	47％	0％	14％	100％

【士族、知识阶层女性】的表达用例

〈下对上　亲〉

395）貴方も入らっしゃいな。（多情多恨・104・義理の妹→兄　20 年代）

396）さあ、私の肩に抓まってらッしゃい。（其面影・368・妻→夫　30 年代）

397）ぢや先生も入らっしやい。（三四郎・392・法学士の妹→高校教師　40 年代以后）

〈同等亲〉

398）マア入<ruby>入<rt>はいっ</rt></ruby>てめし上がつて入<ruby>入<rt>い</rt></ruby>らつしやいナ。（藪の鶯・133・女学生同士　20 年代）

399）<ruby>貴嬢<rt>あなた</rt></ruby>は、黙つて居らつしやいよ。（乳姉妹・190・士族令嬢同士　30 年代）

400）宜いから<ruby>入<rt>い</rt></ruby>つ<ruby>しや<rt>いら</rt></ruby>いよ。（三四郎・450・友達同士　40 年代以后）

〈上对下　亲〉

401）一寸でなくつていゝから、<ruby>緩<rt>ゆつ</rt></ruby>くり遊んで<ruby>入<rt>い</rt></ruby>らつしやい。
（吾輩は猫である・428・伯母→姪　30 年代）

402）あなたは、<ruby>其所<rt>そこ</rt></ruby>に<ruby>居<rt>ゐ</rt></ruby>らつしやい。少し話しがあるから
（それから・48・嫂→弟　40 年代以后）

　　如上面的语例所示，从日本近代 20 年代至 40 年代的作品当中都可以收集到士族、知识阶层女性使用"いらっしゃい"的语例。该阶层女性主要将"いらっしゃい"用于同等以上或同等或同等以下亲近关系的听话者，大多带着亲近之情表达邀请、劝导、叮嘱等。本次调查中未出现该阶层女性向疏远关系的听话者使用"いらっしゃい"的语例。另外，如例 398）～400）所示，该阶层女性常在"いらっしゃい"之后接续终助词"よ、な"使用，附加使用率大约为 39%。

　　另一方面，如下面的语例所示，从日本近代初期至 40 年代的作品当中都可以收集到町人阶层的女性使用"いらっしゃい"语例。町人阶层女性主要将"いらっしゃい"用于同等以上或同等关系的听话者，而不会用于同等以下关系的听话者。下层町人阶层的女性不仅会将该形式用于亲近关系的听话者，也会用于疏远关系的听话者，大多同时表达着亲近和尊敬之意。町人阶层女性在"いらっしゃい"之后接续终助词"よ、な"使用的语例也比较多，大约占到总体使用的 35%。

【上层町人阶层女性】的表达用例

〈下对上　亲〉

403）大磯いなと何処いなと、静江さんと二人で<u>行らッしやい</u>。
（くれの廿八日・16・妻→夫　30年代）

〈同等　亲〉

404）ヲヤ誰方^{どなた}かと思ッたら文さん……淋敷^{さみしく}ッてならないから
些^{ちつ}とお噺^{はな}しに<u>入^{いら}ッしやいな</u>。（浮雲・17・従兄妹同士
40年代）

【下层町人阶层女性】的表达用例

〈下对上　疏〉

405）一寸^{ちよつと}お茶^{ちや}を一つ<u>召^めし上^{あが}つていらつしやい</u>。（歐洲小説黄
薔薇・400・下女→官員　10年代）

〈下对上　亲〉

406）サアこちらへ<u>いらッしやい</u>。（西洋道中膝栗毛・5・下
女→常連の客　初期）

407）ちとおかけなさい。一ぷく<u>あがつて入らつしやい</u>。（藪の
鶯・142・茶屋の女中→客　20年代）

408）御母様もつと此方へ<u>いらつしやいよ</u>。（夢の女・19・娘→
母　30年代）

409）坊ちやん、あなたは此処に<u>いらッしやいな</u>。あんまり私
にくッ附いていらッしやると、何かの時に都合が悪うご
ざいますから。（戀を知る頃・59・女中→坊ちやん　40
年代以后）

〈同等　疏〉

410）さア一杯^{いつぱい}飲^{あが}ッて<u>帰^{いら}ッしやい</u>、（八重桜・120・下女→乳
母　20年代）

与女性相比，各阶层男性对"いらっしゃい"的使用并不多
见，但如下面的语例所示，从近代各个时期的作品当中仍然都能够

收集到相关语例。男性主要用该形式表达劝诫、邀请、催促等意。男性在"いらっしゃい"之后接续终助词使用的语例很少，仅出现1例，即下面的例413）。

【男性】的表达用例

〈同等　亲〉

411）今貴方は　誠（まこと）に大切のお身（み）の上（うへ）ですから、いつとお　職（しょく）を辞（じ）して他県へいらつしやい。（歐洲小説黄薔薇・410・士族同士　10年代　士族、知识阶层男性）

412）奥さん御手数だが一寸起して入らつしやい。（吾輩は猫である・232・美学者→親友の奥様　30年代　士族、知识阶层男性）

413）どうです。一所に入（い）らつしやいな。（三四郎・502・画家→法学士の妹　40年代以后）

414）サいらッしやいいらッしやい。（西洋道中膝栗毛・54・手代→通訳　初期　下层町人阶层男性）

3.7.6　"いらっしゃいまし"

"いらっしゃいまし"在日本现代东京语中是仅由极少部分特定职业、特定年龄的人使用的祈使表达。但是，在日本近代东京语的资料当中，从近代10年代至40年代的作品当中都可以收集到相关语例，可见该形式在当时还是一种较为常见的祈使表达形式。分析表7-44和表7-45可知，在日本近代，除上层町人阶层男性以外，"いらっしゃいまし"是其他各个阶层的男性和女性通用的表达形式，而且女性的使用率非常高，达到93%。在女性使用者当中，尤以下层町人阶层女性的使用最为多见，使用率高达62%。任何阶层的使用者主要都是将"いらっしゃいまし"用于同等以上或同等亲近或疏远关系的听话者，而不会用于同等以下关系的听话者。

表7-43 日本近代东京语中说话者位相与"いらつしやいまし"使用量对应表

听话者 / 说话者	使用者总数	下对上疏	下对上亲	同等疏	同等亲	上对下疏	上对下亲	合计
士族、知识阶层男性	2				2			2
士族、知识阶层女性	6		4		9			13
上层町人阶层男性								0
上层町人阶层女性	1	1						1
下层町人阶层男性	1							1
下层町人阶层女性	17	7	20	1				28
合计	27	9	24	1	11	0	0	45

表7-44 日本近代东京语中说话者位相与"いらつしやいまし"使用率对应表

听话者 / 说话者	使用者总数	下对上疏	下对上亲	同等疏	同等亲	上对下疏	上对下亲	合计
士族、知识阶层男性	2	0%	0%	0%	4%	0%	0%	4%
士族、知识阶层女性	6	0%	9%	0%	20%	0%	0%	29%
上层町人阶层男性		0%	0%	0%	0%	0%	0%	0%
上层町人阶层女性	1	2%	0%	0%	0%	0%	0%	2%
下层町人阶层男性	1	2%	0%	0%	0%	0%	0%	2%
下层町人阶层女性	17	16%	44%	2%	0%	0%	0%	62%
合计	27	20%	53%	2%	24%	0%	0%	100%

【士族·知识分子女性】的表达用例

〈下对上 亲〉

415) 又寛り伺ひますから、早く被入いまし。（金色夜叉·

302·妻→夫 30年代）

〈同等 亲〉

416）此方へ入らつしやいまし。（多情多恨・173・会社員の
　　　妻→夫の親友　20年代）

417）どうせお召物を拝借するのですから、貴嬢は最早着換へ
　　　て居らつしやいましな。（乳姉妹・184・男爵夫人→侯爵
　　　令嬢　30年代）

　【町人阶层女性】的表达用例
　〈下对上　疏〉

418）さあさあ、あれへ入らつしやいまし。（富士額男女繁山・
　　　453・本屋のお嬢様→書生　10年代　上层町人阶层女性）

419）よろしければ只今の内、直ぐにお湯に入らつしやいまし。
　　　（富士額男女繁山・399・宿屋の下女→客　10年代　下层
　　　町人阶层女性）

420）まアお二階へ入らつしやい升。（政黨餘談淑女の後日・
　　　157・下女→士族の執事　20年代　下层町人阶层女性）

　〈下对上　亲〉

421）それじやァ直にいらツしやいまし。お奥へ左様申してま
　　　ゐりますヨ。（妹と背かゞみ・180・下女→お嬢様　10年
　　　代　下层町人阶层女性）

422）私も御回向を致しますから、いらつしやいまし。（多情多
　　　恨・11・老婢→主人　20年代　下层町人阶层女性）

423）御新造さん。大変です。早くいらつしやいまし。（夢の
　　　女・10・老婢→主人　30年代　下层町人阶层女性）

424）そんなら、ま、彼方へいらつしやいましな、今直に是れ
　　　を乾して仕舞ひますから、（そらだき續編・333・乳母→
　　　若様　40年代以后　下层町人阶层女性）

　〈同等　疏〉

425）ようございますから立<ruby>立<rt>た</rt></ruby>っていらっしやいまし。（歐洲小
　　説黄薔薇・523・下女→番頭　10年代　下层町人阶层女
　　性）

　　如前面的例415）～425）所示，从日本近代10年代至40年
代的作品当中都可以收集到女性使用"いらっしゃいまし"的语
例，而且町人阶层使用的语例多于士族、知识阶层。士族、知识
阶层女性仅会向同等以上以及同等亲近关系的听话者使用该形
式，与此相对，町人阶层的女性则主要用于同等以上亲近或疏远
关系的听话者。女性使用"いらっしゃいまし"时大多表达着礼
貌谦恭的请求或劝导等。如前面的例417）和424）所示，本次
调查中收集到少量女性在"いらっしゃいまし"之后接续终助词
"な"以及"よ、なね"使用的语例，但总体附加率偏低，大约
为21％。

　　另一方面，如下面的例426）～428）所示，本次调查中仅收集
到3例男性使用"いらっしゃいまし"的语例，均用于同等以上关
系的听话者。士族、知识阶层男性使用"いらっしゃいまし"时，
其听话对象均为女性，表达着礼貌客气的邀约、请求等。

　　【男性】的表达用例

　　〈下对上　疏〉

426）残<ruby>残<rt>のこ</rt></ruby>らず置<ruby>置<rt>お</rt></ruby>いて入<ruby>入<rt>い</rt></ruby>らつしやいまし。（英國孝子之傅・487・
　　番頭→客　10年代　下层町人阶层男性）

　　〈同等　亲〉

427）まァ次<ruby>次<rt>つぎ</rt></ruby>の間<ruby>間<rt>ま</rt></ruby>へ入<ruby>入<rt>はい</rt></ruby>つていらつしやいまし。（歐洲小説黄薔
　　薇・489・士族→旧友の奥様　10年代　士族、知识阶层
　　男性）

428）幾多<ruby>幾多<rt>いくら</rt></ruby>も違<ruby>違<rt>ちが</rt></ruby>ひは致しませんのに、賑<ruby>賑<rt>にぎや</rt></ruby>かな方を被<ruby>被<rt>はう</rt></ruby>行<ruby>行<rt>いらッしや</rt></ruby>いまし
　　よ。（金色夜叉・182・知人同士　30年代　士族、知识阶
　　层男性）

3.7.7　"おっしゃい"

表7-45　日本近代东京语中说话者位相与"おっしゃい"使用量对应表

听话者 说话者	使用者 总数	下对上 疏	下对上 亲	同等 疏	同等 亲	上对下 疏	上对下 亲	合计
士族、知识阶层男性	2		1		1			2
士族、知识阶层女性	3				2		3	5
上层町人阶层男性								0
上层町人阶层女性	1		1					1
下层町人阶层男性								0
下层町人阶层女性	3		6					6
合计	9	0	8	0	3	0	3	14

　　"おっしゃい"是"言う"的尊他语"おっしゃる"的命令形，在日本现代东京语中，该形式是仅由极少部分特定职业、特定年龄的人使用的祈使表达，从日本近代10年代到40年代的作品当中共收集到14个语例。分析上面的表7-45和相关语例可知，在日本近代，"おっしゃい"的使用者是各阶层的女性和士族、知识阶层男性，町人阶层的男性不会使用该形式。女性的使用占到绝大多数，使用率高达86%。士族、知识阶层女性主要将该形式用于同等以及同等以下关系的听话者，与此相对，町人阶层的女性则仅会用于同等以上关系的听话者。而士族、知识阶层男性会将该形式用于同等以及同等以上关系的听话者。如下页的例432）和433）所示，本次调查显示仅有下层町人阶层女性会在"おっしゃい"之后接续使用终助词"な"。所有阶层的使用者都只将"おっしゃい"用于亲近关系的听话者，而不会用于疏远关系的听话者。下面的例429）是侯爵千金对前来威胁自己的昔日恋人所说的话，例431）是妻子对在外鬼混的丈夫十分不满时所说的话，例433）是艺妓对

熟识的客人所说的挖苦之言，例 434）是资本家的妾室对昔日抛弃自己的恋人所说的话，例 435）是外甥安抚生气的舅舅时所说的话。从这些语例的分析可知，"おっしゃい"虽然是尊他语的命令形，但是常用于争辩、挖苦等特殊场面，所表达的要求大多显得态度较为强硬，如严厉的催促或较大的不满等。

【士族、知识阶层女性】的表达用例

〈同等　亲〉

429）貴君の御存知の事を仰しやい。（乳姉妹・214・恋人同士　30 年代）

〈上对下　亲〉

430）わたしに言つても駄目だから、あなたが先生にさう仰しやい。（吾輩は猫である・202・教師の妻→元書生　30 年代）

【町人阶层女性】的表达用例

〈下对上　亲〉

431）何処だか仰しやい。良人の出先を聞くのは女房の役です。（くれの廿八日・16・妻→夫　30 年代　上层町人阶层女性）

432）嬢様何とか仰しやいな。（英國孝子之傳・558・下女→お嬢様　10 年代　下层町人阶层女性）

433）何も那様に異う有仰らなくつたつて、御迷惑なら御迷惑だと有仰いな。（多情多恨・233・芸者→馴染の客　20 年代　下层町人阶层女性）

434）何の御用ですか、御用だけ仰しやい。（社會百面相/電影・429・資産家の妾→法律書生　30 年代　下层町人阶层女性）

【士族、知识阶层男性】的表达用例

〈下对上 亲〉

435）まア伯父さん、静に仰しやい。静に仰しやつても解ります。（社會百面相/ハイカラ紳士・155・甥→伯父 30年代）

〈同等 亲〉

436）何ですか、遠慮なく仰しやい（それから・66・恋人同士 40年代以后）

3.7.8 "めしあがれ"

表7-46 日本近代东京语中说话者位相与"めしあがれ"使用量对应表

说话者＼听话者	使用者总数	下对上疏	下对上亲	同等疏	同等亲	上对下疏	上对下亲	合计
士族、知识阶层男性								0
士族、知识阶层女性	6		2		6		1	9
上层町人阶层男性								0
上层町人阶层女性								0
下层町人阶层男性								0
下层町人阶层女性	5	2	5					7
合计	11	2	7	0	6	0	1	16

"めしあがれ"是"飲む、食う"的尊他语"めしあがる"的命令形，在日本现代东京语中属于较为常用的祈使表达形式。在本次调查的日本近代东京语资料当中，从近代20年代至40年代以后的作品中共收集到16个语例。分析上面的表7-46和相关语例可知，"めしあがれ"的使用者仅限于士族、知识阶层和下层町人阶层的女性，男性和上层町人阶层女性则未出现使用者。士族、知识阶层女性主要将该形式用于同等以上或同等或同等以下亲近关系的

听话者，但不用于疏远关系的听话者。而下层町人阶层女性则会将该形式用于亲近或疏远关系的听话者。"めしあがれ"常用于带着亲爱之意进行建议、劝导的场面。下面的例441）是艺妓对初次见面的客人所说的话，由于艺妓这一特殊职业，所以即使面对初次见面的客人，这个群体的女性也会选择使用较显亲近而随意的措辞以快速拉近和客人的距离。另外，如例437）、438）、440）～442）所示，本次调查中收集到较多使用者在"めしあがれ"之后接续使用终助词"よ、な、なね"的语例，附加率大约为44％。

【士族、知识阶层女性】的表达用例

〈下对上　亲〉

437）一つ食上れな。美味いのですよ。（其面影・315・妻→
夫　30年代）

〈同等　亲〉

438）マアそんなことは閑話休題として。こちらへいらしつて
めしあがれヨー。（藪の鶯・134・女学生同士　20年代）

439）未だお早うございますよ、もうお一盞召上れ。（金色夜
叉・96・知人同士　30年代）

〈上对下　亲〉

440）泉子さん、召しあがれなね、（空薫・308・議員夫人→伯
爵令嬢　40年代以后）

【下层町人阶层女性】的表达用例

〈下对上　疏〉

441）貴方や、大層お真面目ぢやございませんか。お一盃召上
れよ。（多情多恨・227・芸者→初会の客　20年代）

〈下对上　亲〉

442）まあ、貴方一いゝえ、可けませんよ。些とお顔に出るま
で二三盃続けて召上れよ。（金色夜叉・462・下女→主

人　30 年代）

443）若様、御飯を早く召上れ。（空薫・291・乳母→若様　40
　　年代以后）

3.7.9　其他形式

除以上 8 种形式之外，"特殊动词命令形类" 祈使表达在日本
近代东京语中还有其他 27 种形式，即："さっしゃい"（2 例）、"さ
っせえ"（1 例）、"さっし"（1 例）、"めされ"（2 例）、"なさ
れ"（2 例）、"なせえ"（1 例）、"なされませ"（7 例）、"なせえ
まし"（1 例）、"あそばしまし"（2 例）、"あそばしませ"（1
例）、"くだされ"（1 例）、"ください"（7 例）、"くだせえ"（1
例）、"くださりませ"（4 例）、"くださいまし"（3 例）、"頂戴"
（5 例）、"いらっしゃいませ"（1 例）、"おっしゃいまし"（4 例）、
"おっしゃいませ"（3 例）、"御覧じろ"（7 例）、"御覧じまし"
（1 例）、"御覧じませ"（6 例）、"あがれ"（2 例）、"あがりま
し"（1 例）、"めしあがりまし"（1 例）、"めしあがりませ"（1
例）、"思召せ"（1 例）等。"特殊动词命令形类" 表达中，除
"ください" 和 "おっしゃいまし" 2 形式以外，其他形式在近代
40 年代以后的作品当中就不再出现使用。如下面的例 444）～475）
所示，除 "めされ""なされ""くだされ""ください""頂戴"
"おっしゃいまし""御覧じろ" 7 种形式以外，其他形式的使用者
均为町人阶层的男性和女性。

444）いや、その 志 しは有難いが、知れると悪い、止しにさ
　　っしやい。（人間萬事金世中・14・親戚同士　10 年代
　　上层町人阶层男性）

445）さやうならお暑さに中らねぇやうお身体を大切にさつせ
　　ぇ。（歐洲小説黄薔薇・484・元奉公人→主人　10 年代
　　下层町人阶层男性）

446）大殿様に御高恩なうあれば、決して御心配は御無用にさ

つしエえ、どうせ人に遣る乳だからサ。（歐洲小説黄薔
薇・483・元奉公人→主人　10 年代　下层町人阶层男性）

447）コレ静にめされ。（政黨美談淑女の操・28・探偵→巡査
　　　20 年代　士族、知识阶层男性）

448）右膳どの、お大事になされい。（富士額男女繁山・429・
　　　医者→患者　10 年代　士族、知识阶层男性）

449）旦那静かになせぇ証拠のないものは取りに来ません。
　　　（英國孝子之傳・578・棟梁→宿屋の主人　10 年代　下层
　　　町人阶层男性）

450）猪九郎めは又去年の夏此方から拝借したものもあるのに、
　　　挨拶一つ仕も仕ませぬ義理知らずめでござりまする。溝
　　　へはお金を御捨てなさると彼様奴に金を御貸なさるは堅
　　　く御無用になされませ。（有福詩人・74・番頭→主人　20
　　　年代　下层町人阶层男性）

451）いえ、お向うの妻木さまへ、思ひざしとなされませ。
　　　（富士額男女繁山・459・下女→お嬢様　10 年代　下层町
　　　人阶层男性）

452）まあ安心を。なせえまし。（富士額男女繁山・473・車
　　　夫→奉公人　10 年代　下层町人阶层男性）

453）さあさあ、貴方御遠慮無く御寛と遊ばしまし。（金色夜
　　　叉・345・下女→女客　30 年代　下层町人阶层女性）

454）只今御膳を差上げますれば、御ゆるりと遊ばしませ。
　　　（東京日新聞・229　・座敷の女将→女客　30 年代　上层
　　　町人阶层女性）

455）然らバ御案内を下され。（政黨餘談淑女の後日・145・

客→書生　20 年代　士族、知识阶层男性）

456）夫ぢやア彼この写真をだが貴君のお爪の先を少し下さいな。（春雨文庫・355、下 4・恋人同士　初期　下層町人阶层女性）

457）飲みます！ もう一盃下さい、是で三盃。（多情多恨・276・大学教授→親友の奥様　20 年代　士族、知识阶层男性）

458）東京へ往つても手紙は下さいよ、（空薫・293・才媛→恋人　40 年代以后　士族、知识阶层女性）

459）夜まで待つても御書見なら、明日の朝まで居る分だ。オイ伴当殿、火を下せへ、どれ煙草でも喫さうかへ。（有福詩人・71・町人→番頭　20 年代　下層町人阶层男性）

460）何ぞ御用がございましたら、ちよつとお人を下さりませ。（富士額男女繁山・393・車夫→士族　10 年代　下層町人阶层男性）

461）今更いうて返らねば、どうぞ言はずに下さりませ。（富士額男女繁山・530・娘→父親　10 年代　上層町人阶层女性）

462）お高い事は申しませんから、一円二分下さいまし。（富士額男女繁山・376・車夫→客　10 年代　下層町人阶层女性）

463）さうして貴方の指環を 私 にくださいまし。（英國孝子之傳・559・宿屋のお嬢様→元豪家の若旦那・559　10 年代　上層町人阶层女性）

464）おつと、麦酒かい、頂 戴。鍋は風早の方へ、煮方は 宜 くお頼み申しますよ。（金色夜叉・166・交際官試補→学

友の奥様　30 年代　士族、知識階層男性）

465）お客さま、御飯が済みましたら、こちらへ入らつしやい
ませいなあ。（富士額男女繁山・399・宿屋の下女→客
10 年代　下层町人阶层女性）

466）お聞き済みがあるか但しはないか、只今速に仰しや
いまし。（歐洲小説黄薔薇・552・書生→議員　10 年代
士族、知识阶层男性）

467）どんな事でも仰しやいまし。（乳姉妹・203・侯爵令嬢→
軍人　30 年代　士族、知识阶层女性）

468）もし旦那さま、不慮の事になりましたが、何ぞおつしや
りおく事がござりますなら、私へおつしやりませ。（東京
日新聞・248・車夫→客　初期　下层町人阶层男性）

469）それ御覧じろ（多情多恨・37・夫→妻　20 年代　士族、
知识阶层男性）

470）それ御覧じませ、お前さまは矢ツ張り思召しがござりま
せう。（富士額男女繁山・451・下女→お嬢様　10 年代
下层町人阶层女性）

471）ところが知恵をふるなの弁舌滔々として細工ハリう々々
仕上げを御らうじて御酒をあがれ。（西洋道中膝栗毛・
6・手代同士　初期　下层町人阶层男性）

472）あの何かお薬を上りましな、何処かお痛みですか押し
て上げませう。（歐洲小説黄薔薇・529・悪女→若旦那
10 年代　下层町人阶层女性）

473）奥さま。大きに遅くなりました。御膳をめしあがりまし。
（妹と背かがみ・218・下女→奥様　10 年代　下层町人阶
层女性）

474）アレ御前<ruby>御前<rt>ごぜん</rt></ruby>はお嫌<ruby>嫌<rt>いや</rt></ruby>でもございませうが、お供<ruby>供<rt>とも</rt></ruby>の方<ruby>方<rt>かた</rt></ruby>にお支度<ruby>支度<rt>したく</rt></ruby>を差上<ruby>差上<rt>さしあ</rt></ruby>げます間<ruby>間<rt>あひだ</rt></ruby>お一<ruby>一<rt>ひと</rt></ruby>つ召上<ruby>召上<rt>めしあが</rt></ruby>りませ。（歐洲小説黄薔薇・401・下女→官員　10 年代　下层町人阶层女性）

475）そのまた悪い文三の肩を持ッてサ、私<ruby>私<rt>あたし</rt></ruby>に喰ッて懸ッた者<ruby>悪<rt>わり</rt></ruby>があると思召せ。（浮雲・51・茶店の女将→官員　20 年代　上层町人阶层女性）

3.7.10　"特殊动词命令形类"小结

根据日本近代东京语中"特殊动词命令形类"祈使表达的使用状况，可以将主要形式归纳为五个类型。该类表达的最大特点就是除去特殊情况外不会用于同等以下的听话者。

所有阶层的女性→同等以上或同等亲近关系的听话者："あそばせ""～てちょうだい""めしあがれ"

所有阶层的女性和士族、知识阶层男性→同等以上或同等亲近关系的听话者："おっしゃい"

所有阶层的男性和女性→同等以上或同等亲近关系的听话者："いらっしゃい"

所有阶层的男性和女性→同等以上或同等亲近或疏远关系的听话者："なさいまし""いらっしゃいまし"

所有阶层的男性和女性→同等以上或同等或同等以下亲近关系的听话者："なさい"。

4. "Ⅲ类　使用受惠动词的祈使表达"与位相关系的总结

根据日本近代东京语中"Ⅲ类　使用受惠动词的祈使表达"的使用状况，可以将其与说话者位相的关系分为以下 18 种类型。

士族、知识阶层男性→同等亲近关系的听话者："～てくれたまえ"

士族、知识阶层男性→同等以下亲近或疏远关系的听话者："～てくりやれ"

下层町人阶层男性→同等以上或同等亲近关系的听话者："～てくんねえ"

上层和下层町人阶层的男性→同等以上或平等亲近或疏远关系的听话者："～ておくんなせえ"

上层和下层町人阶层的男性→同等或同等以下亲近关系的听话者："～てくんなせえ"

上层和下层町人阶层的男性→同等以上或同等或同等以下亲近或疏远关系的听话者："～てくだせえ"

上层和下层町人阶层的男性和女性→同等以上或同等亲近或疏远关系的听话者："～ておくんなさい"

所有阶层的男性→同等以上或同等亲近或疏远关系的听话者："お～くだされ"

所有阶层的男性→同等或同等以下亲近或疏远关系的听话者："～てくれ""～てくんな"

所有阶层的女性→同等以上或同等亲近关系的听话者："あそばせ""～てちょうだい""めしあがれ"

所有阶层的女性→同等或同等以下亲近关系的听话者："～ておくれ"

所有阶层的女性和士族、知识阶层男性→同等以上亲近或疏远关系的听话者："おっしゃい"

所有阶层的女性和町人阶层的男性→同等以上亲近或疏远关系的听话者："～（尊他语）てくださりませ"

所有阶层的男性和女性→同等以上或同等亲近关系的听话者："いらっしゃい"

所有阶层的男性和女性→同等以上或同等亲近或疏远关系的听话者："お～ください""～（尊他語）てください""お～くださりませ""～（尊他語）てくださいまし""お～くださいま

し」""なさいまし""いらっしゃいまし"

所有阶层的男性和女性→同等或同等以下亲近或疏远关系的听话者："～てくだされ"

所有阶层的男性和女性→同等以上或同等或同等以下亲近关系的听话者："なさい"

所有阶层的男性和女性→同等以上或同等或同等以下亲近或疏远关系的听话者："～てください"。

5. 日本近代东京语祈使表达与位相关系的全面总结

以上在第五章至第七章中，本书以日本近代东京语中肯定型直接祈使表达 I～Ⅲ类的各种表达形式与说话者位相之间的关联性以及与听话者之间的待遇关系为中心进行了分析和探讨。对于语例数较少的表达形式虽然很难断言其使用倾向，但是在此可以对这些表达形式的总体倾向进行一个大体的归纳和总结。本次调查的文献资料中所收集到的肯定型直接祈使表达形式高达 130 多种，其中语例数达到 10 例以上的主要形式，可以根据其位相上的特征分成以下 28 种类型。

○　男性使用的祈使表达

1）士族、知识阶层男性→同等以上或同等亲近或疏远关系的听话者："お～なされ"

2）士族、知识阶层男性→同等亲近关系的听话者："～たまえ""～てくれたまえ"

3）士族、知识阶层男性→同等以下亲近或疏远关系的听话者："自谦语动词命令形""～てくりやれ"

4）下层町人阶层男性→同等以上亲近或疏远关系的听话者："お～なせえ"

5）下层町人阶层男性→同等以上或同等亲近关系的听话者：

"～てくんねえ"

6）下层町人阶层男性→同等或同等以下亲近关系的听话者：
"～ねえ"

7）上层和下层町人阶层的男性→同等以上或同等亲近或疏远
关系的听话者："～ておくんなせえ"

8）上层和下层町人阶层的男性→同等或同等以下亲近关系的
听话者："～しゃい""～さっしゃい""～なせえ""～て
くんなせえ"

9）上层和下层町人阶层的男性→同等以上或同等或同等以下
亲近或疏远关系的听话者："～てくだせえ"

10）所有阶层的男性→同等以上或同等亲近或疏远关系的听话
者："お～くだされ"

11）所有阶层的男性→同等或同等以下亲近关系的听话者：
"～な"

12）所有阶层的男性→同等或同等以下亲近或疏远关系的听话
者："普通动词命令形""～なさい""～てくれ""～て
くんな"

13）所有阶层的男性→同等以下亲近关系的听话者："～や
れ"

○ 女性使用的祈使表达

14）所有阶层的女性→同等以上或同等亲近关系的听话者：
"あそばせ""～てちょうだい""めしあがれ"

15）所有阶层的女性→同等以上或同等亲近或疏远关系的听话
者："お～なさいまし""お～あそばせ""お～あそば
しまし"

16）所有阶层的女性→同等或同等以下亲近关系的听话者：
"お～よ""お～な""お～なねえ""～ておくれ"

17）所有阶层的女性→同等以下亲近关系的听话者："～や"

○ 男性和女性通用的祈使表达

18）上层和下层町人阶层的男性和女性→同等以上或同等亲近或疏远关系的听话者："～ておくんなさい"

19）所有阶层的男性和下层町人阶层女性→同等以下亲近关系的听话者："～なよ"

20）所有阶层的女性和士族、知识阶层男性→同等以上或同等亲近关系的听话者："おっしゃい"

21）所有阶层的女性和町人阶层的男性→同等以上亲近或疏远关系的听话者："～（尊他語）てくださりませ"

22）所有阶层的男性和女性→同等以上亲近或疏远关系的听话者："お～なされませ"

23）所有阶层的男性和女性→同等以上或同等亲近关系的听话者："いらっしゃい"

24）所有阶层的男性和女性→同等以上或同等亲近或疏远关系的听话者："お～ください""～（尊他語）てください""お～くださりませ""～（尊他語）てくださいまし""お～くださいまし""なさいまし""いらっしゃいまし"

25）所有阶层的男性和女性→同等或同等以下亲近关系的听话者："お～φ"

26）所有阶层的男性和女性→同等或同等以下亲近或疏远关系的听话者："～てくだされ"

27）所有阶层的男性和女性→同等以上或同等或同等以下亲近关系的听话者："なさい"

28）所有阶层的男性和女性→同等以上或同等或同等以下亲近或疏远关系的听话者："お～なさい""～てください"。

将日本近代东京语中肯定型直接祈使表达的主要形式分成以上28 种类型的基础上，进而从社会阶层、男女性别以及与听话者的上下、亲疏关系等角度对使用倾向进行更进一步的综合分析之后，可以总结归纳出日本近代东京语中肯定型直接祈使表达的 12 个大

的特征，即以下的（1）～（12）。

（1）男性和女性均有各自独特的祈使表达，同时各个阶层的男性和女性存在部分通用的表达形式。

（2）男性常常使用带有"い""え""よ""ろ"等词尾的祈使表达的形式，与此相对，女性则极少使用带有词尾的表达形式。

（3）女性常常使用在祈使表达之后接续"よ""な""ね""なね"等终助词的形式，与此相对，男性附加使用终助词的比例则比较低。

（4）士族、知识阶层男性和下层町人阶层男性均有各自独特的祈使表达，而处于两者之间的上层町人阶层男性则兼具二者的使用特征，同时更接近下层町人阶层男性的表达。

（5）所有阶层的女性使用的祈使表达基本相同，但是随着阶层的不同，使用情况也有一定的变化和不同。与士族、知识阶层女性相比，上层町人阶层女性和下层町人阶层女性的使用倾向更为相似。

（6）士族、知识阶层的男性和女性，尤其是该阶层的女性与町人阶层的男性和女性相比，使用的祈使表达更为礼貌和客气，即使是面对同等以下关系的听话者，仍然会多用伴有敬语助动词、补助动词以及尊他语等的祈使表达，这种使用习惯可以理解为士族、知识阶层作为社会上流阶层的修养和风度的体现。

（7）町人阶层的男性常常使用带有特殊变音的祈使表达，与此相对，女性和士族、知识阶层的男性则较少使用这类表达形式。

（8）町人阶层，尤其是下层町人阶层的男性和女性，在紧急情况、争吵等特殊场面，会非常直露地表现出内心的情绪，因此这时常常会使用在一般情况下不会向同等以上或疏远关系的听话者使用的祈使表达形式。而与此相对，在士族、知识阶层则未出现这种现象。

（9）女性和士族、知识阶层的男性，女性和町人阶层的男性，男性和士族、知识阶层的女性，男性和町人阶层的女性，这几类使

用人群因为社会阶层、社会地位等原因，各自使用的祈使表达中存在部分交织的形式。

（10）各个使用阶层的共同倾向之一是，对同等以上关系的听话者多用伴有敬语助动词、补助动词以及尊他语的祈使表达，而对同等以下关系的听话者则多用不含敬语表达的形式或者伴有自谦语的表达形式。

（11）各个使用阶层的共同倾向之二是，用于亲近关系听话者的祈使表达形式很多，而用于疏远关系听话者的祈使表达形式则仅限于伴有敬语补助动词或尊他语的少数几类表达形式。

（12）各个使用阶层的共同倾向之三是，在发音上逐步由"れ""り"向"い"、由"ませ"向"まし"统一（尤其是"なされ类""なされませ类""くだされ类""くだされませ类"表达）；由带特殊变音、词尾等的形式向不带特殊变音、不接词尾的形式统一。

注：

1. 此处所列语例相关信息的顺序为：作者名、出现页码、说话者、听话者、作品、所属时代划分。

2. 汤泽幸吉郎（1957）中指出，"'くれやれ'之所以会变成'くりや（れ）'出现主要是由于'れや'容易发声成拗音所致。"

3. 本次调查资料中上层町人阶层女性的出场人物较少会对调查结果产生一定影响。

结　论

　　本书撰写的主要目的是从历史语言学和社会语言学的角度剖析近代日本东京语中祈使表达的各种使用现象并找出这些现象背后存在的使用规则和体系以及相关的历史社会成因。那么，接来下本章将就本书调查中所取得的成果以及有待进一步调查的相关问题进行阐述。

1. 成　果

　　第一，整理了在语言研究和语言教育上占有重要地位的祈使表达的研究史，特别是通过分析和评述在语言哲学、语言学、国语学、日本语学、日语教育学、心理学等领域的一些重要代表性文献的成果和特色，摸索和总结出祈使表达研究的发展方向和可能性，这些研究可能性主要体现在以下六大方面，即（1）全面完整地考察和探明从古代到现代的日语祈使表达的整个历史变迁体系；（2）从说话者的位相、与听话者的待遇关系、谈话分析等更为广阔和全面的视点来解析日本各个时代的祈使表达的使用情况；（3）全面深入地探析祈使表达的整体使用状况，即不仅限于肯定的命令和请求的形式上，对于日语祈使表达的其他形式，如否定的命令——禁止、劝诱、愿望、疑问、当为、省略等形式的语用意义转换，相关呼应成分等也进行细致调查；（4）全面探究东京语与地方方言中祈使表达的异同点，全方位地描绘和建构日语祈使表达的使用体系；

（5）继续展开与其他各国语言中祈使表达的对比研究，为日语教育的开展奠定理论基础；（6）将日语祈使表达研究由单纯的语法理论研究上升到为教学和翻译服务的研究，也就是拓展这些学科的交叉研究，等等。

第二，在概观日本近代东京语祈使表达各类形式的基础之上，粗线条地勾勒出各类形式之间的相互关系以及与使用者使用意识的关联性。日本近代东京语的祈使表达从语法功能和表达意图的对应关系来看主要有两大类型的系统体系，一类是直接使用具有祈使语法意义的语言形式来保证祈使功能实现的直接祈使表达（其中包括祈使表达和禁止表达）；另一类是转用具有其他语法意义的语言形式来承载和实现祈使功能的间接祈使表达，本书中称之为"好似类祈使表达"（其中包括由劝诱、当为、愿望、疑问、平叙、省略等语言形式派生而来的表达形式）。本书的研究表明，在当时的语言生活中，说话者会根据要求行为的难易等程度，综合判断自己从属的位相和性别、对方从属的位相和性别、以及自己和对方之间的关系，然后从直接祈使表达到间接祈使表达的各阶段各类别当中选择合适的语言形式来表述自己祈使的表达意图。

第三，历时考察了日语语法研究史上命令形作为活用形的确立过程，细致调查了日本近代日语文典中有关命令形的解说和记述，同时通过分析戏作、歌舞伎脚本、戏曲戏剧台词、单口相声速记、小说等日本近代文艺作品中命令形的使用实例，探讨和总结出近代日语命令形的构句特点、意义、功能、表现性上的特征以及对现代日语形成的影响。其中，特别是对于日语命令形功能的分化派生过程总结为了下页的图 8 - 1。

第四，结合统计学的方法细致调查和分析了日本近代东京语资料中祈使表达的历史变迁体系和实际使用情况，由此总结归纳出 6 种历史变迁的类型和 28 种与说话者位相相关联的使用特征。虽然对于语例数量较少的表达形式很难断言其使用倾向，但是对于语例数达到 10 例以上的各种祈使表达形式可以将其与使用时期和使用

情况的对应关系总结如后面的表 8 - 1 ～ 表 8 - 3，这些表也成为理解、使用以及研究祈使表达时的实用指南。

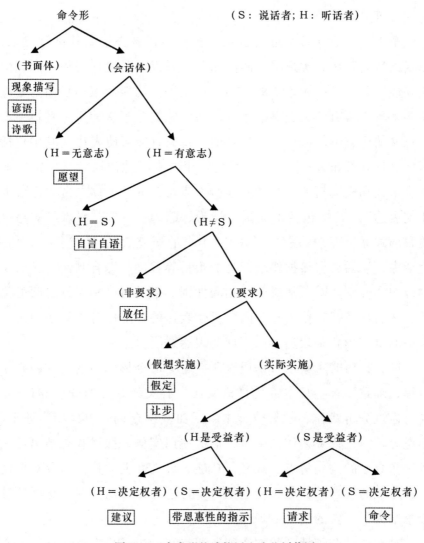

图 8 - 1　命令形的功能派生分化树状图

表 8 - 1　"Ⅰ类　未使用敬语形式的祈使表达"使用时期和使用状况对照表

祈使表达	使用时期	使用状况
普通动词命令形	整个日本近代	所有阶层的男性→ 同等或同等以下亲近或疏远关系的听话者
自谦语动词命令形	整个日本近代	士族、知识阶层男性→ 同等以下亲近或疏远关系的听话者
～な	整个日本近代	所有阶层的男性→ 同等或同等以下亲近关系的听话者
～なよ	日本近代初期 至 20 年代	所有阶层的男性和下层町人阶层的女性→ 同等以下亲近关系的听话者
～ねえ	整个日本近代	下层町人阶层的男性→ 同等或同等以下亲近关系的听话者
お～φ	整个日本近代	所有阶层的男性和女性→ 同等或同等以下亲近关系的听话者
お～よ	整个日本近代	所有阶层的女性→ 同等或同等以下亲近关系的听话者
お～な	整个日本近代	所有阶层的女性→ 同等或同等以下亲近关系的听话者
お～なね	日本近代初期 至 30 年代	所有阶层的女性→ 同等或同等以下亲近关系的听话者
～や	日本近代初期 至 20 年代	所有阶层的女性→ 同等以下亲近关系的听话者
～やれ	日本近代初期 至 20 年代	所有阶层的男性→ 同等以下亲近关系的听话者
～しゃい	日本近代初期 至 20 年代	上层和下层町人阶层的男性→ 同等或同等以下亲近关系的听话者
～さっしゃい	日本近代初期 至 10 年代	上层和下层町人阶层的男性→ 同等或同等以下亲近关系的听话者

表 8 - 2　"Ⅱ类　使用敬语助动词的祈使表达"使用时期和使用状况对照表

祈使表达	使用时期	使用状况
～たまえ	整个日本近代	士族、知识阶层男性→ 同等亲近关系的听话者
お～なされ	日本近代初期 至 20 年代	士族、知识阶层男性→ 同等或同等以上亲近或疏远关系的听话者
～なさい	整个日本近代	所有阶层的男性→ 同等或同等以下亲近或疏远关系的听话者
お～なさい	整个日本近代	所有阶层的男性和女性→ 同等以上或同等或同等以下亲近或疏远关系的听话者
～なせえ	整个日本近代	上层和下层町人阶层的男性→ 同等或同等以下亲近关系的听话者
お～なせえ	日本近代初期 至 10 年代	下层町人阶层的男性→ 同等以上亲近或疏远关系的听话者
お～なされませ	日本近代初期 至 20 年代	所有阶层的男性和女性→ 同等以上亲近或疏远关系的听话者
お～なさいまし	整个日本近代	所有阶层的女性→ 同等以上或同等亲近或疏远关系的听话者
お～あそばせ	日本近代 10 年代 至 40 年代以后	所有阶层的女性→ 同等以上或同等亲近或疏远关系的听话者
お～あそばしまし	整个日本近代	所有阶层的女性→ 同等以上或同等亲近或疏远关系的听话者

表 8 - 3　　"Ⅲ类　使用受惠动词的祈使表达"使用时期和使用状况对照表

祈使表达	使用时期	使用状况
～てくれ	整个日本近代	所有阶层的男性→ 同等或同等以下亲近或疏远关系的听话者
～ておくれ	整个日本近代	所有阶层的女性→ 同等或同等以下亲近关系的听话
～てくりやれ	日本近代初期 至 30 年代	士族、知识阶层男性→ 同等以下亲近或疏远关系的听话者
～てくれたまえ	日本近代 10 年代 至 40 年代以后	士族、知识阶层男性→ 同等亲近关系的听话者
～てくんなせえ	日本近代初期 至 10 年代	上层和下层町人阶层的男性→ 同等或同等以下亲近关系的听话者
～てくんな	日本近代初期 至 20 年代	所有阶层的男性→ 同等或同等以下亲近或疏远关系的听话者
～てくんねえ	日本近代初期 至 20 年代	下层町人阶层男性→ 同等以上或同等亲近关系的听话者
～ておくんなさい	整个日本近代	上层和下层町人阶层的男性和女性→ 同等以上或同等亲近或疏远关系的听话者
～ておくんなせえ	日本近代初期 至 10 年代	上层和下层町人阶层的男性→ 同等以上或同等亲近或疏远关系的听话者
～てくだされ	日本近代初期 至 20 年代	所有阶层的男性和女性→ 同等或同等以下亲近或疏远关系的听话者
お～くだされ	日本近代初期 至 20 年代	所有阶层的男性→ 同等以上或同等亲近或疏远关系的听话者
～てください	整个日本近代	所有阶层的男性和女性→ 同等以上或同等或同等以下亲近或疏远关系的听 话者
お～ください	整个日本近代	所有阶层的男性和女性→ 同等以上或同等或同等以下亲近或疏远关系的听 话者

续表

祈使表达	使用时期	使用状况
～てくだせえ	日本近代初期至 10 年代	上层和下层町人阶层的男性→ 同等以上或同等或同等以下亲近或疏远关系的听话者
～てくださりませ	日本近代初期至 20 年代	所有阶层的女性和町人阶层的男性→ 同等以上亲近或疏远关系的听话者
お～くださりませ	日本近代初期至 20 年代	所有阶层的男性和女性→ 同等以上或同等亲近或疏远关系的听话者
～てくださいまし	整个日本近代	所有阶层的男性和女性→ 同等以上或同等亲近或疏远关系的听话者
お～くださいまし	日本近代 10 年代至 40 年代以后	所有阶层的男性和女性→ 同等以上或同等亲近或疏远关系的听话者
なさい	日本近代 10 年代至 40 年代以后	所有阶层的男性和女性→ 同等以上或同等或同等以下亲近关系的听话者
なさいまし	整个日本近代	所有阶层的男性和女性→ 同等以上或同等亲近或疏远关系的听话者
あそばせ	日本近代初期至 30 年代	所有阶层的女性→ 同等以上或同等亲近关系的听话者
～て頂戴	整个日本近代	所有阶层的女性→ 同等以上或同等亲近关系的听话者
いらっしゃい	整个日本近代	所有阶层的男性和女性→ 同等以上或同等亲近关系的听话者
いらっしゃいまし	整个日本近代	所有阶层的男性和女性→ 同等以上或同等亲近或疏远关系的听话者
おっしゃい	日本近代 10 年代至 40 年代以后	所有阶层的女性和士族、知识阶层男性→ 同等以上或同等亲近关系的听话者
めしあがれ	日本近代 10 年代至 40 年代以后	所有阶层的女性→ 同等以上或同等亲近关系的听话者

　　从历史变迁的角度来看，日本近代东京语中祈使表达的各种表达形式都发生了巨大的变化。结合以上各表，可以将主要变化类型与具体表达形式的对应关系进一步归纳如下。

　　①整个近代均有大量使用的表达形式：

　　普通动词命令形、自谦语动词命令形、～な、～ねえ、お～φ、お～な、お～よ、～たまえ、～なさい、お～なさい、～なせえ、お～なさいまし、お～あそばしまし、～てくれ、～ておくれ、～ておくんなさい、～てください、お～ください、～てくださいまし、なさいまし、～て頂戴、いらっしゃい、いらっしゃいまし。

　　②主要使用至近代后期 30 年代的表达形式：

　　お～なね、～てくりやれ、あそばせ。

　　③主要使用至近代后期 20 年代的表达形式：

　　～なよ、～や、～やれ、～っしゃい、お～なされ、お～なされませ、～てくんな、～てくんねえ、～てくだされ、お～くだされ、くだされませ系、～てくださりませ、お～くださりませ。

　　④主要使用至近代 10 年代的表达形式：

　　～さっしゃい、お～なせえ、～てくんなせえ、～ておくんなせえ、～てくだせえ。

　　⑤近代初期未出现使用，但从 10 年代开始逐步发展并盛行使用的表达形式：

　　お～あそばせ、～てくれたまえ、お～くださいまし、なさい、おっしゃい、めしあがれ。

　　⑥整个近代出现的总语例数低于 10 例，整体呈现出衰退迹象的表达形式：

　　～さっし、～ませい、～てくだされやし、御覧じろ等。

　　分析以上 6 种历史变化类型和相应的具体表达形式可知，整个日本近代社会中祈使表达发展变化的最大特点就是，"Ⅰ类未使用敬语形式的祈使表达"的大量减少和"Ⅲ类 使用受惠动词的祈使

表达"的不断增加。

从与说话者位相关联性的角度来看，日本近代东京语中，男性和女性，士族、知识阶层和上层町人阶层以及下层町人阶层各自在使用自己特有的祈使表达形式的同时，有时候也会共用一些相同的表达形式。结合上表，可以将说话者的主要位相类型与具体表达形式的对应关系进一步归纳如下。

〈男性和女性通用的表达形式〉11 类 17 种形式：

～なよ、お～φ、お～なさい、お～なされませ、～ておくんなさい、～てくだされ、～てください、お～ください、～てくださりませ、お～くださりませ、～てくださいまし、お～くださいまし、なさい、なさいまし、いらっしゃい、いらっしゃいまし、おっしゃい。

〈男性专用的表达形式〉13 类 21 种形式：

普通动词命令形、自谦语动词命令形、～な、～ねえ、～やれ、～しゃい、～さっしゃい、～たまえ、お～なされ、～なさい、～なせえ、お～なせえ、～てくれ、～てくりやれ、～てくれたまえ、～てくんなせえ、、～てくんな、～てくんねえ、～ておくんなせえ、お～くだされ、～てくだせえ。

〈女性专用的表达形式〉4 类 11 种形式：

お～よ、お～な、お～なねえ、～や、お～なさいまし、お～あそばせ、お～あそばしまし、～ておくれ、あそばせ、～てちょうだい、めしあがれ。

从总体上分析日本近代东京语祈使表达的发展倾向和使用特征，可以发现日本近代前期，尤其是在初期的作品中，残留了大量江户语性质的表达形式，从某种意义上甚至可以把这个时期的用语称为江户语，但是经过言文一致运动和普及学校教育等改革措施之后，近代后期的作品中，江户语性质的影响因素逐步减弱，仅仅偏向于由某一特定社会阶层使用的祈使表达不断减少，并最终踏上消亡的道路。与此相对，具有一定普遍性、不偏向特定社会阶层且无

特定发音变化习惯的祈使表达则一直保持着大量使用，并逐步向现代东京语的雏形发展。

　　探究上述日本近代东京语祈使表达性变化的社会背景和原因，主要可以列举以下两点。第一点是，明治政府施行的明治维新推进了身份制度的瓦解和全国语言标准化运动的发展等。这些相关措施和改革的最终结果直接体现为特殊阶层专用的表达形式不断衰退，各个阶层男性和女性通用的表达形式不断发展，如士族、知识阶层男性常用的带有词尾"い、よ"的表达形式（如付けよ、お～なされい等）以及町人阶层男性常用的发生特殊变音现象的表达形式（如～ねえ、～なせえ、～てくだせえ等）在近代几近衰退，而所有阶层的男性和女性通用的祈使表达形式（如お～なさい、～てください、お～ください等）则迅速发展并得到广泛使用。第二点是，江户语中已经呈现衰退倾向的敬语助动词、补助动词"やる、しゃる、さっしゃる、めされる"等带来的影响。这些相关词汇发生变化引来的最终结果是祈使表达中"～やれ、～さっしゃい、～めされ"等形式使用量的大幅减少甚至最终走上消亡。

　　综合上述语言发展的事实以及事实背后产生的原因可知，日本近代东京语是由江户语和聚集到东京的全国各地人的语言相互混杂形成而来，这种具有复杂背景的语言，为了适应公共交流以及学校教育等时代发展的需要逐步走向统一，并开始形成现代东京语的初期形态。

2. 今后的研究课题

　　第一，本书主要以肯定型直接祈使表达为中心，按照历史发展的角度，从说话者的位相、说话者与听话者之间的待遇关系以及说话的场面等方面对日本近代东京语的实际使用情况进行了分析和探讨。今后，作者还将推进对否定型、间接性祈使表达，即"好似类祈使表达"使用状况的调查。

　　第二，本书力求以客观的位相为视点分析调查日本近代东京语中各个祈使表达形式的使用特征。但是，祈使表达使用原理中起作用的影响因子决不仅仅只有位相这一个条件。还有例如相同的人物关系间使用多种表达形式时，使用者进行选择的基准是什么等，关于这些问题，作者今后将引入语用学、认知心理学等相关理论进一步探索具体语言形式与谈话类别之间的关联性。

　　第三，本书进行的相关调查中，最终出现了一些无法预测和展望其发展倾向的祈使表达形式，其原因有的是收集到的语例总量过少，有的是特定阶层，如上层町人阶层的出场人物数量过少等。关于这些问题，作者今后将进一步扩展调查更多类型的语言资料，如查找其他作家的作品以及其他体裁的作品等，这样也许能找出新的倾向性以弥补本研究的不足。

　　第四，本书进行的调查主要是聚焦于日本近代东京语，作者今后还将继续研究近代东京语与其他方言中祈使表达的关联性，并深入探讨近代东京语的历史发展与江户时期的语言以及现代日语的发展脉络和联系。

参考文献

日文参考文献

1. 浅川哲也.2013.日本文法史における活用形の名称の変遷について―「命令形」の取り扱いとその周辺―[J].新国学，5：145－170。

2. 天野景子.2013.日本語母語話者の騒音場面における改善要求―親疎関係に注目して―[J].日本語・日本文化研究，23：142－153。

3. 安達太郎.2004.疑問文における反語解釈をめぐる覚え書き[J].京都橘女子大学研究紀要，31：250－235。

4. 安藤正次.1936.国語史序説[M].東京：刀江書院。

5. 安志英.2008.幕末の日本語会話書における命令表現の訳し方について『KuaiwaHen』を中心に[J].立教大学大学院日本文学論叢，8：214－224。

6. 石川美紀子.2002.命令に関する試論―語用論的条件と構文的条件との関係から―[J].名古屋大学国語国文学，91：90－77。

7. 石川美紀子.2007.命令形の働きに関する考察―意志動作としての性格づけと動作主の設定―[J].名古屋大学国語国文学，100：184－172。

8. 石川美紀子.2010.文法カテゴリーとしての「命令形」の

確立—明治期の文典を中心に—［G］//田島毓堂編．日本語学最前線．東京：和泉書院：685－699。

9．井谷玲子．1996．伝達意図と日本語終助詞—関連性理論の立場から—［J］．人文研究，126：35－53。

10．井出祥子．1986．日本人とアメリカ人の敬語行動［M］．東京：南雲堂。

11．井藤幹雄．1986．戯曲・落語速記にみる明治期の丁寧表現［J］．国学院大学大学院文学研究科論集，13：80－94。

12．井下幸子．1994．「情動的表現」考—命令形式のもつ表現性—［J］．愛知教育大学大学院国語研究，2：107－121。

13．井上裕之，塩田雄大．2012．命を救うための命令表現—防災無線から「逃げろ！」と発せられた日—［J］．日本語学，31（6）：14－27。

14．井上裕之．2012．防災無線で「命令調」の津波避難の呼びかけは可能か—聞き手に伝わる表現の視点から—［J］．放送研究と調査，62（11）：2－15。

15．林炫情，玉岡賀津雄，宮岡弥生．2011．否定によって日本語の行為要求疑問文はより丁寧になるのか［J］．日本學報，86：143－153。

16．内堀朝子．2006．命令・祈願・感嘆表現の統語構造をめぐって［J］．Scientific approaches to language，5：71－83。

17．内堀朝子．2007．モダリティ要素による認可の（非）不透明領域—「こと」「よう（に（と））」が導く命令・祈願表現をめぐって—［G］//長谷川信子編．日本語の主文現象：統語構造とモダリティ．東京：ひつじ書房：295－330。

18．遠藤佳那子．2013．近世後期の活用研究とテニヲハ論における（命令形）［J］．日本語の研究（小林健二博士追悼特集），9（4）：78－63。

19．王志英．2005．命令・依頼の表現—日本語・中国語の対照

研究—［M］．東京：勉誠出版。

20．大曽美恵子．2005．終助詞「よ」「ね」「よね」再考—雑談コーパスに基づく考察— ［G］//鎌田修，筒井通雄，畑佐由紀子，ナズキアン富美子，岡まゆみ編．言語教育の新展開．東京：ひつじ書房：281 –297。

21．大津豊子．2004．明治中期の女性語における「おーなさい系統」表現の考察［J］．日本語学研究，9：87 –102。

22．大野仁美．2012．和歌山県南紀方言における終助詞「ヨ」・「ノ」—命令・依頼との共起—［J］．麗沢大学紀要，94：155 –164。

23．岡田安代．1996．街角にみる「禁止」の談話分析—コミュニケーション方略の異文化間比較のための考察—［J］．愛知教育大学研究報告，45：149 –154。

24．岡本真一郎．2000．言語表現の状況的使い分けに関する社会心理学的研究［M］．東京：風間書房。

25．荻野綱男．1983．敬語使用から見た聞き手の位置づけの多様性［J］．國語學，132：134 –124。

26．奥田靖雄．1986．まちのぞみ文（上）文のさまざま（2）［J］．教育国語，85：56 –67。

27．尾崎喜光．2005．依頼行動と感謝行動の〈関係〉に関する日韓対照［J］．社会言語科学，8（1）：106 –119。

28．尾崎奈津．2007．日本語の否定命令文をめぐって—「スルナ」を述語とする文の特性と機能—［J］．日本語の研究，3（1）：65 –79。

29．厳廷美．1997．日本と韓国の大学生の依頼の場面でのHedge表現使用における男女差の比較—主に丁寧さ（politeness）の観点から—［J］．ことば，18：27 –40。

30．厳廷美．2004．日本語と朝鮮語における依頼の仕方の対照研究—発話機能の観点から—［J］．言語と文化，7：1 –12。

31. 笠万裕美. 2011.「動詞否定形 +ヨ・バイ・ゾ」形式による禁止表現—福岡県における使用状況および禁止表現体系上の位置づけ—［J］. 早稲田日本語研究，20：58–69。

32. 笠万裕美. 2012.「動詞否定形 +終助詞ネ」形式による行為要求表現—福岡県筑前・筑後域における使用状況およびその背景—［J］. 日本語学研究と資料，35：58–72。

33. 鹿嶋恵. 2000.『助言』における表現選択と意図の伝達—相互作用過程とコンテクストからみた談話分析—［J］. 三重大学日本語学文学，11：106–94。

34. 柏崎秀子. 1992. 依頼表現の丁寧度における談話展開パターンの影響［C］.//日本教育心理学会総会準備委員会編. 日本教育心理学会第 34 回総会発表論文集. 札幌：日本教育心理学会総会準備委員会：307。

35. 柏崎雅世. 1993. 日本語における行為指示型表現の機能—「お～/～てください」「～てくれ」「～て」およびその疑問・否定疑問形について—［M］. 東京：くろしお出版。

36. 柏谷嘉弘. 2000. 品位表現の敬語—「しなさい」を中心に—［J］. 神戸女子大学文学部紀要，33：1–17。

37. 蒲谷宏. 1998.「あたかも表現」—「表現意図」と「文話」との「ずれ」—［J］. 早稲田大学日本語研究教育センター紀要，11：19–33。

38. 鎌倉暄子. 2004. いわゆる推量の助動詞「べし」について—その本質と成立に関連して—［J］. 香椎潟，50：95–134。

39. 亀井孝. 1955. 近代日本語の諸相［J］. 国語学，22：3–5。

40. 川井章弘. 1998a.「ましょうか」と「ませんか」形式の持つ、語用論的意味について［J］. 恵泉女学園大学人文学部紀要，10：23–41。

41. 川井章弘. 1998b. 使用場面から見た「ましょう」「ましょうか」「ませんか」—勧誘「引き込み型」と「グループ型」をめ

ぐって―［J］．緑岡詞林，22：110 – 124。

42. 川上徳明．1975. 中古仮名文における命令・勧誘表現体系［J］．国語国文，44（3）：14 – 28。

43. 川上徳明．1977. 源氏物語の命令・勧誘表現［J］．国語国文，45（11）：17 – 39。

44. 川上徳明．1998. 命令・勧誘表現研究のために―中古仮名文における用例採否の基準―［J］．比較文化論叢，2：131 – 155。

45. 川上徳明．2003.「呼べ呼べ」と恥も忘れて口づからいふ―命令・依頼表現における「繰り返し」の表現価値―［J］．比較文化論叢，11：253 – 291。

46. 川上徳明．2005. 命令・勧誘表現の体系的研究［M］．東京：おうふう。

47. 川嶋信恵．2005. 当為・評価のモダリティの否定―シテハイケナイとシテモイイ―［J］．日本語・日本文化研究，1：37 – 47。

48. 川成美香．1993. 依頼表現［J］．日本語学，12（5）：125 – 134。

49. 川成美香．1995. 依頼表現のモダリティー―終助詞「ね」と「よ」に関する認知語用論的考察―［J］．日本女子大学紀要文学部，45：55 – 63。

50. 川端元子．2000. 聞き手への行為要求表現と程度副詞―共起制限理由の再検討―［J］．名古屋大学国語国文学，86：78 – 64。

51. 神部宏泰．1986. 命令の心意と表現―敬語命令法の史的法則―［J］．国語国文学研究，21：1 – 17。

52. キィ・ティダー．2004. 依頼しにくい場合の「依頼表現」［J］．早稲田大学日本語研究教育センター紀要，17：71 – 93。

53. 菊池康人．1997. 敬語［M］．東京：講談社。

54. 北尾健治，北尾・S・キャスリーン．1988. ポライトネス―人間関係を維持するコミュニケーション手段―［J］．日本語学，

17（3）：52 – 63。

　　55. 北原保雄他編 . 2000 ～ 2002. 日本国語大辞典第二版
[G] . 東京：小学館。

　　56. 金玉英 . 2013. 「勧誘」の定義をめぐって―「Weの形成」
の観点から―[J] . 筑波日本語研究，17：44 – 65。

　　57. 金鐘我 . 2004. 勧誘表現における日・韓対照[J] . 日本エ
ドワード・サピア協会研究年報，18：49 – 65。

　　58. 金鐘我 . 2007. 命令表現の日・韓両語対照[J] . 国文学踏
査，19：176 – 160。

　　59. 金志姫 . 2012. 否定命令としての「じゃないか」―語用論
的側面から―[J] . 広島大学大学院教育学研究科紀要第 2 部文化
教育開発関連領域，61：245 – 254。

　　60. 金水敏 . 2006. 日本語存在表現の歴史[M] . 東京：ひつじ
書房。

　　61. 金田一京助 . 1949. 国語の変遷[M] . 東京：創元社。

　　62. 工藤真由美 . 1979. 依頼表現の発達[J] . 国語と国文学，
56（1）：46 – 64。

　　63. 熊井浩子 . 2012. 行為要求について：テモラッテイイカを
中心に[J] . 静岡大学国際交流センター紀要，6：1 – 19。

　　64. 熊谷智子 . 1995. 依頼の仕方―国研岡崎調査のデータか
ら―[J] . 日本語学，14（11）：22 – 32。

　　65. 黄明淑 . 2011. 「誘い」表現における中日対照研究―「共
同行為要求」に着目して― [G] //日本語日本語教育研究会編
集 . 日本語日本語教育研究 2. 東京：ココ出版：137 – 154。

　　66. 小島俊夫 . 1974. 後期江戸ことばの敬語体系[M] . 東京：
笠間書院。

　　67. 小林美恵子 . 2003. 職場における命令・依頼表現―ジェン
ダー的視点から見る―[J] . ことば，24：13 – 25。

　　68. 小林美恵子 . 2005. 女の命令・男の命令―学園 TV ドラマ

に見る教師のストラテジー—[J].ことば，6：79 – 95。

69. 小林美恵子，遠藤織，桜井隆．2010. 世界をつなぐことば—ことばとジェンダー/日本語教育/中国女文字—［G］. 東京：三元社。

70. 小柳智一．1996. 禁止と制止—上代の禁止表現について—［J］. 国語学，184：1 – 13。

71. 近藤政行．1996. 動詞命令形の機能［J］. 徳島文理大学比較文化研究所年報，12：35 – 44。

72. 斉藤純子．1981. 和歌にみえる要求表現の変遷—命令・禁止・願望を中心に—［J］. 国文目白，20：56 – 64。

73. 齋美智子．2003. 日本語の「働きかけ表現」—「すすめ表現」を中心に—［J］. 国文学解釈と鑑賞，68（7）：175 – 185。

74. 齋美智子．2014. 命令形式を持つ「ことわざ」についての考察［J］. 日本語日本文學，41：170 – 190。

75. 三枝令子．2004. 終助詞「じゃない」の意味と用法［J］. 言語文化，41：19 – 33。

76. 酒井雅史．2012. 兵庫県神戸市方言における命令表現［J］. 阪大社会言語学研究ノート，10：18 – 29。

77. 酒井雅史．2013. 高知県四万十市土佐大宮における行為指示表現［J］. 阪大社会言語学研究ノート，11：28 – 41。

78. 坂梨隆三．2006. 近世語法研究［M］. 東京：武蔵野書院。

79. 坂本幸博．2003. 津軽方言の命令表現—命令形と丁寧命令形および希求（依頼）について—［J］. 日本文芸研究，55（2）：17 – 38。

80. 坂本恵，川口義一，蒲谷宏．1994.「行動展開表現」について—待遇表現教育のための基礎的考察—［J］. 日本語教育，82：47 – 58。

81. 佐久間鼎．1936. 現代日本語の表現と語法［M］. 東京：厚生閣。

82. 佐久間鼎 . 1959. 日本語の言語理論［M］. 東京：厚生閣。

83. 笹本明子 . 2006.「ちょっと」の発話機能について―行為要求文に表れる「ちょっと」を中心に―［J］. 同志社女子大学大学院文学研究科紀要，6：115 – 136。

84. 佐藤喜代治編 . 1977. 国語学研究事典 ［G］. 東京：明治書院。

85. 佐藤友哉 . 2012. 命令文の基本的機能［J］. 熊本県立大学大学院文学研究科論集，5：1 – 15。

86. 佐藤友哉 . 2013. 否定命令文の基本的機能［J］. 国文研究，58：19 – 31。

87. 山東功 . 2002. 明治前期日本文典の研究［M］. 大阪：和泉書院。

88. ザブランナ，オレスタ . 2013. 改善要求の場面における働きかけ方略の対照研究―日本語母語話者とウクライナ語母語話者の大学生の場合―［J］. 東京外国語大学日本研究教育年報，17：1 – 18。

89. 柴田敏 . 1988. 古典作品における要求表現の諸形式―命令形＋終助詞の各形式について―［J］. 日本語と日本文学，8：40 – 48。

90. 清水勇吉 . 2009. 依頼表現に見るポライトネス―性差のかかわりを中心に―［J］. 徳島大学国語国文学，22：53 – 35。

91. 謝オン . 2001. 談話レベルからみた「依頼発話」の切り出し方―日本人大学生同士と中国人大学生同士の依頼談話から―［J］. 日本研究教育年報，5：77 – 101。

92. 周国龍 . 1994. 要求行為における「ちょっと～」の機能に関する一考察［J］. 名古屋大学人文科学研究，23：167 – 178。

93. 白川博之 . 1993.「働きかけ」「問いかけ」の文と終助詞「よ」［J］. 広島大学日本語教育学科紀要，3：7 – 14。

94. 白藤礼幸 . 2007. 万葉における表現と形式―願望・疑問・

希求・命令表現について—[J].上代文学,99:18-29。

95.須賀章夫.1995.命令・禁止表現文における主語のゼロ化と顕在化[J].神田外語大学大学院紀要言語科学研究,1:49-61。

96.杉本つとむ.1960.近代日本語の成立:コトバと生活[M].東京:桜楓社。

97.杉本つとむ.1985.あそばせとアリンスと—江戸の女ことば—[M].東京:創拓社。

98.杉本つとむ.1988.東京語の歴史[M].東京:中央公論社。

99.菅泰雄.1990.要求表現としての命令形表現—設問に見られる解答を要求する表現を中心として—[J].旭川工業高等専門学校学校研究報文,27:79-89。

100.菅原正子.1964.万葉集における命令形[J].国語研究,14(15):24-30。

101.鈴木美恵子.2004.「働きかけ」のモダリティを持つ引用句に関する一考察[J].日本語文法,4(1):129-138。

102.千昊載.1993.現代日本語における行為賦課表現の研究—『丁寧さの原則』に基づいて—[J].東北大学文学部日本語学科論集,3:49-60。

103.惣郷正明,飛田良文編.1989.明治のことば辞典[G].東京:東京堂。

104.孫成志.2012.授受補助動詞を用いた依頼表現の使用に関する一考察[J].日本語・日本文化研究,22:121-133。

105.高澤信子.2007.「あそばせことば」の待遇性について—明治期から昭和期へ—[J].立教大学大学院日本文学論叢,7:179-192。

106.高澤信子.2010.「依頼表現」と「誘い表現」の考察—明治期を中心に—[J].立教大学大学院日本文学論叢,10:

300 – 286。

107. 高澤信子. 2014. 近現代日本語表現の研究—コミュニケーション機能表現を中心に— ［D］. 東京：立教大学大学院文学研究科日本文学専攻。

108. 高殿良博. 2000. 日本語とインドネシア語における依頼表現の比較[J]. 亜細亜大学国際関係紀要，9（1/2）：353 – 367。

109. 高橋信乃. 1996. 条件接続形式を用いた〈勧め〉表現—シタライイ、シタラ、シタラドウ—[J]. 現代日本語研究，3：1 – 15。

110. 高橋信乃. 2007. 評価のモダリティと実行のモダリティ[J]. 神戸大学留学生センター紀要，13：3 – 54。

111. 高梨信乃. 2011. 行為要求について—日本語教育における問題—[J]. 神戸大学留学生センター紀要，17：1 – 17。

112. 滝浦真人. 2010. ポライトネスと語用論— "はだかの命令形" の考察から— ［G］//上野善道監修. 日本語研究の12章. 東京：明治書院：181 – 195。

113. 武田孝. 1973. 命令の「候へ」について[J]. 解釈，19（12）：17 – 25。

114. 田中章夫. 1957. 近代東京語命令表現の通時的考察[J]. 国語と国文学，34（5）：41 – 54。

115. 田中章夫. 1983. 東京語—その成立と展開—[M]. 東京：明治書院。

116. 田中章夫. 2001. 近代日本語の文法と表現［M］. 東京：明治書院。

117. 田中妙子. 1994. 表現意図と言語形式の関わり—行為要求表現を中心に—[J]. 早稲田大学大学院文学研究科紀要別冊，21：203 – 212。

118. 田中妙子. 1995. 間接的行為要求表現についての一考察［J］. 国語学研究と資料，19：36 – 43。

119. 田中妙子. 2005. 会話における理由要求表現の機能［G］//中村明，野村雅昭，佐久間まゆみ，小宮千鶴子編. 表現と文体. 東京：明治書院：24－34。

120. 田中優子. 2004. 依頼表現の日独比較―ペンを借りる場合―［J］. 計量国語学，24（4）：198－213。

121. 田野村忠温. 1994. 終助詞の文法―江戸語資料に見る終助詞の体系性―［J］. 日本語学，13（4）：94－112。

122. 千葉絵里子. 2005. 終助詞「ね」「よ」の用法について［J］. 南山日本語教育，12：29－58。

123. 崔善喜. 2010.「てもらいたい」文の強制性［J］. 広島大学日本語教育研究，2：55－62。

124. 崔善喜. 2012.「てもらう」文についての一考察―「しろ/しなさい」との比較を通して―［J］. 日本語文法，12（1）：71－87。

125. 張穎. 2004. 依頼会話の展開パタンに関する日中対照研究［J］. 言語文化と日本語教育，28：8－14。

126. 張雅智. 2004.「ではないか」の用法［J］. 言語科学論集，8：37－48。

127. 張興. 2004.「ではないか」の用法について［J］. 日本語教育論集世界の日本語教育，14：193－205。

128. 趙彦志. 2010. 現代日本語における依頼表現に関する研究［D］. 大分：別府大学。

129. 趙彦志. 2012.「依頼形」内部の形の区別特徴―命令形をも展望しつつ―［J］. 国語の研究，37：10－20。

130. 陳静芬. 2010. 日本の小説に見られる要求・依頼行為―人間関係に基づいた談話構成と礼儀の表現―［J］. 国際協力研究誌，16（1）：47－64。

131. 陳常好. 1987. 終助詞―話し手と聞き手の認識のギャップをうめるための文接辞―［J］. 日本語学，6（10）：93－109。

132. 塚原鉄雄 . 1955. 国語史はどんなふうに把握されてきたか[J] . 国語学，22：14 – 26。

133. 辻村敏樹 . 1969. 敬語の史的研究[M] . 東京：東京堂出版。

134. 都染直也，山田賢治，松本勝太郎 . 2011. ことばの分布地域の意外性について―播州方言と周辺方言，家島町方言の命令表現「～マ」，四拍副詞「がっつり」―[J] . 甲南大学紀要文学編，161：23 – 36。

135. 坪井美樹 . 1993. 平安時代における「命令形」の成立[J] . 文藝言語研究　言語篇，23：118 – 102。

136. 鶴橋俊宏 . 1994. 近世後期に於ける命令表現―助動詞ウ・ヨウの一用法をめぐって―[J] . 日本文化研究，6：1 – 10。

137. 寺島浩子 . 1974. 近世後期上方語の待遇表現―命令表現を中心に―[J] . 国語国文，43（3）：1 – 19。

138. 寺島浩子 . 1978. 近世後期上方語の待遇表現―「命令表現」（勧誘・禁止表現）―［G］ // 阪倉篤義監修 . 論集日本文学・日本語 4 近世近代 . 東京：角川書店：223 – 248。

139. 寺田洋枝 . 1999. 江戸後期噺本における直接命令表現―敬語助動詞・補助動詞を中心として―[J] . 国學院大學紀要文学研究科，30：225 – 242。

140. 十川信介 . 2004. 明治文学ことばの位相[M] . 東京：岩波書店。

141. 戸嶋祐介，皆川直凡 . 2008. ＜ノート＞依頼コストと依頼の相手による依頼表現の変動[J] . 計量国語学，26（5）：158 – 164。

142. 伴野崇生 . 2011.「依頼に典型的な表現形式」による「誘い」の丁寧さに関する理論的考察―待遇コミュニケーションの観点から―[J] . アメリカ・カナダ大学連合日本研究センター紀要，34：25 – 43。

143. 中川裕之 . 2009. 命令表現の日独語対照研究［J］. 言語文化研究，35：199 – 219。

144. 中崎崇 . 2004. 命令形式と終助詞「ヨ」［J］. STUDIUM，31：28 – 39。

145. 中崎崇 . 2007. 現代日本語終助詞の研究［D］. 大阪：大阪大学。

146. 中崎崇 . 2012. 一人称主格をとる命令文に関する一考察［J］. 表現研究，95：11 – 24。

147. 中崎崇，小関智子 . 2012. 命令・意志を表す名詞文についての覚書［J］. 京都橘大学研究紀要，38：202 – 183。

148. 中島悦子 . 1994. 女性のことばと文末の言語形式［J］. ことば，15：36 – 52。

149. 中島悦子 . 1995. 文末表現—依頼要求表現と丁寧度の要因—［J］. ことば，16：100 – 113。

150. 中田幸子 . 2001. 行為要求表現における表現形式の選択をめぐって—近世待遇表現体系と関連して学術研究—［J］. 學術研究国語・国文学編，49：13 – 28。

151. 中田祝夫編 . 1972. 講座国語史 2［M］. 東京：大修館書店。

152. 永田里美 . 2003. 否定疑問文による行為要求表現の史的変化—「～マイカ」から「～ヌカ/ナイカ」へ—［J］. 筑波日本語研究，8：90 – 104。

153. 永田高志 . 2001. 第三者待遇表現史の研究［M］. 大阪：和泉書院。

154. 永田高志 . 2005. 待遇表現の歴史［J］. 日本語学，24（11）：88 – 97。

155. 永田高志 . 2014. 対称詞体系の歴史的研究［M］. 大阪：和泉書院。

156. 中野伸彦 . 1990. 江戸語における「命令文 + 終助詞

『ね』」［J］．山口大学教育学部研究論叢，40：41－53。

　　157．中野伸彦．1991．江戸語における終助詞の男女差ー女性による「な」の使用についてー［J］．国語と国文学，68（4）：44－58。

　　158．中野伸彦．2009．現代語における「命令文 ＋終助詞『や』」［J］．山口大学教育学部研究論叢人文科学・社会科学・自然科学，59：66－61。

　　159．仲真紀子，無藤隆，藤谷玲子．1982．間接的要求の理解に関わる要因［J］．教育心理学研究，30（3）：175－184。

　　160．仲真紀子，無藤隆．1983．間接的要求の理解における文脈の効果［J］．教育心理学研究，31（3）：195－202。

　　161．中村幸弘．1995．補助用言に関する研究［M］．東京：右文書院。

　　162．中村幸弘．1997a．不定語に続く命令形についてーどこへ行けというのかー（上）［J］．国学院雑誌，98（8）：1－11。

　　163．中村幸弘．1997b．不定語に続く命令形についてーどこへ行けというのかー（下）［J］．国学院雑誌，98（9）：30－41。

　　164．中村幸弘．2005．松田修の放任表現［J］．野州国文学，76：1－39。

　　165．中村幸弘．2010．古今集和歌の命令形［J］．国学院雑誌，111（9）：38－53。

　　166．中村通夫．1948．東京語の性格［M］．東京：川田書房。

　　167．西田直敏．1970．中世国語の命令表現ー『平家物語』を中心にー［J］．国語と国文学，47（10）：123－139。

　　168．西田直敏．1987．敬語［M］．東京：東京堂出版。

　　169．西光義弘．1993．依頼表現の日英語対照［J］．英語青年，139（5）：234－236。

　　170．仁田義雄．1991．日本語のモダリティと人称［M］．東京：ひつじ書房。

171. 苗田敏美．2011．富山方言の命令表現の用法—砺波市・南砺市を中心に—［J］．日本語教育論集，20：34–40。

172. 橋本進吉．1946．国語学概論［M］．東京：岩波書店。

173. 服部匡．2002．終助詞の音調について—落語資料を中心に—［J］．同志社女子大学日本語日本文学，14：1–16。

174. 原口愚常．1978．命令文・インペラティブ・言語と文化［J］．英語展望，62：15–16。

175. 林謙子，田所希佳子，李錦淑．2011．指示・依頼を表現意図とする「許可求め型表現」に関する考察［J］．日本語学研究と資料，34：1–15。

176. 林四郎．1960．基本文型の研究［M］．東京：明治図書。

177. 林奈緒子．1997．程度副詞と命令のモダリティ［J］．日本語と日本文学，25：1–10。

178. 飛田良文．1992．東京語成立史の研究［M］．東京：東京堂出版。

179. 姫野伴子．1991．依頼と勧誘—受益者表現の日英対照を中心に［J］．世界の日本語教育，1：69–81。

180. 姫野伴子．1993．負担と利益［J］．埼玉大学紀要人文科学篇，41：47–56。

181. 姫野伴子．1997．行為指示型発話行為の機能と形式［J］．埼玉大学紀要教養学部，33（1）：169–178。

182. 姫野伴子．1998．勧誘表現の位置—「しよう」「しようか」「しないか」—［J］．日本語教育，96：132–142。

183. 姫野伴子．2008．行為指示型表現に対する母語話者と学習者に適切性判断［J］．明治大学国際日本学研究，1（1）：57–73。

184. 広瀬満希子．1991．『浮世風呂』における命令法について—位相を視点として—［J］．国文鶴見，26：30–53。

185. 広瀬満希子．1992．『浮世床』における命令法につい

て—話者とその使用形式との関係を視点として—［J］.国文鶴見，27：70 – 97。

186.広瀬満希子.1993.『四十八癖』に見られる命令法について—話者とその使用形式の関係—［J］.国文鶴見，28：71 – 104。

187.広瀬満希子.1995.式亭三馬作品における命令法について—下層の男性に使用される形式の待遇性—［J］.国文鶴見，30：137 – 147。

188.広瀬満希子.1996.式亭三馬作品における命令法について—下層の女性に使用される形式の待遇性—［J］.国文鶴見，31：101 – 110。

189.広瀬満希子.1998.『花暦八笑人』における命令法について—命令の受益の指向性—［J］.鶴見日本文学，2：173 – 194。

190.広瀬満希子.2000.『仮名文章娘節用』における命令法について［J］.国文鶴見，35：52 – 73。

191.福島泰正.2002.「ぜひ」の機能と使用条件について—聞き手に何かさせることを意図した場合—［J］.日本語教育，113：24 – 33。

192.藤森弘子，花薗悟，楠本徹也，宮城徹，鈴木智美.2009.日本語教育学研究への展望—柏崎雅世教授退職記念論集—［G］.東京：ひつじ書房。

193.藤本アミナ.1996.待遇表現分類思案—依頼表現と発話意図との間にある推意の観点から—［J］//上田功他編.言語探究の領域小泉保博士古稀記念論文集.東京：大学書林：407 – 415。

194.古田東朔，築島裕.1972.国語学史［M］.東京：東京大学出版会。

195.古田東朔.2002.明治前期の洋風日本文典［J］.国語と国文学，79（8）：1 – 10。

196. 細川英雄. 1972. 禁止表現形式の変遷—「な—」・「な—そ」・「—な」について—[J]. 国文学研究, 48: 87–98。

197. ポリー・ザトラウスキー. 1993. 日本語の談話の構造分析—勧誘のストラテジーの考察—[M]. 東京: くろしお出版。

198. 堀江・インカピロム・プリヤー. 1995. 依頼表現の対照研究—タイ語の依頼表現—[J]. 日本語学』14–10。

199. 彭飛. 2005. 日本語の「配慮表現」に関する研究—中国語との比較研究における諸問題—[M]. 大阪: 和泉書院。

200. 前田桂子. 1997. 江戸文芸作品における命令形語尾[J]. 国語国文学研究, 32: 367–378。

201. 前田広幸. 1990. 『〜て下さい』と『お〜下さい』[J]. 日本語学, 92: 43–53。

202. 牧原功. 2007. 不満表明・改善要求における配慮行動[J]. 群馬大学留学生センター論集, 7: 51–60。

203. 牧野由紀子. 2008a. 大阪方言における命令形の使用範囲 セエ・シ・シテをめぐって[J]. 阪大社会言語学研究ノート, 8: 55–74。

204. 牧野由紀子. 2008b. 行為指示談話における直接形式の使用—自治会活動での一事例—[J]. 日本語科学, 24: 5–29。

205. 牧野由紀子. 2009. 「大阪方言の命令形」に後接する終助詞ヤ・ナ[J]. 阪大日本語研究, 21: 79–108。

206. 増倉洋子. 1994. 東京語形成期における「ね・よ」の一考察[J]. 湘南文学, 28: 130–141。

207. 増田祥子. 2012. 命令・依頼行為における男女の行動規範とイメージ—「言葉遣い」の実用書を題材に—[J]. ことば, 33: 35–49。

208. 町田幸司. 2012. 富山県東部地方における言語について—丁寧な命令表現「〜レ・〜ラレ」「〜ッシャイ」「〜ッセ」を中心として—[J]. 地域言語, 20: 137–162。

209. 松田勇一，金英姫，李周殷，朴銀南．2008．韓国人日本語学習者の依頼表現　依頼行為を話し手と聞き手が共に行う場合 [J]．茨城大学留学生センター紀要，6：47 - 60。

210. 松永明．2013．オモロの文末に表われる願望・命令表現 [G]．平山良明，大城盛光，波照間永吉編．おもろを歩く―おもろ研究会一五〇〇回記念誌―．那覇：琉球書房：229 - 245。

211. 松村明．1957．江戸語東京語の研究 [M]．東京：東京堂出版。

212. 松村明．1977．近代の国語 [M]．東京：桜楓社。

213. 松村明．1995．大辞林第二版 [M]．東京：三省堂。

214. 松村明．1999．増補江戸語東京語の研究 [M]．東京：東京堂出版。

215. 松本三之介．1993．明治精神の構造 [M]．東京：岩波書店。

216. 水谷静夫．1989．主語が顕在する命令句 [J]．計量言語学，17（3）：91 - 111。

217. 三木悦三．2009．命令文の語用論―関連性理論に寄せて― [J]．熊本県立大学文学部紀要，15：15 - 41　。

218. 三井はるみ．2007．方言文法全国地図をめぐって―『方言文法全国地図』を読む要求表現形式「～てほしい」の共通語としての定着―『方言文法全国地図』から見る [J]．日本語学，26（11）：102 - 110。

219. 三原健一；榎原実香．2012．地図製作計画における日本語の命令文 [J]．日本語・日本文化研究，22：1 - 16。

220. 三原裕子．2004．後期咄本における「ます」の命令形「ませ」と「まし」の交替現象 [J]．早稲田日本語研究，12：37 - 48。

221. 三宅清．1989．尊敬語の命令形―源氏物語を資料として― [J]．研究集録，80：21 - 31。

222. 宮崎和人．2005．現代日本語の疑問表現―疑いと確認要求―［M］．東京：ひつじ書房。

223. 宮地裕．1995．依頼表現の位置［J］．日本語学，14（11）：4－11。

224. 村上京子．1991．フローチャートによる要求表現の分析［C］//津田塾会．日本語シンポジウム言語理論と日本語教育の相互活性化予稿集．東京：津田塾会：25－34。

225. 村上謙．2002．近世後期上方における「動詞連用形 ＋や」について―連用形命令法と助動詞ヤルとの関連―［J］．国語国文，71（6）：1－15。

226. 村上謙．2003a．近世後期上方における連用形命令法の出現について［J］．国語学，54（2）：45－58。

227. 村上謙．2003b．近世後期上方における連用形禁止法の出現について［J］．国語と国文学，80（12）：49－62。

228. 村上謙．2005．近世上方における補助動詞ナサルの変遷［J］．国語国文，74（2）：18－33。

229. 村上謙．2014．森勇太「近世上方における連用形命令の成立」に対する所感・反論［J］．日本語の研究，10（1）：72－76。

230. 村上三寿．1993．命令文―しろ、しなさい―［J］．ことばの科学，6：24－48。

231. 村田孝次．1961．言語行動の発達Ⅲ―要求発話の言語形式ならびに機能の初期発達過程―［J］．教育心理学研究，9（4）：220－229。

232. 森岡健二．1969．近代語の成立―明治期語彙編―［M］．東京：明治書院。

233. 森岡健二．1991．近代語の成立―文体編―［M］．東京：明治書院。

234. 森岡健二．2001．要説日本文法体系論［M］．東京：明治

書院。

235. 森田良行 . 1974. 荷風・潤一郎・春夫の敬語［G］//林
四郎・南不二男編 . 明治大正時代の敬語 . 東京：明治書院：
17 – 29。

236. 森英樹 . 2011. 日英語命令形の機能領域の相違［J］. 岐阜
聖徳学園大学紀要　外国語学部編，50：61 – 70。

237. 森山卓郎 . 2008. 命令表現をめぐる敬語の体系—敬語の
指針と文法［J］. 日本語学，27（7）：18 – 26。

238. 森勇太 . 2010. 行為指示表現の歴史的変遷—尊敬語と受
益表現の相互関係の観点から—［J］. 日本語の研究，6（2）：
78 – 92。

239. 森勇太，平塚雄亮，中村光 . 2012. 若年層の命令形の使
用範囲—栗東市方言・福岡市方言・湖西市方言の対照から—
［J］. 阪大社会言語学研究ノート，10：1 – 17。

240. 森勇太 . 2013a. 近世上方における連用形命令の成立—敬
語から第三の命令形へ—［J］. 日本語の研究，9（3）：1 – 16。

241. 森勇太 . 2013b. 発話行為からみた日本語文法史［J］. 日
本語学，32（12）：70 – 81。

242. 楊慧芳 . 2008. 依頼表現のプロトタイプと語用論的な制
約［J］. 別府大学国語，50：1 – 26。

243. 矢島正浩 . 2007. 近世中期以降上方語・関西語における
当為表現の推移—条件表現史との関係から—［J］. 国語国文，76
（4）：40 – 58。

244. 矢島美穂 . 2009. 栃木県方言における命令・依頼表現—
旧粟野町方言におけるバリエーションと体系—［J］. 千葉大学日
本文化論叢，10：77 – 55。

245. 山岡政紀 . 1988. 疑似命令文—日本語モダリティの文法
化の一事例—［J］. 日本語と日本文学，10：50 – 58。

246. 山口堯二 . 1990. 日本語疑問表現通史［M］. 東京：明治

書院。

247. 山崎久之.1963. 国語待遇表現体系の研究近世編［M］. 東京：武蔵野書院。

248. 山崎久之.1972. 命令形の接尾辞と終助詞の「よ」「い」「いよ」—近世上方語について—［J］.群馬大学教育学部紀要，21：57−78。

249. 山本志帆子.2010.『桑名日記』にみる近世末期下級武士の働きかけの表現—授受補助動詞クレル類命令形を中心として—［J］.国語国文，79（6）：40−57。

250. 山本志帆子.2011. 近世武家社会における待遇表現体系の研究：『桑名日記』にみる桑名藩下級武士を中心として［D］. 仙台：東北大学。

251. 山本志帆子.2012.『桑名日記』にみられる述部待遇表現形式の体系間の待遇価値の異同—授受補助動詞クレル類を含む形式の体系と含まない形式の体系に着目して—［J］.国語学研究，51：20−37。

252. 由木美帆.2004. 行為要求表現「〜てください」に関する一考察—日本語教科書における記述を踏まえて—［J］.岡山大学言語学論叢，11：53−65。

253. 湯沢幸吉郎.1957. 増訂江戸言葉の研究［M］.東京：明治書院。

254. 湯通堂誠 1992. 命令・依頼の表現［J］.日本語・日本文化研究，2：61−72。

255. 横田隆志.2007. 日本語教育における「命令文」についての一考察［J］.北陸大学紀要，31：193−200。

256. 吉田金彦.1969. 命令形「まし」の成立［J］.月刊文法，2（2）：81−92。

257. 吉田澄夫.1952. 近世語と近世文学［M］.東京：東洋館出版。

258. 賴美麗. 2005. 依頼における「お詫び・謝罪型」表現に関する考察―日本語母語話者と台湾人日本語学習者を対象に―[J]. 早稲田大学日本語教育研究，6：63－77。

259. 賴美麗. 2008. 依頼場面における「謝罪」と「感謝」―「待遇コミュニケーション」の観点から―[D]. 東京：早稲田大学。

260. 李萍. 1995. 日本語の「～てください」と「お～ください」に対応する中国語の「請～」の意味と構文の特徴―主語省略文を手掛かりに―[J]. 広島大学教育学部紀要第二部，44：183－192。

261. 林淑珠. 1982. 日本語と中国語の命令・依頼表現の比較―丁寧度の観点から―[J]. 国語学研究，22：72－60。

262. 連仲友. 2004. 古代歌謡における希望表現について[J]. 香川大学国文研究，29：40－45。

263. 渡辺保. 2004. 歌舞伎のことば[M]. 東京：大修館書店。

264. 渡辺実. 1997. 日本語史要説[M]. 東京：岩波書店。

英文参考文献

265. Austin, J. L. 1962. *How to Do Things with Words* [M]. London: Oxford University Press.

266. Brown, P. & Levinson, S. C. 1978. *Universals in Language Usage: Politeness Phenomena. in E. N. Goody (Ed.) Questions And Politeness: Strategies in Social Interaction* [M]. Cambridge: Cambridge University Press.

267. Brown, P. & Levinson, S. C. 1987. *Politeness: Some Universals in Language Usage* [M]. New York, NY: Cambridge University Press.

268. Leech, G. N. 1983. *Principles of Pragmatics* [M]. New

York：Longman Inc.

269. Rose，K. R. 1992. "Method and Scope in Cross Cultural Speech Act Research：A Contrastive Study of Requests in Japanese and English" ［D］. Ph. D. thesis，University of Illinois at Urbana – Champaign.

270. Searle，J. R. 1969. *Speech Acts* ［M］. London：Cambridge U. P.

271. Searle，J. R. 1975. *Indirect Speech Acts* ［M］//In P. Cole& J. L. Morgan（eds.）. Syntax and Semantics 3：Speech Acts. New York：Academic Press.

272. Searle，J. R. 1979. *Expression and Meaning* ［M］. London：Cambridge U. P.

中文参考文献

273. 班健、王宁. 2008. 用于请求和拒绝时的日语委婉表达方式［J］. 科技信息，2008（35）：309。

274. 蔡敦达. 2000. 日语请求表达方式及其汉译（上）［J］. 日语知识，2000（10）：34 – 36。

275. 蔡敦达. 2000. 日语请求表达方式及其汉译（下）［J］. 日语知识，2000（11）：36 – 40。

276. 曹苏娜. 2011. 语用学视角下的日语命令表达研究［D］. 苏州：苏州大学硕士学位论文。

277. 陈风. 2013. 命令句中的"命令"和"非命令"——关于"てください"表达功能的探讨［J］. 日语学习与研究，164：1 – 9。

278. 陈凤川. 2002. 论日语请求行为得体性的实现［J］. 日本学论坛，2002（2）：20 – 24。

279. 陈臻渝. 2012. 从前置语列策略论汉日的请求语言行为［J］. 长春师范学院学报，2012（2）：85 – 88。

280. 戴宝玉. 1988. 从「にしろ」看命令形与接续形式［J］. 日

语学习与研究，43：16－20。

281. 戴宝玉.1988. 浅谈ニシロ[J].日语学习，33：29－31。

282. 范红云.2008. 从语用学角度论日语间接言语行为——以请求表达为中心［D］. 济南：山东师范大学硕士学位论文。

283. 范峥.2009. 日语"间接命令（要求）句"中的"试点"透视[J].苏州科技学院学报，2009（4）：133－137。

284. 费建华.2002. 日语间接请求及其语用策略[J].解放军外国语学院学报，2002（1）：42－46。

285. 伏泉.2009. 日语动词命令形的表现性[J].考试周刊，2009（23）：224－226。

286. 顾盘明、李芳.2003. 试论日语中请求语气的表达方式（一）［J］.日语知识，2003（7）：13－16。

287. 顾盘明、李芳.2003. 试论日语中请求语气的表达方式（二）［J］.日语知识，2003（8）：20－21。

288. 顾伟.2005. 日语祈使句探析[J].日语学习与研究，121：79－82。

289. 韩晶.2014. 日语电子邮件中"请求"的展开与礼貌策略[J].林区教学，2014（4）：55－56。

290. 胡志强.2007. 现代日语祈使句中动词性谓语的语气研究［D］.南京：南京农业大学硕士学位论文。

291. 靳成.2011. 论中日交际中请求的表达[J].南京工业职业技术学院学报，2011（3）：61－63。

292. 李蕊廷.2012. 关于商务日语请求表达的考察［D］.湖南：湖南大学硕士学位论文。

293. 刘菲.2014. 浅谈日语动词命令型[J].现代企业教育，2014（6）：389－390。

294. 刘小洁.2014. 语用学视角下的英语和日语请求策略对比研究[J].鸭绿江，2014（下半月）：126。

295. 楼亚强.2012. 浅析日语祈使表达[J].黑龙江史志，2012

（23）：75－76。

296．卢亚男．2013．基于日语中的请求表达考察男女差——以电视剧为例［D］．大连：大连外国语大学硕士学位论文。

297．毋育新、郅永玮．2010．基于话语礼貌理论的日语请求行为研究［J］．外语教学，2010（4）：39－43。

298．聂星超．2008．"拜托"与"劝诱"——浅析日语敬语中请求表达的分类［J］．西南民族大学学报（人文社会科学版），2008（S2）：40－41。

299．潘敏．2008．对日语中的请求表达的语用考察［D］．桂林：广西师范大学硕士学位论文。

300．秦莉娜．2001．从语用学角度看日语请求表达方式［D］．哈尔滨：黑龙江大学硕士学位论文。

301．苏丹．2013．关于指令性言语行为的委婉表达研究——以分析中国的日语教材为中心［D］．大连：辽宁师范大学硕士学位论文。

302．孙洁．2013．依頼における「配慮表現」の中日比較研究［D］．佳木斯：佳木斯大学硕士学位论文。

303．王吉彤．2014．关于中日语中请求言语行为的对比研究［D］．西安：西南交通大学硕士学位论文。

304．王家荣．1996 浅谈日语命令的表现形式［J］．上海科技翻译，1996（4）：39－41。

305．王静．2010．汉日"请求"言语行为的比较研究——语言环境对请求调控策略的影响［J］．日语学习与研究，146：56－63。

306．王磊．2008．日语祈使句再探［J］．考试周刊，2008（8）：66－68。

307．王寿云．2005．论日语授受补助动词在请求表达方式中的应用［J］．福建师范大学福清分校学报，2005（1）：75－78。

308．王亚男．2011．包涵"体谅"的请求表达的考察——基于中国大学生使用状况调查的分析［D］．大连：大连外国语大学硕

士学位论文。

309. 夏菊芬. 2006. 日语交际中祈使行为的表达形式［J］. 浙江工业大学学报（社会科学版），5（1）：65－69。

310. 肖阳. 2011. 汉日祈使句比较研究——中日命令文对照研究［D］. 南京：南京农业大学硕士学位论文。

311. 谢联发. 1982. 日语中表示请求的说法及其历史［J］. 日语学习与研究，1982（3）：39－42。

312. 杨必忠. 2007. 关于上海地区日语学习者的请求表达方式习得的考察——从语用学礼貌原理的角度［D］. 长春：华东师范大学硕士学位论文。

313. 杨诎人. 1992. 日语动词的命令形和命令的表达［J］. 现代外语，1992（3）：66－71。

314. 杨阳. 2014. 日语非意志动词的命令形［J］. 科技信息，2014（4）：236。

315. 杨阳. 2014. 日语命令形的多义结构及其语义扩展机制［J］. 牡丹江教育学院学报，151：44。

316. 姚濬源. 1991. 谈谈日语的命令形［J］. 日语学习与研究，1991（3）：68－73。

317. 宇辉. 1988. 日语动词命令形初探［J］. 日语学习. 37. 商务印书馆。

318. 于利. 2012. 请求表达的汉日对比研究［D］. 哈尔滨：黑龙江大学硕士学位论文。

319. 于黎明、孙淑芳. 2000. 漫谈影响选择祈使表达手段的因素［J］. 外语学刊，2000（2）：45－47。

320. 于淼. 2013. 对日语请求表达方式的语用研究［D］. 沈阳：辽宁大学硕士学位论文。

321. 余洋. 2010. 探析日语"请求"表达的教授法［J］. 科技信息，2010（12）：160－161。

322. 张盼、杨必忠. 2013. 关于日语请求表达句式礼貌策略的

实证研究——以上海地区高职院校为例［J］.长春教育学院学报，2013（15）：150 –151。

323. 曾鸿燕.2010.日汉祈使句主语隐现对比研究［J］.西北师范大学学报，2010（5）：96 –100。

324. 曾张渝.2010.对日语中委婉表现的语用研究——论"命令""请求""拒绝"的表达［D］.西安：西南交通大学硕士学位论文。

325. 赵华敏.2012."请求"言语行为的汉日比较研究——以邮件和短信为例［J］.日语教育与日本学，2：56 –63。

326. 赵子慧.2009.日语祈使句研究［D］.哈尔滨：黑龙江大学硕士学位论文。

327. 张红鹰.2009.关于请求表达使用状况的考察——以电视剧为中心［D］.上海：上海海事大学硕士学位论文。

328. 张嵩.2010.日汉语祈使句对比［D］.长春：吉林大学硕士学位论文。

329. 张松仪.2013.关于请求场面的日语中途省略句的研究——以日本人和中国学习者的应用比较为中心［D］.大连：辽宁师范大学硕士学位论文。

330. 郅永玮.2007.日语和中文在电话请求中的比较研究——以礼貌策略为中心［J］.成功（教育），2007（12）：204 –205。

331. 郅永玮.2013.浅谈日语中的请求表达［J］.成功（教育），2013（7）：26。